21 世纪高职高专教材

供中医、中西医结合类专业用

中医五官科学

毋桂花 主编

科学出版社

北京

内容简介

本书是21世纪高职高专教材（供中医、中西医结合类专业用）中的一种，主要论述耳鼻咽喉口腔疾病及眼科疾病的发生、发展、诊断、治疗。本书的编写突出高等职业技术教育的特点，坚持体现"三基"（基本理论、基本知识、基本技能）教学，注重教学内容的科学性和实用性。

可供中医药院校高等职业技术教育中医、中西医结合类专业学生使用，也可作为临床医师及自学中医者的学习参考书。

图书在版编目（CIP）数据

中医五官科学／毋桂花主编．—北京：科学出版社，2004.8
（21世纪高职高专教材．供中医、中西医结合类专业用）
ISBN 978-7-03-013738-8

Ⅰ．中… Ⅱ．毋… Ⅲ．中医五官科学-高等学校：技术学校-教材 Ⅳ．R276

中国版本图书馆CIP数据核字（2004）第060825号

责任编辑：曹丽英／责任校对：张　琪
责任印制：徐晓晨／封面设计：卢秋红
版权所有，违者必究，未经本社许可，数字图书馆不得使用

科 学 出 版 社 出版
北京东黄城根北街16号
邮政编码：100717
http://www.sciencep.com

北京建宏印刷有限公司 印刷
科学出版社发行　各地新华书店经销

*

2004年8月第 一 版　　开本：850×1168　1/16
2021年6月第七次印刷　　印张：23
字数：549 000

定价：35.00元
（如有印装质量问题，我社负责调换）

《21世纪高职高专教材（供中医、中西医结合类专业用）》编写委员会

主任委员 张俊龙

副主任委员 邹本贵 闫敬来 李京慧

编　　委 （以姓氏笔画为序）

王晓鹤　王茂盛　毋桂花　闫敬来
刘亚明　刘宏奇　李　晶　李京慧
张克敏　张俊龙　邹本贵　赵尚华
郭　蕾　秦艳虹　冀来喜

《中医五官科学》编写人员

主　　编 毋桂花

副主编 刘　鑫　祝维峰

编写人员 毋桂花　高建忠　刘　鑫　马芬俞
祝维峰

序

中医药高等职业技术教育是中医药高等教育的重要组成部分，近年来，呈现出良好的发展势头，教育规模迅速扩大，专业布局渐趋合理，人才培养模式逐步形成鲜明特色，为中医药事业的发展和中医药人才队伍建设做出了积极的贡献。但时至今日，我国尚无可供中医药高等职业技术教育使用的系列教材，教材建设滞后已成为制约高职教育健康持续发展的重要因素。经过多方调研和广泛论证，我们组织了多年从事高职教育教学工作的一线教师和有关专家，结合中医药高等职业技术教育的特点，编写了本套中医药高等职业技术教育系列教材，供中医药专业、中西医结合专业高职教育选用，也可用于临床医师的继续教育。

全套教材包括《中医基础理论》、《中医诊断学》、《中药学》、《方剂学》、《中国医学史》、《中医各家学说》、《中医内科学》、《中医外科学》、《中医妇科学》、《中医儿科学》、《中医骨伤科学》、《中医五官科学》、《针灸学》，共计13门课程教材。

本套教材编写过程中遵循高等中医药院校教材建设的一般原则，坚持体现"三基"（基本理论、基本知识、基本技能）教学，同时突出高等职业技术教育的特点，注重教学内容的科学性和实用性。总体上具有以下几个特点：

1. 坚持"必须"、"够用"的原则，即在保持知识体系必要的完整性的前提下，突出了高职教育教材应简明实用的特点，在内容取舍上力求突出重点，化繁为简；在文字表述上力求深入浅出，通俗易懂，具有较强的科学性、可读性和实用性。

2. 坚持"贴近学生、贴近社会、贴近岗位"的原则，即教材内容突出技能，淡化说理，注重对学生实践动手能力的培养；在编写体例上增加了"学习目标"、"小结"、"目标检测"等内容，便于学生更好地掌握知识，具有较强的针对性和可操作性。

3. 坚持知识性、趣味性和创新性相结合的原则，在教材中设计了"链接"小模块，起到系统连接与辅助学习作用。"链接"表述的内涵较浅，它不仅是课程系统内部不同课程、专业、教育层次之间的连接组件，还是课程系统向外部延伸的小模块，它将帮助学生开阔视野，拓展思维，培养科学与人文精神结合的专业素质。

中医药高等职业技术教育教材的编写目前尚处于探索阶段，由于编写时间紧迫，编者水平有限，本套教材难免存在着不足之处，敬请同行和读者在使用过程中，提出宝贵意见，以便我们进一步修订和改进，从而为我国中医药高等职业技术教育事业做出应有的贡献。

编 者

2004年3月

编 写 说 明

本教材是 21 世纪高职高专教材(供中医、中西医结合类专业用)的一种,主要论述耳鼻咽喉口腔疾病以及眼科疾病的发生、发展、诊断、治疗,专科性较强,可供中医药院校高等职业技术教育中医、中西医结合类专业学生用,也可作为临床医师及自学中医者的学习参考书。

全书分上篇和下篇两部分。上篇主要论述中医耳鼻咽喉口腔科学发展简史和耳科学、鼻科学、咽喉科学以及口腔科学等内容。每一科内容又分概述和疾病两部分。概述部分分别论述耳鼻咽喉口腔的应用解剖、生理功能,耳鼻咽喉口腔与脏腑经络的关系,耳鼻咽喉口腔疾病的病因病机、辨病与辨证要点、治疗概要等内容。疾病部分对每一疾病从概念、病因病机、诊断依据、辨证论治、预防和护理等方面进行论述。

下篇主要论述眼科学发展简史、眼的解剖及生理、眼与脏腑经络的关系、病因病机、眼科诊断概要、眼科治疗法、眼病的护理与预防以及眼睑病、两眦病、白睛疾病、黑睛疾病、瞳神病、眼外伤和其他眼病等内容。疾病部分仍从概念、病因病机、诊断依据、辨证论治、护理和预防等方面论述。

本书编写分工:耳鼻咽喉口腔科学部分由毋桂花、高建忠编写,眼科学部分由刘鑫、马芬俞、祝维峰编写。

由于中医耳鼻咽喉口腔科学的内容及眼科学内容丰富庞杂,我们在编写过程中,吸收了全国高等医药院校统编教材的编写经验,参考和有选择地吸收了历代和当今医著的有关论述内容,结合教学科研医疗实践的体会,编写了本教材。考虑到高职教育的特点,书中分列了学习目标、小结、链接、思考题。

由于编者水平有限,编写时间仓促,书中难免存在诸多疏漏和不妥之处,恳请广大读者和同道提出宝贵的意见,以利于进一步的修订和提高。

编 者

2004 年 2 月

目 录

序
编写说明

上 篇

1 中医耳鼻咽喉口腔科学发展简史 … (3)
2 耳科学 …………………………… (9)
  2.1 耳科学概述 ………………… (9)
    2.1.1 耳的应用解剖 ………… (9)
    2.1.2 耳的生理功能 ……… (15)
    2.1.3 耳与脏腑经络的关系 … (17)
    2.1.4 耳病的病因病机概述 … (19)
    2.1.5 耳病的辨病与辨证要点 … (21)
    2.1.6 耳病的治疗概要 …… (23)
  2.2 耳科疾病 ………………… (27)
    2.2.1 耳疖 ………………… (27)
    2.2.2 耳疮 ………………… (29)
    2.2.3 旋耳疮 ……………… (32)
    2.2.4 异物入耳 …………… (34)
    2.2.5 耵耳 ………………… (36)
    2.2.6 耳胀 耳闭 ………… (38)
    2.2.7 脓耳 ………………… (42)
    2.2.8 脓耳变证 …………… (46)
    2.2.9 耳鸣 耳聋 ………… (51)
    2.2.10 耳眩晕 …………… (55)
3 鼻科学 ………………………… (59)
  3.1 鼻科学概述 ……………… (59)
    3.1.1 鼻的应用解剖 ……… (59)
    3.1.2 鼻的生理功能 ……… (63)
    3.1.3 鼻与脏腑经络的关系 … (65)
    3.1.4 鼻病的病因病机概述 … (67)
    3.1.5 鼻病的辨病与辨证要点 … (69)
    3.1.6 鼻病的治疗概要 …… (72)
  3.2 鼻科疾病 ………………… (75)
    3.2.1 鼻疔 ………………… (75)
    3.2.2 鼻疳 ………………… (77)
    3.2.3 伤风鼻塞 …………… (79)
    3.2.4 鼻窒 ………………… (82)
    3.2.5 鼻槁 ………………… (85)
    3.2.6 鼻鼽 ………………… (88)
    3.2.7 鼻渊 ………………… (91)
    3.2.8 鼻息肉 ……………… (94)
    3.2.9 鼻衄 ………………… (97)
    3.2.10 鼻腔异物 ………… (100)
4 咽喉科学 ……………………… (103)
  4.1 咽喉科学概述 …………… (103)
    4.1.1 咽喉的应用解剖 …… (103)
    4.1.2 咽喉的生理功能 …… (106)
    4.1.3 咽喉与脏腑经络的关系 … (108)
    4.1.4 咽喉病的病因病机概述 … (110)
    4.1.5 咽喉病的辨病与辨证要点 …………………… (112)
    4.1.6 咽喉病的治疗概要 … (114)
  4.2 咽喉科疾病 ……………… (117)
    4.2.1 急喉痹 ……………… (117)
    4.2.2 慢喉痹 ……………… (120)
    4.2.3 急乳蛾 ……………… (122)
    4.2.4 慢乳蛾 ……………… (125)
    4.2.5 喉痈 ………………… (127)
    4.2.6 梅核气 ……………… (129)
    4.2.7 急喉喑 ……………… (132)
    4.2.8 急喉风 ……………… (134)
    4.2.9 慢喉喑 ……………… (137)
    4.2.10 异物梗喉 ………… (140)
5 口腔科学 ……………………… (142)
  5.1 口腔科学概述 …………… (142)
    5.1.1 口腔的应用解剖 …… (142)

5.1.2　口腔的生理功能 ………… (148)
　　5.1.3　口腔与脏腑经络的关系 … (149)
　　5.1.4　口腔病的病因病机概述 … (151)
　　5.1.5　口腔病的辨病与辨证要点……
　　　　　　……………………………… (153)
　　5.1.6　口腔病的治疗概要 ……… (155)
　5.2　口腔科疾病 ……………………… (158)
　　5.2.1　牙痛 ……………………… (158)
　　5.2.2　龋齿 ……………………… (161)
　　5.2.3　牙痈 ……………………… (163)
　　5.2.4　牙咬痈 …………………… (165)
　　5.2.5　牙宣 ……………………… (167)
　　5.2.6　口疮 ……………………… (169)
　　5.2.7　口糜 ……………………… (173)
6　耳鼻咽喉口腔的常用检查法 ……… (176)
　6.1　耳的常用检查法 ………………… (176)
　　6.1.1　外耳检查法 ……………… (176)
　　6.1.2　耳镜检查法 ……………… (177)
　　6.1.3　咽鼓管检查法 …………… (177)
　　6.1.4　X线检查法 ……………… (178)
　　6.1.5　听力检查法 ……………… (179)
　　6.1.6　前庭功能检查法 ………… (180)
　6.2　鼻的常用检查法 ………………… (181)
　　6.2.1　外鼻的检查法 …………… (181)
　　6.2.2　鼻前庭的检查法 ………… (181)
　　6.2.3　鼻腔的检查法 …………… (181)
　　6.2.4　鼻窦的检查法 …………… (183)
　　6.2.5　嗅觉检查 ………………… (184)
　6.3　咽喉的常用检查法 ……………… (184)
　　6.3.1　咽部检查法 ……………… (184)
　　6.3.2　鼻咽部检查法 …………… (185)
　　6.3.3　喉咽部检查法 …………… (185)
　　6.3.4　直接喉镜检查法 ………… (185)
　　6.3.5　纤维喉镜检查 …………… (185)
　　6.3.6　喉动态镜检查 …………… (186)
　　6.3.7　喉X线检查 ……………… (186)
　6.4　口腔的常用检查法 ……………… (186)
　附　中医耳鼻咽喉口齿部位名称对照表
　　　　……………………………………… (187)

下　篇

7　中医眼科学发展史 ………………… (191)
　7.1　萌芽时期（南北朝以前） ……… (191)
　7.2　奠基时期（隋唐时期） ………… (192)
　7.3　独立发展时期（宋元时期） …… (193)
　7.4　兴盛时期（明朝～清朝鸦片战争以
　　　　前） ………………………………… (194)
　7.5　衰落与复兴时期（清朝鸦片战争以
　　　　后至今） …………………………… (195)
8　眼的解剖与生理 …………………… (197)
　8.1　眼球 ……………………………… (197)
　　8.1.1　眼球壁 …………………… (197)
　　8.1.2　眼内容物 ………………… (201)
　8.2　视路 ……………………………… (202)
　　8.2.1　视神经 …………………… (202)
　　8.2.2　视交叉 …………………… (203)
　　8.2.3　视束 ……………………… (203)
　　8.2.4　外侧膝状体 ……………… (203)
　　8.2.5　视放射 …………………… (203)
　　8.2.6　视皮质 …………………… (203)
　8.3　眼附属器的解剖与生理 ………… (204)
　　8.3.1　眼睑 ……………………… (204)
　　8.3.2　结膜的分布结构 ………… (205)
　　8.3.3　泪器 ……………………… (205)
　　8.3.4　眼外肌 …………………… (207)
　　8.3.5　眼眶 ……………………… (207)
　8.4　眼的血液循环与神经支配 ……… (208)
　　8.4.1　血液循环 ………………… (208)
　　8.4.2　神经支配 ………………… (209)
　8.5　中医古代对眼解剖生理功能的认识
　　　　……………………………………… (209)
9　眼与脏腑经络的关系 ……………… (211)
　9.1　眼与脏腑的关系 ………………… (211)
　　9.1.1　眼与心、小肠的关系 ……… (211)
　　9.1.2　眼与肝、胆的关系 ………… (212)
　　9.1.3　眼与脾、胃的关系 ………… (212)
　　9.1.4　眼与肺、大肠的关系 ……… (213)
　　9.1.5　眼与肾、膀胱的关系 ……… (213)
　　9.1.6　眼与三焦的关系 ………… (214)

目 录

9.2 眼与经络的关系 ………………… (214)
    9.2.1 眼与十二经脉的关系 …… (215)
    9.2.2 眼与奇经八脉的关系 …… (215)
    9.2.3 眼与经筋的关系 ………… (216)

10 病因病机 …………………………… (217)
10.1 病因 ……………………………… (217)
    10.1.1 六淫 ……………………… (217)
    10.1.2 疠气 ……………………… (218)
    10.1.3 七情内伤 ………………… (219)
    10.1.4 饮食不节 ………………… (219)
    10.1.5 过劳 ……………………… (219)
    10.1.6 眼外伤 …………………… (219)
    10.1.7 其他因素 ………………… (219)
10.2 病机 ……………………………… (219)
    10.2.1 外感病机 ………………… (219)
    10.2.2 内伤病机 ………………… (220)

11 眼科诊断概要 ……………………… (223)
11.1 眼科诊法 ………………………… (223)
    11.1.1 问诊 ……………………… (223)
    11.1.2 视功能检查 ……………… (225)
    11.1.3 一般检查 ………………… (229)
    11.1.4 检眼镜与裂隙灯显微镜检
          查 …………………………… (233)
    11.1.5 眼科其他检查 …………… (237)
11.2 眼科辨证法 ……………………… (237)
    11.2.1 五轮辨证法 ……………… (238)
    11.2.2 眼病症状辨证法 ………… (240)
    11.2.3 眼内病变辨证法 ………… (242)

12 眼科治疗法 ………………………… (245)
12.1 内治法 …………………………… (245)
    12.1.1 疏风清热法 ……………… (245)
    12.1.2 祛风散寒法 ……………… (245)
    12.1.3 泻火解毒法 ……………… (246)
    12.1.4 滋阴降火法 ……………… (246)
    12.1.5 祛湿法 …………………… (246)
    12.1.6 止血法 …………………… (246)
    12.1.7 活血化瘀法 ……………… (247)
    12.1.8 软坚散结法 ……………… (247)
    12.1.9 疏肝理气法 ……………… (247)
    12.1.10 补益法 …………………… (247)
    12.1.11 退翳明目法 ……………… (248)
12.2 外治法 …………………………… (248)
    12.2.1 一般外治法 ……………… (248)
    12.2.2 其他外治法 ……………… (250)
12.3 其他疗法 ………………………… (250)
    12.3.1 针灸疗法 ………………… (250)
    12.3.2 常用手术疗法 …………… (250)

13 眼病的护理与预防 ………………… (251)
13.1 眼病的护理 ……………………… (253)
    13.1.1 辨证施护,认真负责 …… (253)
    13.1.2 对高龄眼病患者的护理 ……
          …………………………… (253)
    13.1.3 眼部护理 ………………… (254)
    13.1.4 饮食护理 ………………… (254)
    13.1.5 煎服药物的方法 ………… (254)
13.2 眼病的预防 ……………………… (254)
    13.2.1 饮食规律,起居有常 …… (255)
    13.2.2 避免时邪,调和七情 …… (255)
    13.2.3 讲究卫生,保护视力 …… (255)
    13.2.4 注意安全,防止外伤 …… (255)

14 眼睑病 ……………………………… (256)
14.1 针眼 ……………………………… (256)
    14.1.1 病因病机 ………………… (257)
    14.1.2 临床表现 ………………… (257)
    14.1.3 诊断依据 ………………… (257)
    14.1.4 辨证论治 ………………… (257)
    14.1.5 其他疗法 ………………… (258)
14.2 胞生痰核 ………………………… (259)
    14.2.1 病因病机 ………………… (259)
    14.2.2 临床表现 ………………… (259)
    14.2.3 诊断依据 ………………… (259)
    14.2.4 辨证论治 ………………… (260)
    14.2.5 其他疗法 ………………… (260)
14.3 睑弦赤烂 ………………………… (261)
    14.3.1 病因病机 ………………… (261)
    14.3.2 临床表现 ………………… (261)
    14.3.3 诊断依据 ………………… (262)
    14.3.4 辨证论治 ………………… (262)
    14.3.5 其他疗法 ………………… (263)
14.4 椒疮 ……………………………… (263)
    14.4.1 病因病机 ………………… (263)
    14.4.2 临床表现 ………………… (263)
    14.4.3 诊断依据 ………………… (264)
    14.4.4 沙眼分期 ………………… (264)
    14.4.5 并发症及后遗症 ………… (265)
    14.4.6 辨证论治 ………………… (265)

		14.4.7 其他疗法……………………(266)
	14.5 上胞下垂………………………(266)
		14.5.1 病因病机……………………(266)
		14.5.2 临床表现……………………(267)
		14.5.3 诊断依据……………………(267)
		14.5.4 辨证论治……………………(267)
		14.5.5 其他疗法……………………(268)
15 两眦病………………………………(269)
	15.1 冷泪症…………………………(269)
		15.1.1 病因病机……………………(270)
		15.1.2 临床表现……………………(270)
		15.1.3 诊断依据……………………(270)
		15.1.4 辨证论治……………………(270)
		15.1.5 其他疗法……………………(271)
	15.2 漏睛……………………………(272)
		15.2.1 病因病机……………………(272)
		15.2.2 临床表现……………………(272)
		15.2.3 诊断依据……………………(272)
		15.2.4 辨证论治……………………(272)
		15.2.5 其他疗法……………………(273)
	15.3 漏睛疮…………………………(274)
		15.3.1 病因病机……………………(274)
		15.3.2 临床表现……………………(274)
		15.3.3 诊断依据……………………(274)
		15.3.4 辨证论治……………………(275)
		15.3.5 其他疗法……………………(275)
	15.4 胬肉攀睛………………………(276)
		15.4.1 病因病机……………………(276)
		15.4.2 临床表现……………………(276)
		15.4.3 诊断依据……………………(276)
		15.4.4 辨证论治……………………(277)
		15.4.5 其他疗法……………………(278)
16 白睛病………………………………(279)
	16.1 暴风客热………………………(279)
		16.1.1 病因病机……………………(279)
		16.1.2 临床表现……………………(279)
		16.1.3 诊断依据……………………(279)
		16.1.4 辨证论治……………………(279)
		16.1.5 其他疗法……………………(281)
	16.2 天行赤眼………………………(282)
		16.2.1 病因病机……………………(282)
		16.2.2 临床表现……………………(282)
		16.2.3 诊断依据……………………(282)
		16.2.4 辨证论治……………………(282)
		16.2.5 其他疗法……………………(283)
		16.2.6 护理及预防…………………(284)
		附 天行赤眼暴翳…………………(284)
	16.3 时复症…………………………(285)
		16.3.1 病因病机……………………(285)
		16.3.2 临床表现……………………(285)
		16.3.3 诊断依据……………………(286)
		16.3.4 辨证论治……………………(286)
		16.3.5 其他疗法……………………(287)
	16.4 金疳……………………………(287)
		16.4.1 病因病机……………………(287)
		16.4.2 临床表现……………………(288)
		16.4.3 诊断依据……………………(288)
		16.4.4 辨证论治……………………(289)
		16.4.5 其他疗法……………………(289)
17 黑睛疾病……………………………(290)
	17.1 聚星障…………………………(291)
		17.1.1 病因病机……………………(291)
		17.1.2 临床表现……………………(291)
		17.1.3 诊断依据……………………(292)
		17.1.4 辨证论治……………………(292)
		17.1.5 其他疗法……………………(293)
	17.2 凝脂翳…………………………(294)
		17.2.1 病因病机……………………(294)
		17.2.2 临床表现……………………(294)
		17.2.3 诊断依据……………………(295)
		17.2.4 辨证论治……………………(295)
		17.2.5 其他疗法……………………(296)
	17.3 花翳白陷………………………(297)
		17.3.1 病因病机……………………(297)
		17.3.2 临床表现……………………(297)
		17.3.3 诊断依据……………………(297)
		17.3.4 辨证论治……………………(298)
		17.3.5 其他疗法……………………(298)
	17.4 混睛障…………………………(299)
		17.4.1 病因病机……………………(299)
		17.4.2 临床表现……………………(299)
		17.4.3 诊断依据……………………(300)
		17.4.4 辨证论治……………………(300)
		17.4.5 其他疗法……………………(301)
	17.5 宿翳……………………………(301)
		17.5.1 病因病机……………………(301)

目录

- 17.5.2 临床表现 …………………… (301)
- 17.5.3 诊断依据 …………………… (302)
- 17.5.4 辨证论治 …………………… (302)
- 17.5.5 其他疗法 …………………… (302)

18 瞳神病 ………………………………… (304)

- 18.1 瞳神紧小 ……………………………… (305)
  - 18.1.1 病因病机 …………………… (305)
  - 18.1.2 临床表现 …………………… (305)
  - 18.1.3 诊断依据 …………………… (307)
  - 18.1.4 辨证论治 …………………… (307)
  - 18.1.5 其他疗法 …………………… (309)
- 18.2 绿风内障 ……………………………… (309)
  - 18.2.1 病因病机 …………………… (310)
  - 18.2.2 临床表现 …………………… (310)
  - 18.2.3 诊断依据 …………………… (310)
  - 18.2.4 辨证论治 …………………… (311)
  - 18.2.5 其他疗法 …………………… (312)
- 18.3 圆翳内障 ……………………………… (313)
  - 18.3.1 病因病机 …………………… (313)
  - 18.3.2 临床表现 …………………… (313)
  - 18.3.3 诊断依据 …………………… (314)
  - 18.3.4 辨证论治 …………………… (314)
  - 18.3.5 其他疗法 …………………… (315)
  - 附 惊震内障 ……………………… (316)
- 18.4 云雾移睛 ……………………………… (317)
  - 18.4.1 病因病机 …………………… (317)
  - 18.4.2 临床表现 …………………… (317)
  - 18.4.3 诊断依据 …………………… (317)
  - 18.4.4 辨证论治 …………………… (318)
  - 18.4.5 其他疗法 …………………… (319)
- 18.5 络阻暴盲 ……………………………… (319)
  - 18.5.1 病因病机 …………………… (319)
  - 18.5.2 临床表现 …………………… (319)
  - 18.5.3 诊断依据 …………………… (320)
  - 18.5.4 辨证论治 …………………… (320)
  - 18.5.5 其他疗法 …………………… (321)
- 18.6 络损暴盲 ……………………………… (321)
  - 18.6.1 病因病机 …………………… (321)
  - 18.6.2 临床表现 …………………… (321)
  - 18.6.3 诊断依据 …………………… (322)
  - 18.6.4 辨证论治 …………………… (322)
  - 18.6.5 其他疗法 …………………… (323)
- 18.7 视瞻有色 ……………………………… (323)
- 18.7.1 病因病机 …………………… (323)
- 18.7.2 临床表现 …………………… (323)
- 18.7.3 诊断依据 …………………… (324)
- 18.7.4 辨证论治 …………………… (324)
- 18.7.5 其他疗法 …………………… (325)
- 18.8 高风内障 ……………………………… (325)
  - 18.8.1 病因病机 …………………… (325)
  - 18.8.2 临床表现 …………………… (325)
  - 18.8.3 诊断依据 …………………… (326)
  - 18.8.4 辨证论治 …………………… (326)
  - 18.8.5 其他疗法 …………………… (327)
- 18.9 目系暴盲 ……………………………… (327)
  - 18.9.1 病因病机 …………………… (327)
  - 18.9.2 临床表现 …………………… (328)
  - 18.9.3 诊断依据 …………………… (328)
  - 18.9.4 辨证论治 …………………… (329)
  - 18.9.5 其他疗法 …………………… (329)
- 18.10 青盲 …………………………………… (331)
  - 18.10.1 病因病机 ………………… (331)
  - 18.10.2 临床表现 ………………… (331)
  - 18.10.3 诊断依据 ………………… (331)
  - 18.10.4 辨证论治 ………………… (331)
  - 18.10.5 其他疗法 ………………… (332)

19 眼外伤 ………………………………… (334)

- 19.1 异物入目 ……………………………… (335)
  - 19.1.1 病因病机 …………………… (335)
  - 19.1.2 临床表现 …………………… (335)
  - 19.1.3 诊断依据 …………………… (335)
  - 19.1.4 处理及治疗方法 …………… (335)
- 19.2 撞击伤目 ……………………………… (336)
  - 19.2.1 病因病机 …………………… (337)
  - 19.2.2 临床表现 …………………… (337)
  - 19.2.3 诊断依据 …………………… (338)
  - 19.2.4 辨证论治 …………………… (338)
  - 19.2.5 其他疗法 …………………… (338)
- 19.3 真睛破损 ……………………………… (339)
  - 19.3.1 病因病机 …………………… (339)
  - 19.3.2 临床表现 …………………… (339)
  - 19.3.3 诊断依据 …………………… (340)
  - 19.3.4 辨证论治 …………………… (340)
  - 19.3.5 其他疗法 …………………… (341)
- 19.4 化学性眼外伤 ………………………… (342)
  - 19.4.1 病因病机 …………………… (342)

- 19.4.2 临床表现 (342)
- 19.4.3 诊断依据 (343)
- 19.4.4 处理及治疗方法 (343)
- 19.5 电光性眼炎 (344)
  - 19.5.1 病因病机 (344)
  - 19.5.2 临床表现 (344)
  - 19.5.3 诊断依据 (344)
  - 19.5.4 处理及治疗方法 (345)

20 其他眼病 (346)

- 20.1 突起睛高 (346)
  - 20.1.1 病因病机 (346)
  - 20.1.2 临床表现 (346)
  - 20.1.3 诊断依据 (347)
  - 20.1.4 辨证论治 (347)
  - 20.1.5 其他疗法 (347)
- 20.2 风牵偏视 (348)
  - 20.2.1 病因病机 (348)
  - 20.2.2 临床表现 (348)
  - 20.2.3 诊断与鉴别诊断 (349)
  - 20.2.4 辨证论治 (349)
  - 20.2.5 其他疗法 (350)
- 20.3 能近怯远 (350)
  - 20.3.1 病因病机 (350)
  - 20.3.2 临床表现 (351)
  - 20.3.3 诊断依据 (351)
  - 20.3.4 辨证论治 (351)
  - 20.3.5 其他疗法 (352)
- 20.4 能远怯近 (352)
  - 20.4.1 病因病机 (353)
  - 20.4.2 临床表现 (353)
  - 20.4.3 诊断依据 (353)
  - 20.4.4 辨证论治 (353)
  - 20.4.5 其他疗法 (354)

上 篇

中医耳鼻咽喉口腔科学发展简史

学习目标

了解中医耳鼻咽喉口腔科悠久的历史,对本学科主要学术理论的源流有一个较为完整的认识

中医耳鼻咽喉口腔科学是一门古老而新兴的学科。

(1) 殷商至秦汉(约公元前16世纪~公元220年)

殷商(约公元前16世纪~前1066年)之前,没有文字可考。至殷商,才开始有最早的甲骨文和青铜器铭文。甲骨文中已经有"疾耳"、"疾自"(《说文》:"自,鼻也")、"疾口"、"疾齿"、"疾言"等记载。这些记载,说明了当时人们对耳鼻咽喉口腔科的疾病已有了一定的认识。

西周时代至春秋战国时期(约公元前1066~前221年),人们经过反复观察与实践,对疾病的认识日益提高,并且已经懂得了耳鼻咽喉口腔科疾病的防治。例如《左传》载:"耳不听五声为聋",这是关于耳聋的最早定义。《山海经》中载有元龟、白䴏等防治五官病药物共八种。在这一时期,出现了我国第一位五官科医生扁鹊。据《史记·扁鹊仓公列传》记载:"扁鹊过洛阳,闻周人爱老人,即为耳、目、痹医。"这一时期,产生了我国现存第一部由实践观察的积累进而升华到理论的中医巨著——《黄帝内经》,它奠定了中医学的理论基础,同时也产生了中医耳鼻咽喉口腔科学基本理论,主要是脏腑官窍理论。此后中医耳鼻咽喉科学理论代有发展,但皆基于对这一基本理论的扩充和发展。

《黄帝内经》在耳鼻咽喉口腔科领域,从解剖、生理、病因病理、临床等多方面进行了广泛深入的探讨和论述。

解剖方面,如《灵枢·肠胃》说:"唇至齿长九分,口广二寸半。齿以后至会厌,深三寸半,大容五合。舌重十两,长七寸,广二寸半。咽门重十两,广一寸半,至胃长一尺六寸。"

生理方面,如《素问·上古天真论》说:"女子七岁,肾气盛,齿更发长……三七,肾气平均,故真牙生而长极。"《素问·阴阳应象大论》说:"心主舌……在窍为舌","脾主口……在窍为口","肺主鼻……在窍为鼻","肾主耳……在窍为耳。"《灵枢·脉度》说:"五脏常内阅于上七窍也。故肺气通于鼻,肺和则鼻能知香臭矣;心气通于舌,心和则舌能知五味矣……脾气通于口,脾和则口能知五谷矣;肾气通于耳,肾和则耳能闻五音矣。"《灵枢·忧恚无言》说:"咽喉者,水谷之道也;喉咙者,气之所以上下者也;会厌者,音声之户也;口唇者,音声之扇也;舌者,音声之机也;悬雍垂者,音声之关也。"

病因病理方面,如《素问·玉机真脏论》说:"脾为孤脏……其不及则令人九窍不通。"《灵枢·脉度》说:"五脏不和,则七窍不通。"《素问·气厥论》说:"胆移热于脑,则辛𫒻鼻渊。"《灵枢·决气》说:"精脱者,耳聋。"《素问·阴阳别论》说:"一阴一阳结,谓之喉痹。"《灵枢·口问》说:"上气不足,脑为之不满,耳为之苦鸣,头为之苦倾,目为之眩。"

临床方面,论及耳鼻咽喉口腔科病证有耳聋、耳鸣、鼻渊、衄嚏、喉痹、瘖、口疮、龋齿等30多种,且多载有防治方法。

秦汉时代(公元前221~公元220年),是医药学术发展较快、成就较大的历史时期。这一时期写成了我国现存第一部药学专书《神农本草经》和创立辨证论治的《伤寒杂病论》。《神农本草经》载药365种,同时奠定了中药学的部分基础理论。书中论及治疗耳鼻咽喉口腔疾病的药物53种。《伤寒杂病论》创立了比较系统的理法方药辨证施治方法,奠定了中医学的临床基础,同样也奠定了耳鼻咽喉口腔科辨证论治的基础。

综上所述,从殷商至秦汉,属中医耳鼻咽喉口腔科学的萌芽和奠基阶段。这一时期的特点主要是专科知识的初步积累和学科的起源。《黄帝内经》奠定的中医基本理论,《神农本草经》奠定的药物学理论,《伤寒杂病论》奠定的辨证论治,为本学科后来的形成和发展奠定了坚实的基础。

(2) 两晋至金元(公元265~1368年)

两晋、南北朝时期(公元265~581年),葛洪著《肘后备急方》,首次分卷记载了耳道异物、气道异物、食道异物及其多种处理方法,例如用韭菜取食道鱼骨刺等。皇甫谧著《针灸甲乙经》,载有耳鼻咽喉口腔等多种疾病的辨证、针灸取穴等,如耳鸣、瘖、鼻衄、喉痹、咽痛、口齿病、舌病等。在这一时期,出现了最早的拔牙术和唇裂修补术的记载。

隋代(公元581~618年),是中医学发展史上的一个重要的历史时期。巢元方等人编写成我国现存第一部病因病理学专著《诸病源候论》,书中对耳鼻咽喉口腔科疾病设有专卷论述(卷二十九,卷三十),列证69候,全书论及耳鼻咽喉口齿疾病有130多候。同时注意到小儿的生理特点,把小儿耳鼻咽喉口齿疾病做了专卷论述(卷四十八、卷五十)。对每种疾病证候的发生、发展和演变都做了详尽的阐述。该书继承和发展了《黄帝内经》有关耳鼻咽喉口腔疾病病因病理认识,对后世,尤其是宋代耳鼻咽喉口腔科的发展有极为深刻的影响。

唐代(公元618~907年)经济繁荣,促进了科学文化的发展,医学也取得了显著的成就。唐代开国之初(公元624年)即"置尚药局、太医署",太医署既是医务行政机构,又是医学教育机构,设立五种医学专科,其中就有耳目口齿科,这时,耳鼻喉科已初具规模,开始形成独立的专科。

唐代的医学名家辈出。耳鼻咽喉口腔科进一步积累和丰富了临床学经验。著名医家孙思邈在《千金要方》中设专卷论述,且第一次将鼻、口、舌、唇、齿、喉、耳病归为"七窍病",在辨证论治上有了进一步的发展。同时,除了过去单一的重视内服药之外,更广泛的采用了外治、手术、针灸、砭法、导引及食疗等。《千金翼方》中尚列有通九窍药品、衄血药品、耳聋药品、坚齿药品、口疮药品等共37种。并且首次记载了烙法治疗咽喉病。

王焘著《外台秘要》,载治疗耳鼻咽喉口腔疾病药方不下400首,设耳鼻咽喉口齿专篇。苏敬编著的《新修本草》在"诸病通用药"中载有治疗眩晕、喉痹痛、鲠、齿痛、口疮、鼻衄血、耳聋、鼻息肉、声音哑等病的药物。

宋代(公元960~1279年)加强了医事的管理,改进了体制,把医药行政与医学教育分立开来,学习科目由唐代的5个专业课程分为9个科,其中有口齿兼咽喉科。同时,活字印刷术的发明,促进了科学文化的交流而加速了医药学的发展。由政府组织编写的《太平圣惠方》、《太平惠民和剂局方》、《圣济总录》等书中,对耳鼻咽喉口腔科疾病均有专门论述。《太平圣惠方》提出了咽为"胃之系",喉为"肺之系"的观点。《苏沈良方》继《难经》之后,再一次记载了咽喉解剖。陈言著《三因极一病证方论》,把病因学说系统化,其中对耳鼻咽喉口齿疾病的内外致病因素、辨证治疗及处方用药等均有详尽的论述,较之前人有较大的进步。

金元时代(公元1115~1168年),随着医学理论研究的深入发展,各派医家的学术争鸣丰富了祖国医学的内容,促进了医学的发展。医学分科由9科扩大为13科,其中分设口齿科和咽喉科。这一时期,以"金元四大家"为代表的各医学流派,对耳鼻咽喉口腔学科有着较大的影响。如刘完素(河间)首次提出"耳聋治肺"、"鼻塞治心"的观点。对鼽嚏的定义也有确切的认识,并创新性地提出嚏属火。还明确指出鼻窒的主要症状是"但侧卧上窍通利,而下窍闭塞"。张从正(子和)从理论到临床比较系统地阐述了咽喉牙舌诸病皆属于火的观点。他还首先报道了用纸卷成筒,放入口内,再用筷子缚小钩,把误吞的铜钱取出,这是内镜钳取异物的原始方法。李杲(东垣)认为,"九窍者,五脏主之。五脏皆得胃气,乃能通利。……胃气一虚,耳目口鼻,俱为之病"。创立益气升阳通窍一法,朱震亨(丹溪)的养阴学说至今在耳鼻咽喉口腔科领域里仍占有重要的地位。他首先提出了虚火致喉痹的病因病机,指出"阴虚火炎上,必用玄参"。对耳眩晕的症状有较确切的描述,并提出以治痰为主的治则方药。

综上所述,从两晋至金元,是中医耳鼻咽喉口腔科学基本形成并不断充实、发展的重要历史时期。这一时期的特点主要是临床医学经验的积累和新的学术理论的不断产生。基本形成的标志是,自《肘后备急方》始,这一时期诸多有影响的著作对耳鼻咽喉口腔科学内容设有专卷论述,同时政府医事制度和医学教育中设有耳目口齿等分科。

为什么把耳鼻咽喉病划为一科

现代医学在全世界范围内通例把"五官"分属于眼科、耳鼻咽喉科和口腔科。那么,耳鼻咽喉又是怎样联系在一起的呢?首先,从解剖上耳鼻咽喉是互相沟通、互相联系的。张开人的嘴巴,就可看到咽部,其前上方通向鼻腔,咽的正前方是口腔,在鼻咽部侧壁有通向中耳鼓室的咽鼓管咽口,咽腔的下方是喉,所以耳鼻咽喉可以看作是以咽部为中心而联系在一起的。咽部向下是食管,喉向下延续是气管,因此,气管食管科学也一直是耳鼻咽喉科的一个组成部分。

(3) 明清时期(公元1368~1911年)

明代(公元1368~1644年),由于手工业、商业有较大发展,对外贸易发达,促进了中外医学交流,耳鼻咽喉口腔科也得到了相应发展。这一时期耳鼻咽喉口腔科学的发展突出地表现为理论与实践、辨证与治疗的紧密结合。如关于耳与脏腑经络关系的理论及其应用,薛铠《保婴撮要》卷四说："耳者心肾之窍,肝胆之经也。心肾主内症,精血不足;肝胆主外症,风热有余。或聋聩,或虚鸣者,禀赋虚也;或胀痛,或脓痒者,邪气客也。禀赋不足,宜用六味地黄丸;肝经风热,宜用柴胡清肝散……"。

临床方面,也有较大成就,不少耳鼻咽喉口腔疾病在这一时期内首次论及,治疗方法也越来越丰富,临床经验得到了较好的总结,并基本形成了比较系统的辨证施治方法。

朱橚《普济方》"身形"一集共34卷,其中耳鼻咽喉口腔科内容便占18卷之多。

沈之问《解围元薮》是麻风病专著,首次论述喉麻风。

薛己《外科发挥》首次记述了鼻与咽喉梅毒。《口齿类要》专论喉舌口齿诸病。

杨继洲《针灸大成》一书,对耳鼻咽喉口腔病的针灸治疗进行了一次认真的总结,一反过去取穴较多的做法,而趋于精练,取穴较少。

王肯堂《证治准绳·疡医》卷六记载了耳郭再植和割喉患者的分层缝合术等手术方法。

陈实功《外科正宗》对耳鼻咽喉科手术疗法具有重大贡献,所载"取鼻痔法"云:"先用茴香草散连吹二次,用细铜箸二根,箸头钻一小孔,用丝线穿孔内,二箸相离五分许,以二箸头直入鼻痔根上,将箸线绞紧,向下一拔,其痔自然拔落"。现代采用的鼻息肉摘除术,实际上是在这个基础上加以改进完善的。该书卷二"咽喉论"部分,集明及明以前喉科临床医学之精华,系统而比较全面地阐述了咽喉疾病的治疗方法,有发散、泻下、发表攻里、探吐、刺血、倒痰、放脓、针烙,以及补阳、补阴、佐治等多种治则治法,标志着古代咽喉科学系统的辨证施治方法的基本形成,对后世影响极大。

曹士衍《保生秘要》,详细论述导引、运功治病之法,对于耳鼻咽喉口腔疾病的导引法也搜集甚多,其中如治耳重(即耳内胀塞),"定息以坐,塞兑,咬紧牙关,以脾肠二指捏紧鼻孔,睁二目,使气窜耳通窍内,觉哄哄然有声,行之二三日通窍为度。"此即今之咽鼓管自行吹张法。

李时珍《本草纲目》载药1892种,其中有856种单味药用来直接治疗本科各病,内服药的方剂用药还不计在内。

张介宾《景岳全书》卷二十七载:"凡耳窍或损或塞,或震伤,以致暴聋,或鸣不止者,即宜以手中指于耳窍中轻轻按捻,随捻随放,随放随捻,或轻轻摇动,以引其气,捻之数次,其气必至,气至则窍自通矣"。此即鼓膜按摩术,至今仍有实用意义。书中还首载咽喉梅毒及瘟疫病。

龚居中《红炉点雪》卷一载:"火病失音……以水涸火炎,熏炼肺窍,金为火烁而损,由是而声嘎声嘶见焉。"这是关于喉结核的论述。

清代(公元1644~1911年)的医事制度,又分九科,咽喉与口齿再度合并。至于民间的实际情况,则咽喉大多独立成科,称喉科,口齿科在正规分科中已迹近消失,凡一般口腔黏膜病大多属于内科或儿科,化脓性和牙周疾病的属外科,至于牙体疾病,则另有草泽铃医来担任,无形中把牙医已排除在正统医学之外。

吴谦等人编著《医宗金鉴》,整理古人及前人的医疗经验,内容丰富,其书用歌诀的形式表达,便于传记。其中载有耳鼻咽喉口齿唇舌的疾病约50余种,并附有绘图,便于明了患病的部位,还初次出现了耳痔、耳挺、耳蕈等病的记载。

清代的耳鼻咽喉口腔科学进展以喉科学为突出,尤其在白喉和烂喉痧方面的研究与防治,积累了相当丰富的经验。据不完全统计,从乾隆12年(公元1744年)到光绪28年(公元1902年)中,白喉、烂喉痧等疫喉病先后四次大流行:1744~1773年开始零星发现,1785年第一次大流行,1830~1840年间第二次大流行,1856年第三次大流行,1901~1902年第四次大流行。对人民生命危害极大，促进医家们对喉病进行研究和防治，积累了不少经验，喉科专著陆续问世，如《喉科指掌》、《尤氏喉科秘书》、《咽喉经验秘传》、《重楼玉钥》、《喉科紫珍集》等不下50种。其中，《重楼玉钥》首先制定养阴清肺汤治疗白喉，一直为后世喉科医家所重视。除此有专论疫喉的，如《喉白阐微》、《疫痧草》、《白喉全生集》、《白喉治法忌表抉微》、《痧喉正义》、《白喉条辨》等30多种。因为经过反复的临床验证，至此对疫喉有了比较完善的治法。

综上所述，明清两代可以说是古代耳鼻咽喉口腔科发展的鼎盛时期，有两个显著的特点。一是理论与临床、辨证与治疗的紧密结合，出现了许多以理论与实践相结合为特点的总结性论述，耳鼻咽喉口腔科学系统的辨证施治方法基本形成。另一个特点是喉科学的发展与成就。

（4）建国以后（公元1949年至今）

辛亥革命之后至新中国成立前（公元1912～1949年），由于西方医学的东渐，帝国主义文化侵略和反动政府的崇洋媚外，使中医事业备受摧残，以至奄奄一息。中医耳鼻咽喉口腔科也不例外。

新中国成立以后，我国的医药卫生事业蓬勃发展，中医耳鼻咽喉科学也进入了一个崭新的历史发展时期。

1951年7月，新中国第一个中医耳鼻咽喉专科在上海市松江县城内"松江城厢第四联合诊所"中建立开诊。

1956年以后，全国大部分省市相继开办了中医学院，培养高等中医中药人才。中医学院内设立五官科教研组，讲授中医耳鼻咽喉口腔科专业知识。

自1959年，卫生部在成都市召开编写中医教材计划和具体分工会议后，第一版、第二版《中医喉科学讲义》分别于1960年、1964年出版；第三版《五官科学》于1975年出版，第四版、第五版《中医耳鼻喉科学》分别于1980年、1985年出版。

1972年前后，全国各中医学院附院为了学员实习需要，纷纷建立起了耳鼻咽喉专科门诊。全国各地中医院，也先后建立起耳鼻咽喉专科。

从1974年起至1988年，卫生部委托广州、上海、南京三所中医学院举办了10期（届）中医耳鼻咽喉师资培训班。

1978年9月，上海市成立了"全国中医学会上海分会耳鼻咽喉科学组"，这是中医耳鼻咽喉科有史以来第一次有了自己的组织。1987年9月，中华全国中医学会耳鼻咽喉科学会在南京成立，同时召开了第一届年会。

1990年，国家中医药管理局厦门国际培训交流中心主办了国际中医耳鼻咽喉科培训班，把中医耳鼻咽喉口腔科学介绍到了国外。

在党的中医政策指引下，中医耳鼻咽喉口腔科新生力量不断成长，西医耳鼻咽喉口腔科工作者也在学习中医。广大耳鼻咽喉口腔科人员，运用中西医两套理论知识和诊疗技术，防治本科疾病，取得不少新的成果。古老的耳鼻咽喉口腔科学走入了一个新兴的历史发展时期。

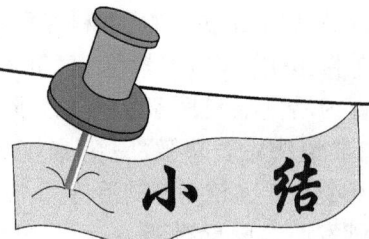

小 结

  中医耳鼻咽喉口腔科有悠久的历史,历代医家在基础理论和防治疾病等方面均有发展与创新,我国现存第一部医学专著《黄帝内经》奠定了耳鼻咽喉口腔的生理、病理的理论基础,并指导着临床实践;唐代"太医署"的设置,标志着中医耳鼻咽喉口腔科已初具规模;金元四大家的学术思想对耳鼻咽喉口腔科有着较大的影响;新中国的成立使中医耳鼻咽喉口腔科不断发展壮大。

思 考 题

1. 如何认识耳鼻咽喉口腔科学是一门古老而新兴的学科?
2. 《黄帝内经》对耳鼻咽喉口腔科学有哪些贡献?
3. 唐代在耳鼻咽喉口腔科学方面有哪些成就?
4. 金元四大家对耳鼻咽喉口腔科学有哪些贡献?

2 耳科学

2.1 耳科学概述

耳是清阳之气上通之处,属"清窍"之一,它虽是局部器官,但不能离开整体而孤立地发生作用。《灵枢·口问》说:"耳者宗脉之所聚。"由于全身经络聚会于耳,使耳与脏腑及全身各部发生密切的联系,脏腑经络的病理变化,常可反应于耳;相反,耳发生病变,亦可循经涉及所属脏腑,在辨证方面,要重视局部与整体相结合,在治疗方面,要根据辨病与辨证的实际情况,选用内治法、外治法或其他疗法,以期获得最佳疗效。

2.1.1 耳的应用解剖

学习目标

1. 熟悉耳的解剖结构
2. 掌握鼓膜的正常标志,咽鼓管的结构及功能
3. 了解耳郭的表面标志及内耳的构造

耳分为外耳、中耳和内耳三部分(图2-1)。

2.1.1.1 外耳

外耳包括耳郭及外耳道。

(1) 耳郭

耳郭突出于头面部两侧。除耳垂为脂肪与结缔组织构成而无软骨外,其余均以软骨为支架,外覆皮肤,各部名称见图(图2-2)。耳郭的皮下组织少,皮肤与软骨粘连较紧,故炎症等发生肿胀时,感觉神经易受压迫而致剧痛;若有血肿或渗出很难自然吸收,外伤或手术,可引起软

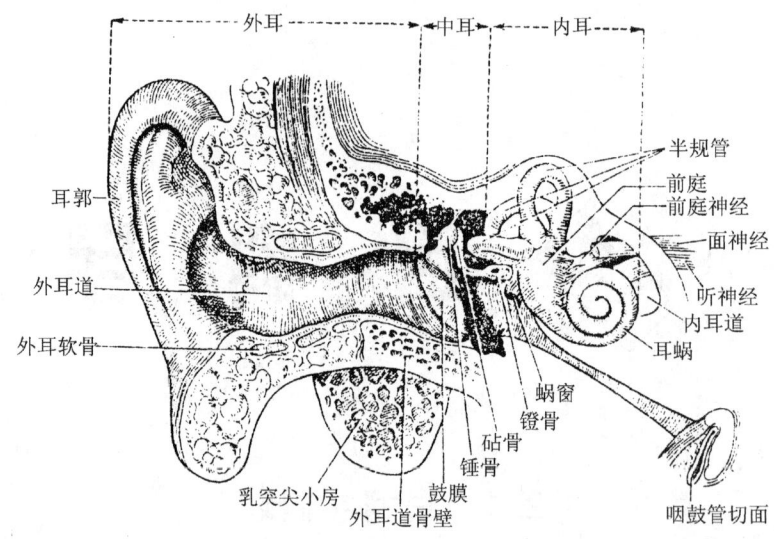

图 2-1　外中内耳关系示意图

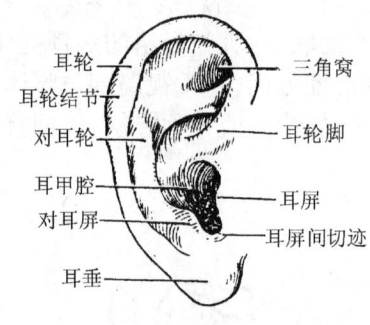

图 2-2　耳郭表面标志

娇贵的耳朵

据说老子耳朵大,人称李耳;刘备耳朵大可"顾自见其耳",吕布骂他"大耳儿"。长一副漂亮的双耳,会给人增色不少,尤其饰以个性化的耳环。但耳郭还是很娇嫩的,一旦不小心让作为支架的软骨发炎,变成液状的脓液,可能就很难恢复到原来的"美"了。

用力挖耳损伤外耳道,可能只是有点疼痛而已,倘不小心损伤了薄薄的鼓膜甚或捅个"脑脊液耳漏",损伤听力为轻,还有可能引起颅内的感染。

耳朵的听觉很灵敏,但 90 分贝左右的噪音就可以使你耳朵受到损害,时间长了更坏。

干祖望在医话中提到这样一件事:考试时问"耳有哪两个功能?"一个学生的答案为"听觉和戴眼镜"。看来保护好耳郭也是戴眼镜的需要。

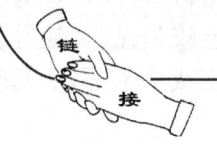

骨膜炎,甚至发生坏死,导致耳郭畸形。耳郭血管位置浅表,皮肤菲薄,血流缓慢,易受冻伤。耳郭有许多耳针穴位,值得认真研究。

（2）外耳道

外耳道起自外耳道口,内至鼓膜,全长约 2.5～3.5 厘米,由软骨部和骨部组成,外 1/3 为软骨部,内 2/3 为骨部,其交界处较窄称为峡部,异物常嵌于此处。

外耳道略呈 S 形弯曲。在成人其走向是先后上而后弯向前下,故在检查外耳道深部或鼓膜时,需将耳郭向后、上、外方提起。婴幼儿由于外耳道骨部和软骨部未发育完全,软骨部的上下壁相接近呈一缝隙,但外耳道外端略向上倾斜,检查时须将耳郭向后、下、外方牵拉。由于鼓膜向前下方倾斜,因而外耳道前下壁较后上壁约长6毫米。

外耳道软骨部皮肤有毛囊、皮脂腺及耵聍腺,外伤后易感染成疖。外耳道皮肤较薄,与软骨膜和骨膜附着较紧,发炎时疼痛较甚。且可因下颌关节的运动,改变外耳道软骨的形态,使疼痛加剧。

外耳的动脉由颈外动脉的颞浅动脉、耳后动脉和颌内动脉所供给,静脉流入颈外静脉,颌内静脉和翼静脉丛。

外耳的神经由下颌神经的耳颞支,来自颈丛的耳大和枕小神经、面神经的耳后支和迷走神经的耳支所组成。当刺激外耳道时,常引起反射性咳嗽,是迷走神经受刺激的缘故。

外耳的淋巴流入耳前淋巴结、耳后淋巴结,少数流入颈浅淋巴结和颈深淋巴结。

2.1.1.2 中耳

中耳是一个含气的空腔,包括鼓室、咽鼓管、鼓窦及乳突气房。

(1) 鼓室

鼓室又名中耳腔。位于颞骨内,介于鼓膜与内耳外壁之间。为一含气空腔,有上、下、内、外、前、后六个壁(图2-3)。

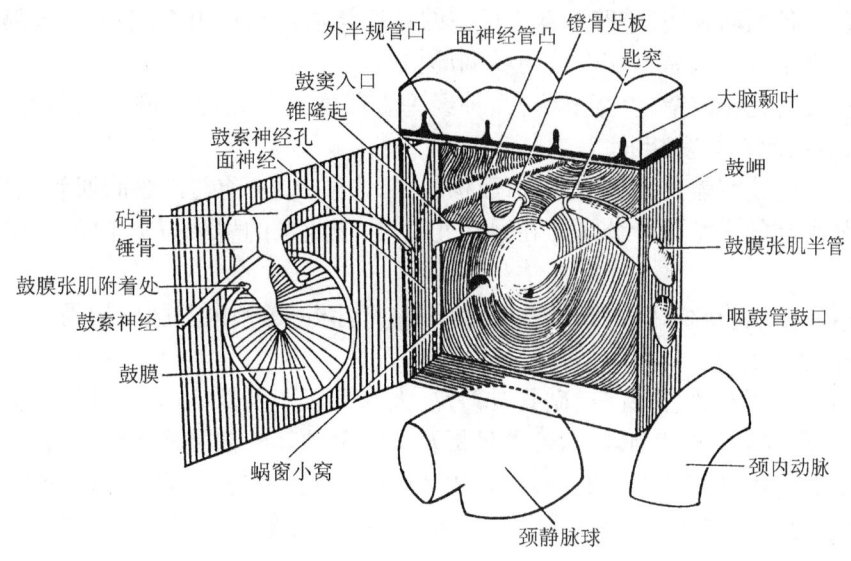

图2-3 鼓室六壁模式图(右)

1) 外壁:大部分为鼓膜(图2-4)。鼓膜位于外耳道与鼓室之间。为8毫米×9毫米,厚0.1毫米的椭圆形、灰白色、有光泽、半透明的弹性薄膜。呈浅漏斗状,凹面向外,斜置于外耳道,与外耳道底约成45°角。婴幼儿由于外耳道骨部未发育,鼓膜几乎与外耳道底部平行。

正常鼓膜有以下标志:鼓膜中央凹点的最深部,相当于锤骨柄的尖端,名鼓脐;鼓脐前下方达鼓膜边缘有一个三角形反光区,名光锥;光锥后上方的白色条纹称锤纹,实为锤骨柄的映影;其上端灰白色圆形小突起称锤骨短突;在锤骨短突前、后各有一条皱襞,称锤骨前襞、锤骨后襞,二者均为锤骨短突挺起鼓膜所致,为紧张部与松弛部的分界线。为便于临床描述,常将鼓膜分为四个象限：即沿锤骨柄做一假想延长线，另经鼓膜脐做一与其垂直又相交的直线，将鼓膜分为前上、前下、后上、后下四个象限（图2-5）。

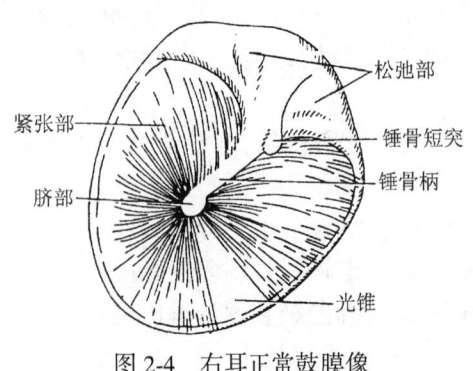

图2-4 右耳正常鼓膜像

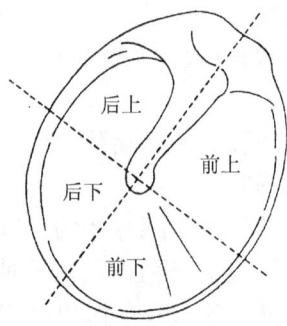

图2-5 鼓膜的四个象限

2）内壁：即内耳的外壁（图2-3）。中央隆起处名鼓岬，为内壁中央较大的膨凸，系耳蜗底周所在处；在鼓岬后上方有前庭窗，又名卵圆窗，被镫骨足板及环韧带所封闭，向内通向内耳的前庭。蜗窗又名圆窗，位于鼓岬后下方，为圆窗膜（又称第二鼓膜）所封闭。面积为2平方毫米，向内通向耳蜗鼓阶。鼓岬上方有面神经管水平段通过。

3）前壁：又名颈动脉壁，前壁下部以极薄的骨板与颈内动脉相隔；上部有鼓膜张肌管的开口和咽鼓管的鼓室口。鼓室借咽鼓管与鼻咽部相通。

4）后壁：又名乳突前壁，上宽下窄，面神经垂直段通过此壁之内侧。上部有一小孔，名鼓窦入口，上鼓室借此与鼓窦相通。

5）上壁：又名鼓室盖，由颞骨岩部前面构成，后连鼓窦盖，前与鼓膜胀肌管之顶相连续，鼓室借此壁与颅中窝的大脑颞叶分隔。在婴幼儿时，位于此壁的岩鳞裂常未闭合，中耳炎症易由此波及到脑。

6）下壁：亦称颈静脉球壁，为一较上壁狭小的薄骨板，与颈内静脉球相隔。

（2）鼓室内容物

鼓室内有三块听小骨，即锤骨、砧骨、镫骨。大部分居于上鼓室内，借韧带与关节组成听骨链。听骨链以锤骨柄与鼓膜相连，以镫骨足板及其周围的环状韧带连于卵圆窗，砧骨位于锤骨和镫骨之间。鼓室内还有两条小肌肉：镫骨肌和鼓膜胀肌。前者收缩牵引镫骨小头向后，使镫骨底板的前端向后外，减少对内耳的压力；后者收缩牵引锤骨柄向内，增加鼓膜张力。

（3）咽鼓管

咽鼓管是沟通鼓室与鼻咽部的通道。它起自鼓室前壁，向前、内、下方斜行，止于鼻咽部侧壁。一端开口于中耳鼓室前部叫咽鼓管鼓口，一端开口于鼻咽部侧壁叫咽鼓管咽口。咽鼓管是中耳与外界大气相交通的惟一管道，也是中耳感染的主要途径。成人全长约35毫米，管径最窄处仅0.5毫米。

咽鼓管近鼓室端为骨部，占全长1/3，是经常开放的；近咽端为软骨部，占全长2/3，呈裂隙状，是经常闭合的，当张口、吞咽、呵欠等动作时，才使咽口瞬息开放，以调节鼓室气压，保持鼓膜内、外压力的平衡，维持中耳正常生理功能。

咽鼓管黏膜为假复层柱状纤毛上皮，纤毛运动方向朝向鼻咽部，不断将鼓室的分泌物排除至鼻咽部，又因软骨部黏膜呈皱襞样，具有活瓣作用，故能防止咽部液体进入鼓室。

成人咽鼓管的鼓口约高于咽口 15~25 毫米,且管道有自然弯曲,有利于引流和排液,婴幼儿的咽鼓管较直,咽口与鼓口几乎在同一水平面,且管腔较短,管径较宽,故鼻腔和咽部的炎症容易经此管侵犯中耳(图2-6)。

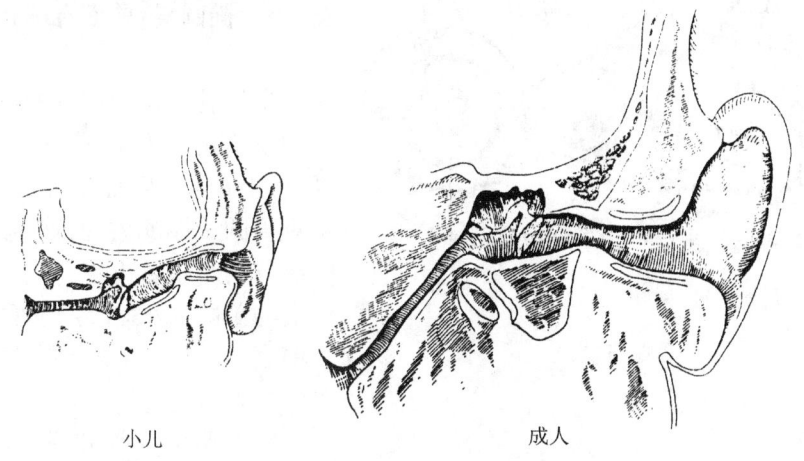

小儿　　　　　成人

图 2-6　成人与婴幼儿的咽鼓管比较

（4）鼓窦

鼓窦为鼓室后上方的含气空腔,出生时即存在,但幼儿鼓窦的位置较浅较高,随着乳突的发展而逐渐向后下移位。鼓窦向前经鼓窦入口与上鼓室相通,向后下通乳突气房。

（5）乳突

出生时乳突尚未发育,多自 2 岁后始由鼓窦向乳突部逐渐发展,6 岁左右气房已有较广泛的延伸,最后形成许多大小不等,形状不一,相互沟通的气房,内有无纤毛的黏膜上皮覆盖。

中耳的动脉来自颌内动脉的鼓室支,耳后动脉的鼓室支和脑膜中动脉的分支。静脉流入岩上窦和翼静脉。

中耳的神经为面神经和鼓丛神经。

2.1.1.3　内耳

内耳又称迷路,位于颞骨岩部内,含有听觉与位觉重要感受装置。外层是由厚 2~3 毫米的骨质形成的骨管,称骨迷路,在骨迷路里悬浮着同形状,但只有其1/4大小的膜性管,称膜迷路。骨、膜迷路之间充满外淋巴液,膜迷路内含有内淋巴液。

（1）骨迷路

骨迷路分为耳蜗、前庭、半规管三部分(图2-7):

耳蜗　位于迷路前部,呈蜗牛状,主要由中央的蜗轴和周围的骨蜗管组成。骨蜗管旋绕蜗轴二周半,基底转向鼓室内侧壁,形成鼓岬。蜗轴在耳蜗的中央,呈圆锥形,从蜗轴有骨螺旋板伸入骨蜗管,达管径的一半,有基底膜连续螺旋板达耳蜗管的外壁,将骨蜗管分为上下二部,前庭阶居上,与前庭相通,鼓阶居下,借圆窗与鼓室相通。两阶内均含外淋巴液,借蜗尖部的蜗孔彼此相通。中间为膜蜗管,又名中阶,含内淋巴液。

前庭　位于骨迷路的中部,呈椭圆形。前部与耳蜗相通,后部与半规管相通。外壁为鼓室

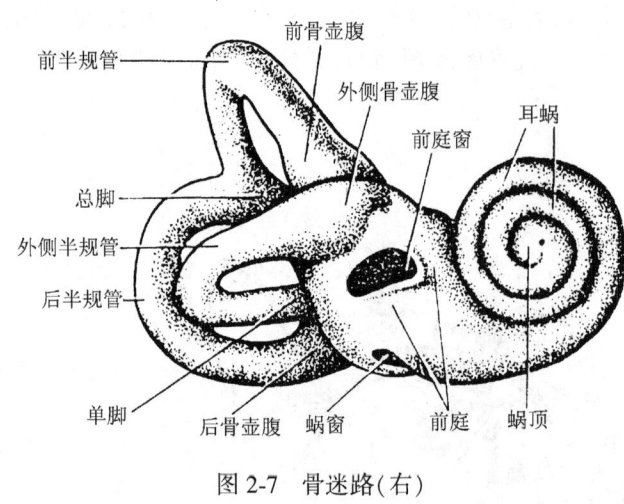

图2-7 骨迷路(右)

内侧壁的一部分,有前庭窗和镫骨底板相连。前庭腔内壁有从前向后下弯曲的斜形骨嵴,名前庭嵴。前庭嵴后面有椭圆隐窝,内含椭圆囊;前面有球状隐窝,内含球囊。

半规管 位于前庭的后上方,为三个互相垂直的半环形骨管,即外(水平)半规管、上(前)半规管和后半规管。每个半规管的一端膨大处,称壶腹。上半规管内端与后半规管上端合成总脚,外半规管内端为单脚,故3个半规管共有5个孔通入前庭。

(2)膜迷路

膜迷路由膜管和膜囊组成。借纤维囊固定于骨迷路内,形态与骨迷路相似,亦分三部分(图2-8)。

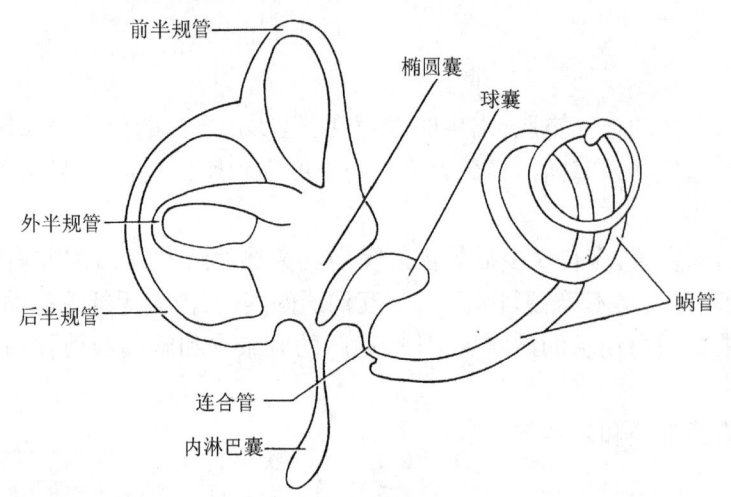

图2-8 膜迷路示意图

蜗管 为膜性螺旋管,两头为盲端,充满内淋巴液。横切面为三角形,底为螺旋板及基底膜,基底膜上有柯替氏器,或称螺旋器,为听觉末梢感受器。

椭圆囊与球囊 二囊均在骨前庭内。膜半规管借五孔通入椭圆囊。球囊借联合管通入蜗管。椭圆囊和球囊各有一小管合并成内淋巴管。椭圆囊壁上有椭圆囊斑,球囊壁上有球囊斑。囊斑内有带纤毛的感觉上皮细胞和前庭神经末梢,其纤毛上覆盖一层胶性耳石,又称位觉砂,为静平衡末梢感受器。

膜半规管 与骨半规管形状相同。壶腹部有壶腹嵴,为供给半规管前庭神经支的终点,由支持细胞和毛细胞神经上皮组成,是前庭周围感受器的部分。

内耳的动脉来自脑基底动脉的内耳道支,静脉自内耳静脉流入岩下窦或横窦。

听神经离脑干后,与面神经进入内耳道。在内耳道内分为耳蜗及前庭二支,耳蜗支穿入蜗轴内形成蜗螺旋神经节,节内双极神经细胞的远侧突穿过螺旋板,终止于柯替器。前庭支在耳道内形成前庭神经节,节内双极细胞的远侧突终止于半规管的壶腹嵴,球囊斑和椭圆囊斑。

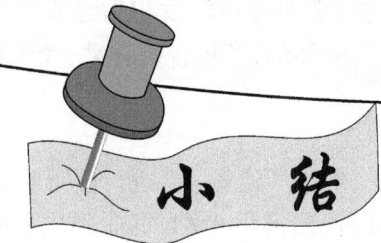

耳分为外耳、中耳、内耳三部分。

外耳包括耳郭及外耳道。耳郭的表面标志主要有耳轮、对耳轮、三角窝、耳甲腔、耳屏、耳垂等。外耳道由于成人与婴幼儿的不同,因此在检查成人外耳道及鼓膜时,需将耳郭向后、上、外方牵拉。检查婴幼儿时,需将耳郭向后、下、外方牵拉。

中耳是一含气的空腔,包括鼓室、咽鼓管、鼓窦及乳突气房。鼓室有上、下、内、外、前、后六个壁。其外壁大部分是鼓膜,正常鼓膜有以下标志:鼓脐、光锥、锤纹、锤骨短突、前、后皱襞。咽鼓管是沟通鼓室与鼻咽部的通道。由于婴幼儿咽鼓管宽、短、直,故鼻腔、咽腔的炎症容易经此管侵犯中耳。鼓室通过鼓窦入口与鼓窦及乳突相通。

内耳包括耳蜗、前庭、半规管三部分。外层为骨迷路,内层为悬浮在骨迷路中,但只有其1/4大小的膜迷路。

1. 简述耳的解剖结构。
2. 检查外耳道深部及鼓膜时,应注意什么?
3. 鼓膜的正常标志是什么?怎样划分其象限?
4. 什么是咽鼓管?有何作用?成人与婴幼儿有何不同?

2.1.2 耳的生理功能

 学习目标

1. 掌握耳听觉功能空气传导的途径
2. 熟悉骨传导的作用
3. 了解耳的平衡功能

耳的生理功能包括听觉和平衡两部分。

2.1.2.1 听觉功能

听觉是大脑听觉中枢对声波刺激的主观感觉。声波(声波是声源发出后经媒质传播的机械振动波,又称声音)由空气传导和骨传导途径传入内耳的耳蜗,产生神经冲动,经听神经传至听觉中枢,产生听觉。正常情况下以空气传导为主。

(1) 空气传导

它是声波传入内耳的主要途径。声波由耳郭收集,经外耳道振动鼓膜,使听骨链产生位移,前庭窗上的镫骨的振动激动前庭阶外淋巴,经前庭膜使内淋巴振动,进而刺激耳蜗的感音结构(基底膜上的螺旋器)产生神经冲动,此冲动通过耳蜗神经纤维传入大脑皮层听觉中枢,产生听觉。

此外,鼓室内的空气振动也可经蜗窗膜激动鼓阶外淋巴,使基底膜上的螺旋器兴奋,产生听觉,但力量微弱。

空气传导的途径简示如下(图 2-9):

声波 —耳郭、外耳道→ 鼓膜的振动 → 听骨链位移 → 前庭窗 → 内耳淋巴液波动 → 基底膜的振动 → 螺旋器兴奋 → 听神经 → 听觉中枢 → 产生听觉。

图 2-9 空气传导的途径

(2) 骨传导

骨传导是指声波直接由颅骨传至耳蜗,使内耳淋巴液产生振动。这种传导仅在气导系统发生障碍时才起作用。当耳部疾病引起听觉障碍时,骨导听觉在鉴别诊断中有重要意义。

2.1.2.2 平衡功能

正常情况下,人体保持平衡,依靠本体感受器、视器及前庭器官的相互协调一致,其中以前庭器官最为重要。前庭感受器由椭圆囊斑,球囊斑和壶腹嵴组成。

椭圆囊和球囊主要感受直线加速或减速运动,以及头位改变的刺激,发生各种反射,使身体姿势作适当的调整,以免倾倒。当头部受直线加速作用时,两囊毛细胞的纤毛受其表面位觉砂反方向移位的刺激,使前庭神经末梢产生神经冲动。当头部固定不动时,椭圆囊及球囊感受到内淋巴液的压力是恒定的,因此可以保持身体静态时平衡。

半规管主要感受旋转运动的加速或减速的刺激。每侧三个互相垂直的半规管能对来自三维空间任一平面的旋转刺激产生反应。当头部受角加速度作用时,膜半规管内的内淋巴液因惯性而发生反旋转方向的流动,推动壶腹嵴帽同向倾倒,同时,嵴帽内毛细胞的纤毛弯曲而受刺激,使其基底部的前庭神经末梢产生神经冲动。故半规管又称动平衡器官。此外,也可产生一些植物性神经反射,表现为眩晕、出汗、皮肤苍白、恶心、呕吐等。这些反应的性质及程度与前庭感受器的兴奋性有关,兴奋性较高的反应较剧,甚至导致病态。

耳的生理功能包括听觉和平衡两部分。

听觉功能是声波由空气传导和骨传导途径传入耳蜗,产生神经冲动,经听神经传导而产生的,正常情况下以空气传导途径为主。

平衡功能的产生,主要依靠本体感受器、视器及前庭器官的相互协调一致,其中以前庭器官最为重要。由于前庭掌管人体的静态平衡,半规管掌管人体的动态平衡,所以分别被人们称为"静平衡器官"和"动平衡器官"。

1. 耳的生理功能是什么?
2. 声波传入内耳的途径有几种?分述之。

2.1.3 耳与脏腑经络的关系

1. 了解耳与五脏六腑的关系,树立整体观念,明确耳与肾、心、肝、胆、脾、肺等脏腑在生理病理上的密切关系
2. 熟悉耳与经络关系以及耳与脏腑经络关系在临床应用上的重要意义

脏腑是人体生理功能、病理变化的活动基础,经络是人体气血运行、脏腑肢节联系、上下表里沟通的通道。二者配合把人体的五脏六腑、四肢百骸、五官九窍、皮肉筋脉组成一个有机的整体。由于脏腑不同的生理功能,经络循行不同的途径,使耳与不同脏腑发生不同程度的联系。

2.1.3.1 耳与脏腑的关系

在耳的生理功能和病理变化中,与肾、心、肝、胆、脾、肺等脏腑的关系较为密切,尤其是与肾及肝胆关系最为密切。

肾　耳为肾之外窍,耳的生理功能由肾所主。肾为藏精之脏,受五脏六腑之精而藏之。肾之精气上通于耳,肾气充沛,耳窍得精气的滋养,则耳的功能健旺,听力聪敏。若肾虚精亏,耳失所养,则耳的生理功能失健。如《济生方·耳门》所说,"肾气不平,则耳为之受病也"。《灵枢·海论篇》指出:"髓海不足,则脑转耳鸣。"肾脏的病理变化可影响于耳窍,观察耳的病症,可判断脏腑病变,某些耳的疾患,由于外邪所犯,可引起肾脏发生病变。

心　心寄窍于耳,耳为心之客窍。《证治准绳·杂病》说:"心在窍为舌,以舌非空窍,因寄窍于耳,则肾为耳窍之主,心为耳窍之客。"生理上,心主神明,耳司听觉,受心的主宰;心主血脉,耳为宗脉之所聚,心血充沛,上奉于耳,则听觉聪敏;手少阴心之脉络于耳中,肾之精气上通于耳,心肾相交,心火肾水相互调和,则清净精明之气上走空窍,耳受之而听觉聪敏。病理上,心虚血耗,耳失所养,或心肾不交,水亏火旺,上扰清窍,皆使听闻之乱。

肝　肝气通于耳,《医学心悟·卷四》说:"足厥阴肝,足少阳胆经皆络于耳。"《辨证录·耳痛门》说:"肝为肾之子,肾气既通于耳,则肝气未尝不可相通者。子随母之象也。"正因肝肾同源,肝气假肾气以通于耳,又肝主疏泄、藏血,所以,耳的正常生理功能有赖于肝血充沛、肝气条达。多种耳病,常由于肝脏功能失调所引起。

胆　胆附于肝,肝与胆互为表里,胆足少阳之脉,其支者从耳后入耳中出走耳前。经脉相互络属,其生理、病理变化关系非常紧密,耳的正常生理功能亦有赖于肝胆气机调达。肝胆主升发,喜条达,若肝胆失调,胆经有热,易上逆于耳而为病。《类证治裁·卷六》亦说:"有肝胆火升,常闻蝉鸣者。"胆经病变往往兼有肝经病变,常因气机上逆,闭阻耳窍而导致耳病。

脾　脾为后天之本,气血生化之源,主输布水谷精微和运化水湿。脾功能正常,则清气上升,浊阴下降,耳为清窍,得清气濡养而健旺,若脾气虚,气血化生不足,清气不能上奉,耳窍失养,易为邪毒所犯;若湿困于脾,以致湿浊停聚,聚湿生痰,蒙蔽清窍。如《素问·玉机真脏论》说:"脾为孤脏,……其不及,则令九窍不通。"《灵枢·口问》说:"上气不足,脑为之不满,耳为之苦鸣,头为之苦倾,目为之眩。"则指出脾虚气血生化不足,清阳不升,脑失充养,致生耳鸣、脑转、目眩的耳眩晕症。

肺　手太阴肺之脉会于耳中,肺主声,令耳闻声。肺肾同源,肺为肾之母,肺气通于耳,中耳的功能与肺气有关,所以,在生理上,耳与肺有着密切的关系,若肺经受邪,易致邪阻耳窍为病,如《素问·气交变大论》说:"肺金受邪……咽燥,耳聋。"临床上常见外感表证,肺气不宣,致鼻塞、流涕之时,可出现耳胀、耳鸣、听力障碍等症,故有"耳聋治肺"一说,肺虚,亦可导致耳聋,如《素问·脏气法时论》:"肺病者……虚则不能报息,耳聋嗌干。"

2.1.3.2　耳与经络的关系

耳是经络聚会之处,通过经络的循行,构成了耳与五脏六腑,全身各部广泛的联系,在《灵枢·邪气脏腑病形篇》说:"十二经脉,三百六十五络,其气血皆上于面而走空窍……其别气走于耳而为听",其中直接循环于耳的经脉有:

足少阳胆经、手少阳之三焦经,均从耳后入耳中,走耳前。

足阳明胃经,从颊车上耳前。

手太阳小肠经,从目锐眦入耳中。

足太阳膀胱经,从巅至耳上角。

其中,尤以足少阳胆经与耳关系最为密切。《血证论》说:"足少阳胆脉统耳轮。"此外,有络脉入耳者,如《素问·缪刺论》说:"邪客于手足少阴太阴足阳明之络,此五络皆会于耳中。"

由于耳与人体各器官组织广泛的联系,以及经络循行所属之不同,使人体各个部位和器官在耳窍上均有其对应点,因此,将耳郭分区,分别隶属于人体各器官组织,以此作为观察和治疗疾病的依据。这就是耳针治疗疾病的基本原理,并已日趋普遍。

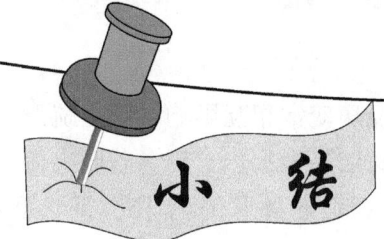

耳与五脏六腑都有联系,但临床上与肾、心、肝、胆、脾、肺的关系较为密切,尤其与肾及肝胆的关系最密切,所谓"虚证耳病多责之于肾,实证耳病多责之于肝胆"是也。近年来,耳与肺的关系也受重视,其关系主要从生理、病理两个方面来认识。

耳为经脉循行聚会之处,十二经中以阳经与耳的关系较为密切。手足三阳经中,除手阳明大肠经外,余皆直接循行于耳;手足三阴经中,手足少阴、太阴及足厥阴肝经之络,皆会于耳。

1. 怎样理解肾、心、肝、胆、脾、肺与耳的关系?
2. 用耳针治疗疾病的依据是什么?

2.1.4 耳病的病因病机概述

 学习目标

1. 了解耳科疾病不同外因、内因和不内外因所产生不同的病理变化
2. 理解不同病理变化引起局部症状不同的表现

耳病的发生,内因多由肾、肝胆、心、脾、肺等脏腑的功能失调,外因多为风、热、寒、湿之邪侵袭。不内外因是饮食所伤及外来伤害。不同病邪,不同脏腑病变,就产生了不同病理变化和病证,一般来说,实证、热证的急性耳病,多责之于肝胆,虚证寒证的慢性耳病,多责之于肾、脾。

2.1.4.1 邪毒侵袭

耳为清空之窍,易招致外邪而为病。邪毒侵袭耳窍的病症,多属急证、热证、实证,病变部

位以外耳、中耳居多。邪毒侵袭因于风寒、风热者,可致肺失宣降,邪壅耳窍,或少阳胆经受邪,经气痞塞,以致中耳为患,产生耳内胀闷闭塞,听力障碍等症;邪毒直犯耳窍,内传肝胆,风火热毒结聚于耳,气血壅滞,可致外耳或外耳道红肿疼痛等症;若风热湿邪犯耳,内传于脾,湿热熏蒸于耳,可致耳部湿疹痒痛等症。

2.1.4.2 肝胆湿热

胆经经脉内络于肝,外循于耳,肝胆互为表里,二经病变常相互影响。肝主疏泄,喜舒畅条达,若疏泄失常,则郁而化热;胆性刚强,邪犯及胆,其病变多为火热上灼。若肝火偏盛,上扰清窍,可致耳鸣、耳聋、头痛眩晕等症,或突发耳聋、耳鸣如潮;若外邪侵犯耳窍,湿热邪毒壅盛传里,犯及肝胆,肝胆湿热,循经搏结于耳窍,内外湿热熏蒸,则致气血壅滞,甚或化腐为脓,发为红肿剧痛,溃破流脓等中耳或外耳病变,若火毒炽盛,灼蚀耳后完骨,可致耳根毒。

2.1.4.3 邪犯心经

火毒壅盛,久困于里,内犯心经,心火炽热,上侵脑髓,结为痰火,痰火内扰,扰乱心神,多见于脓耳火毒炽盛,腐蚀蒸灼耳骨,致脓毒走散而致脓耳变证,症见耳脓突然减少,疼痛加剧,高热、烦躁、神昏谵语、头痛、呕吐、颈项强直、抽搐、昏睡等危重证候。

2.1.4.4 肾脏亏损

肾主一身精气,藏真阴而寓元阳,为水火之脏,肾精损耗,耳失滋养,功能不健,易为邪毒滞留引起耳病。若肾阴虚,则阴精亏损,无以制火,虚火上炎,清窍受扰;肾阳虚,则阳气虚弱,温煦生化功能不足,寒水上犯,停聚耳窍,以上均可出现耳聋、耳鸣、眩晕、流脓。

肾主骨,肾虚则骨弱,若湿浊久聚,腐蚀耳骨,可致脓耳变证。

心气亦通于耳,心火肾水互济为用,若肾阴亏损,水不制火,心肾不交,心火独亢,上扰清窍,可致耳鸣耳聋。

肝肾同源,精血互生,肾精亏损,则肝血亦亏,以致水不涵木,肝阳上亢,扰动清窍而致耳鸣耳聋,眩晕等症。

2.1.4.5 脾气虚弱

脾为后天之本,气血生化之源,主升清降浊。脾气虚弱,则气血生化不足,耳窍失养,邪毒易于滞留,同时,脾虚生湿,湿困于脾,清阳不升,湿浊邪毒停聚耳窍而为病,出现耳鸣耳聋,耳内流脓,耳周皮肤湿烂,眩晕等症。

2.1.4.6 气血瘀滞

耳为宗脉之所聚,故诸经的病变皆可影响及耳。若起居失宜,猝受惊恐,气血逆乱;或思虑伤脾,气结血滞;或郁怒伤肝,肝失疏泄,气机不畅,血液凝滞;或跌打损伤,脉络受损,血溢脉外,气血瘀阻;或耳病失治、误治,迁延日久,邪毒滞留,脉络闭阻等原因,皆可导致耳窍经脉之气血运行障碍,血液瘀滞,阻闭清窍,遂成耳闭、耳鸣耳聋等症。

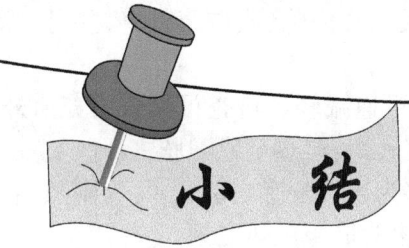

耳病的内因多因肾、心、肝、胆、脾、肺等脏腑功能失调,外因多由于风、热、寒、湿等外邪侵袭与外伤。实证多为风、热、湿邪侵袭,脏腑病变多为肝、胆、心、肺等;虚证多为湿邪,脏腑病变多为脾、肾。其病因病机归纳有:邪毒侵袭、肝胆湿热、邪犯心经、肾脏亏损、脾气虚弱、气血瘀滞等。

1. 耳病常见病因有哪些?
2. 邪毒侵袭所致耳病的病因病机如何?
3. 简述肝胆湿热所致耳病的病因病机?
4. 虚证耳病的病因病机是什么?
5. 邪犯心经的病机实质是什么?

2.1.5 耳病的辨病与辨证要点

1. 掌握耳科疾病的几个主要症状的辨病与辨证方法
2. 了解局部辨证与全身辨证相结合的重要性及临床应用

耳病辨证是以望、闻、问、切四诊和必要的现代医学检查资料,采取局部与全身辨证相结合,运用八纲辨证和脏腑辨证为主的辨证方法进行辨析,以鉴别同一症状可能存在的不同疾病和不同证候。本节将耳痛、耳脓、耳鸣耳聋、眩晕等耳病常见的几个主要局部症状分别辨析如下:

2.1.5.1 辨耳痛

耳痛主要见于耳疖、耳疮、耳胀、急性脓耳等。

耳病初起耳痛,咀嚼或按压耳屏,牵拉耳郭,疼痛加剧,无耳流脓,检查见外耳道红肿或糜烂,多为耳疖、耳疮,多因火热邪毒,上攻耳道,作肿成脓。

耳痛较轻兼耳内胀闷感，无耳内流脓，检查见鼓膜微红内陷，或鼓膜外突，并可见液平面，为耳胀。多因风热之邪侵袭所致。

耳痛剧烈，痛如锥刺有跳动感，耳内流脓后，疼痛迅速减轻。检查可见鼓膜充血外突或鼓膜穿孔，脓液从中耳溢出者，多为急性脓耳。属于肝胆火炽，湿热壅盛酿脓之证。

耳痛初起，痛势较轻，兼耳内堵塞感，鼓膜微红，多为风热外感之证，若耳痛剧烈，鼓膜红肿甚者，多为肝胆火热之证，兼有脓液或黄水淋漓者，则多为肝胆湿热之证。

耳内微痛不适或胀闷感，或兼耳鸣重听，无流脓病史者，多为肝肾不足或脾气虚弱，正不胜邪，邪滞耳窍之证。若耳痛轻，有流脓史，鼓膜穿孔，听力下降，为慢性脓耳，属脾气虚，兼有湿浊停聚，流脓臭腐者，多为肾元亏损，邪毒停聚。

耳痛加剧，耳脓骤然增多或减少，头痛剧烈，壮热呕吐甚或神昏谵语，为脓耳变证，此为火毒内攻，邪犯心包之重证。

2.1.5.2　辨耳脓

耳脓有新久之分，主要见于急、慢性脓耳。

（1）新病

耳流脓，耳痛，鼓膜红肿并穿孔，鼓室积脓者为急性脓耳，耳脓稠黄，多因肝胆火热，上蒸耳窍，灼腐肌膜；黄而量多者，多属湿热熏蒸，脓中夹血者，多为肝经火热，热伤血分。

（2）久病

耳时流脓，鼓膜穿孔，中耳腔有脓者，为慢性脓耳。若脓液清稀而量多，或牵丝如胶者，属脾虚湿聚耳窍；若脓黄黏而量多，为脾虚湿热之证，若脓液黑腐臭秽或有豆腐渣样物者，多为肾元亏损，湿热邪毒滞留，蒸灼肌膜，蚀及骨质，属正虚邪实之证。

2.1.5.3　辨耳鸣耳聋

多种耳病均可发生耳鸣耳聋，如异物入耳、耵耳、耳疖、耳疮、耳胀、耳闭、脓耳、耳眩晕等。

耳鸣耳聋，有异物入耳史，检查外耳道有异物者为异物入耳。

耳鸣耳聋，检查外耳道有耵聍堵塞，取出耵聍后症状立即消失者，为耵耳。

新病耳鸣耳聋，兼耳痛，检查外耳道红肿者，为耳疖耳疮，属风热邪毒或肝胆湿热为患。

新病耳鸣耳聋，兼耳胀痛，检查鼓膜微红，内陷或外突或见液平面，为耳胀，属风邪侵袭，经气痞塞。病久，兼耳内闭塞感，检查鼓膜混浊内陷，为耳闭，属邪毒滞留，气滞血瘀。

耳鸣耳聋，兼耳流脓，检查鼓膜穿孔，中耳有脓者，为脓耳，以脓液辨证为主。

耳鸣耳聋者，并且突发眩晕，自觉天旋地转，伴恶心、呕吐或有上述发病史者，为耳眩晕，以眩晕辨证为主。

耳鸣耳聋，非因于耳窍实质性疾病所致，听力呈感音性耳聋，属耳鸣耳聋病，耳鸣耳聋暴发多实，渐发多虚，新病多实，久病多虚。

耳鸣耳聋暴发，鸣声粗大，多为肝胆之火上逆，或痰火郁结上扰清窍；耳鸣耳聋渐发，鸣声尖细，多为肝肾阴虚，虚火上炎，或气血不足，耳失濡养。

暴聋多以风、热、湿、邪壅滞耳窍为主；渐聋多以肝、脾、肾等脏腑虚损为主。

年老，听力失聪，无耳流脓史，多为肝肾两亏，气血不足，不能上荣所致。

耳鸣耳聋因于外伤所致者多为气滞血瘀，因外感热病之后者多为阴虚。

2.1.5.4 辨眩晕

诱发眩晕的原因很多,这里只略述耳病引起的眩晕,即耳眩晕。其特点为突然发作眩晕,自觉天旋地转,伴有耳鸣耳聋,恶心呕吐,眼球震颤等症状。

眩晕伴头痛,耳痛胀闷感,面红耳赤,烦躁易怒,口苦咽干,多属肝阳上亢之证。

眩晕伴头重、头胀、胸闷、倦怠、恶心呕吐较甚者,多属痰湿中阻之证。

经常头晕耳鸣,听力下降,遇劳或体位改变突发眩晕,或有心悸少气,神疲乏力者,多属气血不足,脾气虚弱之证。

眩晕时作,伴高音调耳鸣,听力下降,健忘,腰膝酸软者,多属肾精亏损之证。

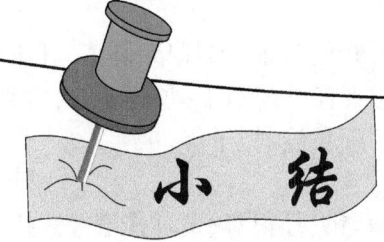

耳病的辨病与辨证主要是根据所获病情资料,运用中医基本理论及耳科学知识,进行综合分析,以鉴别同一症状可能存在的不同疾病和不同证候,本节对耳痛、耳脓、耳鸣耳聋、眩晕等几个主要病症,分析其辨证要点,并从病因病机加以分析,实际上是对这些病证所属疾病或证候的鉴别诊断,具有临床实用意义。

1. 耳病的主要症状有哪些?
2. 对耳痛一症如何进行辨病与辨证?
3. 耳脓的辨病与辨证的内容包括哪些?
4. 怎样对耳鸣耳聋和眩晕进行辨证与辨病?

2.1.6　耳病的治疗概要

 学习目标

1. 掌握内治法与外治法的运用
2. 了解常用针灸疗法及其他疗法

耳病的治疗方法很多,如内治、外治、针灸、导引等,临床上应根据具体病情,本着"治病必

求于本"的原则,选择适宜的方法,取得较好的疗效。这里介绍几种常用治法。

2.1.6.1 内治法

（1）疏风清热

疏风清热法用于风热之邪侵袭耳窍或风寒化热而致的耳病,如耳疖、旋耳疮、耳胀、耳鸣耳聋等,症见耳痛或耳胀痛,兼堵塞感,耳周痒烂,如并见发热、微恶风寒,头痛,鼻塞流涕,咽痒咳嗽,口微渴,舌苔薄白,脉浮数,为风热表证,治宜辛凉解表,常用方如银翘散、桑菊饮。药物如荆芥、桑叶、菊花、金银花、薄荷、连翘等,如兼见恶寒重、发热轻、头身痛、鼻塞流涕,脉浮紧,为风寒表证,则宜辛温解表,常用方如荆防败毒散,药物如荆芥、防风、柴胡、羌活、川芎等。

（2）清泻肝胆

清泻肝胆法用于肝胆火热、肝胆湿热或肝火上扰耳窍的病证,如耳疖、耳疮、耳胀、脓耳、耳鸣耳聋、耳眩晕等,症见头痛、耳痛、鼓膜充血、耳流脓,兼有口苦咽干,烦躁易怒,舌红苔黄,脉浮数,常用方如龙胆泻肝汤,药物如龙胆草、夏枯草、黄芩、黄连、栀子等。

（3）清热解毒

清热解毒法用于火热邪毒壅滞于耳部的病证。如耳疖、耳根毒、黄耳伤寒等。症见外耳道红肿突起,或耳内流脓色黄,耳后红肿高突,有波动感,全身兼见发热、口渴、溲赤、大便秘结,舌红苔黄,脉数,为热毒壅盛,宜清热解毒,活血消肿。常用方如五味消毒饮、银花解毒汤、仙方活命饮等,药物如金银花、连翘、蒲公英、野菊花、紫花地丁、赤芍、皂角刺、乳香、没药、穿山甲等。

（4）利水渗湿

利水渗湿法用于湿浊之邪停聚于耳的病证,如耳胀、耳郭痰包、耳内流脓、耳眩晕等证,本法常配合其他各法使用,如健脾、清热、化痰,常用药物如茯苓、泽泻、车前子、薏苡仁、通草等。湿邪停聚之证,多伴气滞,宜配入行气通窍药如石菖蒲、陈皮、藿香、路路通等,湿与热并重,加入清热药,如黄芩、金银花、苦参等。

（5）健脾益气

健脾益气法用于脾气虚弱,气血不足,清阳不升,耳窍失养的病证,如耳鸣耳聋、耳眩晕、慢性脓耳等,症见耳鸣耳聋,劳而更甚或脑转眩晕,面色苍白,耳流脓时流时止,清稀而量多,并见疲乏无力,少气懒言,纳少,腹胀,舌淡苔白,脉缓弱,常用方如补中益气汤、益气聪明汤,药物如黄芪、党参、白术、炙甘草、当归、升麻、柴胡,以脾虚湿困为主者,宜健脾渗湿,常用方如参苓白术散、六君子汤,药物如黄芪、党参、白术、茯苓、薏苡仁、陈皮等。

（6）补肾培元

补肾培元法用于肾元亏损,耳窍失养所致的病证。如慢性脓耳、耳鸣耳聋、耳眩晕等,症见耳流脓日久不愈,脓液黑腐臭秽或有豆腐渣样物,或耳鸣耳聋、眩晕,兼见腰膝酸软健忘等肾虚证,若以肾阴亏虚为主者,宜滋阴补肾,常用方如六味地黄丸、左归丸(饮)、耳聋左慈丸等,药物如熟地、山茱萸、淮山药、女贞子、旱莲草、何首乌、桑椹子、龟板、鳖甲等,若兼虚火上炎,宜滋阴降火,常用方如知柏地黄汤,药物如知母、黄柏、天冬、石斛,若肝肾阴虚,肝阳偏亢,宜育阴潜阳平肝,常用方如杞菊地黄丸加钩藤、石决明,药物如菊花、钩藤、淮牛膝、磁石、牡蛎、珍珠母等,如为肾阳亏虚,宜温肾壮阳,常用方如附桂八味丸、右归丸,药物如附子、肉桂、鹿角胶、补骨脂、淫羊藿、菟丝子、锁阳等,若如肾阳虚衰不能温化水液,寒水上泛清窍,宜温阳利水,方用真武汤。

(7) 散瘀排脓

散瘀排脓法用于瘀滞有脓的耳病,如用于脓毒内郁,分泌量多或排出不畅的化脓性病变,如耳疖、脓耳、耳根毒等,多与其他治法配合使用。若热毒壅盛,瘀滞有脓者,宜散瘀排脓,清热解毒,常用方如仙方活命饮,药物如白芷、桔梗、天花粉、薏苡仁、穿山甲、皂角刺等。若为瘀滞有脓,正气不足,流脓日久者,宜补托排脓,常用方如托里消毒散,若脓耳邪毒腐蚀骨质,宜配合活血化瘀,祛腐生新之品,如桃仁、红花、五灵脂、乳香、没药等。

(8) 行气通窍

行气通窍法用于邪毒壅阻窍内,出现气血凝滞,耳窍闭塞等证,如耳鸣耳聋、耳闭、耳胀痛等,宜用行气通窍,辛散辟邪的方法,常用方如通气散,药物如藿香、石菖蒲、青皮、香附、路路通等。临床上,本法常配合其他方法使用。

(9) 活血祛瘀

活血祛瘀法用于气血瘀阻耳窍脉络的病证。如耳闭、耳鸣耳聋等,症见耳内闭塞,日久不愈,耳鸣耳聋,或鼓膜内陷、混浊、增厚,或突发耳鸣耳聋,外无表证,舌质紫暗或有瘀点,脉弦或涩。常用方如通窍活血汤合通气散加减。药物如丹参、桃仁、红花、川芎、香附、柴胡、石菖蒲、路路通等。

2.1.6.2 外治法

(1) 清洁法

清洁法用于耳部不洁的耳病。如耳疮、旋耳疮、脓耳,常用清热解毒,燥湿收敛的中草药煎水清洗患处,以清洁外耳或耳道的脓液或痂块。常用药物如龙胆草、苦参、黄柏、板蓝根等,亦可用内服煎剂上层清液清洗,也可用稀白醋或生理盐水清洗,耳内流脓宜用3%双氧水清洗。

(2) 滴耳法

滴耳法用于耳痛、耳内流脓者,常用清热解毒,收敛祛湿,辟邪止痛的药物滴入耳内,如黄连滴耳液、鱼腥草液,也可用消炎制剂滴耳,一般每次2~3滴,每日3~4次,滴药前要将耳道清洁干净,滴药后应压迫耳屏,使药液进入鼓室,也可用大小适合的棉球沾药塞入耳内,每日换药一次。

(3) 吹药法

吹药法用于脓耳、耳疮、旋耳疮等,用纸筒或喷粉器,将药散少许吹入耳内或患处,常用清热解毒,敛湿除脓的药物研末吹耳,如常用的有烂耳散,耳灵散,冰硼散等,每天吹药2~3次,每次少许。吹药前必须将患处洗净,每次药量不能过多,以免药物堆积,妨碍脓液引流,更不可堵塞鼓膜穿孔处。

(4) 涂敷法

涂敷法用于耳道、耳郭或其周围红肿流水者,用清热解毒,除湿消肿的药物涂敷患部。如耳疖红肿疼痛者,用黄连膏敷于患处,或用紫金锭、如意金黄散,以醋调敷于患处,旋耳疮用青黛散调敷,对于耳痔、耳蕈可用鸦胆子油涂敷以腐蚀其增生物。

2.1.6.3 针灸疗法

多种耳病,都可以用针灸疗法,如耳眩晕、耳鸣、耳聋等。通过针灸可以促使气血和调,经络通畅,以达到扶正祛邪的目的。常用的有体针、耳针、水针及艾灸等方法,可根据病情分别选用。

(1) 体针

体针常用于慢性耳病,如耳鸣耳聋。可采用辨证取穴或循经取穴,或局部与远距离取穴相结合的方法针刺治疗,局部取耳周穴位,如耳门、听宫、听会,实证者取穴多以手足三阳经穴,如中渚、外关、曲池、阳陵泉、行间;虚证者多取背部俞穴或足三里、合谷等。

(2) 耳针

耳针多用于治疗耳鸣、耳聋及慢性耳病,常用穴有肾、内耳、内分泌、枕或在耳郭上寻找压痛点,选择2~3穴或压痛点,用毫针刺入,深度以刺穿软骨不透过对侧皮肤为度,留针20~30分钟,亦有用耳环针刺入皮内,或用王不留行以胶布固定于耳郭皮肤上,留针3~5天。

(3) 穴位注射

穴位注射又称水针,即将药液注射于一定的穴位上,使药物通过经穴而起作用。多用于耳鸣、耳聋,选用上述耳周附近穴位1~2穴,根据病情,注入调补气血,滋养经络,行气活血的药物,如当归、红花、丹参等注射液,或维生素 B_1、B_{12} 等,每次选用1~2穴,每次注入药液0.5~1毫升,每日或隔日一次,一般5~10次为一疗程,如属热性病,可注入鱼腥草液、穿心莲等清热解毒药液。

(4) 刺血法

凡耳科急性炎症,俱可行患侧或双侧耳垂刺血,或双侧商阳,少商刺血,用三棱针刺,每日一次,连续2~3日。

(5) 艾灸法

艾灸法多用于虚寒性耳病,如耳眩晕、耳鸣耳聋,可艾灸百会、翳风、中脘、关元、足三里及背部俞穴等,多采用悬灸法,灸至该处皮肤潮红,煨热为度。

2.1.6.4 其他疗法

按摩导引,是患者自行运动,按摩患处,静坐吐纳,以达到疏通经络,运行气血,舒畅筋骨,导邪外出的一种治病保健方法。

(1) 咽鼓管自行吹张法

咽鼓管自行吹张法用于治疗耳闭的耳鸣,听力下降,鼓膜内陷等,其法如《保生秘要》说:"定息以坐,塞兑咬紧牙关,以脾肠二皆捏紧鼻孔,睁二目,使气串耳通窍内,觉哄哄有声,行之二三日,窍通为度。"即捏鼻、闭唇、鼓气,使气至耳内,日行数次,吹张前先擤净鼻涕。有急性炎症,鼻塞流涕时慎用,以免邪毒窜入中耳。

(2) 鼓膜按摩

鼓膜按摩用于治疗耳闭,鼓膜内陷,其法如《景岳全书》卷二十七说:"凡耳窍或损或塞,或震伤,以致耳聋,或鸣不止者,即宜以手中指于耳窍中轻轻按捻,随捻随放,随放随捻,或轻轻摇动,以引其气,捻之数次,其气必至,气至则窍自通矣。"

(3) "鸣天鼓"

"鸣天鼓"用于预防耳聋、耳鸣。其方法是将两掌心紧贴两耳,两手食指、中指、无名指、小指对称横按在枕部,两中指尖相接触,再将两食指翘起叠在中指上面,然后把食指从中指上用力滑下,重重地叩击脑后枕部,此时可闻洪亮清晰之声如击鼓。先左手24次,再右手24次,最后两手同时叩击48次。每天多次施行,长期坚持。

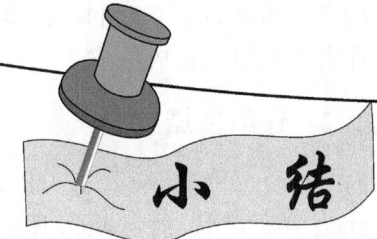

耳病的治疗方法有内治、外治、针灸、导引等多种。内治法主要是根据病因病机及患者的体质情况而采取的治疗方法，常用的内治法有疏风清热、清泻肝胆、清热解毒、利水渗湿、健脾益气、补肾培元、散瘀排脓、行气通窍、活血祛瘀等。这些方法常相互配合使用。外治法是直接对耳局部病灶进行治疗，包括清洁法、滴耳法、吹药法、涂敷法以及必要的手术等。针灸法包括体针、耳针、灸法、穴位注射等，其取穴多在耳周局部及手足少阳经。导引法有咽鼓管自行吹张法、鼓膜按摩及"鸣天鼓"等。

1. 耳病常用的内治法有哪些？
2. 清洁法在外治法中有何作用？
3. 吹药应注意什么？

2.2 耳科疾病

2.2.1 耳疖

学习目标

1. 了解耳疖的病因病机
2. 掌握耳疖的局部症状、内外治法

耳疖，又名耳疔、黑疔、肾疔等，是指因邪热搏结于耳窍所致的发生于外耳道的疖肿，是以耳道局限性红肿疼痛，隆起如椒目为主要表现的疖病类疾病。耳疖为常见的耳科病，常为单发，亦可多发，多见于青少年和儿童，好发于夏秋季节。相当于外耳道疖。

2.2.1.1 病因病机

本病的发生，多因挖耳损伤耳道，或游泳、沐浴污水入耳，风热邪毒乘机侵袭，并引动肝胆火热循经上攻耳窍,与气血搏结,阻遏经脉,蒸灼耳道肌肤发为疖肿。

2.2.1.2 诊断依据

1) 发生于外耳道软骨部。以剧烈跳动性耳痛为主要症状,肿甚阻塞耳道,可伴有听力下降。

2) 外耳道皮肤局限性红肿突起如椒目或有脓头,触痛明显,牵拉耳郭或按压耳屏时疼痛更甚。

2.2.1.3 辨证论治

(1) 风热邪毒侵袭

主证 疖肿初起,患处灼热疼痛,张口、咀嚼时耳痛加剧,全身兼见发热恶风,头痛,检查见外耳道局限性红肿,突起如椒目,牵拉耳郭、按压耳屏时疼痛加重。舌质红,苔薄白,脉浮数。

治法 疏风清热,解毒消肿。

方药 五味消毒饮合银翘散加减。方中野菊花、银花、紫花地丁、天葵子、蒲公英清热解毒,银翘散以疏风清热,亦可加入牛蒡子、柴胡之类,加强疏风散邪之力。

(2) 肝胆火热上蒸

主证 耳痛剧烈难忍,痛引腮脑,局部灼热肿胀,触痛,耳前或耳后红肿脊核肿大疼痛;如肿塞耳道,可有暂时性听力减退。全身可见发热或寒热往来,口苦咽干,小便短赤。检查可见外耳道呈局部性红肿高突,顶部可见黄白色脓点,周围肌肤红赤,破后有少许脓血流出,舌红苔黄,脉弦数。

治法 清泻肝胆,利湿消肿。

方药 龙胆泻肝汤加减。方中龙胆草,山栀泻肝胆实火,黄芩、车前子、泽泻、木通清热利湿,生地、当归滋阴养血,使邪去而正不伤;柴胡条达肝气,甘草和中解毒,脓成未破,可加穿山甲、皂角刺,或选用仙方活命饮清热解毒,活血排脓。亦可用黄连解毒汤或服用牛黄解毒丸。

2.2.1.4 其他疗法

(1) 外治法

1) 内服中药渣再煎,取汁热敷耳部。

2) 黄连膏、鱼石脂膏或抗生素软膏涂敷患处。

3) 若耳前后脊核肿大,可用如意金黄散或紫金锭外敷。

4) 疖肿已成脓者,可切开排脓,或用针尖挑破脓头,放出脓血。放出脓血后,再敷黄连膏,每天换药,局部可用纱条填压,防止肉芽生长。应注意:切开范围不能过大,且切口应与外耳道纵轴平行,以免日后形成狭窄。

(2) 针灸疗法

耳部肿痛时,可针刺合谷、内关、少商、翳风等泄热止痛,用泻法,不留针,每日一次,或于患

> **链接:耳疖也有误诊时**
>
> 耳疖是一常见"小病",多引不起人们注意,但治疗不慎有引起"疔疮走黄"的可能,同时注意不要误诊,尤其是按常规治法效果不好的。据报道,有一男性患者,47岁,左外耳道内生长一绿豆大小包块,掏耳时疼痛,误诊为"外耳道疖肿",行切开引流治疗3次,但切口长时间换药难以愈合,最后取活检确诊为"左耳道基底细胞癌"。

侧耳垂放血。

2.2.1.5 预防和护理

1) 戒除挖耳习惯,防止污水入耳,如有水灌入,可将外耳道口朝下,单足跳跃,使耳内积水倒出。
2) 患病后,睡眠时患耳应在下侧,但注意不能受压。
3) 护理上,应保持外耳道的清洁,如疖肿已破,应经常清除脓液。脓未成,禁止过早切开引流。
4) 多进清淡饮食,忌一切海味鲜发及油腻辛辣食物,以防复发。
5) 如疖肿反复发作,要注意寻找全身性诱因。

耳疖是指因邪热搏结于耳窍所致的外耳道的疖肿,多因风热邪毒乘机侵袭,引动肝胆火热与气血相搏而成。

风热邪毒侵袭型的治法为疏风清热,解毒消肿,方用五味消毒饮合银翘散加减,肝胆火热上蒸型的治法为清泻肝胆,利湿消肿,用龙胆泻肝汤加减。外治法主要有:热敷、涂敷、切开排脓等治法,达到清热毒、行气血、消疖肿的目的。

1. 试析耳疖的病因病机?
2. 如何对耳疖进行辨证论治?

2.2.2 耳疮

1. 了解耳疮的病因病机
2. 掌握急、慢性耳疮的主要症状、辨证论治及内外治法

耳疮是指因实热火炽,毒火上炎耳窍,或挖耳损伤耳道等所致的以耳窍疼痛剧烈,耳郭拒按,耳道红肿为主要表现的疮疡类疾病。多发于儿童及青少年,以夏秋季节为多见,一般两周左右痊愈。如未治疗或治疗不当,病程迁延成慢性者,以耳内瘙痒和不适为主要症状,并流少

许水样脓液。本病相当于急、慢性弥漫性外耳道炎。

2.2.2.1 病因病机

(1) 风热侵袭

风热侵袭多因挖耳损伤耳道肌肤,或因污水入耳,或脓耳的脓液浸渍,以致风热之邪乘机侵袭,与气血相搏,结聚耳道而发病。

(2) 肝胆湿热

肝胆湿热为素有肝胆郁热,复感湿邪,内外邪热循经上灼耳道,或邪热传里,兼夹湿邪,循经蒸灼耳道,壅遏经脉,逆于肌肤而致耳道漫肿红赤,化脓成疮。

(3) 肝肾阴虚

肝肾阴虚为治疗不当或病久损伤阴液,或患者体质阴虚,阴虚则虚火上炎耳窍而致病程缠绵不愈。耳为肾窍,肝胆之经脉,出走耳周,故其上犯,则独趋耳窍。

2.2.2.2 诊断依据

1) 急性耳疮主要症状为耳道灼热,疼痛发痒,外耳道弥漫性充血,肿胀,甚至糜烂,表面有黄白色分泌物,外耳道变窄,听力下降。

2) 慢性耳疮主要症状为耳痒,耳内不适感。外耳道皮肤充血,增厚,耳道内履有痂皮。

3) 鉴别诊断:急性耳疮应与耳疖相鉴别,二者均有耳部疼痛,但耳疖疼痛较剧,外耳道局限性红肿或有脓头。耳疮红肿弥漫,以渗出为主,疼痛较轻。

2.2.2.3 辨证施治

(1) 风热侵袭

主证　耳部疼痛、灼热、发痒、张口、咀嚼或牵拉耳郭、压迫耳屏时疼痛加重,发热恶风,头痛口渴,全身不适,检查可见外耳道弥漫性红肿,表面或有黄白色分泌物,舌红苔薄白,脉浮数。

治法　疏风清热,解毒消肿。

方药　五味消毒饮加味。以五味消毒饮清热解毒,加桑叶、薄荷疏风清热、丹皮清热凉血,桔梗引药上行,生甘草清热解毒调和诸药。

(2) 肝胆湿热

主证　耳部疼痛较剧,痛引腮脑,肿胀较甚者,可致耳鸣、听力下降,耳前或耳后红肿、脊核肿大、压痛,发热或寒热往来,口苦咽干,小便短赤,大便秘结,检查:外耳道弥漫性红肿,有黄黏渗液。舌红苔黄腻,脉弦数。

治法　清热泻火,渗湿解毒。

方药　龙胆泻肝汤加减。方以龙胆草泻肝胆实火,黄芩栀子苦寒泻火;木通、车前子、泽泻清利湿热,生地、当归滋养肝血;柴胡条达肝气,甘草和中解毒。还可加入滑石、茵陈利湿清热,若有耳内作痒,可加入薄荷、蝉蜕等辛散疏风之品。

(3) 肝肾阴虚

主证　病程较长,症见耳部不适,作痒,触之微疼,检查:外耳道皮肤轻度红肿,粗糙、增厚,有少量渗出物或覆有痂皮,其下有少量脓液或碎屑,鼓膜混浊、增厚,标志不清,听力稍减退。无明显全身症状,或可见眩晕头痛,耳鸣耳聋,急躁易怒,夜寐多梦等症,舌红苔薄,脉细数。

治法　滋阴降火,清热利湿。

方药　知柏地黄汤加减。方以知母、黄柏滋阴降火,六味地黄丸滋补肝肾,加滑石、黄芩、白鲜皮清热利湿止痒,当归、白芍活血和营,滋润肌肤,兼见胸胁胀闷,舌苔薄黄,则应疏肝理气降火,选丹栀逍遥散加减。

2.2.2.4　其他疗法

(1) 外治

急性可参考"耳疖",渗液多者,可用柏石散调敷;慢性期痒甚,可用黄连膏或金黄膏。

(2) 针刺

针刺取合谷、内关、少商等穴,以疏通经脉,祛热止痛。

(3) 理疗

理疗用透热或超短波治疗,每日二次。

2.2.2.5　预防和护理

忌污水入耳,戒除挖耳恶习。游泳后,要及时排除耳道积水。积极治疗脓耳,防止脓液浸渍耳道。加强全身性相关疾病的诊治,如糖尿病、内分泌紊乱、维生素缺乏症。

护理上,要保持外耳道清洁。睡眠时,患耳应在下侧,如有脓痂,可用双氧水清洁耳道,然后再涂药。

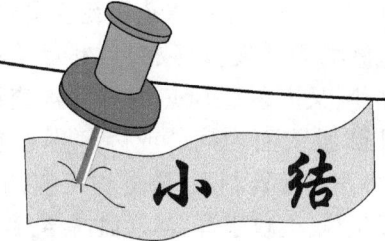

耳疮是指外耳道弥漫性的炎症,急性期病因病机与耳疖大致相同,慢性期多为肝肾阴虚火上炎所致。

急性耳疮与耳疖的鉴别点在于:二者均有耳部疼痛,但耳疖疼痛较剧,外耳道局限红肿或有脓头,耳疮红肿弥漫,以渗出为主,疼痛较轻。

在治疗上,急性耳疮与耳疖治疗大致相同,慢性者治法为滋阴降火,清热利湿,方用知柏地黄汤加减,外治可选用黄连膏或金黄膏涂敷患处。

1. 耳疮的病因病机是什么?
2. 急慢性耳疮诊断要点是什么?
3. 对急慢性耳疮如何进行辨证论治?

2.2.3 旋耳疮

学习目标

1. 了解本病的病因病机
2. 掌握本病的诊断依据、辨证论治及外治方法

旋耳疮是指旋绕耳周而发的疮疡。好发于耳前或耳后，也可蔓延到外耳道内及整个耳郭，是以耳郭及耳周瘙痒，并见局部潮红、水疱、糜烂、渗液、结痂或见耳道、耳郭皮肤粗糙、增厚、脱屑、皲裂，对称性发生为特征的耳病。本病多见于小儿，按病程分为急、慢性两类，急性者多见于婴幼儿，相当于外耳湿疹。

2.2.3.1 病因病机

旋耳疮急性期多为胆脾郁热，风热湿邪侵袭；慢性期多为脾虚血少，生风化燥所致。

（1）风热湿邪浸渍

风热湿邪浸渍多因脓耳之脓液浸渍耳部，或邻近部位之黄水疮蔓延至耳部，或因某些刺激物而诱发，以致湿热邪毒传里引动肝胆之热，又因复感风热内外邪毒交结循经熏灼耳部肌肤而为病。或因脾虚过食辛甘厚味，小儿服食乳制品，致邪积胃腑，郁久化热，热极生风，上攻于耳，与气血搏结，致生本病。

（2）血虚生风化燥

急性期反复发作，缠绵不愈，风热湿邪久羁，外损肌肤，内耗阴血，或因脾虚气血生化不足，更以渗液淋漓不干，则津血更亏，以致血虚生风，风胜化燥，耳部肌肤失于滋养，兼之余邪滞留，故出现皮肤粗糙、皲裂等症。

2.2.3.2 诊断依据

1）病变部位多在耳郭、耳后沟、外耳道皮肤。

外耳污浊，能用香皂水清洁吗

小王左外耳道口及左耳郭糜烂、渗液，于是每日洗脸时用香皂特意进行了清洁，不想几天后左外耳道及左耳郭糜烂、渗液更甚，不得已才到医院找医生。医生给她诊断为"旋耳疮"（左外耳湿疹），开药后告诉她，注意不要用水洗，尤其是不要用香皂等类碱性清洁剂清洗。

原来，旋耳疮以局部潮红、糜烂、渗液等为常见表现，多给人一种污浊不洁的感觉，中医认为这种渗液、糜烂多与湿邪停聚有关，用水清洗往往会加重局部湿邪。尤其是用碱性类清洁剂会刺激局部，加重局部症状。

2）主要症状为局部灼热、瘙痒、疼痛、反复发作。

3）检查可见耳部皮肤潮红、水疱、糜烂、渗液、结痂或皲裂。

2.2.3.3 辨证施治

本病的辨证应根据病史的长短、局部的形态改变及全身症状。一般来说，病之初起，多为实证,属风热湿邪浸渍;久病不愈,多属血虚生风化燥,余邪滞留所致。从局部形态改变来说,局部湿烂者多为湿热之邪而致,局部干燥、粗糙、皲裂者,多为燥热所致。

(1) 风热湿邪浸渍

主证　耳道或耳郭周围皮肤潮红、肿胀,微有疼痛,继之出现丘疹和水泡,局部瘙痒、灼热,常因痒而搔抓耳部,水泡溃破后,则流出黄色脂水,糜烂,黄水淋漓,干后结成黄色痂皮,揭开痂皮,其下仍有厚腐之脓液。由于黄水所流之处而使病灶逐渐扩大,若风胜者,以奇痒为主,常于夜间为甚,影响睡眠;若湿热盛,则以糜烂、灼痛、黄水淋漓为主,可见纳呆、咽干不欲饮,尿黄,大便不调,舌质稍红,边有齿痕,苔薄腻微黄,脉滑数。全身症状一般不明显,婴儿可有发热,烦躁,睡眠不安等症。

治法　清热利湿,疏风止痒。

方药　风邪偏盛以瘙痒为主,用消风散。方中荆芥、防风、牛蒡子、蝉蜕祛风止痒;苍术、苦参、木通理湿利水,石膏、知母生地清热泻火凉血,当归、麻仁养血和营润燥。若湿邪偏重,黄水淋漓者,用萆　渗湿汤加减。方中萆　、薏苡仁、滑石、通草、泽泻、赤茯苓清热解毒,利水渗湿,黄柏清热燥湿,丹皮清热凉血。若热邪偏盛,见口苦、咽干、舌红苔黄腻、脉弦滑数等肝胆湿热之证者,宜用龙胆泻肝汤加减,其清热泻火之力较强,兼以祛湿,但祛风止痒之力较弱,故可加黄柏、苦参清热燥湿,奇痒难忍,难以入睡者,可加白蒺藜、防风祛风止痒。

(2) 血虚生风化燥

主证　病久势缓,症状反复难愈。患处干痒不适,耳道、耳郭及周围皮肤增厚、粗糙不平、皲裂、上覆痂皮或鳞屑,病变位于耳道者,可见耳道狭窄。全身伴有面色萎黄,饮食减少,倦怠乏力,舌淡苔白,脉细缓等。

治法　养血息风,滋阴润燥。

方药　地黄饮子加减,方中熟地养血,生地、丹皮、玄参、红花凉血活血;白蒺藜、僵蚕祛风;甘草调和诸药,并可加当归、何首乌、白芍加强养血和血之力。亦可选用参苓白术散合四物汤加减,痒甚者加蝉衣、地肤子、苦参加强祛风止痒渗湿的作用,或用八珍汤加薏苡仁、陈皮、砂仁、蝉蜕等,以健脾祛风止痒。

2.2.3.4　其他疗法

(1) 外治

清洁局部,并选用清热解毒,除湿止痒的药物外治。

1) 急性期,黄水淋漓、糜烂者,用防风、苦参、银花之属煎水,并酌加枯矾适量,清洗患处,然后用青黛散或柏石散调敷。

2) 患处红肿焮痛、瘙痒者,可用三黄洗剂或者25%黄连油混悬液外搽,以清热解毒,除湿止痒。

3) 有干痂者,可选用花椒叶、桉树叶、桃叶等适量煎水,外洗并湿敷,亦可选用菊花、蒲公英等药物。

4) 有脓痂者,可用黄连粉撒布或涂黄连膏于疮面,以解毒燥湿。

5) 干燥、皲裂、脱屑者,用紫连膏或碧玉散、穿粉散、三石散麻油调敷,以滋润肌肤,解毒止痒。

（2）针刺疗法

选翳风、合谷、曲池等穴,每日一次,急性期用泻法,慢性期用补法。

2.2.3.5 预防和护理

1) 注意耳部卫生,去除致敏因素,避免任何局部刺激。
2) 患病后,忌用肥皂水或热水清洗,或擦涂有刺激性药物,严禁抓痒,挖耳等。
3) 积极治疗引起旋耳疮的原发病灶,如脓耳,经常清洁外耳道脓液,并滴用有效药物。
4) 患病期间,忌食辛辣、荤腥发物及酒类。

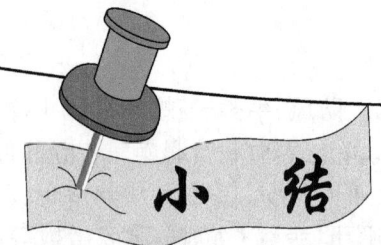

旋耳疮是指旋绕耳周而发的疮疡。急性期多为风热湿邪浸渍,胆脾经湿热上蒸而致;慢性期多为血虚生风化燥而致。

在辨证论治方面,风热湿邪浸渍型以糜烂、黄水淋漓为特征,内治以清热利湿、疏风止痒为主,可选用消风散、萆薢渗湿汤、龙胆泻肝汤等加减治疗,外治主要是促进患处干燥;血虚生风化燥型以皮肤增厚、皲裂、有鳞屑为特征,内治以养血息风润燥为主,可选用地黄饮子加减,外治主要是滋润肌肤。

1. 何谓旋耳疮,其病因病机如何?
2. 试述旋耳疮的辨证论治?怎样进行外治?

2.2.4 异物入耳

1. 了解异物入耳的原因
2. 掌握不同异物的取出方法

异物入耳是因异物误入耳道所致,以耳内不适、异物嵌塞感,或伴瘙痒、疼痛、耳鸣等症的外耳疾病,相当于外耳道异物,多见于儿童。

2.2.4.1 病因病机

异物入耳多见于儿童,因小儿喜将小物体塞入耳内;成人亦可发生,多为挖耳或外伤时,遗留小物体,或昆虫侵入等,异物种类可分为以下三类。

1) 动物性异物:如蚊、蝇、飞蛾、蚂蚁、蚂蟥等,偶尔飞入或露宿时爬入。

2) 植物性异物:如谷粒、小果核等,多因小儿嬉戏时塞入,或劳动中进入。

3) 非生物性异物:如石子、铁屑、玻璃珠等,常因不慎进入,或小儿无知塞入。

此外,挖耳时,木签或火柴棒断留耳内;亦有在治疗中操作疏忽,将棉球、纱条等物遗留耳内等。

别往耳朵里塞东西

有些淘气的孩子,故意把小豆、果皮、纸团之类的东西塞进耳朵眼里,谁知放时容易取时难,由于外耳道是弯弯曲曲的,异物常被卡在深部的狭窄区,时间稍久,异物必然压迫耳道皮肤,使之发炎、红肿、流水并引起耳部剧痛,等找到医生治疗时就很难取出,有时不得不在全麻的情况下取出异物,你看,这要付出多大的代价,多么不值得,因此,家长要教育孩子,让孩子了解"把异物放进耳朵眼的危害性"。

2.2.4.2 诊断依据

根据病史及局部检查,发现耳道异物,即可明确诊断。注意与非异物的耵聍相鉴别。

2.2.4.3 辨证论治

主证 小而无刺激性的非生物异物可长期存留于外耳道而不引起症状。一般异物越大,越接近鼓膜,症状越明显。动物性异物可爬行骚动,可有耳道奇痒,剧烈耳痛,甚至可使耳道出血,损伤鼓膜,引起穿孔,使患者惊恐不安,若接近鼓膜,可能引起耳鸣、眩晕,植物性异物如豆类,如遇水膨胀,可阻塞外耳道,可引起耳内胀闷、耳痛、听力下降,若邪毒乘虚外侵,可致皮肤红肿、热痛甚至糜烂,有些坚硬锐利的异物可损伤鼓膜,有些异物偶可引起反射性咳嗽。

治法 本病以外治为主,根据异物的性质、形状和位置的不同,采取不同的取出方法。出现耳道红肿疼痛者,酌情辅以内治或外用药。

(1) 外治

对于动物性异物,如属细小活动性动物,可用油类、乙醇或杀虫剂等滴入耳内,或用浸有乙醚或丁卡因的棉球塞于外耳道数分钟,将其粘住或麻醉或杀死后,用镊子取出或冲洗排出;被水泡胀的豆类异物,先用95%乙醇溶液滴耳,使其脱水收缩后,再行取出。或搅成小块,分块取出;一般植物或非生物类异物,根据情况,用镊子或耳钩取出,耳钩应从耳道与异物之间隙伸入异物后方,再钩出之。动作须轻巧试探,以免损伤耳道肌肤或鼓膜;圆球形异物如玻璃球、豆子、小珠子等,可用刮匙钩出,切勿用镊子或钳子夹取,以免异物滑入耳道深部,损伤鼓膜;质轻而细小异物,如蚂蚁、蚊子等,可用涂上凡士林或植物油的棉签,将其粘出;若能移动,可用冲洗法将其冲出(向外耳道后上壁冲,力不宜过猛)。对于遇水膨胀或易引起化学变化的异物,以及鼓膜有穿孔者,禁用冲洗法,对于躁动不安,不合作的儿童,宜在短暂全麻下取出异物。

(2) 内治

若耳道肌肤红肿疼痛,异物嵌顿取不出者,可用五味清毒饮加减,以清热解毒,消肿止痛,待肿痛消退后再取异物,或取出异物再行内治。

2.2.4.4 预防和护理

1)戒除挖耳恶习,以防断棉签、火柴棒等物遗留耳内,教育儿童不能将小物件放入耳中,野外露宿劳动时,应加强防护,勿使昆虫及其他异物入耳。

2)发现有异物入耳,应立即到医院取出,不要自行盲目挖取,以免将异物推向深部或造成损伤。

3)异物取出后,要保持耳道的清洁与干燥,可酌情予以局部用药,以免邪毒乘虚侵入。

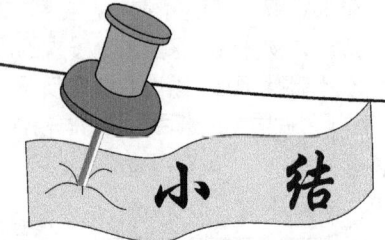

异物入耳是泛指外来物体误入耳道所致,常见的异物分为动物性、植物性和非生物性三类。

异物入耳的临床症状,因异物的种类、形态、大小、位置深浅以及外耳道损伤情况而不同,但总的治则都是以外治为主,若出现耳道红肿疼痛者,则酌情辅以内治或外用药。

1. 常见的异物有哪几类?试举例说明。
2. 异物入耳的治疗原则是什么?分述各类异物的取出方法。

2.2.5 耵耳

学习目标

1. 了解耵耳的概念及耵聍的形成
2. 掌握耵聍的取出方法

耵耳是以耳道闭塞感及听力减退,耳内有耵聍堵塞等为主要表现的外耳疾病。耵聍俗称耳垢、耳屎,系外耳道软骨部皮肤耵聍腺的正常分泌物,有保护外耳道及粘附灰尘或异物等作用,多可自行脱落排出,若耵聍聚积过多,形成团块,阻塞外耳道引起症状者,则成耵耳,亦称耵聍栓塞。

2.2.5.1 病因病机

本病主要是因风热之邪入侵，与耳中津液结聚而成。正常情况下，耵聍随下颌关节运动或侧头时，向外排除脱落，不致发生耵耳。导致耵耳的原因主要有以下几方面：

1）由于耳道受局部炎症的刺激或由于进入耳道的粉尘过多，风热邪毒乘虚入侵，使耵聍分泌过多，与尘垢互结成核，堵塞耳道而致病，或挖耳方法不当，将耵聍推入耳道深部，积聚日久成核。

2）耳道狭窄、畸形、瘢痕、皮肤增厚、异物存留等，影响耵聍排出，以致堵塞耳道，形成耵耳。

3）年老肌肉松弛，下颌关节运动无力，耵聍排出受限积聚而成。

耵聍、异物可引起耳聋

——患者游泳后出现双耳耳聋，服用龙胆泻肝丸、六味地黄丸等药无效，经检查为双耳耵聍栓塞，掏取耵聍后听力恢复。

——患儿左耳听力下降数月，经检查左外耳道有一异物嵌塞，为项链上的一粒珍珠，掏取后听力恢复。

耳聋有不涉及气血经络、五脏六腑病变，纯属堵塞所致者，临床不可只顾舌象、脉象而不检查耳窍。干祖望在望、闻、问、切后又加一"查"诊，变四诊为"五诊"，是有临床意义的。

2.2.5.2 诊断依据

1）耳道闭塞感，听力减退。
2）局部检查发现耵聍堵塞。

2.2.5.3 辨证论治

主证 视耵聍大小及部位不同而症状有异。小块耵聍堵塞，症状轻微，听力也无影响，完全阻塞外耳道时，可有耳闭塞感及听力减退。耵聍压迫鼓膜时可引起耳鸣、眩晕等症状。耵聍遇水膨胀，可使症状加重，引起耳痛，损伤耳道肌肤，可引起耳道皮肤肿胀、疼痛、糜烂，疼痛加剧。

治法 本病以取出耵聍为治疗原则。临床可根据耵聍的不同情况，采用不同方法。

（1）外治

外治主要将耵聍取出。取耵聍时应耐心细致，避免损伤外耳道及鼓膜。稍小未完全阻塞外耳道且有松动的耵聍块，可用耵聍钩沿外耳道后、上壁缓缓伸入其内，将耵聍块逐渐钩出。较软的耵聍可用枪状镊分次夹取。坚硬而嵌塞较紧的耵聍，可先用无刺激性的香油或其他植物油或白酒、石蜡油、硼酸甘油、3%～5%碳酸氢钠溶液等滴入耳内，每日3～4次，以润化耵聍，2～3天后待其软化，再行取出。也可将软化的耵聍一次或分次冲洗干净。用冲洗法时应注意：①有鼓膜穿孔者忌用；②冲洗液应接近体温；③冲洗方向必须斜对外耳道后上壁；若直对鼓膜，可引起鼓膜损伤；直对耵聍，则可将其冲至外耳道深部，更不利于取出。

（2）内治

若耳道皮肤损伤、红肿、糜烂、疼痛者，可内服栀子清肝汤、五味消毒饮或龙胆泻肝汤，以清热消肿止痛。

2.2.5.4 预防和护理

1) 耳道有耵聍,应找医生取出,勿自行挖耳,以免损伤耳道和鼓膜或将耵聍推向深部。
2) 戒除挖耳恶习,以免刺激耳道,使耵聍分泌增多,排出受阻。

耵耳是耵聍阻塞耳道,并因此而引起症状者。本病以外治取出为主;如耵聍核大,坚硬,难于取出者,则先用药液滴耳,软化后再行取出;如伴有耳道肌肤损伤,红肿,糜烂者,则宜配合内治法。

1. 何谓耵耳?病因病机如何?
2. 试述耵耳的治疗方法?

2.2.6 耳胀 耳闭

1. 熟悉耳胀、耳闭的不同症状特点及二者之间的关系
2. 掌握耳胀、耳闭的辨证论治

耳胀、耳闭是因邪犯耳窍,气血失畅所致,以耳内胀闷闭塞感为特征的耳病。耳胀为病的初起阶段,多因外邪犯耳,耳窍经气痞塞所致,以耳内胀闷不适、耳鸣、听力下降,自听声增强,或鼓室有积液等为主要表现,有的兼有耳痛,又称耳胀痛。相当于急性卡他性中耳炎。耳闭是指病之久者,因邪滞日久,耳窍气血不畅,脉络受阻所致,以耳内胀闷堵塞感,耳鸣、听力减退,鼓膜内陷、混浊为主要表现。相当于慢性卡他性中耳炎。

2.2.6.1 病因病机

（1）风邪犯耳

手太阴肺之络脉入耳中,手足少阳经脉循耳,若风邪犯肺,由肺及耳,或风邪扰乱肝胆之气机,胆气不舒,上逆于耳,皆可致耳窍经气痞塞,发为耳胀。

(2) 痰浊积聚

肺主宣通肃降,脾主运化水湿。外感风邪,肺失宣降,津液代谢不利,循经上犯,停聚耳窍,化为痰浊;或素体虚弱,饮食不节,或外感湿浊之邪,使脾胃受损,运化失健,水湿内停,郁而为痰;清阳不升,浊阴不降,痰浊上干清阳之位,停聚耳窍,发为耳胀。

(3) 气滞血瘀

耳胀失治或反复发作,或病程迁延日久,以致邪毒滞留,气血瘀阻,窍络闭塞而成耳闭。即所谓"久病必入络,久病必有瘀"。

(4) 脾气虚弱

脾为后天之本,气血生化之源,脾虚则气血不足,兼之病程迁延日久不愈,邪毒滞留,耳窍闭塞,清气不能上奉耳窍终成耳闭。

(5) 肝肾阴虚

耳为肾之窍,肾之精气上输于耳,以荣养耳窍,肝肾同源,若久病不愈,损伤肝肾之阴,耳窍失养,则邪毒易于滞留,使耳窍脉络闭阻而成耳闭之证明。

> **咽鼓管为啥会不畅**
>
> 卡他性中耳炎多由咽鼓管阻塞引起,但咽鼓管为啥会阻塞不畅呢?一般多认为由机械性阻塞引起,如局部组织肿胀。当肿胀消退,咽鼓管会自行通畅,或借助外力(如咽鼓管吹张)达到通畅目的。但有人反复吹张后,咽鼓管仍会阻塞,原因何在呢?其实咽鼓管内存在表面活性物质,它的功能与肺泡内的肺表面活性物质相似,能降低表面张力,使咽鼓管保持开放状态,如果表面活性物质缺乏或功能障碍,咽鼓管就会发生阻塞。

2.2.6.2 诊断依据

1) 以耳内胀闷不适,或闭气阻塞感为主要症状。伴有听力下降,或有低音调耳鸣,部分患者有耳痛。

2) 耳胀起病较急,病程较短。耳闭多由耳胀迁延不愈而成,亦有缓慢起病者,病程在2个月以上。

3) 耳部检查:鼓膜内陷,或混浊、增厚、粘连,或有充血及鼓室积液表现,咽鼓管不通畅。

4) 听力检查呈传导性耳聋。

2.2.6.3 辨证论治

耳胀与耳闭,病有新久,证有虚实。耳胀为病之初起,多为实证,多因风邪犯耳,经气痞塞,或痰浊积聚,停聚耳窍所致。耳闭多为病之久者,多由耳胀失治或反复发作后邪毒滞留,气滞血瘀所致,与脾气虚弱,肝肾阴虚有关,往往为虚实夹杂之证。

(1) 风邪犯耳

主证 自觉耳中胀闷,或有微痛,耳鸣如闻风声,听力突然减退,自声增强。患者需以手指按压耳门,以减轻耳部的不适。检查:鼓膜内陷,轻度充血,鼻腔黏膜红肿。听力检查为传导性耳聋。全身可见发热恶风,头痛,鼻塞流涕,咳嗽,咽痛,舌苔薄白,脉浮。

治法 疏风散邪,行气通窍。

方药 属风寒表证者,可用三拗汤合苍耳子散加减,以疏散风寒,宣肺通窍。属风热表证者,用银翘散合通气散,方以银翘散疏风清热,配合通气散宣通少阳经气,还可加石菖蒲散邪利耳,鼻塞可加辛夷、苍耳子宣肺通窍,咳嗽咯痰加黄芩、瓜蒌、枇杷叶,以清热宣肺止咳化痰,也可用蔓荆子散加减。

若见口苦、咽干、舌尖边略红,苔薄黄,脉浮弦数等属少阳风热之证,宜疏利少阳,行气宣痞,可用小柴胡汤合通气散加减,方以小柴胡汤疏利肝胆,通气散宣畅少阳经脉;可酌情加菊花、夏枯草之类清利肝胆之热。若肝胆湿热较重,口苦胁痛,可用龙胆泻肝汤加减。

(2) 痰浊积聚

主证 耳内胀闷不适,甚至有堵塞感,听力不聪,自声增强,摇头时耳内有水响声,检查见鼓膜多无明显内陷,或有轻微外突,鼓膜后有一水平线,可随头位改变而移动,听力检查呈传导性耳聋,全身症状不明显,或可见头晕头重、咳嗽,胸脘痞闷,纳呆,大便时溏,舌质淡胖,苔腻色白,脉濡或滑。

治法 祛痰化浊,利湿通窍。

方药 五苓散加减。方以白术、茯苓、泽泻、猪苓利水化湿,桂枝温阳解表化气,加苍耳子、白芷、石菖蒲、木通散邪通窍,开窍聪耳;口淡纳呆,头重头晕,可加藿香、佩兰芳香化浊、醒脾,咳嗽加葶苈子、杏仁、桔梗宣通肺气。

(3) 气滞血瘀

主证 耳内闭塞感甚至如物阻隔或有刺痛,耳鸣不聪,日久不愈,逐渐加重,检查见鼓膜混浊内陷,或有增厚,钙质沉着、粘连。咽鼓管不畅,听力为传导性耳聋或混合性耳聋,全身症状不明显,舌质紫暗或有瘀点瘀斑。

治法 行气活血,通窍开闭。

方药 通窍活血汤合通气散加减。方以通窍活血汤行气活血,走窜通窍。配合通气散加强行气活血之功,益以石菖蒲芳香通窍。

(4) 脾气虚弱

主证 耳闭时轻时重,面色无华,食少腹胀,疲倦乏力,或便溏,检查见鼓膜内陷,或有鼓室积液。舌淡,苔白,脉缓弱。

治法 健脾益气,行气通窍。

方药 益气聪明汤或补中益气汤合通气散。方以益气聪明汤或补中益气汤健脾益气,通气散以行气通耳。若瘀滞较重可加赤芍、桃仁、归尾以活血祛瘀,鼓室有积液,腹胀便溏,可选用参苓白术散加减。

(5) 肝肾阴虚

主证 耳闭、听力下降,耳鸣呈高音调,日久不愈,头晕眼花,腰膝酸软,手足心热,检查见鼓膜内陷明显,舌红苔少,脉细数。

治法 滋养肝肾,通窍开闭。

方药 耳聋左慈丸合通气散。以耳聋左慈丸滋补肝肾,通气散行气通窍。若全身症见肾阳虚损者,如形寒怕冷,夜尿频多等,可用附桂八味丸配合通气散以温补肾阳,行气通窍。

2.2.6.4 其他疗法

(1) 外治

1) 耳内胀痛者,可用清热祛风,消肿止痛的药物滴耳,如黄连滴耳液,虎耳草液,西药可用

1%~3%酚甘油滴耳。

2）耳胀患者鼻塞流涕者,应保持咽鼓管通畅,可用1%麻黄素液滴鼻,或滴鼻灵以宣通鼻窍。

3）鼓室积液多者,可进行鼓膜穿刺抽液。

4）在耳胀恢复期,无鼻塞流涕症状和耳闭患者,可进行鼓膜按摩和咽鼓管吹张。

（2）针灸疗法

1）体针：以局部取穴与远端取穴相结合,局部的穴位如听宫、听会、耳门、翳风,用泻法日一次,可留针10~20分钟,以疏通经气。耳闭兼脾虚者,加刺足三里、中脘、脾俞等；肾虚者,加刺三阴交、关元、肝俞、肾俞等,用补法,肾阳虚寒者,用艾灸法。

2）耳针：可取耳道、肺、肝、胆、神门、肾上腺等穴埋针,每次2~3穴,或用王不留行贴压,每日按压贴穴3~4次,3~5天为一疗程。

3）穴位注射：一般取耳周穴位,如耳门、听宫、翳风等,注入活血的药物如丹参注射液,当归注射液等,亦可用维生素B_1、B_{12},每次每穴用0.3~0.5毫升。

2.2.6.5 预防和护理

1）加强体育锻炼,增强体质,积极防治感冒及鼻病,是预防的关键。

2）患者患伤风鼻塞、鼻窒、鼻渊等病,若鼻涕多时,应使用滴鼻药,以保持咽鼓管通畅,擤鼻涕时,应掌握正确方法,宜两侧鼻腔分别擤涕,不宜用力过大、过猛,以免将涕液推入耳窍,引起脓耳。

3）及早治疗耳胀,以免引起耳闭。

4）适时使用咽鼓管吹张法,减轻或消除耳内胀闷症状,但要注意用力得当。有鼻涕时,不宜使用此法。

5）耳闭久治不愈,听力严重减退者,可配戴合适的助听器,以提高听力。

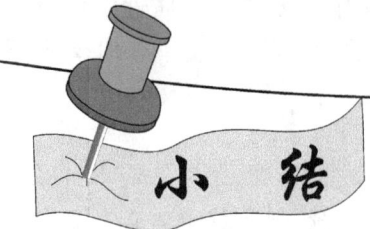
小 结

耳胀耳闭是以耳内胀闷堵塞感为主要症状伴有听力下降的耳病,是一个疾病的两个不同阶段,耳胀治疗不彻底或反复发作,可演变为耳闭。

耳胀者多由风邪侵袭,引动肝胆经气困结于耳或肺脾功能失常,痰浊积聚于耳；耳闭者则以邪毒滞留为主,也与脾肾虚损有关。

因于风寒者,治宜疏风散寒、散邪通窍,以三拗汤合苍耳子散加减；因于风热者,治宜疏风清热、散邪通窍,可用银翘散合通气散加减；痰浊积聚者,治宜祛痰化浊、利湿通窍,方用五苓散加减；气滞血瘀者,治宜行气活血、通窍开闭,以通窍活血汤合通气散加减；脾虚者合补中益气汤或益气聪明汤；肝肾阴虚者合耳聋左慈丸,肾阳虚者合附桂八味丸。外治可配合滴鼻药、咽鼓管吹张、鼓膜按摩法等,还可使用针灸疗法。

1. 试述耳胀、耳闭的病因病机。
2. 耳胀耳闭的诊断依据是什么？
3. 治疗耳胀为何要用1%麻黄素液滴鼻？
4. 怎样预防耳胀、耳闭？

2.2.7 脓 耳

1. 熟悉急、慢性脓耳的病因病机
2. 掌握急、慢性脓耳的症状特点及其局部与全身辨证
3. 了解小儿患者症状多较严重及本病变证的危害性
4. 掌握脓耳的内治原则及各种外治法的应用
5. 了解脓耳的预防和护理

脓耳是指因脏腑蕴热,复感外邪,湿热邪毒上犯耳窍,或脏腑虚损,耳窍失养,邪毒停聚耳窍所致的,以鼓膜穿孔、耳内流脓为主要表现的耳病。相当于急、慢性化脓性中耳炎。

脓耳是耳科常见病,多发病,可发于任何年龄,但多发于小儿,可发于任何季节,而以夏季为多见。

2.2.7.1 病因病机

本病的发生,外因多为风热湿邪侵袭,内因多属肝、胆、肾、脾等脏腑功能失调。

(1) 肝胆火热

风热湿邪侵袭是本病的主要外因,患者素体肝胆有热是本病的常见内因。若风热湿邪入侵,随脉入耳,或引动肝胆之火,循经上蒸,内外邪热结聚耳窍,蒸灼鼓膜,以致血肉腐败化生脓汁,发为脓耳。

此外,也可因沐浴、游泳、污水入耳,水湿之气内侵,湿蕴于中,郁而化热,湿热郁蒸耳窍,化生脓汁形成脓耳。

(2) 脾虚湿困

急性脓耳反复发作或治疗不当,或素体虚弱,或久病体虚,正不胜邪,邪毒滞留,兼以脾虚失运,水湿内生上犯耳窍,致耳内流脓,日久不愈。

(3) 肾阴亏虚

耳为肾窍,赖肾之精气滋养而功能健旺,听力聪敏。若先天不足或劳伤肾精,或急性脓耳后,肾阴耗伤,耳窍失养,邪毒易于乘虚而入或邪毒易于滞留,使急性实证脓耳,演变为慢性虚证脓耳,经年累月耳内流脓,难以治愈。又肾主骨而生髓,肾阴亏虚,则骨失荣养,骨质疏松脆弱,易遭受邪毒的损伤破坏,故湿热邪毒困结耳窍,久则腐蚀骨质,以致骨腐成脓,污秽而有臭味,甚则导致邪毒内陷,形成脓耳变证。

本病多发于小儿,因小儿脏腑娇嫩,形气未充,抗病能力较弱,易感邪气疫毒,致患麻疹、烂喉痧、疮痈等病,以致耗伤正气,邪毒滞留或复感邪气,邪毒困于耳窍,而成脓耳,且易使急性实证脓耳,演变成慢性虚证脓耳,甚至引起变证,危及生命。加之小儿咽鼓管的宽、短、直解剖生理特点,邪毒更易经此途径入侵中耳而发病。

2.2.7.2 诊断依据

1) 以鼓膜穿孔,耳内流脓为主要临床表现,伴有听力下降。急性者可有发热及耳深部痛。

2) 急性脓耳发病急,病程短。病情重或治疗不彻底,可迁延成慢性脓耳,病程长。慢性脓耳在感冒、疲劳、耳内进水时常有急性发作。

3) 耳部检查:急性期初见鼓膜充血,色深红。继则穿孔,耳内流脓。慢性期鼓膜穿孔不愈合,长期或间歇性流脓。

4) 听力检查呈传导性耳聋。慢性脓耳乳突 X 线摄片有阳性表现。若听力检查呈混合性耳聋,X 线摄片见有骨质破坏腔,提示属重症,并可能出现颅内外并发症。

> **小儿为何易得化脓性中耳炎**
>
> 由于小儿特别是婴幼儿时期,咽鼓管没有发育完全,管腔较短,管径较宽,咽口与鼓口几乎在同一水平面,因此,管腔较直。婴幼儿易发生上呼吸道感染,致病菌及其病理产物易逆流入中耳引起感染,如果在平躺着给婴儿喂奶喝水,发生呛咳时,可使奶液或水呛入中耳,从而诱发中耳炎。

2.2.7.3 辨证论治

脓耳的辨证主要依据起病的急缓,脓液的质、量、色,结合所兼症状,舌脉以及病程的长短综合辨证。一般来说,急者流脓初起,多属实证,多为肝胆火热,邪毒外侵;缓者流脓日久,多属虚证,或虚中夹实,多为脾虚湿困,上犯耳窍,或肾阴亏虚,邪毒停聚。按其脓色,黄脓多为湿热;红脓多为肝胆火热,热伤血分;白脓或青脓多为脾虚;流脓黑腐臭秽者,多为肾虚,同时又有湿浊困结之虚实兼杂证候,病情多较危重。至于脓量及脓质,亦可作为辨证之参考,如脓水清稀量多,多为脾虚水湿停聚耳窍;脓液黏稠量多,多为湿热之邪蒸灼耳窍所致;脓少者为热盛或肾虚虚火所致。若脓液黏稠者多属火热偏盛,热聚化生脓汁,脓稀者,多属虚。临床上,必须四诊合参,综合局部与全身症状,进行辨证论治。

(1) 肝胆火热

主证 初起耳内胀闷、微痛、听力减退、耳鸣,随病情发展而出现耳内剧烈疼痛,呈跳痛,或如锥刺样疼痛,痛连头部,全身有发热恶寒、头痛、鼻塞流涕、咽痛等症,或见口苦咽干、面红目赤、小便黄赤、大便秘结。小儿可见高热啼哭,烦躁不安,抓耳、摇头,甚至出现神昏、抽搐、项强等症。常于剧痛之后,鼓膜穿孔溢脓,脓液流出后,耳痛及全身症状迅速减轻。检查:鼓膜弥漫性充血,外突、标志不清,鼓膜紧张部中央呈小穿孔或中等度穿孔,脓液较多,舌红,苔黄,脉弦数。

治法 疏散风热，解毒消肿。

方药 初起证情较轻，用蔓荆子散加减。本方药味轻清，疏风清热为主，兼以利水去湿而排脓。方以蔓荆子、菊花、升麻、前胡轻清上浮，疏散风热，清利头目，生地、赤芍、麦冬养阴凉血，木通、赤苓、桑白皮清热利水去湿。肝胆火热炽盛者，可加夏枯草、柴胡、龙胆草等以加强清肝泻火之功。或用龙胆泻肝汤加减，以清泻肝火，解毒消肿，大便秘结者，可加大黄、芒硝。

鼓膜穿孔，脓液流出之后，热势减缓，疼痛减轻，故治疗上重在渗湿解毒，活血排脓，可用仙方活命饮加减。若红肿痛甚者，去白芷、陈皮，加蒲公英、连翘以加强清热解毒作用。脓泻而疼痛不甚者，去乳香、没药；脓多者，加车前子、地肤子、苦参渗湿解毒。

小儿患者，易因邪毒内陷或引动肝风，故常在以上方药中加入钩藤、蝉蜕等，以平肝息风，若见烦躁、神昏项强、呕吐等症，则宜清营凉血解毒开窍，可参考"脓耳变证"一节。

(2) 脾虚湿困

主证 耳内流脓，缠绵日久，时轻时重，反复发作。流脓量较多而清稀，甚如水样，无臭味。倦怠乏力，食少，便溏，头晕头重，面色萎黄无华，唇舌淡。检查：鼓膜穿孔，多为中央性大穿孔，听力减退明显，苔白湿润，脉缓细弱。

治法 健脾渗湿，补托排脓。

方药 托里消毒散加减。方以党参、白术、茯苓、炙甘草健脾益气去湿，当归、白芍、川芎养血和营，银花清热解毒，桔梗、白芷、皂角刺托毒排脓，生黄芪益气助托毒排脓之力，若湿热较盛者，表现为脓液时稀时稠，或呈黄色者，可加车前子、地肤子、野菊花、蒲公英、黄芩、鱼腥草等。

(3) 肾阴亏虚

主证 耳内流脓，日久不愈，时多时少，反复发作，脓量一般不甚多，混有豆渣样物，带秽臭味。头晕头痛，腰酸乏力，听力明显减退，呈传导性耳聋或混合性耳聋，鼓膜穿孔，可在不同部位，但多在边缘部或松弛部，X线乳突摄片可见骨质破坏，或胆脂瘤形成。舌质红，苔薄，脉细数。

本型脓耳，其中有一部分属于危险型的脓耳，容易引发脓耳变证，是由于脓耳引起骨质的破坏，邪毒有可乘之机，易入营犯脑，发生危重病变，导致黄耳伤寒。且流脓日久不愈是因邪毒停聚，并非纯属肾虚，乃是虚实夹杂，本虚标实之证，故病情比较复杂。

治法 补肾培元，祛湿化浊。

方药 偏肾阴虚，虚火上炎者，宜滋阴降火，渗湿解毒，用知柏地黄汤加减，方以六味地黄汤滋肾养阴，知母、黄柏降火，加木通、鱼腥草、桔梗，祛湿排脓，夏枯草清热平肝。偏肾阳虚，寒凝耳窍者，宜温肾壮阳，散寒解凝，用附桂八味汤加减。

由于湿浊邪毒久羁耳窍，腐蚀骨质，脓液污秽而臭，骨质破坏者，无论阴虚、阳虚，均宜配合活血祛腐之品，即"祛腐方能生新"之义，可选用桃仁、红花、乳香、没药、穿山甲、皂角刺、马勃、泽兰、姜黄等药物。

2.2.7.4 其他疗法

(1) 外治

1) 急性脓耳，耳内疼痛，可用黄连滴耳液、虎耳草液滴耳，以清热解毒，消肿止痛，亦可用1%~3%酚甘油滴耳，但鼓膜已穿孔者禁用此药。

2）清除耳道内脓液：可用消毒棉签将耳道内的脓液揩抹干净，若脓液较黏稠，可先用稀白醋液或3%双氧水洗净。

3）滴耳：用具有清热解毒，消肿止痛，敛湿祛脓作用的药物滴耳，如黄连滴耳液、鱼腥草液、银花注射液或新鲜虎耳草捣汁滴耳，亦可用抗生素滴耳液，如0.25%氯霉素液，复方新霉素滴耳液等。

4）吹药：用具有清热解毒，敛湿去脓作用的药物吹耳，如烂耳散、红棉散等。每次吹药前，应先将脓液及上次残留药粉洗净，每次吹入药散也不宜过多，以免药散堆积耳道，妨碍脓液引流及再次吹药。

5）鼓膜切开：急性脓耳，发热、耳痛加重，鼓膜外凸无穿孔，宜作鼓膜切开，排脓引流（参见"鼓膜切开术"一节）。

6）涂敷：由于脓液流出的刺激，污染耳郭，引起耳郭及其前后红肿、糜烂，或者由于邪毒较盛，引起耳后红肿疼痛（耳根毒）者，可用紫金锭磨水涂敷，或用如意金黄散涂敷。

7）急性期有鼻塞流涕症状者，可用滴鼻灵、1%麻黄素液滴鼻，以改善鼻塞症状和鼓室的引流通气，有助于脓耳的治疗。

8）清除肉芽、息肉：慢性脓耳，由于脓液的长期刺激，形成息肉、肉芽，妨碍脓液的引流，可涂鸦胆子油（或用手术摘除，以利脓液流出）。也可用硝酸银、纯石炭酸等烧灼。

9）手术：在鼓膜穿孔久不愈合，且鼓室干燥的情况下，可行鼓膜修补术或听力重建手术，以改善听力。慢性脓耳，保守治疗无效或已出现脓耳变证症状，应及时手术治疗。

（2）针灸疗法

急性期，可取听宫、听会、外关、耳门、侠溪、阳陵泉、合谷、曲池等穴，用泻法，每日一次。也可行同侧耳垂放血，每次10滴，日一次；慢性期，可选用耳门、听宫、听会、足三里、丰隆等穴，用补法或悬灸法，每日一次。

2.2.7.5 预防和护理

（1）预防

1）加强体育锻炼，增强体质，提高抗病能力，是预防本病的关键，同时要积极防治伤风感冒、鼻窒、鼻鼽，避免不正确的擤鼻、咽鼓管吹张术。

2）小儿哺乳时，要采取适当的体位。

3）避免污水入耳，如不要在污水中游泳、跳水。有水入耳时，要及时拭抹干净。

4）急性脓耳患者应积极彻底治疗，以免迁延日久，演变成慢性，或发生变证。

（2）护理

1）经常清除积聚于耳道的脓液，使鼓室的脓液能引流通畅，并防止脓液污染耳郭及耳周。正确使用滴耳药及吹耳药。

2）密切注意观察病情的变化，重点观察发热、头痛、流脓、神志等变化，预防或及时发现脓耳变证。

3）饮食上，要少食蛋类、豆制品及其他引发疾病的食物。

4）鼓膜穿孔未愈合之前，应禁止游泳，以免污水入耳加重病情。

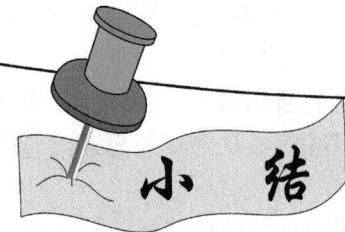

小结

脓耳是一常见病多发病,尤多发于小儿,病后多影响听力,如果治疗不及时或不当,尚可引发脓耳变证,危及生命。

本病以耳膜穿孔、耳内流脓为其特征,按其病程长短,可分为急性与慢性。急性者多为实证,为肝胆火盛、邪热侵袭而致。慢性者多属虚证或虚中夹实,因脾虚湿困、上犯耳窍,或肾元亏损、邪毒停聚而致。

临床上主要以起病的急缓、耳痛及脓液的色、质、量等情况,以及全身症状为辨证依据,分为三型进行辨证治疗。肝胆火热者重在清泻肝胆,用龙胆泻肝汤加减;脾虚湿困者宜健脾益气、渗湿排脓,用托里消毒散加减;肾元亏损者宜补肾培元、去湿化浊,若肾阴虚者,用知柏八味丸加减,肾阳虚者,应用附桂八味丸加减。

外治法对于脓耳的治疗也十分重要,此外,应注意本病的护理与预防。

思考题

1. 急、慢性脓耳的主要临床表现及诊断依据是什么?
2. 脓耳的病因病机如何?
3. 怎样对脓耳进行辨证论治?常用的外治法有哪些?
4. 脓耳的预防和护理应注意什么?

2.2.8 脓耳变证

学习目标

1. 了解脓耳失治,可引起变证的严重性,必须引起重视,尽快作出正确诊断,采取各种方法进行治疗
2. 熟悉脓耳变证中常见的耳根毒、脓耳口眼㖞斜、黄耳伤寒的病因病机
3. 掌握常见变证的内外治法及必要的抢救措施

脓耳变证,是指脓耳因邪热火毒壅盛,或邪毒内陷,走窜扩散所变生的病症。多由于急性

脓耳失治,或慢性脓耳急性发作,邪毒侵蚀骨质,脓汁流窜,邪毒扩散所致。病情多较复杂、严重,甚至可危及生命。多见于农村患者。相当于化脓性中耳炎的合并症。

常见的有耳根毒、脓耳口眼㖞斜、黄耳伤寒三种。

2.2.8.1 耳根毒

耳根毒,又名耳后附骨痈,是指脓耳因邪毒炽盛或失治,邪毒波及耳后完骨,完骨溃腐化脓成痈。以耳后完骨红肿疼痛触之有波动感,甚至溃破流脓等为主要表现的痈病类疾病。是脓耳常见的变证之一,以儿童患者居多,相当于化脓性中耳炎的颅外并发症耳后骨膜下脓肿。

(1) 病因病机

本病是在脓耳的基础上发生的,起病急,病程短者,多因脓耳热毒炽盛,起病缓,病程长者,多因气血不足,邪恋完骨所致。

1) **热毒壅盛**:急性脓耳或慢性脓耳急性发作期,火热邪毒壅盛,或治疗处理不当,脓液引流不畅,阻滞于耳窍,使邪毒蕴积,困结于内,灼腐耳后完骨,血肉腐败成脓,脓液积聚于耳后完骨部形成痈肿,有骨质破坏者,更易使邪毒扩散,脓液穿破耳后完骨而于皮下形成痈肿。

2) **正虚邪恋**:素体虚弱,或耳流脓日久,元气受损,更因耳根毒溃后,气血耗伤以致邪毒滞留,溃口久不愈合,反复溢脓,形成耳瘘。

(2) 诊断依据

1) 患者有脓耳病史。

2) 突然流脓减少而耳后肿痛,或有脓液从耳后肿处流出。

3) 患耳耳后红肿、压痛,触之或硬或有波动感,并见耳道内有脓液,鼓膜穿孔。

(3) 辨证论治

1) **热毒壅盛**

主证 脓耳耳内流脓不畅,耳内疼痛,连及耳后,耳后完骨红肿疼痛逐渐加剧,并有压痛,甚则肿起如半球状,耳郭被推向前方。进而肿处有波动感,自行穿溃或切开则有脓液流出,脓液黄稠带血、量多,全身可见发热,头痛,口干尿黄,便秘,舌红苔黄,脉数。

治法 清热解毒,活血排脓。

方药 仙方活命饮加减。方解参考"脓耳"一节。可加蒲公英、野菊花、连翘、栀子之类以助清热解毒之力,疼痛较甚者可加重乳香、没药以行气活血,祛瘀止痛。疮口已溃,脓量较多,去穿山甲、皂角刺,以免耗伤气血,加桔梗、生苡仁排脓消肿。便秘可加大黄、芒硝以泻热通便。

2) **正虚邪恋**

主证 脓耳病程日久,反复发作,耳后红肿,或耳后痈肿溃破,溃口久不愈合,时溢脓水,量不多,质清稀。全身并见头晕,面色萎黄,唇舌淡,倦怠乏力,舌淡苔白,脉细弱。

治法 补托排脓祛腐生肌。

方药 托里消毒散加减。方解见"脓耳"一节。对于虚弱体质而脓质清稀者,也可用阳和汤加减。

(4) 外治

1) 耳后红肿未成脓者,可用如意金黄散、紫金锭等调水外敷患处。

面瘫可由耳病引起

一男性患者无明显诱因出现左侧面瘫,就诊于"内科",经针灸治疗配合口服"牵正散"类中药,渐加重,后经耳鼻喉科会诊,追溯病史,有20多年左耳间歇性流脓史,结合拍片检查,诊为"脓耳口眼㖞斜"(耳源性面瘫),按"脓耳"治疗,渐愈。

面瘫可由多种病变引起,不可忽视耳病所致面瘫。

2)痈肿已成,脓不自溃,可切开排脓。已自行溃破,脓液尚多者,应置引流条。

3)溃口久不愈合,可用九一丹药线插入瘘管,以提脓祛腐,促进伤口愈合。若无效,宜行乳突根治术。

4)对脓耳局部的处理,要保持脓液引流通畅,方法参照"脓耳"一节。

(5)预防和护理

预防脓耳的发生,及早彻底治疗脓耳,是预防本病发生的关键。若已发生本病,护理上要注意保持脓液引流通畅,经常清洁耳道,滴入适量药液;若患处肿胀有波动感,应及早切开排脓,保持引流通畅,同时,忌食燥热及发物类食物。

2.2.8.2 脓耳口眼㖞斜

脓耳口眼㖞斜是指因脓耳失治,邪毒内犯,阻痹经络所致的,以耳内流脓不愈,口角歪向健侧,口角流涎等为主要表现的疾病。为脓耳的并发病,相当于耳源性面瘫。

(1)病因病机

1)热毒内结:急性脓耳或慢性脓耳急性发作,肝胆热盛,邪毒内困,蒸灼肌膜,侵犯脉络,以致脉络肿胀、闭阻,而致口眼㖞斜。

2)气虚血滞:脓耳日久,邪毒久羁,耗伤气血,气虚血滞,瘀阻耳部脉络,加之邪毒困结,耳内脉络受压,日久脉络闭阻而致口眼㖞斜。

(2)诊断依据

1)有脓耳病史及其症状。

2)在上述基础上并见口眼㖞斜症状。

3)检查患耳,可见鼓膜穿孔,耳道内有脓,中耳腔或有肉芽,听力检查呈传导性耳聋或混合性耳聋,X线乳突照片可显示有骨质破坏。

(3)辨证论治

1)热毒内结

主证 急性脓耳或慢性脓耳急性发作,耳内流脓,脓液稠黄,引流不畅,耳痛较剧,突然发生口眼㖞斜症状,全身或有发热,口苦,咽干,便秘,舌红,苔黄腻,脉弦滑数等症。

治法 清热解毒,活血通络。

方药 龙胆泻肝汤加桃仁、红花、全蝎、僵蚕、白附子等。龙胆泻肝汤为清泻肝胆实热之剂,桃仁、红花凉血活血祛瘀,全蝎、僵蚕、白附子祛风化痰,通络止痉。脓液引流不畅可加皂角刺、穿山甲活血排脓,脓液黄浊量多,可加蒲公英、野菊花、牛蒡子之类加强清热解毒之力。

2)气虚血滞

主证 慢性脓耳日久不愈,突然发生口眼㖞斜症状,甚则面麻肌萎。局部检查可见鼓膜边缘穿孔,脓液污秽,有臭味或如豆渣样。全身或有头晕,倦怠乏力,纳呆,便溏,颜面唇舌淡白无华,或舌边有瘀点,脉细弱或涩。

治法 益气活血,祛邪通络。

方药 补阳还五汤合托里消毒散加减。补阳还五汤重用黄芪补气,配以归尾、川芎、赤芍、桃仁、红花、地龙活血祛瘀,配合托里消毒散健脾渗湿,祛邪排脓。同时,还可选加蜈蚣、全蝎、白附子、僵蚕等药,加强祛风止痉的作用。

(4) 其他疗法

1) 外治:①积极治疗脓耳,方法同"脓耳"一节。②取新鲜鳝鱼血涂于患侧面部,每日4~6次,每次保留30分钟。③手术治疗:经上述治疗无效者,宜配合手术治疗。口眼㖞斜发生于急性脓耳早期者,耳痛剧烈,鼓膜充血外突,脓液引流不畅,应行鼓膜切开术;发生于急性脓耳后期者,应行单纯乳突凿开术,发生于慢性脓耳者,应行乳突根治术。

2) 针灸疗法:①以翳风、地仓、颊车、合谷为主穴,以迎香、承浆、人中、下关、大椎、四白、攒竹、禾髎、足三里等为配穴,每次取主、配穴各1~2个,交替使用,平补平泻或用电针。每日或隔日一次。②电磁疗法:选用上穴,行电磁疗法。③梅花针:用梅花针叩击患处,每日一次。④穴位注射:上述穴位每次取1~2穴,针刺有酸麻感后,注入当归注射液或丹参注射液,每次每穴注入1毫升。

(5) 预防和护理

预防脓耳,及早治疗脓耳,是预防本病的关键。脓耳口眼㖞斜因眼睑闭合不良,露出白睛,可戴防尘眼镜,或用纱布覆盖,以防灰尘入眼,引起染毒。由于食物残渣易于滞留齿颊间,故食后应漱口,保持口腔卫生。为避免面瘫日久,肌肉萎缩,患者可每日自行按摩患处2~3次,每次15分钟,以促进气血流通。

2.2.8.3 黄耳伤寒

黄耳伤寒是以脓耳病中出现剧烈耳痛,头痛,呕吐,发热,头昏,项强,甚至危及生命等为主要表现的厥病类疾病。是脓耳失治变证中的重候。相当于化脓性中耳炎颅内并发症的危重阶段。

(1) 病因病机

黄耳伤寒的发生,多由于急性脓耳风火邪恶毒炽盛,热入心包,扰乱神明,引动肝风而致。或因脓耳日久病深,邪气潜伏耳窍,久蕴积热,脓液引流不畅,浸渍耳窍,腐蚀骨质,以致风火邪毒深入,入于营血,内犯心包或引动肝风而致病。

耳为心之客窍,心主血脉,又主神明,脓耳之热毒炽盛,可累及于心,而表现为营血有热,神明被扰,神志失常等证候。

又因肝主筋,主风,热极则动风,脓耳邪热炽盛,也可引动肝风,故有项强,抽搐等证候。

(2) 诊断依据

1) 在脓耳病中出现剧烈的耳痛,头痛,呕吐,发热,神志不清,抽搐,项强等症状。

2) 局部检查见鼓膜穿孔,脓液引流不畅。

3) X光乳突照片示有骨质破坏或胆脂瘤形成,腰椎穿刺可见脑脊液压力升高并呈炎性改变,眼底检查可能有视神经乳头水肿,可作为本病诊断的参考。

(3) 辨证论治

根据病邪的深浅，病情轻重的不同，辨证可分为热在营血、热入心包、热盛动风三型。

1) 热在营血

主证 耳内流脓日久，或脓液黑腐臭秽，突然脓液减少，出现剧烈耳痛及一侧头痛，有如刀劈，甚则连及全头，憎寒壮热，颈项强硬，呕吐，心烦躁扰，但神志尚清，舌质红绛，苔少或无苔，脉细数。

治法 清营凉血，泄热解毒。

方药 清营汤加减。方中犀角、黄连清心营之热邪，生地、玄参、麦冬、丹参清热滋阴，凉血解毒，银花、连翘、竹叶清泻热毒。或用清瘟败毒饮加减。本方是由清气泄热的白虎汤、泻火解毒的黄连解毒汤、清营泻热的清营汤和凉血散血的犀角地黄汤复合加减而成，能大解热毒而清气血。

2) 热入心包

主证 除见热在营血症状外，还可见嗜睡、神昏谵语，神志不清，耳内流脓不畅，脓液臭秽，耳痛头痛，舌质红绛，苔少，脉细数。

治法 清心开窍。

方药 用清宫汤配合安宫牛黄丸、至宝丹、紫雪丹等以加强清心开窍之力。本方专清心包络之热邪，因心包位于心之外围，功在护心，喻之为心之宫城，方名清宫，即为清心包络之邪热。方以犀角清心凉血解毒，玄参心、莲子心、连心、麦冬清心滋阴，竹叶卷心、连翘心清心泄热。

3) 热盛动风

主证 除在热在营血症状外，兼有四肢抽搐、颈项强直、甚至角弓反张等症状，舌质干绛，脉弦数。

治法 清营凉血，平肝息风。

方药 清宫汤加钩藤、羚羊角、地龙、丹皮等，有神志不清者，兼服紫雪丹、安宫牛黄丸、至宝丹等，而以紫雪丹最为适宜。

以上三型是黄耳伤寒邪热炽盛而出现的三个证型，表现为邪实为主。但邪热久羁，必伤正气，故后期，每多出现以正虚为主的症状，可分为真阴衰竭和真阳衰竭两种类型。

若见身热面赤手足心热，口干舌燥，神疲纳呆，大便秘结，小便黄少，脉虚大，甚则时时欲脱者，属真阴衰竭，应滋阴养液，固摄真阴，用加减复脉汤、三甲复脉汤之类加减。

若见大汗淋漓，汗出如珠，畏冷 卧，精神委靡，反应迟钝，昏睡少语，面色苍白，呼吸微弱，脉微欲绝，属真阳衰竭之危候，宜急用回阳固脱之法，服独参汤或参附汤等。

(4) 外治法

耳内处理同"脓耳"；进行手术治疗，去除耳部病灶。

(5) 预防和护理

及早防治脓耳，是预防本病的关键。脓耳患者，要保持引流畅通，彻底治愈，一旦出现头痛，呕吐，神志变化等情况，则提示有本病的可能，要及早处理，做出正确的诊断和治疗，以免病情恶化。护理上，要密切观察病情变化，并做详细记录，以便及时处理。

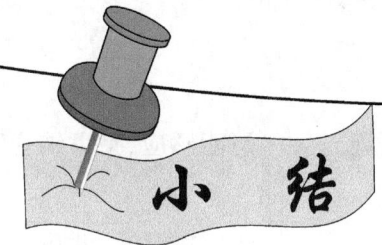

脓耳变证是由脓耳病情变化而产生的新的病证,病情多较复杂、严重,甚至危及生命,常见的有耳根毒、脓耳口眼㖞斜、黄耳伤寒。

脓耳变证的发生,与脓耳病变所在部位有关,由脓耳邪毒流散于周围组织而成,波及耳后完骨——耳根毒;犯及耳部经络——脓耳口眼㖞斜;入营邪犯心包——黄耳伤寒。急性或慢性脓耳均可发生变证。

在治疗上,应在治疗脓耳的基础上,积极治疗并发症。黄耳伤寒病情急重,治疗比较困难,处理不及时,可能导致死亡,因此应及早做好防治。

1. 何谓脓耳变证,常见的有哪几种?试简述其病因病机。
2. 耳根毒的临床表现如何,怎样治疗?
3. 脓耳口眼㖞斜的诊断依据是什么?怎样论治?
4. 何谓黄耳伤寒,临床表现是什么?如何辨证论治?
5. 在脓耳变证中,为何要内外并治?如何并治?

2.2.9 耳鸣 耳聋

学习目标

1. 了解耳鸣耳聋的概念
2. 熟悉耳鸣耳聋的病因病机,二者相互关系
3. 掌握耳鸣耳聋的辨证论治

耳鸣耳聋是指因脏腑失调,气血瘀滞,耳窍失养,或邪犯耳窍所致的以单耳或双耳出现耳内鸣响、听力减退、甚则失听的耳病。主要包括主观性耳鸣、感音性聋、及伪聋、精神性聋等。

耳鸣是指在没有外界声源刺激下耳内鸣响的一种主观感觉。耳聋是指不同程度的听力减退,甚则失听。耳鸣、耳聋常伴随出现,且二者的病因病机和治法方药相近,故将两者合在一起讨论。

2.2.9.1 病因病机

(1) 外邪侵袭

风寒或风热之邪外袭,侵及耳窍,清空之窍遭受蒙蔽,失去"清能感应,空可纳音"的功能,终至耳鸣、耳聋。

(2) 肝火上扰

肝为将军之官,禀性刚劲善怒,在过度激动、愤怒、忧郁等情况下,肝失其疏泄条达,可致肝火上炎,循经上扰于耳窍,致耳鸣、耳聋。

(3) 痰火郁结

过食醇酒厚味,脾胃受伤,聚湿成痰;或内伤七情,气机不利,津聚为痰;或外感六淫,当汗不泄,蓄而为痰。痰既已成,郁结化火,痰火相合,互为因果,痰火蒙扰耳窍,则致耳鸣、耳聋。

(4) 瘀滞清窍

由于气机不畅,郁久致瘀,或暴震、外伤及其他原因所致瘀阻耳窍络脉,清空之窍瘀滞,功能失常,可致耳鸣、耳聋。

(5) 肾元亏损

耳属肾窍,肾开窍于耳。先天不足,后天失充,或耗损过度,肾精亏虚,耳窍失养,可致耳聋、耳鸣。或肾阳不足,耳失温养,或肾阴亏虚,耳失濡养,虚火上扰,皆可致耳鸣、耳聋。

(6) 脾胃虚弱

饮食劳倦所伤,或素体脾胃虚弱,气血生化不足,则耳窍失养;脾主升清失职,则清阳不能上走耳窍,可致耳鸣、耳聋。

> **要重视音叉检查**
>
> 现代听力检查手段发展很快,传统的音叉检查逐渐被临床医生所忽视,有患者因鼓膜检查无明显"发线征",而纯音测听又误测为感音神经性聋而误诊为"突聋",进一步导致长时间的误治。正确的音叉检查对耳聋的定性至关重要,可纠正在听力检查过程中技术人员的错误测听结果。

2.2.9.2 诊断依据

1) 自觉耳内鸣响和/或听力减退。

2) 耳部检查:外耳道、鼓膜多无明显变化。

3) 听功能检查:患耳听力下降。

2.2.9.3 辨证论治

(1) 外邪侵袭

主证 开始多有感冒等先趋表现,起病较速。自感耳中憋气作胀,有阻塞感,耳鸣,听力下降而自声增强。局部检查,可见到鼓膜轻度潮红及内陷,或没有明显改变。可伴有恶寒、发热、头痛等全身症状。舌淡红或边尖红,苔薄白或薄黄,脉浮。

治法 疏风散邪,行气通窍。

方药 风寒外袭用加味香苏散加减。方中苏叶、荆芥、防风、秦艽祛风散寒通络,蔓荆子升散通窍,香附、川芎、陈皮行气通窍,生姜辛散祛邪,甘草和中。风热外袭用银翘散加石菖蒲、路路通。方中银花、连翘、荆芥穗、淡豆豉、牛蒡子、薄荷疏风清热,桔梗宣肺散邪,竹叶、芦根、生甘草清利邪热,酌加石菖蒲、路路通行气通窍。若夹有湿浊者,可酌用化浊利湿之品,如藿香、茯苓、荷叶等。

(2) 肝火上扰

主证 耳鸣如闻潮声,或如风雷声,耳聋时轻时重,每于郁怒之后,耳鸣耳聋突发加重,兼耳胀耳痛感,或有头痛、眩晕、面红目赤、口苦咽干,或夜寐不安,烦躁不宁,或有胁痛,大便秘结,小便黄,舌红苔黄,脉弦数有力。

治法 清肝泻火,开郁通窍。

方药 龙胆泻肝汤加石菖蒲。方中以龙胆草、栀子、黄芩、柴胡清泻肝胆,苦寒直折火势,以木通、车前子、泽泻清热利水,导热下行,当归、生地养肝护肝,甘草调和诸药,加石菖蒲配柴胡以开郁通窍。大便秘结肝火盛者,可酌加大黄、芦荟、青黛。

(3) 痰火郁结

主证 两耳蝉鸣不息,或"呼、呼"作响,有时闭塞憋气,听音不清,头昏沉重,胸闷脘满,咳嗽痰多,口苦或淡而无味,二便不畅。舌红,苔黄腻,脉弦滑。

治法 清火化痰,开郁通窍。

方药 加味二陈汤加减。方中以二陈汤燥湿化痰,黄芩、黄连清泻火热,生姜和胃化痰,薄荷开郁通窍。可酌加枳实、竹茹、石菖蒲、路路通开郁化痰通窍。

(4) 瘀滞清窍

主证 耳鸣、耳聋暴作,部分有明显外伤史;或病起缓慢,往往病人难以主诉起病时日。鸣声可呈高音调,也可呈低音调,耳聋可随病程的延长而逐渐加重。可无明显全身症状。舌质暗红,或有瘀点,苔薄白,脉沉细。

治法 活血化瘀,通络开窍。

方药 通窍活血汤加减。方中以赤芍、川芎、桃仁、红花活血化瘀,麝香、老葱、黄酒通络开窍。瘀甚者,可加土鳖虫、穿山甲以加强活血通络之功;大便干结,可加酒军以活血通下。

(5) 肾元亏损

主证 耳内常闻蝉鸣之声,昼夜不息,夜间较甚,听力逐渐下降,伴见虚烦失眠,头晕目暗,腰膝酸软,男子遗精,女子白淫,食欲不振,舌质红而少苔,脉细弱或细数。或伴五心烦热,或伴畏寒肢冷,舌淡苔白,脉沉迟。

治法 补肾填精,滋阴潜阳。

方药 耳聋左慈丸加减。方中以六味地黄丸滋养肾阴,五味子补肾纳气,磁石益肾潜阳。精亏较甚,可酌加龟甲胶、鹿角胶补肾填精;虚火较甚,可酌加知母、黄柏清泻虚火。

若偏于肾阳虚,可用补骨脂丸温壮肾阳。

(6) 脾胃虚弱

主证 耳鸣耳聋,劳则更甚。伴见倦怠乏力,面色萎黄,纳少便溏等。舌质淡红,苔薄白,

> **神经性耳鸣与心理治疗**
>
> 神经性耳鸣是没有外界刺激的一种主观感觉,有很多治疗方法,但缺少特效的。西医治疗神经性耳鸣特别重视心理治疗与心理咨询。药物治疗由于疗效不满意及不良反应等因素,往往用于心理治疗与心理咨询失败后,或两种疗法同时使用。中医临床也重视对患者的心理安慰和开导,同时也往往会使用到调神解郁类的中药。

脉虚弱。

治法　补益脾胃,升阳通窍。

方药　补中益气汤或益气聪明汤加石菖蒲。方中以党参、黄芪、炙甘草益气健脾,升麻、葛根、蔓荆子、石菖蒲升阳通窍,黄柏、白芍和阴降火气血俱亏者,可用八珍汤双补气血。若见心悸怔忡,夜寐不安等症,可加龙眼肉、酸枣仁之类以养心安神,亦可用归脾汤。

2.2.9.4　其他疗法

（1）针灸疗法

针灸疗法可取耳门、听宫、听会、翳风等局部穴位,配合远端穴位,如外关、阳陵泉、足三里、三阴交等穴,根据病情不同,分别采用补泻手法。虚寒者可用灸法。

（2）导引按摩

导引按摩对本病有一定的辅助治疗作用,如"鸣天鼓"。

2.2.9.5　预防和护理

1）减少情绪波动,平时注意保健。
2）远离噪声环境及爆炸声等。
3）慎用具有耳毒性的抗生素。

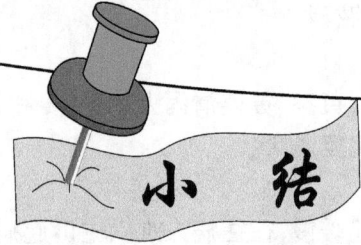

小　结

耳鸣是听觉幻觉,耳聋是听觉障碍,两者常并见,其病因病机及辨证论治基本相同,故在一起论述。

耳鸣、耳聋有虚、有实,实者多由外邪侵袭、肝火上扰、痰火郁结、瘀滞清窍而致,虚者多由肾精亏损或脾胃虚弱而致。各型的耳鸣、耳聋有其特点,但临床总须结合全身辨证,才能做到辨证施治准确有效。对于外邪侵袭者治以疏风散邪、行气通窍之法,常用加味香苏散、银翘散加减。肝火上扰者,治以清肝泄热、开郁通窍之法,常用龙胆泻肝汤加减;痰火郁结者,治以清火化痰、开郁通窍之法,常用加味二陈汤加减;瘀滞清窍者,治以活血化瘀、通络开闭,常用通窍活血汤加减;肾元亏损者,治以补肾益精、滋阴潜阳之法,常用耳聋左慈丸加减;脾胃虚弱者,治以健脾益气、升阳通窍方法,常用补中益气汤或益气聪明汤加减。

除了内治之外,常配合针灸疗法,多选用耳周穴位及手足少阳经穴位。

针对不同病因病机,按照中医传统,从饮食、情志、起居等方面进行护理及预防,也是十分必要的。

思考题

1. 耳鸣耳聋的常见病因病机有哪些？
2. 试述耳鸣耳聋的辨证论治。

2.2.10 耳眩晕

学习目标

1. 了解耳眩晕的概念和临床特征
2. 掌握本病不同类型的辨证治疗

耳眩晕是指因邪犯内耳，或脏腑虚弱，内耳失养，或痰浊水湿泛溢内耳所致的以发作性、旋转性眩晕为特征的眩晕类疾病。相当于耳源性眩晕，即梅尼埃病，或称膜迷路积水。本病多发于青壮年，男女发病率无显著差别。一般单耳发病，后可累及他耳。

2.2.10.1 病因病机

耳眩晕为脏腑内伤所致，多属风、火、痰、虚为患，与肝、脾、肾三脏关系密切。

（1）肝阳上亢

肝为足厥阴风木之脏，其性刚劲，主升发而喜条达。若情志不舒，肝气郁结，化火生风，风火上扰，或因暴怒伤肝，怒则气上，以致肝阳升发太过，上扰清窍，发为耳眩晕。

（2）痰浊中阻

脾为生痰之源。若脾气素虚，或饮食不节，劳倦过度，过食寒凉，脾胃受损，运化失健，水湿停留，聚湿生痰。痰为阴邪，阻遏阳气，清阳不升，浊阴不降，清窍受之蒙蔽，平衡失司，发为眩晕。

（3）脾气虚弱

耳位于头而属清窍，有赖于清气濡养。若素体虚弱，或思虑过度，心脾受伤，气血生化不足，兼之升清降浊功能失职，清阳不升，

哪些因素可以导致梅尼埃病

梅尼埃病病因和发病机制迄今不明，说法甚多，归纳起来有如下方面：①自主神经功能紊乱，胆碱活性增强，内耳小血管痉挛，致微循环障碍，组织缺氧，代谢紊乱，内淋巴理化特性改变，渗透压增高，外淋巴及血浆移入，酿成积水。②内淋巴管的瓣膜病，内淋巴囊阻塞，使内淋巴吸收障碍，是膜迷路积水的主要原因。③变态反应说：变应原进入内耳，能刺激聚集在血管、内淋巴管和囊周围的免疫活性细胞产生抗体。抗原-抗体反应导致内耳毛细血管扩张，通透性增加，体液渗入，特别是内淋巴囊内抗原抗体复合物沉积而吸收功能障碍，终必引起迷路积水。

则上部气血不足,耳窍失养,发为眩晕耳鸣之证。

(4) 肾阴亏虚

肾主藏精而生髓,髓充于骨而汇于脑,故脑为髓海,髓海渗精气以荣耳窍。若先天禀赋不足,或房劳过度,或病后失养,耗伤肾阴,以致精髓不足,髓海空虚,耳窍失养,故有眩晕。脑转耳鸣之症。且每因阴精亏损,阴不维阳,水不涵木,肝阳上亢,扰及清窍,导致阴虚阳亢眩晕的病理变化。

(5) 肾阳亏虚

肾主一身阳气,主水液,司气化而利小便。若肾阳虚弱,命门火衰,不能温化水液,寒水停聚,上犯清窍,平衡失调,亦可发生眩晕。

2.2.10.2 诊断依据

1) 以旋转性眩晕为主要症状,目闭难睁伴有耳鸣及轻度耳聋,恶心呕吐,但神志清楚。
2) 发病突然,且间歇期眩晕症状完全消失,以后可反复发作。
3) 发病诱因常有疲劳、思虑过度、情绪波动等。
4) 鼓膜检查多无异常表现。发作期有自发性水平性或旋转性眼球震颤。听力检查在发作期呈感音性耳聋。

2.2.10.3 辨证论治

本病各型患者发作时特点基本一致,临证时可结合全身症状和体征进行辨证论治。

(1) 肝阳上亢

主证 眩晕多因恼怒,心情不畅等情绪波动时而诱发,可有头痛,耳胀,口苦咽干,面红目赤,急躁心烦,胸胁苦满,少寐多梦,舌红,苔黄,脉弦数。

治法 平肝息风,育阴潜阳。

方药 天麻钩藤饮加减。方以天麻、钩藤、石决明平肝潜阳息风为主,辅以栀子、黄芩清肝泻火;杜仲、桑寄生、牛膝补益肝肾,引血下行;夜交藤、茯神宁心安神。若偏于风盛而见眩晕较甚者,可酌加龙骨、牡蛎以镇肝息风;偏于火盛而见口苦咽干、大便燥结,面红目赤等证明显者,可加龙胆草、丹皮、大黄以清肝泄热,或用龙胆泻肝汤以清泻肝胆之火。

(2) 痰浊中阻

主证 眩晕而见头额胀重,胸闷不舒,恶心呕吐症状较剧烈,痰涎多。并见心悸、纳呆、腹胀、倦怠乏力等,舌淡胖,或边有齿痕,苔白腻,脉濡滑。

治法 健脾燥湿,涤痰息风。

方药 半夏白术天麻汤加减。本方以二陈汤燥湿祛痰,加白术健脾,入天麻息风,生姜、大枣调和脾胃。湿邪偏重者,可倍用半夏,加泽泻以增强燥湿祛湿作用,也可加藿香、佩兰芳香化浊;眩晕甚者,可加僵蚕、胆南星加强化痰息风之效;若痰湿挟热而见口苦、苔黄腻者,可加黄芩、玄参、竹茹、枳实以清热化痰;兼气虚者,加党参、黄芪以益气健脾,并可加入少量炮附子,以温养阳气。

(3) 脾气虚弱

主证 眩晕时作,或因疲劳而发,症见面色苍白,唇甲无华,神疲思睡,气短懒言,动则喘促,心悸不宁,食少腹胀,大便时溏,舌质淡苔薄,脉细弱。

治法　健脾益气,养血安神。

方药　归脾汤加减。方中党参、黄芪、炙甘草甘温健脾益气;当归、龙眼肉、酸枣仁、远志养血安神;白术、茯苓、木香健脾理气去湿,生姜、大枣调和脾胃。临证可酌加首乌、熟地、白芍补益阴血,或加天麻、白蒺藜以平肝息风。亦可选用八珍汤,气血双补,脾虚、清阳下陷者,可用补中益气汤加减,以益气升阳。

(4) 肾阴亏虚

主证　素有耳鸣,眩晕发作较频繁。发作时耳鸣较甚,听力减退明显,并见腰膝酸软,精神萎靡,心烦失眠多梦,记忆力差,手足心热,舌质红,苔少,脉弦细数。

治法　滋阴补肾,填精益髓。

方药　杞菊地黄丸加减。方以六味地黄丸滋肾壮水,枸杞子、菊花养肝益血。并可选加首乌、白芍补血养肝;石决明、牡蛎滋阳潜阳。精髓空虚较甚者,宜加鹿角胶、龟甲胶等,以填精益髓。

(5) 肾阳亏虚

主证　眩晕时心下悸动,咯痰稀白,耳内胀满、耳鸣、听力下降,腰痛背冷,肢体不温,精神萎靡,夜尿频而清长,舌质淡胖,苔白润,脉沉细弱。

治法　温肾壮阳,散寒利水。

方药　真武汤加减。方中附子辛热以温壮肾阳治其本,茯苓、白术健脾渗湿利水治其标;生姜散寒利水,白芍固护真阴,以防附子辛热劫阴之弊。寒甚者,还可酌加川椒、细辛、桂枝、巴戟天等药,以增强温阳散寒的作用。

2.2.10.4　针灸疗法

以上各型眩晕,均可配合针灸疗法。

(1) 针灸

针灸可选用百会、神庭、神门、耳门、内关、申脉、合谷、足三里、丰隆、脾俞、肾俞、内关、关元、中脘、三阴交等穴,每次选3~4穴,据病证的虚实而采用不同手法,实证用泻法,虚证用补法,虚寒者,可用艾灸法。

(2) 耳针

耳针可选额、心、神门、交感、肾、内分泌、枕、内耳等穴,每次3~4穴,强刺激,留针20分钟,每天一次,或埋针。

(3) 穴位注射

穴位注射选上述耳穴1~2个,每次每穴注射维生素B_1 0.2毫升,日一次。

2.2.10.5　预防和护理

1) 平时避免过度疲劳,情志要舒畅,生活有规律,加强锻炼,增强体质,减少复发。

2) 向患者说明本病不是严重疾患,以消除其恐惧,有助于病情稳定和好转。

3) 发作期间,要卧床休息,注意防止起立时突然眩晕而跌倒。室内要保持安静,光线宜较暗,空气要流通,不可过暖。

4) 宜进低盐少水食物,禁烟、酒、浓茶及咖啡。

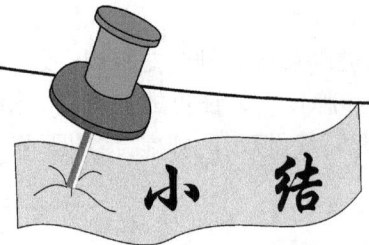

　　耳眩晕是指因耳窍有病(主要是内耳疾病),耳窍的平衡功能失调而引起的眩晕,属眩晕的范畴。其特点是:①眩晕常呈突然发作;②具有旋转性;③并有耳鸣、耳聋症状;④可有恶心、呕吐及眼球震颤等。一般根据这些特征性症状即可做出诊断。

　　耳眩晕属内伤眩晕,且以虚证为多,也有虚实兼杂。有脾虚气血不足,不能上荣,而致眩晕;有肾虚精髓亏损,耳窍失养而致眩晕;有肾阳虚损,寒水上泛于耳窍而致眩晕;有肝阳上扰清窍而致眩晕,也有痰浊中阻,蒙蔽清窍而致眩晕等。

　　临床可分为以上五种类型辨证论治:①肝阳上扰者治以平肝息风、滋阴潜阳,用天麻钩藤饮;②痰浊中阻者治以健脾燥湿、涤痰息风,用半夏白术天麻汤,并可结合针灸治疗;③脾气虚弱者治以健脾益气、养血安神,用归脾汤加减;④肾阴亏虚者,治以滋阴补肾,填精益髓,用杞菊地黄丸加味;⑤肾阳亏虚者,治以温肾壮阳、散寒利水,用真武汤。

　　眩晕发作时要尽量让患者安静休息,避免不良刺激,并要在情志及饮食等方面进行调理。

1. 耳眩晕有何特征?如何诊断?
2. 耳眩晕的病因病机有哪几方面?
3. 如何对耳眩晕进行辨证论治?在发作期间,护理上要注意哪些方面?

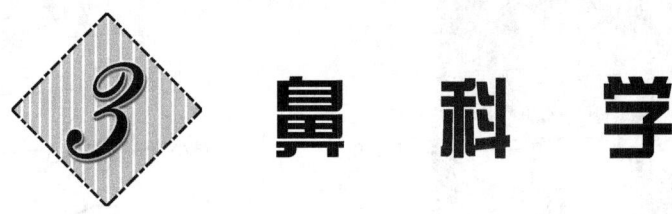

3 鼻科学

3.1 鼻科学概述

鼻是气体出入的门户,属肺系,司嗅觉,助发音。头面为诸阳所聚,鼻居面中,为阳中之阳,是清阳交会之处。清阳之气从鼻孔出入,故又称其为"清窍"。

鼻与脏腑经络密切联系,生理上互相联系,病理上互相影响。鼻病的发生多由于脏腑功能失调,或外邪侵袭,鼻病的辨证则要根据局部症状与全身表现进行综合分析,鼻病的治疗,须结合辨病与辨证的具体情况,选用适当的内治法、外治法与其他疗法。

3.1.1 鼻的应用解剖

学习目标

1. 掌握外鼻、鼻腔和鼻窦的应用解剖,为鼻病的检查与诊断打下基础
2. 了解鼻及鼻腔的血管、淋巴、神经分布情况

3.1.1.1 外鼻

外鼻形似三角形锥状体,由骨及软骨作支架(图 3-1),外面覆皮肤及软组织,突出于面部中央。各部名称见图(图 3-2)。

鼻尖与鼻翼部的皮肤较厚,与皮下组织粘连较紧,有大量皮脂腺和汗腺,此处易发生炎症。

外鼻的血液供应十分丰富。动脉由眼动脉与颌外动脉的分支供给。静脉主要经内眦静脉和面静脉汇入颈内静脉,因内眦静脉又可经眼上、下静脉与海绵窦相通(图 3-3),面部静脉无瓣膜,血液可以正逆向流动,故面部及鼻部的感染,如误加挤压或治疗不当,可引起海绵窦血栓性静脉炎。

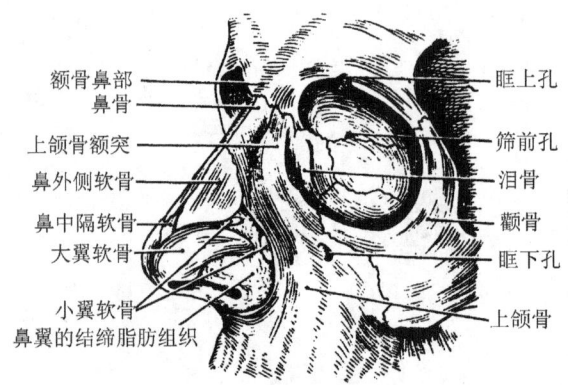

图 3-1 外鼻的骨和软骨支架

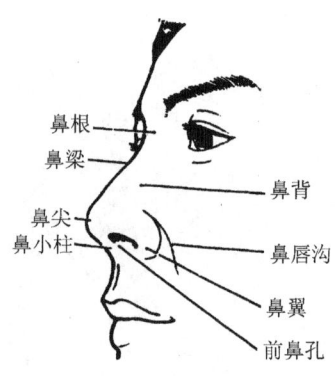

图 3-2 外鼻各部分名称

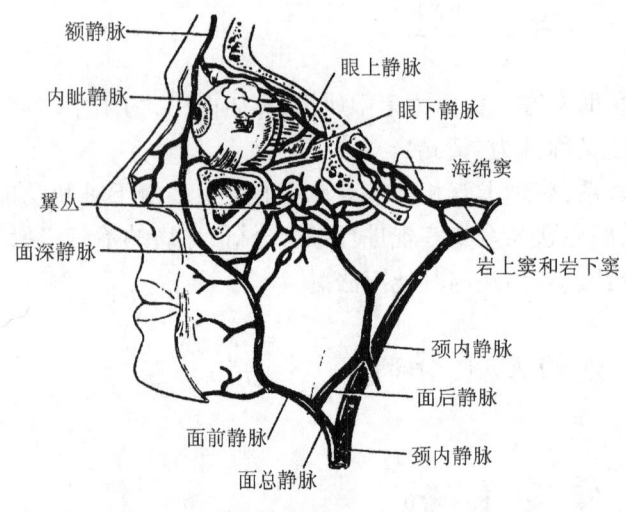

图 3-3 外鼻静脉与眼静脉及海绵窦的关系

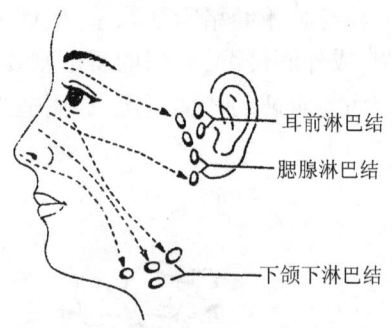

图 3-4 外鼻的淋巴引流

外鼻的淋巴汇流于耳前淋巴结、腮腺处淋巴结及颌下淋巴结(图 3-4)。

3.1.1.2 鼻腔

鼻腔为一顶窄底宽、前后径大于左右径的不规则狭长腔隙。由鼻中隔分为左右两个腔。每侧鼻腔又分为位于最前段的鼻前庭和位于其后的固有鼻腔。

(1) 鼻前庭

鼻前庭位于鼻腔的前端,相当鼻翼内面的空间。覆有皮肤,是外鼻皮肤的延续,向后与鼻腔黏膜交界处的隆起称鼻阈。鼻前庭皮肤富有毛囊、皮脂腺及汗腺,易发生疖肿。

(2) 固有鼻腔

固有鼻腔简称为鼻腔。前起自鼻内孔(即鼻阈),后止于后鼻孔,分顶、底、内、外四壁。

1) 顶壁:呈穹窿状,很窄,为颅前凹底的一部分,有嗅神经通过。
2) 底壁:借硬腭和软腭与口腔隔开,前 3/4 由上颌骨腭突、后 1/4 由腭骨水平部构成。
3) 内侧壁:即鼻中隔,由骨及软骨构成。分别为鼻中隔软骨、筛骨正中板和犁骨。鼻中隔黏膜较薄,其前下方处的黏膜内动脉血管汇聚成丛,称利特尔区(Little area),是鼻出血的好发部位(图3-5)。

4) 外侧壁:是最有生理及病理意义的部位。由诸多骨骼组成,主要部分是筛窦和上颌窦的内侧壁。外侧壁由下向上有三个呈阶梯状排列的长条骨片,外覆黏膜,分别称下、中、上鼻甲。每一个鼻甲与鼻腔外侧壁均形成一间隙,分别称下、中、上鼻道(图3-6)。下鼻甲的黏膜较厚,富有血管组织,其血管的舒缩可使鼻黏膜的体积迅速发生变化,黏膜的分泌腺也很丰富。上、中鼻道有鼻窦的自然开口,下鼻道的前上方有鼻泪管的开口,下鼻道外侧壁前段近下鼻甲附着处,壁较薄,是上颌窦穿刺冲洗采用的部位。

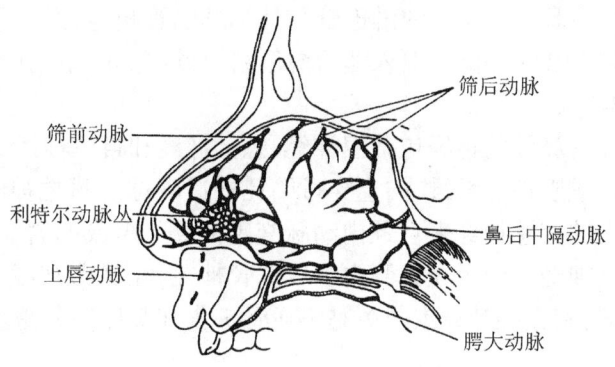

图3-5 鼻中隔的动脉

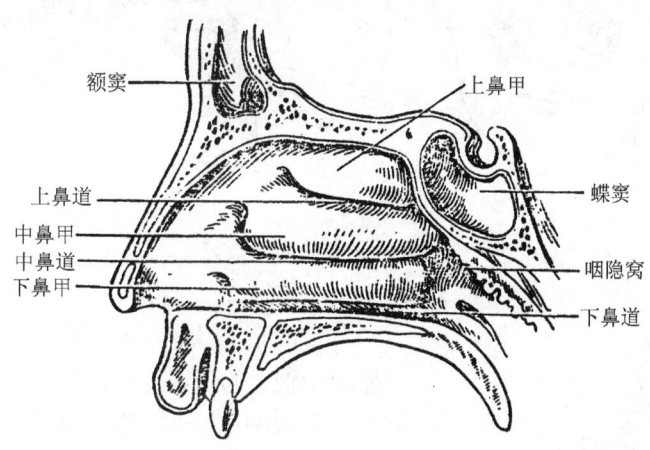

图3-6 鼻腔外侧壁

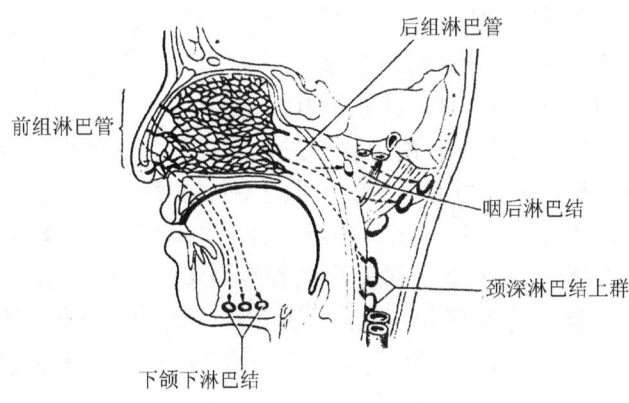

图3-7 鼻腔的淋巴引流

鼻腔的黏膜分为呼吸区黏膜和嗅区黏膜。中鼻甲内侧面及其相对的鼻中隔上方的黏膜为嗅区黏膜,有嗅神经末梢分布。其余黏膜为呼吸区黏膜,黏膜下有大量腺体,分泌黏液和浆液,能黏附吸入鼻内的粉尘,并借黏膜上皮纤毛由前向后的运动,排至鼻咽部,由口吐出或咽下。

鼻腔的动脉主要来自颌内动脉和蝶腭动脉。静脉主要汇合于蝶腭静脉,先流入翼丛,再经颌内静脉,其次则汇合于面前静脉及筛前筛后静脉,进入海绵窦。

鼻腔前1/3的淋巴管与外鼻淋巴管相连,汇入耳前淋巴结、腮腺淋巴结及颌下淋巴结。鼻腔后2/3的淋巴汇入咽后淋巴结及颈深淋巴结上群,鼻部恶性肿瘤可循上述途径发生转移(图3-7)。

鼻腔的神经包括嗅神经、感觉神经和自主神经。嗅神经分布于嗅区黏膜,自嗅区神经上皮形成嗅神经纤维,向上穿过筛孔抵达嗅球。感觉神经为三叉神经的眼支及上颌支。自主神经中的交感神经来自颈内动脉交感神经丛组成的岩深神经,副交感神经来自面神经分出的岩浅大神经。两者在翼管内组成翼管神经,经蝶腭神经节后入鼻腔。交感神经主司鼻黏膜血管收缩,副交感神经主司鼻黏膜血管扩张和腺体的分泌。

3.1.1.3 鼻窦

鼻窦是鼻腔周围骨壁的含气空腔(图3-8),共有4对。即上颌窦、额窦、筛窦、蝶窦。

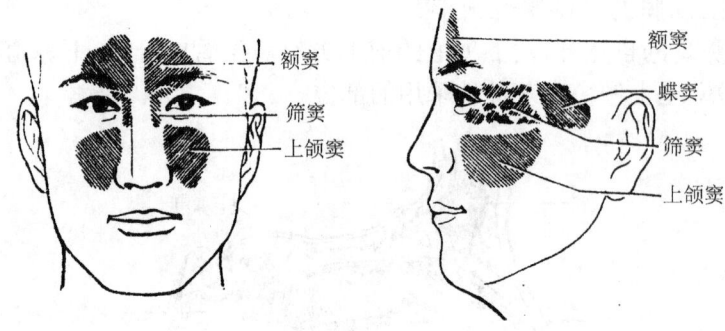

图3-8 鼻窦的面部投影

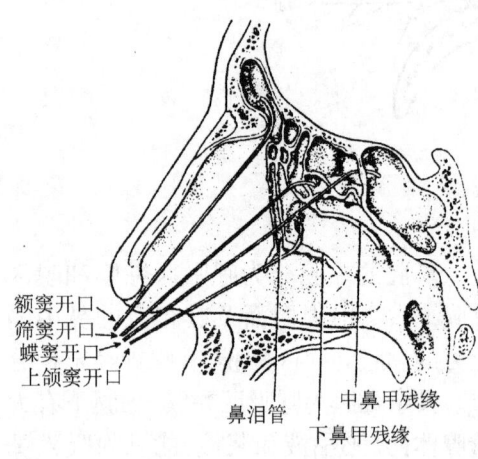

图3-9 鼻窦的开口部位

各窦的形态大小不同,发育也常有差异,各有窦口与鼻腔相通。按其解剖位置和窦口所在部位,可将鼻窦分为前后两组,前组鼻窦包括上颌窦、前组筛窦和额窦,开口于中鼻道;后组鼻窦包括后组筛窦和蝶窦,后组筛窦开口于上鼻道,蝶窦开口于蝶筛隐窝(图3-9)。了解此解剖学特征有重要的临床意义。前鼻镜检查如见中鼻道有脓性分泌物,提示前组鼻窦有感染;嗅裂有脓性分泌物,提示后组鼻窦有感染。上颌窦为容积最大的窦。有五个壁:①前壁中央最薄,称尖牙窝,施行上颌窦根治术于此凿开骨壁进入窦腔。②后外壁与翼腭窝和颞下窝毗邻,近翼内肌,上颌窦恶性肿瘤破坏此壁累及此肌可造成张口困难。③上壁即上颌窦眶板,毗邻眶内容物,故上颌窦疾病和眶内疾病可互相影响。④底壁(即牙槽突),与第二双尖牙、第一、二磨牙的根部相邻接,牙根有病变时,可波及上颌窦。⑤内侧壁之后上部有上颌窦窦口通中鼻道,此窦口位置较高,不利于引流,是上颌窦易患炎症的原因。

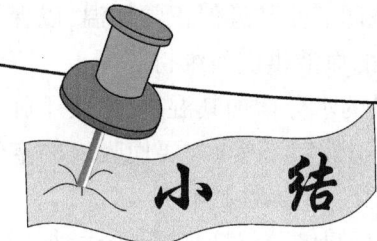

鼻分为外鼻、鼻腔、鼻窦三部分。

外鼻各部分名称主要为鼻根、鼻梁、鼻尖、鼻翼、鼻背等。外鼻的血液供给十分丰富,而静脉通过内眦静脉及眼上下静脉与海绵窦相通,同时面部静脉无瓣膜,血液可以逆向流动,故面部及鼻部的感染,如误加挤压或治疗不当,可引起海绵窦血栓性静脉炎,因此这一区域常被称为"危险三角区"(即两侧鼻唇沟之间至鼻根部)。

鼻腔分为鼻前庭和固有鼻腔两部分。鼻前庭位于鼻腔的前端,由皮肤覆盖。固有鼻腔习称鼻腔,分顶、底、内、外四壁,其中外侧壁是最具生理与病理意义的部位。鼻腔的黏膜分为呼吸区黏膜和嗅区黏膜,具有不同的生理功能。

鼻窦是指位于鼻腔周围颅面骨内的含气空腔,共有四对,即上颌窦、额窦、筛窦和蝶窦。上颌窦为容积最大的窦,由于窦口位置较高,不利于引流,因此,上颌窦炎发病率较高。

1. 鼻腔的解剖情况如何?
2. 四组鼻窦分别开口于何处?
3. 上颌窦的解剖情况如何?

3.1.2　鼻的生理功能

1. 掌握鼻腔的生理功能
2. 了解鼻窦的生理功能

3.1.2.1　鼻腔的生理

鼻腔具有呼吸、嗅觉和共鸣的功能。

(1) 呼吸功能

呼吸是鼻腔主要的生理功能,并对吸入的空气有调温、调湿和清洁的作用。

1) 温度调节作用:当外界空气被吸入鼻腔后,即被调节使其近似正常体温,以保护下呼吸道不受损害。这种作用主要依靠广大的黏膜面和丰富的血液供应所维持。

2) 湿度调节作用:对吸入的空气,鼻腔要付出大量的水分增加其湿度,以便于肺泡的气体交换和维持呼吸道黏膜的正常纤毛运动。当鼻塞而被迫用口呼吸时,要使吸入的空气达到适宜的温度和湿度,必将增加呼吸道黏膜的负担,久之将发生干燥性咽喉炎。

3) 清洁作用:当鼻腔受到粉尘或有害气体的刺激时,腺体分泌增加,纤毛运动加快,将这些有害物质加以清除。另外鼻毛对于尘土有过滤作用,反射性喷嚏可清除进入鼻腔的微小异物。

(2) 嗅觉功能

含气味的物质随空气进入鼻腔接触嗅区黏膜后,溶解于嗅腺分泌液中,刺激嗅细胞产生神经冲动,经嗅神经、嗅球传至大脑嗅觉中枢而产生嗅觉。

(3) 共鸣功能

正常情况下,从喉腔发出的声音经过鼻腔时,声流在腔内撞击和回旋,可产生共鸣效应。如鼻塞,则声音的性质即改变,发出"闭塞性鼻音";患软腭麻痹或腭裂,发声时不能将鼻腔和口腔隔开,则发出"开放性鼻音"。须指出的是,除鼻腔外,鼻窦腔、鼻咽腔以及头颅腔也参与了共鸣效应。

(4) 反射功能

异物进入鼻腔,即会发生喷嚏反射,而"鼻睫反射"则属于副交感神经反射,当鼻黏膜受到刺激时,则会导致球结膜充血,分泌物增多,眼睛受刺激时,则会使鼻腔分泌物增多,所谓"痛哭流涕"是也。

3.1.2.2 鼻窦的生理学

鼻窦也参与呼吸生理,但作用甚微。鼻窦无嗅觉功能,但有共鸣作用。此外,鼻窦在减轻头部重量,易于保持身体平衡,保护脑部等方面起一定作用。

中医学认为鼻是呼吸和嗅觉器官,具有司呼吸、闻香臭、助发声音的功能,这与西医的理论基本上是一致的。

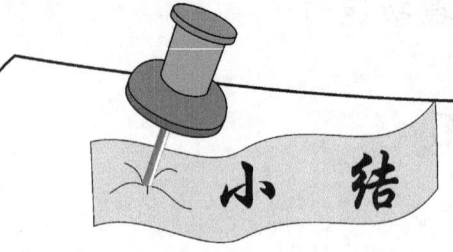

小 结

鼻腔、鼻窦及其被覆上皮的结构赋予鼻腔特殊功能,主要有呼吸功能、嗅觉功能、共鸣功能和反射功能,其中呼吸功能包括调温、调湿和清洁作用,此外,鼻窦也参与呼吸,具有共鸣作用,同时有助于减轻头颅重量、保持身体平衡。

近年来研究认为,鼻黏膜上皮还具有重要生物学功能。

思考题

1. 鼻腔有哪些生理功能？
2. 简述鼻窦的生理功能。

3.1.3 鼻与脏腑经络的关系

学习目标

1. 了解鼻与脏腑经络的关系，树立整体统一观念
2. 明确肺、脾、胆、肾、心在生理、病理上与鼻的密切关系，并掌握其在临床运用上的意义

3.1.3.1 鼻与脏腑的关系

鼻与五脏六腑均有一定的关系，其中与肺、脾、胆、肾、心在生理、病理上的关系最为密切。

肺 《素问·阴阳应象大论》中说："肺主鼻……在窍为鼻"，指出了鼻为肺之外窍的所属关系。鼻为气体出入的门户，下通于肺，助肺行呼吸。鼻的嗅觉功能正常与否，依赖肺气的通调。肺主气，司宣发肃降，肺的这一功能正常，才能使精气、卫气上注清窍，鼻窍得以濡养、护卫而通利。如肺气虚，腠理疏松，卫外不固，则易感受外邪的侵袭，致邪毒滞留，导致多种鼻病的发生。如肺阴虚，鼻窍失于濡润，则鼻内黏膜干燥枯萎，不闻香臭。由于鼻是肺之外窍，因此观察鼻的变化可反映肺脏的病变。如《医学心悟·首卷》中说："鼻头赤者为肺热"，"鼻孔煽张为肺气将绝"等，在临床上还可根据鼻涕的颜色稠稀判断肺的病变，如涕白清稀为肺寒，涕黄稠为肺热等。鼻与肺关系最为密切，在生理上互相联系，在病理上互相影响。

脾 鼻居面中央，鼻准又居鼻之中央，故居土位而属脾。脾统血，鼻为血脉多聚之处。五行相生，土生金，脾为肺之母，而鼻属肺系。脾主运化，为气血生化之源，肺气的健旺，有赖于脾气的充盈。鼻为清气之道，清窍的通利，有赖于脾升清降浊功能的正常。《素问·玉机真脏论》说："脾为孤脏……其不及，则令人九窍不通。"指出了脾虚，气血生化之源不足，精微无以上输，则鼻窍失养，发生鼻病。脾不统血，则可致鼻衄。脾脏有病，亦可循经反映到鼻。临床上常见鼻孔红肿糜烂者，多为脾经湿热所致。

胆 胆与脑均属奇恒之府，胆之清气上通于脑，胆之经脉，曲折布于脑后，脑下通于颃，颃之下为鼻。胆之经气和利，则脑、颃、鼻俱安。如胆经有热，循经上行，移于脑，犯于颃与鼻，则可发为鼻渊。在临床上，一些实证、热证的鼻病，往往与胆经火热有关。

肾 金生水，肾藏精，肺肾之阴相互滋养，鼻窍得以肺肾的滋养，才能保持正常的生理功能。肺主气，气之根在肾，鼻是气体出入的门户，肺的司呼吸与肾的主摄纳的功能正常，鼻才能完成气体出入的生理功能。肾虚可致鼻病，如《素问·宣明五气论》中说："五气为病……肾为欠为嚏。"说明肾气虚可导致肺气不足，易感受外邪而致鼽嚏。肾阴不足，虚火上炎，亦可致鼻衄、鼻槁的发生。

心 心主血脉，鼻为血脉汇聚之处，心又主嗅，与鼻司嗅觉的功能有关。《诸病源候论·卷十》中说："心主血，肺主气，而开窍于鼻，邪热伤于心故衄。衄者，血从鼻出也。"临床上，亦有因心的功能失常而致鼻衄、嗅觉失灵者，治疗当从心论治。

3.1.3.2 鼻与经络的关系

《灵枢·邪气脏腑病形》中说："十二经脉，三百六十五络，其血气皆上于面而走空窍……其宗气上出于鼻而为臭。"鼻与经络有着密切的关系。循行于鼻部及鼻旁的经脉多为阳经，阴经只有手少阴心经支脉循经鼻旁。与鼻关系最为密切的为阳明经，循行鼻的经脉有：

足阳明胃经，起于鼻外侧，上行至鼻根部，何下沿鼻外侧进入上齿龈。

手阳明大肠经，其支者左右交叉于人中，分布在鼻孔两侧。

足太阳膀胱经，起于目内眦上额，交于巅顶。

手太阳小肠经，其支者从颊抵鼻旁到内眦。

督脉沿额正中下行到鼻柱至鼻尖端至上唇。

任脉、阳跷脉直接循经鼻旁。

经络将鼻与脏腑紧密相连，在生理上、病理上互相关联，互相影响，根据这种生理与病理上的关系，一些鼻病可从经络辨证论治。

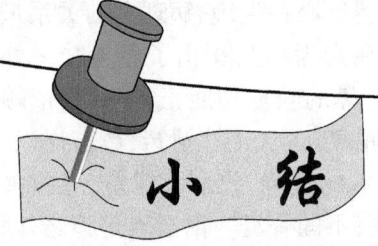

鼻与脏腑的联系以肺、脾、胆、肾、心为密切，其中以肺为最，所谓"肺开窍于鼻"是也。其关系主要从生理、病理两个方面去理解。

在十二经脉及奇经八脉中，有九条经脉与鼻有密切联系，最为密切的为阳明经，所谓"鼻属阳明"是也。

1. 怎样从生理、病理两方面理解鼻与肺、脾、胆、肾的关系？
2. 循行于鼻的经络有哪些？

3.1.4 鼻病的病因病机概述

学习目标

1. 了解引起鼻病的外因、内因与不内外因及其病理变化
2. 熟悉不同病理变化在临床表现的各种局部及全身症状

鼻病的发生，外因多由于风、寒、热、湿之邪的侵袭，内因多因肺、脾、胃、胆、肝、肾等脏腑的功能失调。不同的邪气，不同的脏腑失调，则产生不同的病理变化。

3.1.4.1 外邪侵袭

肺主皮毛，开窍于鼻。风热之邪犯肺，肺失宣降，邪热壅聚鼻窍，以致气血瘀滞，津液被灼，出现鼻塞、流浊涕、鼻黏膜红肿、头痛、发热等风热表证。如风寒袭表，肺卫失宣，邪郁鼻窍，气血凝聚，可出现鼻塞、流清涕、喷嚏、鼻黏膜淡红或带紫、肿胀，伴恶寒发热、头身痛等风寒表证。

3.1.4.2 肺热壅盛

外感风热之邪，或风寒之邪郁而化热，邪热迫肺，以致肺热壅盛，上灼鼻窍，发为鼻病。可出现鼻塞、流黄浊涕、鼻气烘热、鼻部红肿疼痛、鼻黏膜红肿。热伤阳络可致衄血。全身可见发热、咳喘、咽痛等症。

3.1.4.3 胃热炽盛

外感热病，邪热传里，或因暴饮烈酒，过食辛辣燥热之物，致胃腑积热，火热内燔，循经上炎，蒸灼鼻窍，可见鼻塞、鼻衄、鼻流黄浊涕、鼻头红赤、鼻黏膜红肿等。全身可见发热口渴、便秘等胃热炽盛症。

3.1.4.4 肝火上逆

肝性刚劲，喜条达，如情志不舒，肝气郁结，久郁化火；或暴怒伤肝，肝火上逆，灼伤鼻部阳络，则可致鼻中出血。全身可见头痛耳鸣，面红目赤等肝火上逆之症。

3.1.4.5 胆腑积热

胆为中清之府，其性刚强。如邪热内犯胆腑，致胆腑热盛，循经上炎，熏蒸鼻窍，煎熬津液，可致鼻塞，流黄稠涕，嗅觉减退，鼻黏膜红肿，头痛等。全身可见头痛、目眩、耳鸣、胸闷等。

3.1.4.6 脾胃湿热

外湿伤脾，或脾虚生湿，湿郁化热，湿热内蕴，熏蒸鼻窍，可致鼻孔肌肤红肿、糜烂、鼻流黄黏涕、量多、鼻黏膜红肿；湿热熏蒸，熬烁津液，则鼻黏膜萎缩，涕如浆如酪，或有黄色痂皮。全身可见头晕头重,恶心欲吐等。

3.1.4.7 肺脏虚弱

肺气不足,卫外不固,易为外邪侵袭而不散;久病耗伤肺气,宣发肃降功能失调,以致病后余邪不清,滞留鼻窍,发为虚性慢性鼻病。若肺气虚,寒邪凝滞,津液内停,可出现鼻塞,打喷嚏,流清涕,生息肉,鼻黏膜肿胀、苍白。若肺阴虚,鼻窍黏膜失养,可见鼻腔干燥,鼻衄,黏膜枯萎,结痂,不闻香臭等。全身可见咳嗽气短,痰液清稀,自汗,或咳嗽咽干,手足心热等肺气虚、肺阴虚的症状。

3.1.4.8 脾虚湿聚

饮食不节,思虑过度,劳倦所伤,致脾气虚弱,清阳不升,鼻失温煦;浊阴不降,水湿停聚,积于鼻窍,可出现鼻塞,流涕,色白质黏,量多,鼻黏膜肿胀,息肉等。脾气不足,气不摄血,可衄血。全身可伴有食少纳呆,腹胀泄泻等。

3.1.4.9 肾元亏损

肾寓元阴、元阳,为水火之脏。如禀赋不足,或久病,劳伤,致肾元亏损,元阳不足,则肺失温养,卫气不固,易被风寒之邪侵袭,致肺失宣发肃降,出现鼻痒,喷嚏,流大量清稀鼻涕,鼻黏膜肿胀色淡等。如肾精亏虚,虚火内生,上炎鼻窍,灼伤脉络,可见鼻衄。全身可伴有腰膝冷痛,形寒肢冷,夜尿多,或头晕耳鸣,潮热盗汗等肾阳不足、肾精亏虚的症状。

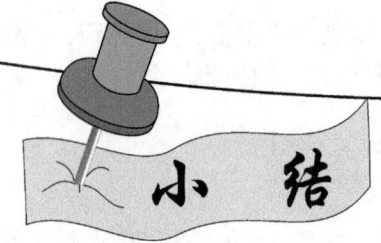

鼻病的内因多由于肺、脾、胃、胆、肝、肾等脏腑功能失调,外因多为风、热、寒、湿之邪的侵袭。一般来说,实热证或急性鼻病,多责之于肺、胃、肝、胆、脾的有余;虚寒证或慢性鼻病,多责之于肺、脾、肾的虚损。其病因病机归纳有:外邪侵袭,有风热、风寒之分;脏腑热盛,主要有肺热壅盛、胃热炽盛、肝火上逆、胆腑积热、脾胃湿热;脏腑虚损,多为肺脏虚弱、脾虚湿聚、肾元亏损。

1. 鼻病常见的病因有哪些?
2. 肺热壅盛致鼻病的病因病机如何?
3. 胆腑积热致鼻病的病因病机如何?

4. 肺虚、脾虚、肾元亏损所致鼻病的病因病机如何？

3.1.5 鼻病的辨病与辨证要点

学习目标

1. 掌握鼻病中主要症状的辨证方法
2. 了解局部辨证与全身辨证，脏腑辨证与八纲辨证相结合的重要性和临床应用

鼻病的辨病与辨证主要是根据望、闻、问、切，以及检查所获得的资料，运用中医基本理论和鼻科学知识，把病人主诉及检查所见，把局部和全身症状结合起来进行综合分析，辨别同一症状属何病何证，并以此作为施治的依据。兹将鼻塞、鼻涕、鼻衄、嗅觉异常、头痛等几个常见症状的辨病与辨证分述如下：

3.1.5.1 辨鼻塞

1) 鼻塞初起，兼有外感症状者，多为伤风鼻塞。如鼻塞初起，鼻黏膜红肿，涕色黄，伴发热、恶风、头痛，舌质红，脉浮数者，多属风热外袭之证。如鼻黏膜色淡红肿胀，流清涕，伴恶寒重，发热轻，头痛，舌质淡，脉浮紧者，属风寒外袭之证。

2) 鼻塞日久，鼻甲肿大，鼻道分泌物不多，鼻腔无其他病变者，多为鼻窒。鼻塞已久，时轻时重，鼻黏膜肿胀色淡，涕清稀，多属肺气虚寒；如鼻塞，鼻黏膜肿胀显著，涕白黏，多属脾气虚弱之证；如鼻塞持续不减，鼻黏膜肿胀暗红，鼻甲凹凸不平，多属气滞血瘀之证。

3) 鼻塞感，嗅觉减退，鼻腔干燥，黏膜萎缩，鼻腔宽大，或有痂皮者，多为鼻槁。如鼻堵塞感，干燥较甚，涕液秽浊带黄绿色，或有少许血丝，多属肺肾亏虚、鼻窍失养之证；如鼻塞感，涕如浆如酪，腥臭，色微黄浅绿，多属脾虚湿热郁蒸之证。

4) 鼻塞，鼻涕量多，中鼻道或嗅裂有积脓者，多为鼻渊。如鼻塞，涕或黄或白，鼻黏膜红肿，鼻窦相应部位有叩、压痛，伴发热、微恶风寒等，多属肺经风热之证；如鼻塞，涕黄绿黏稠，两颞侧痛，鼻黏膜红肿，多属胆经郁热之证；如鼻塞，涕黄浊量多，鼻黏膜肿胀甚，多为脾胃湿热之证；如鼻塞，涕白黏，无臭味，黏膜淡红肿胀，多为肺脾气虚之证。

鼻源性头痛的特点

1. 与鼻部疾病有关，伴有鼻部症状。
2. 有特定的部位和一定的时间规律，头痛以白天为重。
3. 多为深部隐痛或浅痛，急性发作时头痛加重，无搏动性。
4. 在弯腰、低头、摆动头部、全身用力等动作时，头痛加重。
5. 当鼻腔黏膜使用血管收缩剂，如1%麻黄素滴鼻液时，鼻腔通气改善后头痛可减轻。

5) 鼻塞呈阵发性,反复发作,并见鼻痒,喷嚏频作,流清涕,鼻黏膜苍白水肿或色淡带紫,无外感症状者,为鼻鼽。兼见气短,自汗,倦怠懒言等,多属肺气虚证;兼见纳呆,腹胀,便溏等,多属脾气虚证;兼见形寒肢冷,夜尿多,腰膝酸软,多为肾虚之证。

6) 鼻塞,鼻腔内有灰白色或淡红色半透明、柔软光滑之赘生物者,多为鼻息肉。

7) 小儿一侧鼻塞,或流脓涕带血,鼻气臭,检查鼻腔有异物者,为鼻腔异物。

3.1.5.2 辨鼻涕

1) 新病,流鼻涕,并见鼻塞及外感风邪症状者,多为伤风鼻塞。新病,流清涕,鼻塞,喷嚏,鼻黏膜肿胀淡红,多为外感风寒之证;新病,流黄稠涕,鼻痒气热,鼻黏膜红肿,多为外感风热之证。久病涕多清稀,多属肺气虚弱,寒滞津聚,或肾阳虚不能温化固摄水液之证。

2) 阵发性反复发作流清涕,伴见鼻痒,喷嚏频作,而无表证者,为鼻鼽。如阵发性流清涕,量多,喷嚏频作,鼻黏膜苍白水肿,多属肺脾气虚,水湿停聚或肾阳不足,寒水不化之证。

3) 鼻涕量多,中鼻道及嗅裂有脓者,为鼻渊。如涕黄绿黏稠,鼻黏膜红肿较甚,多为肝胆郁热之证;如涕白黏稠量多,鼻黏膜肿胀,多属脾虚不运,痰浊上渍之证。

4) 涕成痂块,鼻黏膜干燥萎缩,鼻腔宽大,为鼻槁。多属肺肾虚损、肌膜失养或脾之湿热熏蒸之证。

3.1.5.3 辨鼻衄

1) 黄绿色稠涕或痂皮中带血丝,鼻内干燥,黏膜萎缩,鼻腔宽大,嗅觉减退,为鼻槁。多属肺肾阴虚,虚火上炎之证。

2) 小儿一侧脓涕带血,检查鼻腔有异物者,为异物入鼻。

3) 由于外伤而鼻中出血者,为鼻损伤。

4) 涕中带血,或突然大量鼻衄,反复发作,检查鼻咽部或鼻腔有暗红色新生物者,为鼻咽或鼻腔血瘤。

5) 涕中带血,并见一侧鼻塞、耳鸣、耳胀闭、头痛,颈部有肿块,检查鼻咽部有新生物者,多为鼻咽癌。

6) 鼻衄量少,色鲜红,鼻息气热,多属肺经风热之证。

7) 鼻衄量多,色鲜红,来势凶猛,多属胃热炽盛或肝胆火旺之证。

8) 鼻衄量少,血色淡红稀薄,时出时止,多属肺肾阴虚,虚火上炎之证。

9) 鼻衄量较多,血色淡红,渗渗而出,多属脾虚,脾不统血之证。

10) 经行时鼻衄,量多,色鲜红,多属肝经郁热;如量少,色暗红,多属肺肾阴虚之证。

3.1.5.4 辨嗅觉异常

1) 嗅觉减退或消失,鼻内干燥,黏膜萎缩,鼻腔宽大,为鼻槁。如嗅觉减退,鼻内干燥甚,涕液秽浊带黄绿色,或有血丝,多属肺肾亏虚,鼻窍失养之证;如嗅觉减退或消失,涕如浆如酪,腥臭,色微黄或浅绿,多属脾虚湿热郁蒸之证。

2) 嗅觉减退,鼻塞日久,鼻甲肿大,多为鼻窒。如不闻香臭日久,鼻塞较重,鼻黏膜暗红,鼻甲凹凸不平,多属邪滞脉络,气血凝滞之证;如嗅觉迟钝,鼻塞时轻时重,鼻黏膜肿胀淡红,多属肺脾气虚之证。

3）嗅觉减退，鼻涕量多，中鼻道或嗅裂有脓，为鼻渊。如鼻病初起，嗅觉减退，鼻塞，涕黄或黏白量多，多属肺经风热；如嗅觉差，涕黄稠量多，鼻黏膜红赤肿胀，头痛剧烈，多属胆腑郁热之证；如久病嗅觉减退，涕白黏，无臭味，鼻内黏膜淡红肿胀，多属肺脾虚弱之证。

4）嗅觉减退，鼻腔有半透明、表面光滑如荔枝状物者，为鼻息肉。多属肺经湿热壅结之证。

3.1.5.5 辨头痛

1）头痛，鼻涕量多，中鼻道或嗅裂有脓，多为鼻渊。如头痛，眉间或颧部有叩压痛，鼻黏膜红肿，涕黄或黏白量多，多属肺经风热之证；如头痛剧烈，或为两颞侧痛，或为前额目锐眦处痛，流黄绿稠涕，鼻黏膜红赤，多属胆经郁热之证。

2）新病头痛，鼻塞，流涕，喷嚏，多属伤风鼻塞。如头痛，鼻塞，喷嚏，流清涕，鼻黏膜肿胀淡红，多属外感风寒之证；如头痛，喷嚏，流黄涕，鼻黏膜红肿，多属外感风热之证；头痛，头胀，头昏，涕黄量多，多属脾经湿热之证。

3）鼻病日久，头痛绵绵，过劳则加重，或伴有健忘、失眠、多梦者，多属气血两亏之证。

4）如患鼻疔，头痛如劈，鼻肿如瓶，两目合缝，疮头紫暗，根脚散漫，顶陷无脓，多属热毒内陷、疔疮走黄之重证。

鼻病的辨病和辨证要点是根据鼻科常见症状，如鼻塞、鼻涕、鼻衄、嗅觉异常、头痛等，结合有关病史、病程及临床所获资料，把局部和全身症状结合起来进行辨析，辨别同一症状属何病何证，并作为施治的依据，具有疾病与证候鉴别的临床实用意义。

1. 引起鼻塞的病与证有哪些？
2. 哪些病可引起嗅觉减退？
3. 鼻衄的辨证如何？
4. 如何辨鼻涕？

3.1.6 鼻病的治疗概要

学习目标

1. 掌握内治法与外治法的运用
2. 了解常用的针灸疗法、按摩疗法及其他疗法

鼻病的治疗方法较多,应根据不同的鼻病与辨证,分别采用适当的治疗方法。

3.1.6.1 内治法

(1) 芳香通窍

芳香通窍法用于邪滞鼻窍,鼻塞不通的病证。用轻清芳香通窍的药物,祛散壅阻鼻窍的邪气,以通利清窍。本法常与其他治法配合使用。常用方剂如苍耳子散,药物如苍耳子、辛夷花、石菖蒲、葱白、薄荷等。

(2) 疏风解表

疏风解表法用于外感风邪,鼻病初起,邪在卫表的鼻部病证。如鼻疔、伤风鼻塞、鼻渊等病证。用辛散解表的药物,使邪从表解。如属风热表证,宜辛凉解表,发散风热,常用方如银翘散,常用药有薄荷、牛蒡子、桑叶、蔓荆子、菊花等。如属风寒表证,宜辛温解表,发散风寒,常用方如荆防败毒散,常用药有荆芥、防风、白芷、辛夷、细辛、生姜等。

(3) 清热解毒

清热解毒法用于火热邪毒壅盛,蒸灼鼻窍所致的病证。如鼻疔、鼻渊、鼻衄、酒渣鼻等。症见鼻内黏膜红肿,或鼻外皮肤红赤,或溃烂成脓、疼痛剧烈等。用寒凉的药物,清里热,解邪毒。常用方剂如黄连解毒汤,五味消毒饮等。常用药有金银花、连翘、地丁、蒲公英、龙胆草、栀子等。病初起,邪在表,常与疏风解表药同用。

(4) 清热利湿

清热利湿法用于湿热之邪上蒸鼻窍引起的鼻部病证。如鼻疳、鼻槁、鼻渊等。症见鼻孔肌肤糜烂、潮红,或鼻涕黄黏量多,鼻黏膜肿胀色红等。用甘淡渗湿和清热的药物,清利湿热邪毒。常用方剂如加味四苓散、黄芩滑石汤、萆薢渗湿汤等。常用药物如车前子、泽泻、木通、冬瓜仁、薏苡仁等。

(5) 行气活血

行气活血法用于气血瘀滞,经络壅塞所致的鼻的病证。如鼻窒、鼻外伤等。症见鼻甲肿实紫赤,黏膜表面凹凸不平,或外鼻瘀肿疼痛等。用行气通络,活血祛瘀的药物以行气活血,消肿散结。常用方剂如当归芍药汤,常用药物有桃仁、红花、泽兰、路路通、丹参、赤芍等。

(6) 温肺补脾

温肺补脾法用于肺脾气虚所致的鼻的病证。如鼻窒、鼻鼽、鼻渊等病。症见鼻黏膜苍白,喷嚏,流清涕,鼻塞等。以肺虚为主者,用温补肺气的药物温补肺气,驱散寒邪。常用方如温肺止流丹,常用药有黄芪、党参、白术、黄精、细辛等。以脾虚为主者,用健脾补气的药物补脾益气,温中散寒。常用方如四君子汤,常用药有党参、黄芪、白术、炙甘草等。

(7) 滋补肾脏

滋补肾脏法有滋肾阴和补肾阳之不同。滋肾阴用于肾阴不足所致的慢性鼻病证。如鼻槁、鼻衄等。症见鼻内黏膜微红或干燥萎缩、涕痂成块、嗅觉减退、鼻衄时作时止等。用补益阴精的药物以滋补肾阴。常用方剂如六味地黄汤等,常用药有女贞子、山萸肉、枸杞子、熟地黄、山药等。补肾阳用于肾阳不足所致的慢性鼻病证。如鼻鼽。症见鼻黏膜色淡白、肿胀、涕清稀、打喷嚏等。用性味偏温热的药物以温肾壮阳。常用方如附桂八味丸或右归丸,常用药有肉苁蓉、附子、肉桂、巴戟天等。

(8) 补益托毒

补益托毒法用于正虚邪实,脓涕经久不止的鼻的病证。如慢性鼻渊的脓涕多,鼻塞头胀等。用补益气血和排脓解毒的药物,以扶助正气,托毒外出。常用方如托里消毒散,常用药有黄芪、白术、党参、当归、川芎、熟地、皂角刺、穿山甲、白芷、桔梗、薏苡仁等。

3.1.6.2 外治法

外治法是鼻病不可缺少的重要的治疗方法,应根据病情和部位及辨证选用不同的方法和药物。

(1) 吹药

吹药是将药粉吹入鼻腔内,以达到治疗的目的。如为风热邪毒侵袭所致的鼻病,宜疏风清热通窍,可选用冰连散;如为风寒侵袭所致的鼻病,可选用碧云散,以祛风散寒通窍。方法:用喷粉器或纸筒将药粉轻轻吹入鼻腔,每天3~4次。药粉要研至极细,吹药时要屏住呼吸,以免将药粉喷出或吸入咽喉,引起呛咳。

(2) 滴鼻

滴鼻是将滴鼻剂滴入鼻腔。如为外感风邪而致的鼻黏膜红肿,鼻塞流涕,可选用滴鼻灵、葱白滴鼻液等,以辛散风邪通窍;如为鼻黏膜失于濡养而致干萎者,可选用肉苁蓉滴鼻液、麻油或生蜂蜜加冰片等滴鼻,以扶正祛邪,滋润黏膜。方法:患者平卧,头仰垂于床边,鼻孔朝上,先将头转向一侧,从下侧鼻孔滴入药液,然后头转向另一侧,同法滴入药液,滴药后轻捏鼻翼,使药液均匀。

(3) 涂敷

涂敷是将药物涂敷于患处。如邪热熏蒸致鼻头红赤,或鼻孔糜烂,可选用四黄散,紫金锭等,以清热解毒消肿。鼻内有息肉,可用明矾散、硇砂散涂敷之,以干枯收敛,除湿散结。

(4) 蒸汽吸入

蒸汽吸入是根据病情,选择合适的药物,加水煎煮,用鼻吸入药液蒸汽,以达到治疗的目的。如鼻塞不闻香臭,可用苍耳子散,以芳香通窍。

(5) 手术

手术适用于鼻外伤的皮肉破损、鼻息肉的摘除等。

3.1.6.3 针灸疗法

本法具有疏通经络,扶正祛邪的作用,适用于多种急慢性鼻病,多与其他疗法配合使用。

(1) 针刺

针刺以取鼻面部和手足阳明经、督脉的穴位为主,如合谷、迎香、印堂、曲池、足三里等。每次选用 2～3 穴,按补虚泻实的原则,采用补法、泻法或平补平泻手法。

(2) 艾灸

艾灸适用于虚寒性鼻病,多用悬灸,每次 1～2 穴。常用穴有迎香、印堂、百会等。

(3) 耳针

耳针常用穴有内鼻、额、肺等。捻转留针 20～30 分钟,或埋针一周。

(4) 穴位注射

穴位注射可在上述针刺穴位中选 1～2 穴,根据病情,注入不同的药液。常用药物有:鱼腥草液、红花液、当归、川芎、维生素 B_1 注射液等,每次每穴注入 0.2～0.5 毫升。

3.1.6.4 按摩

本法适用于经常鼻塞、流涕或多喷嚏等,通过按摩,可疏通鼻面部的经络,使气血流畅,以达到扶正祛邪的目的。方法:先将双手鱼际互相摩擦至发热,然后用双手鱼际按于鼻两侧,沿鼻根至迎香,往返摩擦至局部有热感为止,每天 2～3 次。也可用两手中指于鼻梁两边上下摩擦 20～30 次,至局部发热为度。

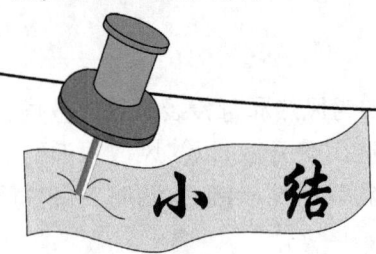

小 结

鼻病的治疗方法有内治、外治、针灸疗法及按摩等多种。常用的内治法有芳香通窍、疏风解表、清热解毒、清热利湿、行气活血、温肺补脾、滋补肾脏、补益托毒。可单独施用,也常相互配合使用。由于鼻为清窍,贵在通畅,因此,芳香通窍法往往是其他各种内治法所不可缺少的辅佐治法。外治法包括吹药、滴鼻、涂敷、蒸汽吸入及手术等,以滴鼻法最常用。针灸疗法包括针刺、艾灸、穴位注射等,按摩法如能坚持,对防治鼻病可收到良好效果。

思 考 题

1. 鼻病常用的内治法、外治法有哪些?
2. 清热解毒、清热利湿适用于哪些鼻部病证?
3. 温肺补脾、滋补肾脏适用于哪些鼻部病证?

3.2 鼻科疾病

3.2.1 鼻疔

学习目标

1. 了解鼻疔的病因病理、主症及疔疮走黄的症状和危险性
2. 掌握鼻疔的辨证施治及疔疮走黄的处理原则

鼻疔,是指发生在鼻尖、鼻翼及鼻前庭部位的疔疮疖肿。因邪毒壅聚鼻窍,熏蒸肌肤所致。以局限性隆起,形小根硬,状如钉盖,红肿疼痛,有脓点为主要表现。又称"白刃疔"、"鼻尖疔",相当于鼻疖。本病如因邪毒壅盛,正气虚弱,或处理不当,可致疔疮走黄之重证而危及生命。

3.2.1.1 病因病机

(1) 邪毒侵袭

肺开窍于鼻,外合皮毛。因挖鼻、拔鼻毛等损伤肌肤,风热邪毒乘机而入,邪毒蒸灼肌肤而致。

(2) 热毒壅盛

平素恣食膏粱厚味、辛辣炙煿之物,致使肺胃积热,火毒结聚,循经上犯鼻窍而发。

(3) 邪毒内陷

火为诸阳之首,鼻为血脉多聚之处,其脉络内通于脑。或因治疗不当,妄行挤压,邪毒内窜,内陷营血;或因正气虚衰,火毒太盛,正不胜邪,邪毒内陷,均可发生疔疮走黄的危证。

> **小病鼻疔易成走黄重证**
>
> 许多人都起过鼻疔,大多症轻易愈而未加以重视。但鼻处面部危险三角区之中,如疔毒过盛,或局部触碰及不适当的处置皆可造成疔疮走黄之重证,甚至危及生命。尤其是有"糖尿病"等基础病的患者。有报道一女性患者,57岁,门诊以"鼻前庭疖并发周围蜂窝织炎"收住入院。入院后否认糖尿病史,没有适时查血糖,经治无效,住院期间死于"鼻疖,鼻部坏疽,金黄色葡萄球菌败血症并发 DIC。"

3.2.1.2 诊断依据

1) 鼻部红肿疼痛。

2) 鼻前庭、鼻尖及鼻翼处局限性隆起红肿,周围发硬,成熟后顶部可见黄色脓点。

3) 如为疔疮走黄,则见鼻疔疮头紫暗,顶陷无脓,根脚散漫,鼻肿如瓶等症。

4) 鉴别诊断:本病应注意与鼻疳相鉴别。鼻疳病变范围较广,鼻前庭皮肤漫肿、潮红、浸淫流水,刺痒,或有结痂、皲裂等。

3.2.1.3 辨证论治

（1）邪毒侵袭

主证　病初起,鼻前庭及鼻尖、鼻翼部局限性隆起,如粟米状,周围发硬。焮红疼痛。全身可有发热、微恶寒,舌质红苔薄黄,脉浮数等。

治法　疏风清热,解毒消肿。

方药　五味消毒饮加减。方中金银花、野菊花、天葵子清热解毒,蒲公英、紫花地丁泄热消肿。发热、微恶寒、头痛者,可加连翘、薄荷、荆芥以疏风解表。

（2）热毒壅盛

主证　患处肿痛较甚,或呈跳痛,疔肿高突,表面有黄白色脓点。病重者,可见同侧上唇、面部、下睑处肿胀发红。多伴有发热、头痛,口干,便秘溲赤,舌质红苔黄,脉数等。

治法　泄火解毒,消肿止痛。

方药　黄连解毒汤加减。方中黄连、黄芩、黄柏、栀子苦寒泄热,直折火势。痛甚加归尾、赤芍、丹皮、没药活血凉血止痛。肺胃实热,发热口干,便秘溲赤,可加生石膏、花粉、大黄以泄肺胃。

（3）邪毒内陷

主证　疮头紫暗,顶陷无脓,根脚散漫,鼻肿如瓶,两目合缝,头痛如劈。常伴有憎寒壮热、烦躁、口渴、便秘、尿黄、呕吐,甚则神昏、谵语、发痉发厥,舌红绛,苔黄厚燥,脉洪数或滑数。

治法　泄热解毒,清营凉血。

方药　黄连解毒汤合犀角地黄汤。黄连解毒汤泄火解毒,犀角地黄汤清营凉血。若见神昏谵语,加服安宫牛黄丸、至宝丹或紫雪丹,以清心开窍,镇痉熄风。

3.2.1.4 其他疗法

1）以内服中药渣再煎,纱布蘸汤热敷,适用于鼻疔初起,或已成脓未溃者。

2）玉露膏、如意金黄散涂敷患处,或用紫金锭、四黄散水调涂敷患处。

3）野菊花、仙人掌、鱼腥草、芙蓉叶、苦地胆等捣烂外敷患处。

4）脓成顶软者,局部消毒后,用尖刀片挑破脓头（以脓出为限）,忌将疮顶切开过多,或挤压排脓,以免脓毒走散。

对疔疮走黄之重证,宜采用中西医结合方法进行治疗,以抢救患者生命。

3.2.1.5 预防和护理

1）戒除挖鼻、拔鼻毛的不良习惯,根治鼻病,保持鼻部清洁卫生,提高机体抗病能力。

2）忌食辛辣炙煿发物,忌食醇酒,多食蔬菜、多饮水,保持大便通畅。

3）患有消渴病者,应积极治疗消渴病。

4）禁忌挤压触碰、局部灸治,忌早期切开引流,以免火毒相搏,脓毒扩散,入侵营血,犯及心包。

小　结

　　鼻疔为鼻科常见病,是发生在鼻尖、鼻翼及鼻前庭部位的疔疮疖肿,其形小根硬状若钉状,顶有脓点。本病一般数日内可自行溃破,若因毒邪壅盛,或处理不当,可转为疔疮走黄之重证。鼻疔应注意与鼻疖鉴别诊断。本病多因挖鼻、扯鼻毛损伤肌肤,致使外邪壅聚鼻窍,染毒而生,或因恣食辛辣燥热、肥甘厚腻之品,肺胃热盛,火毒循经上犯鼻窍而发。治疗上,以清热解毒、消肿止痛为主,可选用五味消毒饮,黄连解毒汤加减。治疗不当,妄行挤压,导致疔疮走黄则应泄热解毒,清营凉血,用黄连解毒汤合犀角地黄汤加减。外治上,可用内服之中药渣再煎水热敷,或用玉露膏、金黄膏等外涂,或用清热解毒凉血之鲜草药捣烂外敷,以达到消肿止痛的目的。鼻疔的护理和预防是很重要的,应劝告病人戒除挖鼻及扯鼻毛恶习,忌挤压及忌食辛辣之品等。

1. 鼻疔的临床表现有哪些?
2. 试述鼻疔的辨证论治和外治法。
3. 鼻疔的预防和调理应注意些什么?

3.2.2　鼻　疖

学习目标

1. 了解鼻疖的病因病机
2. 熟悉本病的辨证施治及外用药物的使用

　　鼻疖是因风热湿邪上犯,熏蒸鼻窍肌肤所致,以鼻前庭皮肤红肿糜烂,结痂痒痛,并反复发作为主要表现的疮疡类疾病。又称"鼻疮"、"鼻蜃疮"。相当于鼻前庭炎,多见于小儿。

3.2.2.1　病因病机

（1）肺经蕴热,邪毒外袭

　　肺经素有蕴热,复感风热邪毒的侵袭;或因挖鼻损伤肌肤;或因鼻疾之鼻涕浸渍肌肤,邪毒乘虚而入,引动肺经蕴热上攻,蒸灼鼻窍肌肤发为鼻疖。

(2) 脾胃失调，湿热郁蒸

饮食不节，恣食肥甘厚味。辛辣炙煿，使脾胃失调，运化失健，湿浊内停，化热郁蒸，循经上犯鼻窍肌肤而发。小儿因其脾胃虚弱，肌肤娇嫩，易积食化热成疳，疳热上攻，熏蒸鼻窍肌肤而致病。

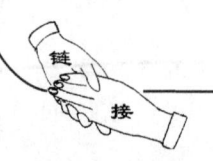

鼻前庭炎是如何发生的

鼻前庭炎多由鼻腔内分泌物，尤其是脓性分泌物经常刺激前庭皮肤所致，所以鼻腔内任何急性或慢性、特异性或非特异性炎症，都可以并发鼻前庭炎。长期有害粉尘（如烟草、皮毛、水泥、石棉）的刺激，挖鼻或摩擦致鼻前庭皮肤损伤继发感染也是病因之一。

3.2.2.2 诊断依据

1）鼻前孔皮肤灼热干燉，流脂水，肿痛或痒、异物感。

2）鼻前庭皮肤红肿、皲裂、糜烂、附有干痂或脓痂。

3.2.2.3 辨证论治

（1）肺经郁热，邪毒侵袭

主证　鼻前孔皮肤灼热干燉、疼痛、微痒，溢少许脂水，小儿可啼哭躁扰。全身症状一般不明显，或有头痛、发热、鼻息热等。检查见鼻前孔皮肤红肿，有粟粒状小丘，轻度糜烂，或有黄脓痂等。甚至皲裂，久则鼻毛脱落。舌质红，苔黄，脉数。

治法　清热泻肺，疏风解毒。

方药　黄芩汤加减。方中黄芩、栀子、桑白皮、甘草泻肺热解毒；连翘、薄荷、荆芥穗疏风散邪；赤芍、麦冬清热养阴，活血止痛；桔梗升提入肺，引药达病所。如鼻息热，大便干燥，可加生石膏、大黄；渗液多痒甚，小便黄赤者加地肤子、车前子、黄柏清热利湿，祛风止痒。亦可选银翘散合泻白散加减。

（2）脾胃失调，湿热郁蒸

主证　鼻前孔皮肤痒痛，常溢脂水，结黄浊痂，甚则堵塞鼻孔。病情可反复发作，经久不愈，病变可侵及上唇及鼻翼皮肤。小儿可伴有纳呆，腹胀便溏等症状。检查见鼻前庭皮肤潮红微肿，糜烂有黄浊结痂。舌质红，苔黄腻，脉滑数。

治法　健脾调中，清热燥湿。

方药　萆薢渗湿汤加减。方中黄柏、萆薢、滑石、泽泻、通草清热去湿；茯苓、薏苡仁除湿和中；丹皮清热凉血。糜烂甚者，加黄连、土茯苓、苦参以加强清热燥湿之力；痒甚加荆芥、防风、白鲜皮、地肤子祛风除湿止痒。小儿脾胃虚弱者，可合参苓白术散以健脾消积除湿；虫积疳热者，加使君子、槟榔、榧子以祛虫解毒。

3.2.2.4 其他疗法

1）湿盛脂水多，用明矾3克，生甘草10克，煎水洗涤。

2）青蛤散调涂患处，用于局部红肿糜烂、流脂水者，每日3~4次。

3）黄连膏，玉露膏，涂敷患处，每日3~4次。适用于患处灼热肿痛者。

4）糜烂久不愈者，用瓦松适量，烧灰存性，研末，撒布患处。

3.2.2.5 预防和护理

1）戒除挖鼻的不良习惯。
2）积极治疗鼻腔疾病，以免诱发本病。
3）小儿应注意饮食调养，防治肠道寄生虫病，以免疳热上攻。
4）忌食辛辣炙煿、肥甘厚腻、发物。
5）患病中，忌用手指挖鼻、扯痂皮、搔抓患处，要保持局部清洁。

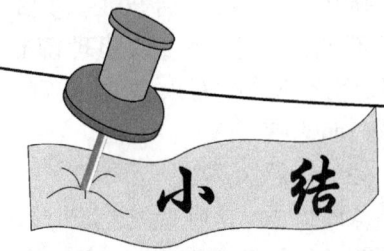

鼻疖为鼻科较常见之病，以小儿为多见。本病以鼻前庭皮肤红肿糜烂、结痂痒痛、并反复发作为特征。其发病与肺、脾关系比较密切。多因外感风热之邪，或鼻疾脓涕浸渍鼻前孔肌肤，外邪引动肺热而发；或因小儿乳食不调，久病虫疾，致使脾胃不调，运化失职，湿浊内停，湿热上犯而致。临床辨证分为两型：一是肺经郁热，邪毒侵袭，治以清热泻肺、疏风解毒，选用黄芩汤，或用银翘散合泻白散加减；二是脾胃失调，湿热郁蒸，治以健脾调中、清热燥湿，可选用草渗湿汤。外治方面，可用清热解毒、除湿止痒的中草药渣煎汤外洗，或捣敷，或研为粉末掺于患处。本病应注意护理与预防。

1. 鼻疖的临床表现有哪些？
2. 试述鼻疖的辨证论治与外治法。
3. 鼻疖的预防和护理应注意些什么？

3.2.3 伤风鼻塞

1. 了解伤风鼻塞的定义，明确本病辨证特点
2. 熟悉本病的治疗原则及预防意义

伤风鼻塞，俗称"伤风"或"感冒"，是因风寒或风热之邪壅塞肺系，犯及鼻窍所致，以鼻塞、

> **急性鼻炎的常见病因是什么**
>
> 急性鼻炎是鼻黏膜的急性感染性疾病。全年均可发病,但以秋、冬、春季节交替时易于发病。其常见的致病病毒为鼻病毒、腺病毒、流感病毒、副流感病毒、冠状病毒等。当机体因全身和局部因素而抵抗力下降时,鼻黏膜的防御功能遭到破坏,病毒入侵而发病。鼻黏膜pH趋向碱性,溶菌素活力减低,常继发细菌感染。
>
> 诱因:①全身因素:多有受凉史、烟酒过度、过于劳累、维生素缺乏、内分泌失调及其他全身慢性疾病。②局部因素:鼻腔慢性疾病及邻近感染病灶。如慢性扁桃体炎、慢性化脓性鼻窦炎、鼻中隔偏曲等。

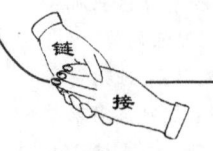

喷嚏、流涕为主要表现的急性鼻病。常伴有头痛、发热等。相当于急性鼻炎。一年四季均可发生,但以秋、冬、春季之交,气候变化不定的季节为多。

3.2.3.1 病因病机

(1) 外感风寒

肺开窍于鼻,外合皮毛。如起居失常,寒温不调,过度疲劳,致腠理疏松,卫气不固,风寒之邪乘虚而入,使肺失宣降,邪毒上犯鼻窍而为病。

(2) 外感风热

鼻属肺窍,是呼吸之门户,风热邪毒从口鼻而入,内犯于肺;或风寒之邪郁而化热犯肺,使肺失清肃,风热邪毒壅遏清道,停聚鼻窍而为病。

3.2.3.2 诊断依据

1) 以鼻塞、喷嚏、流清水样或黏液性鼻涕为主要症状,伴有恶寒、发热、头痛等。

2) 鼻腔检查可见鼻黏膜充血,鼻甲肿大,鼻腔内分泌物增多。

3) 起病较急,病程较短,如无并发症,整个病程约需7~10天。

4) 易并发耳胀耳闭、脓耳、鼻渊等。

5) 鉴别诊断:本病应与鼻鼽相鉴别。二者均有鼻痒、打喷嚏、流清涕、鼻塞症状。但鼻鼽病程无定期,可长可短,常因接触某种变应原后立即发病,鼻症状多呈阵发性、突发性、反复发作性,发作后如常人,鼻黏膜多呈苍白水肿。一般无恶寒、发热等外感表证的全身症状。分泌物呈清水样,嗜酸粒细胞增多。本病病程平均7天左右,常于受凉后起病,初期可无分泌物,中期分泌物增多,呈清水样或黏液样,后期可转成脓性,鼻黏膜充血肿胀,分泌物中中性粒细胞增多,常伴有恶寒、发热、头痛等外感表证的全身症状。

3.2.3.3 辨证论治

(1) 外感风寒

主证 鼻塞,鼻流清涕,打喷嚏,并见恶寒发热,头痛,无汗。检查见鼻黏膜色淡红,肿胀,分泌物清稀。舌质淡,苔薄白,脉浮紧。

治法 辛温通窍,疏散风寒。

方药 通窍汤加减。方中麻黄、防风、羌活、藁本、川芎、白芷、细辛辛温解表,疏散风寒,宣通鼻窍;升麻、葛根辛甘发散,解表升阳;苍术发汗行湿助阳;甘草调和诸药,川椒大热,不利表散,可舍去不用。亦可选用葱豉汤加减。

(2) 外感风热

主证 鼻塞,打喷嚏,涕黄黏稠,发热,头痛,咽痛,咳嗽,口渴。鼻黏膜红肿,鼻道内可见黄色脓涕。舌质红,苔薄黄,脉浮数。

治法 辛凉解表,清肺通窍。

方药 银翘散合苍耳子散加减。银翘散辛凉透表,清热解毒,苍耳子散中苍耳子、辛夷芳香通窍;白芷祛风止头痛;薄荷疏散风热。二方合用,共奏疏风清热,宜肺通窍之功。脓涕多,痰黄稠加瓜蒌、鱼腥草、黄芩;咽痛加射干、山豆根;耳内胀闷闭塞感,宜合通气散,以疏利少阳,通窍开闭。

3.2.3.4 其他疗法

（1）外治

1) 1%麻黄素液滴鼻,每次 1~2 滴,每日 3~4 次。
2) 其他具有通鼻窍作用的滴鼻制剂,如鼻眼净、辛夷花滴鼻液等滴鼻。

（2）针灸疗法

1) 属外感风寒者,取列缺、风门、风池、合谷穴,毫针浅刺,用泻法。
2) 属外感风热者,取大椎、曲池、合谷、鱼际、外关,毫针浅刺,用泻法。

除上述两型辨证取穴外,还可配合局部取穴,如迎香、印堂、上星、攒竹等。

3.2.3.5 预防和护理

1) 锻炼身体,增加营养,增强机体抵抗力。
2) 起居有常,凉暖适宜,劳逸结合。
3) 小儿要供以足够的维生素 A、维生素 C 等。
4) 流行季节出入公共场所及接近病人要戴口罩,避免传染。小儿及体弱者应尽量少到公共场所。
5) 易发季节,可用中草药煎汤口服作集体预防。如用贯众 30 克,水煎服。或用大青叶、板蓝根、金银花、贯众各 30 克,水煎服。
6) 每立方米空间以食醋 5~10 毫升,加水 1~2 倍稀释后加热熏蒸,每次 2 小时,每日或隔日 1 次。
7) 患病期间要多饮水,多休息,进食易消化的食物。
8) 注意擤鼻的方法,鼻塞重者,不要强行擤鼻,或用力过猛过大,以免邪毒窜耳。

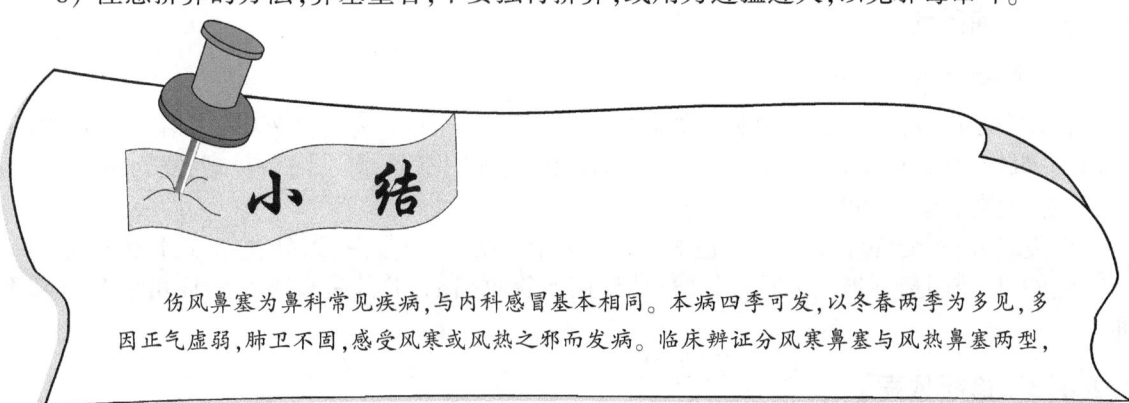

小 结

伤风鼻塞为鼻科常见疾病,与内科感冒基本相同。本病四季可发,以冬春两季为多见,多因正气虚弱,肺卫不固,感受风寒或风热之邪而发病。临床辨证分风寒鼻塞与风热鼻塞两型,风寒鼻塞以鼻塞、流清涕、喷嚏、鼻黏膜淡红肿胀为特点,全身伴有风寒表证,治疗宜辛温通窍、疏风散寒,选用通窍汤。风寒鼻塞者,应与鼻鼽相鉴别。风热鼻塞,以鼻塞、鼻燉鼻痒、鼻涕稠黄、鼻黏膜红赤肿胀为特点,全身伴有风热表证,治疗宜辛凉通窍、疏风清热,可选用银翘散合苍耳子散。除内治外,还应配合外治,如滴鼻、吹鼻,以宣通鼻窍,并可配合针灸治疗。本病宜注意护理和预防,特别在冬春两季,应采取适应的预防措施,以减少本病的发生。

思 考 题

1. 伤风鼻塞有哪些临床表现?
2. 伤风鼻塞的并发症有哪些?如何预防伤风鼻塞?

3.2.4 鼻 窒

学习目标

1. 了解鼻窒的概念及不同的病因病机
2. 掌握鼻窒的不同证型、特点及治法

鼻窒是因脏腑虚弱,邪滞鼻窍所致,以鼻塞时轻时重,或双侧交替性鼻塞,反复发作,下鼻甲肿大,流涕为主要表现的鼻病。相当于慢性鼻炎。

3.2.4.1 病因病机

(1) 肺脾气虚,邪滞鼻窍

肺开窍于鼻,肺和则鼻窍通利。如肺气不足,卫阳不固,则易感受外邪,致清肃不力,邪滞鼻窍;或饥饱劳倦,损伤脾胃,致脾虚失运,清阳不升,浊阴不降,湿浊滞留鼻窍,发为鼻窒。

(2) 邪毒久留,气血瘀滞

正虚之人,屡受外邪侵袭,邪毒壅滞鼻窍,阻于脉络,气血凝滞,致鼻塞加重,日久难愈。

此外,鼻腔用药不当或为时过久(长期使用血管收缩剂,尤其是鼻眼净),亦可引起鼻塞不通。

3.2.4.2 诊断依据

1) 鼻塞呈间歇性或交替性,重者可呈持续性。

3 鼻科学

2) 分泌物增多,呈黏液性或黏脓性。

3) 病程较长,疲劳、感寒后症状加重,易并发耳胀、耳闭。

4) 鼻黏膜肿胀、暗红,重则坚实不消,凹凸不平,病变以下鼻甲为主。总鼻道、下鼻道或鼻腔底有分泌物潴留。

3.2.4.3 辨证论治

(1) 肺脾气虚,邪滞鼻窍

主证 鼻塞时轻时重,或呈交替性,天冷益甚,时流黏浊白涕,或嗅觉减退,头昏沉重。肺气虚者,或见面色㿠白,咳嗽气短,自汗。脾气虚者,大便时溏,体倦乏力,纳呆。检查见鼻黏膜肿胀,触之柔软。舌质淡,苔白,脉缓。

治法 补益肺脾,通利鼻窍。

方药 偏于肺气虚者,用温肺止流丹加五味子、白术、黄芪等。方中细辛、荆芥疏散风寒,人参、甘草、诃子补肺敛气,桔梗、鱼脑石散结除涕,加五味子、白术、黄芪益气固表。偏脾气虚者,用参苓白术散加减。方中党参、茯苓、甘草、白术补脾益气,山药、炒扁豆、莲子、薏苡仁健脾渗湿,砂仁、陈皮理气和胃,桔梗载药上行,宣利肺气。加石菖蒲、苍耳子、藿香芳香化浊通窍。

(2) 邪毒久留,气滞血瘀

主证 鼻塞多无间歇,涕多黏白或黄稠,嗅觉减退,讲话鼻音重,鼻甲肿胀硬实,色暗滞,表面不平,呈桑椹状。或伴有耳闷、听力下降等。舌质暗,或有瘀点,脉涩。

慢性鼻炎能一次性根治吗

慢性鼻炎为鼻黏膜及黏膜下组织的一种无菌性炎性改变,其病变既有局部组织结构的改变,更伴随着鼻黏膜功能的减退以及丧失。功能的恢复不可能一蹴而就,企图用"手术"及"激光、微波"等治疗改变局部结构来一次性根治慢性鼻炎似乎尚不现实。正如有人指出:"鼻腔不仅仅是气道,其内衬的鼻黏膜和鼻腔外侧壁上复杂的突起、凹陷、隐窝、裂隙和窦道是人类经过长期进化后留下的结构,它们的存在可能有许多至今我们尚未完全清楚的功能。"不太慎重地改变鼻腔内结构,有可能导致不可弥补的损失。

治法 调和气血,行滞化瘀。

方药 当归芍药汤加减。方中当归、赤芍、川芎行滞化瘀;白术、茯苓、泽泻健脾渗湿;地龙祛瘀活络;黄芩、菊花、薄荷祛风清热;辛夷宣通鼻窍;甘草调和诸药。亦可选用通窍活血汤加辛夷、细辛等,以活血化瘀,通利鼻窍。

本病辨证应紧密结合局部特点。临床多为虚实夹杂之证,或夹郁热,或夹湿浊,或夹瘀血。在治疗方面,要分清主次,虚者宜补益;郁热者宜清宣;湿浊者利湿化浊;瘀血者宜疏通。

3.2.4.4 其他疗法

(1) 外治

1) 1%麻黄素液滴鼻,鼻塞时每次1~2滴,每日不超过3次。或用辛夷花滴鼻液滴鼻,每天3~5次,每次2~3滴。

2) 碧云散,吹鼻,每日3~4次。

3) 取荜茇、天南星各等量,各研细末后和匀,炒热用纱布包裹,温熨囟门,每日1~2次,有温中散寒,燥湿消肿,通窍止涕的作用,适于小儿鼻窒属肺脾气虚者。

4) 鹅不食草末 10 克,樟脑粉 1 克,和匀,吹鼻内,每日 2~3 次,或以棉条蘸药末少许塞鼻,每日换 1 次。

5) 鼻甲注射:选用丹参注射液、当归注射液等作双侧下鼻甲注射。

方法:按常规行鼻腔黏膜表面麻醉后,取注射液 2 毫升,进行下鼻甲注射,每 3~4 天注射 1 次,3 次为一疗程。

(2) 针灸疗法

1) 主穴取迎香、合谷、上星、百会、太渊。配穴取风池、太阳、印堂。每次取主穴、配穴各 1~2 穴,中等度刺激,留针 15 分钟,每日或隔日 1 次。

2) 灸人中,迎香、百会、风府穴,肺气虚配肺俞、太渊;脾气虚配脾俞、足三里。灸至局部发热起红晕为度,隔日灸 1 次。

(3) 灼烙法

灼烙法主要适用于鼻甲肥大,表面不平,经用其他疗法日久不愈者。先行黏膜表面麻醉后,然后用小烙铁或高频电刀,蘸麻油后,烧灼下鼻甲,每 7~10 天灼烙 1 次,3 次为一疗程。灼烙时应避免烧灼损伤过重。

3.2.4.5 预防和护理

1) 增强体质,预防感冒,积极治疗伤风鼻塞。
2) 积极治疗邻近器官的疾病,如鼻渊、慢乳蛾、慢喉痹等。
3) 戒除烟酒,避免粉尘及有害气体的刺激。
4) 避免局部长期使用血管收缩剂,如麻黄素鼻眼净等。对于患鼻窒的婴幼儿,最好不用血管收缩剂滴鼻,如有必要,可用低浓度小剂量药液。鼻眼净可引起婴幼儿循环障碍、虚脱、昏迷和呼吸停止,应禁止使用。
5) 鼻塞重时,不可强行擤鼻涕或双侧同时擤鼻涕,以免邪毒入耳。

小 结

鼻窒是以长期鼻塞为特点的慢性鼻病,其病因病机主要是,伤风鼻塞反复发作或治疗不彻底,体质虚弱,致使余邪滞留鼻窍而成,或因饥饱劳倦,体质虚弱而发。

肺脾气虚,邪滞鼻窍者,治宜补益肺脾、通利鼻窍为主,根据肺气虚和脾气虚之不同,分别给予温肺止流丹或参苓白术散加减;邪毒久留,气滞血瘀者,则应以调和气血、行滞化瘀为主,可用当归芍药汤加减。外治方面,配合药物滴鼻、吹鼻等,针灸治疗对本病亦有一定帮助。

思考题

1. 试述鼻窒的临床表现及诊断要点。
2. 鼻窒如何辨证施治？外治法有哪些？

3.2.5 鼻槁

学习目标

1. 了解鼻槁的主要症状
2. 熟悉本病的病因病机
3. 掌握各型的治疗方法及方药

鼻槁是因脏腑虚弱、鼻窍失养或燥热伤及肺窍所致，以鼻内干燥，嗅觉减退，黏膜萎缩、结痂，鼻腔宽大为主要表现的慢性鼻病。又称"鼻干"、"鼻槁腊"。如鼻气恶臭者，又称之为"臭鼻症"。相当于萎缩性鼻炎。

本病发展缓慢，病程长，女性多于男性。女性患者在临经或怀孕期间症状更加明显。

3.2.5.1 病因病机

（1）燥热伤肺

鼻为肺窍，燥邪干涩，易伤肺伤津；热为阳邪，易消灼阴液。燥热之邪外侵，伤肺灼津，津液不能上承，则鼻窍失于濡润；燥热熏蒸，蒸灼肌膜，则肌膜干燥、枯槁发为本病。

（2）肺肾阴虚

肺为燥金之脏，如素体阴亏，或热病伤阴，病后失养，以致肺之气津损伤，鼻失濡养，日久则肌膜萎缩。肾为水脏，是一身阴液之根本，肺肾之阴相互滋养。如久病伤阴，肾阴亏损，则不能上滋肺阴，致肺津不足；或水不制火，虚火上炎，灼肺伤津，致鼻内肌膜干燥、焦萎，发为鼻槁。

（3）脾气虚弱

脾为肺金之母，主运化，是气血生化之源。如饮食不节，劳倦过度，或久病失养，致脾失健运，气血不足，土不生金，鼻窍失养，肌膜萎缩，发为鼻槁。脾虚生湿，湿郁化热，湿热熏蒸鼻窍，日久则鼻内肌膜枯槁，发为本病。

3.2.5.2 诊断依据

1) 鼻及鼻咽部干燥，堵塞感，嗅觉减退或消失，鼻气臭秽，伴头痛、头昏、鼻衄等。
2) 鼻黏膜干燥、萎缩，鼻甲不同程度的缩小，尤以下鼻甲为著，鼻腔宽大，有黄绿色痂皮充塞鼻腔。
3) 起病缓慢，症状逐渐加重，病程较长。

3.2.5.3 辨证论治

（1）燥热伤肺

主证 鼻内干燥,灼热疼痛,鼻衄,量不多,咽痛咽痒,时而咳嗽,鼻内黏膜干燥,萎缩,有黄绿色痂皮,或有少许血丝。舌质红,苔少,脉细数。

治法 清燥润肺。

方药 清燥救肺汤加减。方中阿胶、麻仁、麦冬润燥滋阴;党参、甘草益气生津;桑叶、杏仁、枇杷叶宣肺散邪;石膏清肺热。咽痒咳嗽加川贝母,也可选用养阴清肺汤加减。

（2）肺肾阴虚

主证 鼻内及鼻咽部干燥,灼热感,嗅觉减退或消失,鼻衄。咽干咳嗽,腰膝酸软,手足心热,头晕、耳鸣等。鼻内黏膜萎缩,鼻甲缩小,有黄绿色痂皮。舌质红少苔,脉细数。

治法 滋养肺肾,生津润燥。

方药 用百合固金汤加减。方中百合、生地、熟地滋养肺肾;麦冬润肺生津;元参滋肾清热;当归、芍药养血和阴;贝母、桔梗清肺利咽。肺肾得养,阴液充足,虚火自降,诸症可除。肌膜萎缩甚者,加桑椹、何首乌、天冬、沙参等;鼻衄者,加生荷叶、白茅根、生柏叶清热凉血止血。

（3）脾气虚弱

主证 鼻内干燥,涕腥臭,如浆如酪,色微黄浅绿,痂皮多,嗅觉减退或消失,头昏头重,疲乏无力,食少腹胀,便溏,鼻黏膜色淡,鼻甲萎缩,舌质淡,苔白,脉缓弱。

治法 益气健脾,清热利湿。

方药 参苓白术散加减。方中党参、山药、莲子肉、甘草益气健脾;白术、茯苓、薏苡仁、扁豆渗湿健脾;砂仁、陈皮理气醒脾;桔梗载药上行,达于上焦以益肺。若血虚者,宜合四物汤以养血活血,润燥生肌。如鼻涕腥臭量多,加黄芩、鱼腥草、藿香、清热化浊。

3.2.5.4 其他疗法

（1）外治法

1）用温的生理盐水或温开水,或用中药液(黄芩、菊花、麦冬、赤芍、甘草、硼砂等煎水)冲洗鼻腔,可清除鼻内痂皮及减少臭气。方法:在盆内盛以冲洗液,低头由鼻将其吸入,然后经口吐出,反复多次。每天 1~2 次,洗涤后再滴药液或吹药散。

2）用苁蓉滴鼻液或蜂蜜、芝麻油加冰片少许滴鼻,每日 3~4 次。或用复方薄荷甘油、石蜡油、鱼肝油、1%链霉素液滴鼻。

3）鱼脑石散适量,吹入鼻内,每日 2~3 次。

4）杏仁,去皮去尖,打成糊状,甘草水调匀,涂擦鼻腔内,每日 2~3 次。

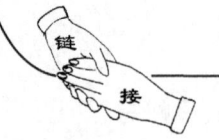

怎样防治萎缩性鼻炎

萎缩性鼻炎的发生一般认为与遗传、缺乏维生素、内分泌功能紊乱、鼻腔慢性炎症以及物理、化学刺激有关,由于这种病的原因尚不明确,所以缺乏有效的疗法,因此预防臭鼻症的发生和发展是关键。平时要注意调节饮食,多吃富含维生素A、维生素B的食物,改善高温和粉尘的工作生活环境,发生鼻的疾病应及时治疗和预防继发感染。鼻子发臭时,每天用温生理盐水冲洗,可防止和减少结痂与发臭。口服维生素A、维生素B_2和烟酸等,有助于减轻症状。鼻腔可滴1%链霉素溶液,液体石蜡、复方薄荷滴鼻剂等,但禁用血管收缩药物。

(2) 针灸疗法

1) 取迎香、禾髎、素髎、足三里、肺俞、脾俞等穴,每次2～3穴,用补法,留针10～15分钟,每日1次。

2) 取百会、足三里、迎香、肺俞等穴,每次1穴,悬灸10～15分钟,每日1次,或隔日1次。夹热证者慎用。

3) 穴位埋线　取迎香穴。常规消毒后,每侧穴位注射1%普鲁卡因1～2毫升,用特制的埋线针将羊肠线埋入穴位皮下,或用三角缝合针将羊肠线穿过穴位。不要让线头露出皮肤表面,以防感染。术后用消毒纱布敷盖3日,1个月后埋第2次,连续埋3～6次。

3.2.5.5　预防和护理

1) 锻炼身体,增强体质,积极治疗全身慢性疾病及鼻部各种急慢性疾病,尤其是慢鼻渊。
2) 改善生活与工作环境,减少粉尘飞扬,保持室内空气湿润。
3) 干燥寒冷季节,鼻腔干燥不适者,可用麻油、石蜡油等滴鼻,以滋润鼻黏膜。
4) 保持鼻腔内清洁,经常冲洗,清除鼻内痂皮。
5) 忌用血管收缩剂,忌用手挖鼻。
6) 加强营养,多食蔬菜、水果、动物肝脏及豆类食物,少食辛辣炙煿之品。
7) 鼻病施行手术时,不可切除组织过多,以免造成鼻黏膜等组织萎缩。

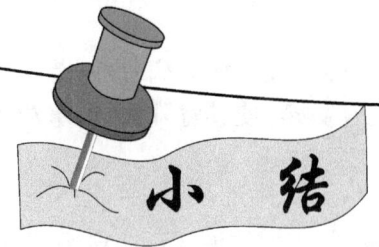

鼻槁是一种发展缓慢的常见鼻病,其病因病机主要是燥热伤肺,肺肾阴虚,脾气虚弱。燥热伤肺者,以鼻内干燥、灼热疼痛、鼻内肌膜萎缩、鼻痂多为其主要特点。此型患者,在气候干燥季节症状明显加重,治疗上宜清燥润肺、宣肺散邪,用清燥救肺汤。若肺肾阴虚者,可选用百合固金汤。脾气虚弱者,以鼻涕腥臭如浆如酪、有黄绿色脓痂、鼻窍肌膜萎缩较甚为特点,治疗宜益气健脾、清热利湿,选用参苓白术散加减。外治方面,包括洗鼻法、滴鼻法。此外,还有针灸治疗,几种方法可以同时配合运用,如洗净鼻腔后,可滴以养阴润燥的药物制剂,或用药物吹鼻。注意,忌用血管收缩剂滴鼻。临床上针灸治疗也有一定效果。此病的发生与体质强弱、气候条件和工作生活环境都有很大关系,故应注意护理和预防。

1. 何谓鼻槁?其主要症状及体征有哪些?
2. 试述鼻槁的辨证施治。

3. 鼻槁的外治法有哪些?
4. 鼻槁的预防及护理有哪些?

3.2.6 鼻鼽

学习目标

1. 了解鼻鼽的主要症状
2. 掌握本病的病因病机
3. 掌握本病的辨证论治

鼻鼽是因禀质特异,脏腑虚损,感受外邪或花粉及不洁之气所致,以突然或反复发作的鼻痒、打喷嚏、流清涕、鼻塞为主要表现的鼻病。又称"鼽涕"、"鼽水"等。可分为常年性发作与季节性发作两种。多见于中青年,常有家族遗传史。相当于变应性鼻炎。

3.2.6.1 病因病机

(1) 肺虚感寒

肺主气,肺主宣发肃降,外合皮毛。肺气充足,则卫外坚固。如久病亏耗,劳伤过度,致肺气虚弱,卫表不固,腠理疏松,则风寒之邪乘虚而入,犯及鼻窍,使其宣降失调,水津不布,津液停聚,致使鼻痒、鼻塞、打喷嚏、流清涕。

(2) 脾气虚弱

肺气的充实,赖于脾气的输布与充养。脾转输津液,肺布散津液。若饮食、劳倦所伤,致脾气虚弱,肺失充养,卫气不足,卫表不固,易受风寒之邪侵袭,使肺失宣降,津液停聚,发为本病。脾气虚,运化失司,水湿壅滞鼻窍,亦可出现鼻塞、流清涕等。

(3) 肾阳亏虚

肾阳为诸阳之本,肺气根于肾,如禀赋不足,或久病、过劳致肾阳亏虚,则肺失温煦,卫阳不足,易受风寒之邪侵袭;命门火衰,不能温化和固摄水液,寒水上泛而不能自收,内外邪气结聚鼻窍,致鼻痒,打喷嚏,清涕下流不止。

3.2.6.2 诊断依据

1) 阵发性鼻痒,连续喷嚏,鼻涕清稀量多,鼻塞,伴嗅觉障碍,或眼及咽喉痒等症状。
2) 起病迅速,症状消失后如常态。可并发荨麻疹、哮喘等。
3) 常因环境、温度变化、接触花粉、粉尘、化学气体等致敏物质而发病。
4) 发作期间,鼻黏膜多呈苍白、水肿,分泌物增多,清稀如水。
5) 变应原皮肤试验或鼻黏膜激发试验阳性。

3.2.6.3 辨证论治

（1）肺虚感寒

主证 鼻痒，喷嚏，流清涕，每遇风寒即发，鼻塞，嗅觉减退，平素易感冒，自汗，恶风，倦怠懒言，气短，咳嗽痰稀，鼻黏膜淡红或苍白水肿。舌质淡苔薄白，脉细弱。

治法 温补肺脏，祛风散寒。

方药 温肺止流丹加减。方中人参、甘草补肺益气；细辛、荆芥温肺散寒祛风；桔梗、鱼脑石散结除涕；诃子收敛肺气，诸药合用扶正祛邪。临床上亦常用玉屏风散合苍耳子散加减。玉屏风散益气固表，苍耳子散祛风通窍。

（2）脾气虚弱

主证 鼻痒，喷嚏，流清涕，鼻塞，嗅觉减退，平素常感头重头昏，四肢无力，纳呆腹胀，便溏。鼻黏膜肿胀、苍白或呈息肉样变。舌质淡或淡胖，舌边有齿痕，苔白，脉虚缓。

治法 健脾益气，补肺固表。

方药 补中益气汤加五味子、诃子、苍耳子。补中益气汤补中益气，升阳固表，五味子、诃子收敛肺气，苍耳子祛风通窍。亦可用参苓白术散加减。

（3）肾阳亏虚

主证 鼻痒，喷嚏频频，清涕难敛，可伴有形寒肢冷，腰膝酸软，阳痿早泄，小便清长等。鼻黏膜苍白水肿。舌质淡嫩，苔白润，脉沉细。

治法 温肾壮阳。

方药 右归丸加细辛、吴茱萸。右归丸温肾壮阳；细辛、吴茱萸散寒通窍；还可酌加肉苁蓉、胡桃肉、覆盆子等。若见手足心热、面色潮红等肾阴不足之象，可用左归丸加减。

脱敏疗法能根治变应性鼻炎吗

随着工业化进展，现代生活方式和人类生态环境的急剧变化，变应性鼻炎的发病率有全球性增长的趋势。抗组胺药（如马来酸氯苯那敏、阿司咪唑）和肾上腺皮质激素药（如地塞米松、泼尼松）等只能暂时减轻症状，谈不到根治。那么脱敏疗法是否能根治呢？脱敏疗法是用灭活抗原逐量递增作用于人体，以提高机体对致敏物的耐受度。但其前提是必须先明确致敏物，并且疗程较长，整个疗程要求长达2~3年。同时脱敏疗法有诸多"禁忌证"，在漫长的脱敏过程中或过程后又可能有新的致敏物出现。因此，有专家指出：脱敏疗法不可能改变患者的变态反应体质，因此要求"根治"变态反应病是不现实的。

3.2.6.4 其他疗法

（1）外治

1）碧云散吹鼻内，每日3~4次。

2）鹅不食草干粉，加入凡士林，制成100%药膏，涂入鼻腔，每日2~3次。

3）用芳香通窍的药物制剂滴鼻。如滴鼻灵、鼻敏水等。每日2~3次。

（2）针灸疗法

1）针刺：主穴为迎香、印堂、百会、风府、风池。配穴为合谷、上星、足三里、肺俞、脾俞、肾俞。

每次选主穴及配穴各1~2穴，每天针刺1次，7~10天为一疗程，以补法为主。

2) 用艾条悬灸穴位：主穴为印堂、上星、百会、禾髎；配穴为身柱、膏肓、命门、肺俞、肾俞、足三里、三阴交等。

每次选主穴及配穴各 1~2 穴,悬灸 20 分钟,7~10 天为一个疗程。

3) 穴位注射：通过针刺对穴位的刺激及药物的药理作用,以疏通经络,调整机体功能。可选择当归注射液、丹参注射液、维丁胶性钙、维生素 B_1、维生素 B_{12}、10% 葡萄糖等。

方法　穴位常规消毒,选用 5~7 号针头,直刺穴内,一般深度 5~7 分,当病人有酸、麻、胀感时,停止进针,抽吸无回血后,将药液缓缓注入穴内,每次每穴中注入 0.5~1 毫升。

取穴　迎香、合谷、足三里、三阴交等。每次选一穴(双侧),每日或隔日 1 次,10 次为一疗程。

（3）按摩

通过鼻部按摩,使气血通畅,祛除邪气,宣通鼻窍。先将双手鱼际互相摩擦至发热,再以双手鱼际贴于鼻两侧,沿鼻根至迎香,往返按摩至局部发热为止。然后再由攒竹穴向太阳穴推擦至局部发热,每天 2~3 次。

3.2.6.5　预防和护理

1) 避免接触引起个人过敏的物质、食品、药品等。
2) 锻炼身体,增强体质。
3) 常做鼻部按摩,长期坚持用冷水洗脸。
4) 不要骤然进出冷热悬殊的环境。
5) 季节性发作者,可预先进服玉屏风散或补中益气丸等。
6) 忌食或少食寒凉、生冷食物。

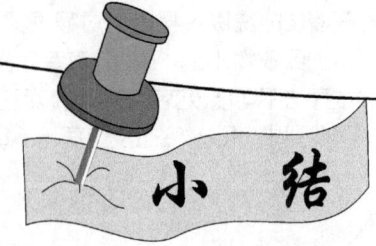

小 结

鼻鼽为鼻科常见病、多发病之一。本病以突然和反复发作性鼻塞、鼻痒、喷嚏、鼻涕流清为特征。鼻鼽发作时,与伤风鼻塞之外感风寒的症状相似,故应注意两者的鉴别诊断。

鼻鼽的发生,内因多为脏腑功能失健,外因多为风寒、异气之邪侵袭鼻窍而致。肺气虚弱、感受风寒是本病的主要病因病机。由于脾气虚弱,可使肺气虚弱；肾阳亏虚,可使肺失温煦,而导致鼻鼽的发生。因此说,其病主要在肺,其本在脾、肾。

在辨证治疗方面,肺气虚弱者,以温补肺脏、祛散风寒为主,选用温肺止流丹,临床上亦常用玉屏风散合苍耳子散加减运用。若脾气虚弱者,选用补中益气汤加补肺敛气的药物。小儿鼻鼽,多表现肺脾气虚之证,宜用参苓白术散加减。若肾阳亏虚,可用右归丸温肾壮阳。若肾阴虚者,则应以滋养肾阴为主,可选用左归丸,临床上还可根据不同症状表现加减用药。外治方面,宜用辛散风寒、行气活血、芳香通窍的药物滴鼻、吹鼻或塞鼻。配合针灸治疗对本病亦有一定的帮助。此外,还应注意本病的预防及护理。

思考题

1. 鼻鼽的症状与体征有哪些？
2. 鼻鼽的主要证型有哪些？如何辨证论治？外治法有哪些？

3.2.7 鼻渊

学习目标

1. 了解鼻渊的病因病机
2. 掌握鼻渊的辨证论治

鼻渊是因外邪侵袭或脏腑蕴热,蒸灼鼻窍；或因脏腑虚损,邪留鼻窍所致,以鼻流浊涕量多,鼻塞,嗅觉减退为主要表现的鼻病。又称"脑漏"、"脑渗"等。有急慢性之分,相当于急、慢性鼻窦炎。

3.2.7.1 病因病机

（1）肺经风热

肺主皮毛,开窍于鼻。若外感风热邪毒,侵犯鼻窍；或风寒袭肺,郁而化热,肺热循经上炎,蒸灼鼻窦而为病。

（2）胆经郁热

胆为刚脏,内寄相火,其气通脑,肝与胆互为表里,肝脉循抵鼻腔。若情志不遂,肝胆失于疏泄,气郁化火；或邪热内传肝胆,致肝胆热盛,火热之邪循经犯鼻,灼腐鼻窦黏膜,煎灼津液,遂成鼻渊。

（3）脾胃湿热

脾与胃互为表里,胃脉循于鼻侧。若平素嗜酒醴肥甘之物,致使湿热内生,郁困脾胃,运化失常,清阳不升,浊阴不降,湿热循经上蒸,停聚窦内,灼腐窦内黏膜发为鼻渊。

（4）肺脾气虚

久病伤肺,清肃不力,邪毒滞留窦窍,留而不去,而成本病。或饮食不节,劳倦思虑太过,伤及脾胃,致脾气虚弱,清阳不升,窦窍黏膜失养,抗邪无力,邪毒久困不去；或脾虚生湿,湿浊上泛,浸淫窦窍,腐蚀黏膜而为病。

> **急性鼻窦炎的症状特点**
>
> 急性者,多继发于伤风鼻塞,局部症状以头痛,患侧鼻塞,流脓涕,量多为主。头痛常在低头、跳跃、用力擤鼻及咳嗽时加重。头痛部位与时间及病变鼻窦有关。急性上颌窦炎多为同侧前额及面颊疼痛,早晨轻,午后重；急性额窦炎的疼痛部位亦在前额部,但晨起重,午后渐减；急性筛窦炎头痛较轻,多局限于内眦后鼻根部,可放射至头顶部,一般晨起渐重,午后减轻；急性蝶窦炎,眼球深部疼痛,也可放射至头顶部或枕部,晨起轻,午后重。急性鼻渊者,还常伴有发热、周身不适等症状。

3.2.7.2 诊断依据

1) 大量黏性或脓性分泌物,鼻塞,头痛或头昏,嗅觉障碍。急性者伴有发热及周身不适等。
2) 急性鼻渊发病迅速,病程较短。若治疗不彻底,则迁延为慢性鼻渊,病程较长。
3) 鼻腔检查黏膜充血,肿胀,中鼻道、上鼻道、嗅裂有黏性或脓性分泌物。
4) X线检查、CT扫描有阳性表现。急性发作时血白细胞总数及中性粒细胞增高。

3.2.7.3 辨证论治

(1) 肺经风热

主证 涕黄或白,量多,鼻塞,嗅觉障碍,全身可伴发热,微恶风寒,头痛,咳嗽痰多,口干咽痛等。鼻黏膜红肿,鼻窦相应部位可有叩、压痛,中鼻道等处可见脓涕。舌质红苔薄黄,脉浮数。

治法 疏风清热,芳香通窍。

方药 银翘散合苍耳子散加减。银翘散辛凉透表,清热解毒,苍耳子散辛散风邪,芳香通窍。酌加黄芩、鱼腥草、菊花以清热解毒。头痛甚者,酌加清利头目止痛之品。如巅顶、枕后痛者,加藁本、蔓荆子;前额、眉棱骨痛、颞部痛者加川芎、柴胡。

(2) 胆经郁热

主证 涕多,色黄绿黏稠,味臭,鼻塞,嗅觉下降,全身可见头痛,或为前额目锐眦处疼痛,或为两颞侧痛,发热,口苦咽干,面赤耳鸣,烦躁易怒,便秘溲赤,鼻甲肿胀红赤,舌质红苔黄,脉弦数。

治法 清泻肝胆,利湿通窍。

方药 龙胆泻肝汤加减。龙胆泻肝汤清肝胆,利湿热,加苍耳子、白芷、藿香芳香化浊通窍;涕难出者,加皂角刺;热甚头痛重,加羚羊角、夏枯草、菊花。亦可用龙胆泻肝汤配合奇授藿香丸,既可清泻肝胆,又能芳香行气,辟浊化湿。

(3) 脾胃湿热

主证 涕黄浊量多,鼻塞,嗅觉减退或消失,全身可见头晕、头重,头痛,体倦,脘胁胀闷,食欲不振,尿黄,便溏不爽,鼻内红肿,尤以肿胀更甚,舌质红,苔黄腻,脉濡或滑数。

治法 清脾泻热,化浊通窍。

方药 黄芩滑石汤加减。方中黄芩、滑石、木通清热利湿,茯苓、猪苓、大腹皮、白蔻仁化湿

擤鼻涕也有学问

擤鼻涕会让含有病菌的鼻腔黏液再度跑回鼻窦之中,会导致鼻窦感染。据"美国微生物学会"学术研讨会的最新研究报告,美国及丹麦研究人员针对14个感冒病人进行研究,测量鼻窦中的压力,同时对鼻腔染色,以了解擤鼻涕时鼻部会发生哪些变化。结果显示,咳嗽和打喷嚏不会使鼻涕返回到鼻窦中,但是擤鼻涕却会使鼻涕充满鼻窦,使得鼻窦变成病原微生物滋生的温床。

如果确实需要擤鼻涕,也要注意正确的方法:

1) 轻轻地擤鼻涕,一次一个鼻孔,不要同时擤两个鼻孔。
2) 不要在儿童面前擤鼻涕,以免儿童"照猫画虎"照着学。
3) 擤鼻涕之后的卫生纸用马桶冲走或丢弃在密闭垃圾桶内,以免传播病原微生物。

祛浊,行气醒脾。热重者,加黄连、大黄;鼻塞甚者,加白芷、辛夷、薄荷以芳香通窍。也可选用加味四苓散或甘露消毒丹加减。

(4) 肺脾气虚

主证 涕白黏稠,量多无臭味,鼻塞,嗅觉减退,全身可见头昏脑涨,自汗恶风,气短,咳嗽有痰,肢困乏力,食少腹胀,便溏,面色萎黄等。鼻黏膜淡红、肿胀。舌质淡,苔白,脉缓弱。

治法 补益肺脾,升阳通窍。

方药 属肺气虚弱者,可用温肺止流丹加减。方中细辛、荆芥疏散风寒;人参、甘草、诃子补肺敛气;桔梗、鱼脑石散寒除涕。加辛夷、苍耳子、白芷芳香通窍。亦可选用温肺汤,以补气升阳,散寒通窍。属脾气虚弱者,可选参苓白术散加黄芪、泽泻以健脾益气,清利湿浊,或用补中益气汤加木通、泽泻。

3.2.7.4 其他疗法

(1) 外治

1) 1%麻黄素滴鼻液、滴鼻灵、葱白滴鼻液、复方辛夷油等滴鼻内,每日3~4次。

2) 瓜蒂散、冰连散等吹鼻内,每日3~4次。

3) 上颌窦穿刺(参见"上颌窦穿刺冲洗法")。

(2) 针灸疗法

1) 选列缺、合谷、迎香、印堂、太阳、风池、曲池、足三里等穴。每次2~3穴,实证用泻法,虚证用平补平泻,每日一次,7~10次为一疗程。

2) 取囟门、上星、迎香穴,每次1~2穴,用艾悬灸10~20分钟,每日1次,7~10天为一疗程。

(3) 药液熏洗

用芳香通窍,行气活血的药物,如苍耳子散、辛夷散、川芎茶调散等,放入砂锅内,加水2000毫升,煎至1000毫升,倒入脸盆中,令患者用鼻吸入热气,从口中呼出,反复多次,每日早晚各1次,每天1剂,7天为一疗程。

3.2.7.5 预防和护理

1) 锻炼身体,劳逸结合,增强机体抵抗力。

2) 积极治疗上呼吸道疾病,以防止并发急鼻渊。

3) 积极彻底治疗急鼻渊,以防转为慢性或变生他症。

4) 戒除烟酒,忌食辛辣燥热之品。

5) 鼻腔有脓涕时,忌用力擤鼻,应及早使用通窍药物滴鼻,以宣通鼻窍,利于脓涕外流,防止涕液逆流耳窍,导致耳窍疾病的发生。

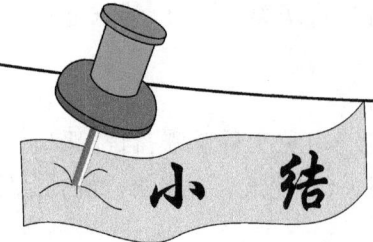

鼻渊为鼻科常见病、多发病。本病有急慢之分,急性者多属实证,起病急,病程短;慢性者,多属虚证,或虚实夹杂之证,病程长,缠绵难愈。本病的主要临床特征为鼻流浊涕,如泉下渗,量多不止。

实证鼻渊其病因病机为火热上壅,以肺、胆、脾三经热盛为主,临床辨证分肺经风热、胆经郁热及脾胃湿热三型,治疗上分别以疏风清热、清泄胆热及清脾泻热为主要原则。可分别选用银翘散合苍耳子散、龙胆泻肝汤、黄芩滑石汤加减。虚证鼻渊,其病因病机以脏腑虚损为主,主要表现为肺、脾两脏的虚损,临床辨证分肺气虚弱及脾气虚弱两型,治疗上分别以温补肺脏及健脾益气为原则。用温肺止流丹或参苓白术散加减。

外治方面,可用利湿消肿、排脓除涕、芳香通窍的药物制剂滴鼻、吹鼻或药物灌注,上颌窦穿刺亦是治疗鼻渊重要的一环。此外,针灸治疗、药液熏洗等疗法对治疗本病亦有一定的帮助。

1. 试述鼻渊的病因病机。
2. 鼻渊的临床表现及诊断要点有哪些?
3. 鼻渊各证的主证、治法、方药有哪些?外治法有哪些?

3.2.8 鼻息肉

1. 了解本病的病因病机
2. 了解本病的治疗方法

鼻息肉是因湿热邪毒壅结鼻窍所致,以鼻塞日久,鼻窍内有表面光滑,半透明,触之柔软而不痛的赘生物为主要表现的瘤病类疾病。又称"鼻痔"。多见于成年人,可单发或多发,单侧发或双侧发。常为鼻渊、鼻鼽的并发病。多发生在鼻腔的筛窦区中鼻甲游离缘及上颌窦口等处。

3.2.8.1 病因病机

（1）湿热郁滞

肺开窍于鼻,主宣发、肃降,输布津液。脾主运化,与胃相表里,足阳明胃经循行于鼻。风湿热邪外侵,致肺经郁热,失于宣畅;或饮食不节,嗜食肥甘厚腻,致脾胃受伤,湿热内生,肺胃湿热循经上蒸鼻窍,湿热邪浊,积结日久,变生息肉。

（2）肺气虚寒

肺气虚寒,卫表不固,风寒之邪屡袭,致肺的宣降失司,津液壅遏,停聚鼻窍,寒邪与湿浊互结,凝聚日久,成为息肉。

3.2.8.2 诊断依据

1）渐进性鼻塞,随息肉长大,逐渐成为持续性鼻塞,常伴有多涕、嗅觉障碍及头痛等。

2）鼻腔内可见一个或多个表面光滑,灰白色或粉红色、半透明状赘生物。触之柔软,无痛可活动,不出血。如系出血性息肉,则表面色红,触之易出血。严重者,外鼻可形成"蛙鼻"。

3）X线或CT检查可确定病变部位。

鼻息肉是肿瘤吗？

鼻息肉是一种常见的鼻病,多见于成年人,儿童很少发生。常发生于鼻腔的筛窦区、中鼻甲的游离缘及上颌窦口等处。

鼻息肉外形很像瘤子,有的深红、有的淡红,半透明样。但组织细胞学检查证明鼻息肉并不是真正的肿瘤,多为慢性炎症刺激,或变态反应所致的鼻腔或鼻窦黏膜发生的高度水肿或肥厚。带蒂形状像葡萄者称息肉,发生于鼻甲上的基底宽广而没有蒂者,叫息肉样变。两者病名不同,但病变是一样的。因病变组织不同,息肉可分为血管型、水肿型、纤维型、囊肿型。一般水肿型最多,也可混合出现。

3.2.8.3 辨证论治

（1）湿热郁滞

主证　鼻塞,呈渐进性或持续性,嗅觉减退或消失,流黄浊涕,头痛头昏,全身可伴有大便不爽,小便黄等。鼻腔内息肉淡红或暗红,鼻甲肿胀色红,鼻腔内有脓涕。舌质红,苔黄腻,脉滑数。

治法　清热利湿,散结通窍。

方药　辛夷清肺饮加减。方中石膏、知母、黄芩、栀子清泄肺胃之热;甘草、升麻解毒;辛夷花、枇杷叶宣疏肺气;百合、麦冬甘寒助湿,宜减去不用。加车前子、通草、僵蚕渗湿散结,黄涕多加鱼腥草、冬瓜仁清热利湿排脓,息肉暗红,易出血,可加桃仁、红花、川芎、赤芍、丹皮之类活血化瘀,凉血止血。

（2）肺气虚寒

主证　鼻塞,随息肉长大而逐渐加重,嗅觉减退或消失,时有白黏涕或清涕,头昏头痛,全身可见自汗恶风,喷嚏多等。鼻甲肿胀,息肉色灰白,半透明,表面光滑。舌质淡苔白,脉虚缓。

治法　温肺升阳,散寒解凝。

方药　温肺汤加减。方中黄芪、甘草、升麻、葛根补肺益气升阳;丁香温肺;麻黄宣肺利水;羌活、防风、葱白发散风寒。如有脾肾阳虚之症,可酌加白术、附片、肉苁蓉之类温补脾肾。

3.2.8.4 其他疗法

本病以外治为主,其方法如下:

1)用硇砂散、明矾散、轻黄散、瓜丁散等具有腐蚀收敛,化湿消肿散结的药物粉末点息肉表面或根部,使之腐蚀脱落,每日一次,7~14次为一疗程。

2)滴鼻灵滴鼻,每日3~4次,可起解毒消肿,排脓通窍的作用。

3)手术摘除为常用有效的治疗方法。

3.2.8.5 预防和护理

1)积极根治鼻腔疾病,尤其是鼻鼽、鼻渊,是预防本病的关键。

2)锻炼身体,防止经常感冒。

3)忌食寒滞肥腻之品。

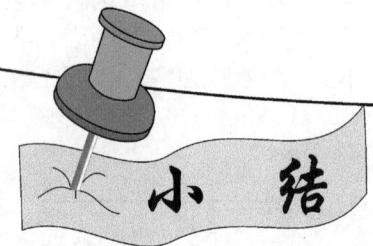

鼻息肉为鼻科常见病多发病之一,常为鼻渊、鼻鼽之并发症,多见于成年人。多因肺经湿热而致,如好食肥甘厚腻之品,致使湿热内生,或因肺气虚寒,津停鼻窍,鼻窍长期受湿浊之邪浸淫,湿浊积聚鼻窍,伏留不散等所致。治疗上,以外治为主,可用有腐蚀、收敛的中草药末敷于鼻息肉表面或根部,使鼻息肉缩小脱落,或于鼻息肉术后敷药,以减少息肉复发。对久治不愈之息肉,可行鼻息肉摘除术。内治方面,宜清热利湿、散结通窍,选用辛夷清肺饮,或温肺升阳、散寒解凝,选用温肺汤,并可结合患者情况,加减用药。

1. 鼻息肉的诊断要点有哪些?
2. 如何治疗鼻息肉?试述其辨证施治。

3.2.9 鼻衄

学习目标

1. 了解鼻衄是多种疾病的常见症状,病因复杂
2. 掌握鼻衄的辨证论治
3. 掌握鼻衄的外治法

鼻衄,即鼻出血。是多种疾病的常见症状。伤寒太阳病的"红汗",妇科病的"经行衄血"(或称倒经),皆属于鼻衄范畴。鼻衄严重者,称"鼻洪",或"鼻大衄"。西医也称鼻衄或鼻出血。鼻衄可发生于不同性别,不同年龄,不同的时间和季节。因鼻损伤引起的鼻衄已在上节论述,本节只讨论因脏腑功能失调引起的鼻衄。

3.2.9.1 病因病机

本病的发生主要为肺、胃、肝、肾、脾等脏腑功能失调,导致阳络受伤所致。可发生于多种疾病,如伤寒、时气、热病、温病、虚劳等。发病多由于火,火又有虚实之分,实火者,有肺火(热)、胃火(热)、肝火;虚火者,多由肝肾阴虚,虚火内生;不因火者,乃为脾虚,气不摄血。

（1）肺经热盛

肺属金恶火。外感风热或燥热之邪,首先犯肺,邪热循经上壅鼻窍,热伤脉络,血液妄行,溢于鼻中,发为鼻衄。

（2）胃热炽盛

脾胃素有积热,或因暴饮烈酒,过食辛燥,致胃热炽盛,火热内燔,循经上炎,灼伤鼻中阳络,血随热涌,妄行于脉外,发为鼻衄。

（3）肝火上逆

肝主疏泄,喜达条,恶抑郁,其经脉循抵鼻腔。若情志不舒,肝气郁结,郁久化火,循经上逆;或暴怒伤肝,肝火上逆,伤及鼻窍阳络,血溢脉外而发鼻衄。

（4）肝肾阴虚

肝藏血,肾藏精。若房劳过度,耗伤肾精,或久病伤阴,肝肾不足,水不涵木,肝不藏血,水不制火,虚火上炎,伤及鼻窍阳络,血溢脉外成鼻衄。

（5）脾不统血

脾为气血生化之源,又司统血。若饮食

> **导致鼻出血的全身因素有哪些**
>
> ①急性发热性传染病:如流感、传染性肝炎等。②心血管疾病:如高血压及血管硬化。③血液病:如血友病、血小板异常,白血病,再生障碍性贫血等。④营养障碍或维生素缺乏:如缺乏维生素C、维生素K、维生素P及钙。⑤肝肾等慢性疾病及风湿热等。⑥中毒:如磷、汞、砷、苯的中毒。⑦遗传性出血性毛细血管扩张症:常有家族性易出血史。⑧内分泌失调:如代偿性月经。⑨其他:气压发生变化如飞行、登山、潜水时。

劳倦所伤,或思虑过度,损伤脾气,致脾气虚弱,统血失司,气不摄血,血不归经,脱离脉道,渗溢于鼻,发为鼻衄。

3.2.9.2 诊断依据

1) 鼻出血是主要症状,发病较急,出血严重者可致休克。
2) 常因干燥、恼怒、饮酒、鼻部外伤等所致或诱发。
3) 鼻腔检查有出血病灶。
4) 若为全身因素所致鼻衄者、实验室检查及其他相关的检查可有异常发现。

3.2.9.3 辨证论治

(1) 肺经热盛

主证 鼻中出血,色鲜红,鼻干口燥,鼻息气热,鼻黏膜鲜红干燥。全身可见身热,咳嗽,咽痛,鼻流黄涕等。舌质红,苔黄,脉数。

治法 疏风清热,凉血止血。

方药 桑菊饮加减。桑菊饮清热宣肺,加丹皮、侧柏叶、栀子炭、白茅根凉血止血;肺经热壅,加黄芩、栀子以加强清肺热之力;咳嗽痰稠,加瓜蒌仁、贝母、冬瓜仁清肺化痰。

(2) 胃热炽盛

主证 鼻中出血,量多,色鲜红或深红,口干口臭,烦渴引饮,或牙龈肿痛,便秘溲赤。鼻黏膜色深红而干。舌质红苔黄,脉洪数或滑数。

治法 清泄胃火,凉血止血。

方药 犀角地黄汤加减。犀角地黄汤清热解毒,凉血止血;加生石膏、知母清泄胃热;大便燥结者加大黄、瓜蒌仁通腑泄热;加强凉血止血之功,还可加白茅根、侧柏叶、旱莲草等。亦可选玉女煎加减。

怎样预防鼻出血

鼻出血是耳鼻喉科临床常见急症之一,且易反复发生,因此,平时应注意预防。在饮食方面多吃些新鲜蔬菜和水果,补充足量的维生素,并保持大便通畅。烟、酒对鼻黏膜有明显损害,应予戒除。在气候干燥的季节时,鼻腔内涂些红霉素眼药膏,或滴些石蜡油、麻油,以保持鼻黏膜湿润。有心血管疾病、血液病、肝肾疾病的病人要抓紧治疗原发病,以免鼻出血反复发作。

(3) 肝火上炎

主证 鼻衄量多,血色深红,常因情志激动而暴发,可伴头痛头晕、耳鸣、口苦咽干、目赤面红、急躁易怒、胁痛等。鼻黏膜色深红。舌质红,苔黄,脉弦数。

治法 清肝泻火,凉血止血。

方药 龙胆泻肝汤加减。龙胆泻肝汤清肝泻火,加羚羊角、代赭石、钩藤清肝降逆、平肝潜阳,加白茅根、旱莲草、藕节以加强凉血止血之功。

(4) 肝肾阴虚

主证 鼻衄时作时止,量不多,血色淡红,伴口干少津,头晕眼花,耳鸣,腰膝酸软,五心烦热,失眠健忘,男子遗精,女子月经量少等。鼻黏膜色淡红而干嫩。舌质红少苔,脉细数。

治法　滋补肝肾,凉血止血。
方药　知柏地黄汤加减。知柏地黄汤滋补肝肾,降火坚阴,加旱莲草、阿胶滋补肝肾,养血助凝。

(5) 脾不统血

主证　鼻衄渗渗而出,色淡红,可伴有面色无华,食少便溏,神疲倦怠等。鼻黏膜色淡,舌质淡苔白,脉缓弱。

治法　健脾益气,养血止血。

方药　归脾汤加减。归脾汤去生姜益气补血,引血归经,加阿胶、白及、仙鹤草补血、收敛止血。

3.2.9.4　其他疗法

(1) 外治

1) 冷敷法:以冷水浸湿的毛巾或用冰袋敷于患者的前额或项部,以凉血止血。
2) 压迫法:用手指揉按患者入前发际正中线1~2寸处,或紧捏一侧或两侧鼻翼,以达止血目的。
3) 导引法:令病人双足浸于温水中,或以大蒜捣烂,敷于足底涌泉穴上。有引热下行减少上炎的作用,而协助止血。
4) 滴鼻法:香墨浓研,滴入鼻中,或可用滴鼻灵或1%~3%麻黄碱液等滴鼻,也有协助止血作用。
5) 吹鼻法:用血余炭、马勃、百草霜、三七末、云南白药等具有止血作用的药末吹入鼻腔,黏附于出血处,而达到止血目的。亦可将上述药物放在棉片上,贴于出血处,或填塞鼻腔。
6) 鼻腔填塞法:用上述方法仍未能止血者,可用明胶海绵或凡士林纱条填塞患侧鼻腔。若仍未达止血目的,可行后鼻孔填塞法。

(2) 针灸疗法

实证鼻衄,取手阳明经、督脉经穴为主。毫针刺用泻法。

主穴:合谷、上星。配穴:肺经热盛致衄者,选尺泽、并刺少商出血;胃火炽盛致衄者,选上巨虚;肝火上炎致衄者,选太冲、丘墟。

虚证鼻衄可选上星、三阴交穴。先针上星,再针三阴交,轻刺激,留针20~30分钟,上星穴针后不灸,三阴交针后可灸3~5壮,以达到温肾补脾而摄血的作用。

3.2.9.5　预防和护理

1) 鼻衄时,患者多紧张、烦躁,应安慰病人,使之镇静。止血动作要轻巧,防止粗暴,以免加重损伤。
2) 出血病人,一般采取坐位或半坐位(疑有休克时,可取平卧低头位),即有助于止血,又便于医生检查操作。
3) 寻找鼻衄的病因,予以根治必要时请其他科会诊。
4) 嘱病人将流入口中的血液尽量吐出,以免咽下引起呕吐。
5) 大出血期间,要密切观察血压及脉搏的变化。
6) 忌食辛辣刺激性食物,保持大便通畅,以免助热,加重鼻衄。

7）戒除用力擤鼻及挖鼻的不良习惯。

8）调节情志,保持心情舒畅,避免忧郁暴怒。

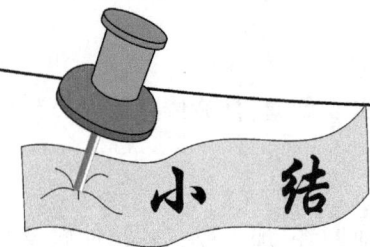

鼻衄是多种疾病的常见症状之一,可见于内、外、妇、儿各科之中。其病因比较复杂,归纳起来,由于脏腑功能失调而致的鼻衄可分实证、虚证两大类:实证鼻衄,多见于肺经热盛、胃火炽盛、肝火上逆三方面;虚证鼻衄,则见于肝肾阴虚、虚火上炎及脾气虚弱、气不摄血。

在辨证治疗方面,鼻衄主要依据病情的缓急、出血量的多少、血色的深浅,以及全身症状进行辨证治疗。一般来说,实证鼻衄,来势较急,出血量较多,血色鲜红或深红,病者在出血前,或出血中有面鼻焮热,周身烘热,口鼻干燥之感,治疗上应以清热降火为主;虚证鼻衄,鼻衄反复发作,时作时止,血色较淡红,量可多可少,甚则出血难止。治疗上,若肝肾阴虚者,宜滋阴降火为主;若脾气虚弱者,则应补脾摄血止血。

鼻衄为一急证,治疗上要遵照"急则治其标"的原则,活动性出血时,应首先使用各种止血方法,使鼻衄停止,然后再辨证求因,配合内治法。必要时须请其他各科会诊。

1. 鼻衄的病因病机如何?
2. 鼻衄如何辨证施治?常用外治法有哪些?

3.2.10 鼻腔异物

学习目标

1. 了解鼻腔异物的种类及主要症状
2. 掌握取异物的方法

鼻腔异物是指异物误入鼻腔内,以鼻塞、鼻痒、喷嚏、流鼻涕为主要症状的鼻病。多见于小儿。

3.2.10.1 病因病机

异物入鼻的途径,有从前鼻孔而入,有从后鼻孔而入,也可因意外事故,由面部创口而入者。异物的性质有植物性、动物性和非生物性等。

1) 儿童因其无知或不慎将细小物件塞入鼻内(如黄豆、花生粒、纸团、橡皮、玻璃珠、粉笔头等)。

2) 因露宿野外,小昆虫、蚂蚁等偶然进入鼻腔。

3) 由于医疗工作疏漏,将纱布、棉球等遗留在病人鼻腔内。

4) 因枪弹伤或爆炸伤后,弹片、弹头等留于鼻内。

5) 进食不慎或呕吐时,食物经鼻咽部进入鼻腔。

成人鼻腔异物易误诊

鼻腔异物以小儿多见,成人易被忽略。据一则病例报告,一女,35岁,右侧鼻塞,流涕3年加重伴同侧头面部钝痛,记忆力下降1年。入住某院,结合X线摄片检查,诊断为"右侧鼻腔息肉并右上颌窦炎",准备用高频电刀切除息肉,由于术中出血太多,且"息肉"质地坚硬,未成功。后转他院,在检查鼻腔内"息肉"时,用探针触及有砂石样摩擦音,在局部麻醉下用弯止血钳分次取出灰白色结石共3.7克,控制炎症后痊愈。

3.2.10.2 诊断依据

1) 有异物入鼻史(有时病史可能不很明确)。

2) 患侧鼻塞,或流脓涕、伴恶臭、或有鼻衄、头痛等。

3) 鼻腔检查、或X线检查、CT扫描可发现异物。

3.2.10.3 辨证论治

主证 因其异物的种类、大小及滞留时间长短而有不同的临床表现。异物滞留,可出现患侧鼻塞不通,若时间已长,则可出现流黏脓涕或脓血涕,并有臭味。昆虫性异物入鼻,常有骚动爬行感。若异物进入的位置较深,损伤部位较广时,可有出血、头痛、视力障碍等。

治疗 鼻腔异物,以外治为主,可根据异物的性质、形态、大小及存留的位置,采取适当的方法将其取出。

1) 细小的异物,可用通关散取嚏,使其将异物喷出。此法不适用于幼儿,以免异物倒吸入咽喉。

2) 对于圆形异物,如珠子、豆子等,可用钝头的耵聍钩,绕至异物后方,由后向前拨出。切勿用镊子夹取,否则,异物将被推向深处,甚至滑入咽部,导致喉或气管异物,造成危险。

3) 质软或条状异物,如纸团、纱条等,可直接用镊子挟取。

4) 动物性异物,须先将其麻醉或处死后,再用鼻钳取出。

5) 较深在的金属异物,需在X线荧光屏观察下手术取出。

6) 小儿患者不合作,可考虑在全麻下取出。

7) 异物取出后,如见局部黏膜有糜烂、破损等,宜滴用1%麻黄素液,以防止鼻腔粘连;如已有粘连,则分离后塞入凡士林纱条隔开;如出血多者,可采用填塞止血法;如黏膜已发生溃烂者,可用冰硼散、珠黄散吹鼻,每日2~3次,鼻塞涕多者,可用滴鼻灵滴鼻,每日3~4次。

鼻腔异物,一般不需内服中药。如因异物刺激或已染毒,出现鼻流臭涕,鼻黏膜红肿糜烂者,可内服五味消毒饮加鱼腥草、赤芍等,以清热解毒、消肿止痛、排脓除涕。

3.2.10.4 预防和护理

1）教育儿童,不要将异物塞入鼻内。

2）提高对儿童鼻腔异物的警惕性。发现鼻塞,流臭秽鼻涕等症状,要及时到医院检查诊治,以免贻误时间、加重病情。

3）医务人员在取出鼻腔填塞物后,应仔细检查,并清点填塞物,以免有所遗留。

4）发现异物,不要慌张,尤其是小儿患者,要防止异物滑入气管,引起窒息。

5）嘱病人不可盲目用手或其他不恰当的器械自行挖拨异物,以免将异物推向深处,造成不必要的损伤。

鼻腔异物,多发生于小儿,因其无知,嬉戏时误将细小之物塞入鼻内,留置较久发病而来就诊。其主要特征为单侧鼻塞,流脓血涕,伴恶臭,鼻镜检查可见鼻腔异物。治疗以外治为主,应根据异物的性质、形态、大小、所在位置而采取相应的取出方法。取异物时动作要轻巧,避免造成不必要的损伤。本病要着重于预防,尤其要加强对幼儿的教育,并要提起家长对儿童鼻腔异物的警惕性,发现鼻塞、流涕、鼻气臭秽等症状,要及时到医院诊治。

1. 鼻腔异物的主要症状是什么?
2. 鼻腔异物,应根据什么情况、采用什么方法、将其取出?

咽喉科学

4.1 咽喉科学概述

咽喉是人体的重要组成部分,上通口鼻,下通肺胃,为肺胃之门户。中医对咽喉的认识,主要是从功能学角度来认识的,咽属胃系,喉属肺系,各司其职。咽司饮食,喉行呼吸、发声音。咽喉又为经脉循行之要冲,与脏腑经络有着密切的联系,对其病理变化和辨证治疗方面,要重视整体观念,取得最佳疗效。

4.1.1 咽喉的应用解剖

熟悉咽与喉的局部解剖

4.1.1.1 咽的解剖位置及结构

咽上起颅底,下达第6颈椎平面,长约12cm,由上至下分为鼻咽、口咽和喉咽三部分(图4-1)。

(1) 鼻咽部

前方以后鼻孔为界通入鼻腔。后壁连接第1、2颈椎。顶壁由蝶骨体及枕骨底部构成,呈穹窿状。下方与口咽相通,但在吞咽时,因软腭上提与咽后壁接触,鼻咽与口咽暂时隔开。顶部与后壁交界处有淋巴组织团块,名腺样体。鼻咽两侧有咽鼓管的咽口,约在下鼻甲后端后方约1厘米处。咽口后上方有一隆起,称咽鼓管圆枕。圆枕后上方有一凹陷区,称咽隐窝,是鼻咽癌的好发部位。咽鼓管咽口周围有散在的淋巴组织,称咽鼓管扁桃体。

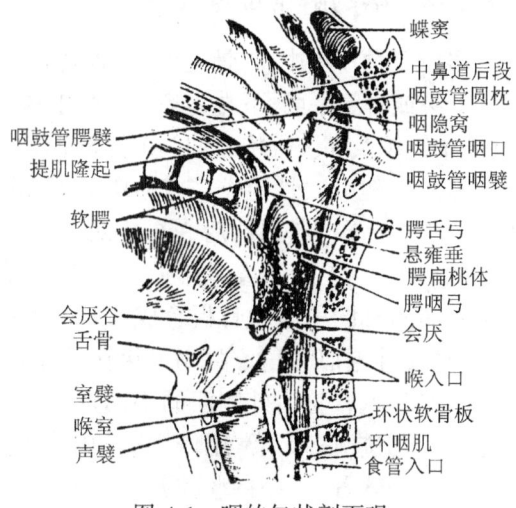

图 4-1 咽的矢状剖面观

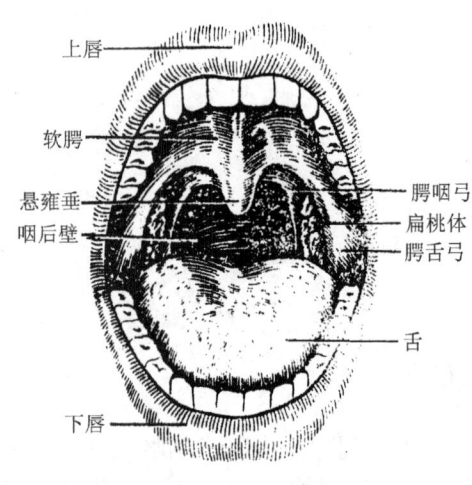

图 4-2 口咽部的结构

(2) 口咽部

前方经咽峡与口腔相通。所谓咽峡，是由悬雍垂和软腭游离缘、舌背以及两侧由腭舌弓和腭咽弓围成的环形狭窄部分。舌腭弓和咽腭弓之间为扁桃体窝，(腭)扁桃体位于其中。在每侧腭咽弓的后方有纵行条状淋巴组织，名咽侧索。后壁黏膜下有散在的淋巴滤泡，舌根部聚集的淋巴组织叫舌扁桃体(图4-2)。

(3) 喉咽部

前方通喉腔，下端在环状软骨下缘平面连接食道。在会厌前方，舌会厌外侧襞和舌会厌正中襞之间，左右各有一会厌谷，异物常停留于此处。两侧杓会厌襞的外下方有梨状窝，喉上神经内支经此窝入喉并分布于其黏膜之下。

咽壁从内到外分有4层，即黏膜层、纤维层、肌肉层和外膜层。鼻咽黏膜层表层为假复层纤毛柱状上皮，口咽和喉咽的黏膜上皮为复层鳞状上皮。在咽壁的后方及两侧，有由颈部筋膜构成的潜在性蜂窝组织间隙。咽部的众多间隙中较重要的有咽后隙及咽旁隙。

咽部有丰富的淋巴组织，有些聚成团块如扁桃体，有些为淋巴滤泡散布在黏膜下，彼此有淋巴管相通，形成一环，称内环，包括腭扁桃体、腺样体、舌扁桃体、咽鼓管扁桃体、咽侧索以及咽后壁淋巴滤泡等。内环淋巴并流向颈部淋巴结，后者又互相交通，形成外环。若咽部的感染或肿瘤不能为内环的淋巴组织所局限，可扩散或转移至相应的外环淋巴结。

腭扁桃体为咽淋巴组织中最大者，习称扁桃体。扁桃体大体可分内侧(游离部)和外侧(深部)二部。内侧游离部上覆的黏膜上皮向扁桃体实质陷入形成6~20个隐窝。隐窝为分支状盲管，深浅不一，易为细菌、病毒存留繁殖，形成感染"病灶"。

4.1.1.2 喉的解剖位置及结构

喉位于颈前正中，舌骨之下，上通喉咽，下接气管。喉上端为会厌上缘，在成人约相当于第3颈椎上缘或下缘平面，下端为环状软骨下缘，约相当于第6颈椎下缘平面。喉是由软骨、肌肉、韧带、纤维组织及黏膜等构成的一个锥形管腔状器官，前面有皮肤、筋膜及肌肉覆盖(图4-3)。

喉的支架由软骨构成。有会厌软骨、甲状软骨、环状软骨、杓状软骨、小角软骨和楔状软骨。前3个为单一软骨，后3个成对。会厌软骨位于喉的上部，扁平如叶状，附着于甲状软骨切迹的后下方，上缘游离呈弧形。会厌分舌面和喉面，舌面组织疏松，发炎时易肿胀。甲状软骨由左右对称的甲状软骨板合成，二板在前缘会合形成一定的角度，此角度在男性成锐角，称喉结，在女性近似钝角。两侧甲状软骨板后缘向上、下延伸，形成上角和下角，两侧下角的内侧面分别与环状软骨后外侧面的小凹形成环甲关节。甲状软骨上缘正中处有一"V"形凹陷，称甲状软骨切迹，临床上常用作辨别颈中线的标志。环状软骨位于甲状软骨之下，是喉部惟一呈完整环形的软骨，对保持喉腔通畅甚为重要。杓状软骨位于环状软骨板的上缘，其底部和环状软骨连接成环杓关节，司声带的开合。

喉黏膜的上部与咽黏膜连接，向下与气管黏膜相接。会厌喉面、声带表面、小角软骨与楔状软骨等处的黏膜附着甚紧，而声门下区和杓状会厌襞处的黏膜则有疏松的黏膜下

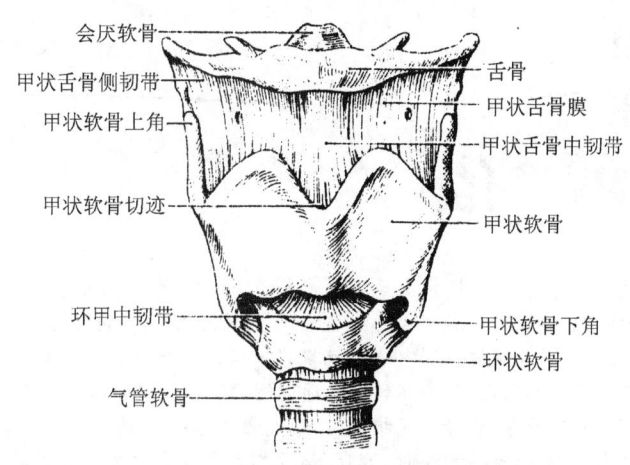

图 4-3 喉的前面观

层,故后者易发生水肿或肿胀。喉部黏膜上皮属柱状纤毛上皮,而声带、会厌的舌面和喉面的一部分以及杓状会厌襞的一部分之黏膜上皮属复层鳞状上皮。除声带的黏膜外,喉黏膜都富于黏膜腺。

喉腔内部由于声带的分隔,可分成声门上区,声门区和声门下区。声门上区位于声带上缘以上,其上口通喉咽部,呈三角形,称喉入口。中间被室带相隔为喉前庭(上)和喉室(下)。声门区位于声带之间。声带左右各一,由声韧带、肌肉、黏膜组成,在间接喉镜下声带呈白色带状,边缘整齐,由于其后端附着于杓状软骨的声带突,故可随声带突的运动而张开或闭合。声带张开时,出现一个等腰三角形的裂隙,称为声门裂,简称声门,空气由此进出,亦为喉最窄处。声门裂之前端称前连合。声门下区为声带下缘以下的喉腔,该腔上小下大。幼儿期此区黏膜下组织结构疏松,炎症时容易发生水肿,常引起喉阻塞(图 4-4)。

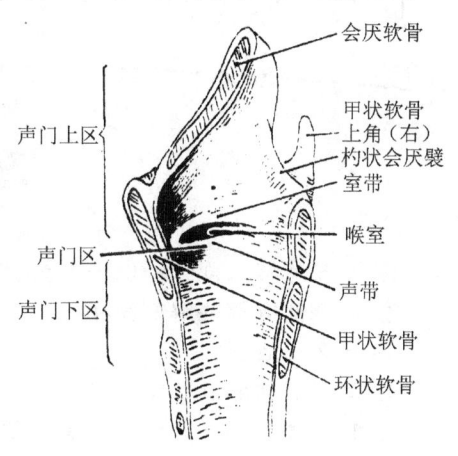

图 4-4 喉的矢状切面内面观

喉的神经有喉上神经和喉返神经,两者均为迷走神经的分支。其中喉返神经是迷走神经进入胸腔后分出的,左右两侧路径不同,右侧在锁骨下动脉之前离开迷走神经折向上行。左侧路径较长,在迷走神经经过主动脉后离开迷走神经,绕主动脉弓之下、后上行。喉返神经主要是运动神经。在喉返神经的径路上,侵犯和压迫神经的各种病变都可引起声带麻痹。由于左侧喉返神经较右侧长,故临床上左侧声带发生麻痹的机会较右侧为多。

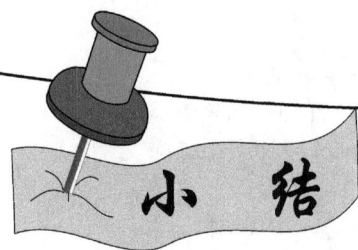

小　结

咽以硬腭延线和舌骨延线为界，由上至下分为鼻咽、口咽和喉咽三部分。

咽部有丰富的淋巴组织，聚积成团块的叫扁桃体，散在于黏膜下的为淋巴滤泡，它们之间彼此有淋巴管沟通，其中腭扁桃体、腺样体（咽扁桃体）、舌扁桃体、咽鼓管扁桃体、咽侧索以及咽后壁的淋巴滤泡构成咽淋巴内环，内环的淋巴通过输出淋巴管流向颈部淋巴结，如咽后淋巴结、颈深淋巴结、颌下淋巴结等，后者又互相沟通，形成咽淋巴外环，内环和外环统称咽淋巴环。了解咽淋巴环的联系，对咽部疾病的诊断、治疗、预后都具有重要意义。若咽部的感染或肿瘤不能被内环的淋巴组织所局限，可扩散或转移至外环的淋巴结。

喉是由软骨、肌肉、韧带、纤维组织及黏膜等构成的一个锥形管腔状器官。外由皮肤、筋膜及肌肉覆盖。

喉软骨是构成喉之形态的支架，主要包括会厌软骨、甲状软骨、环状软骨、杓状软骨、小角软骨和楔状软骨。喉的内部借声带的分隔分为声门上区、声门区和声门下区。两侧声带之间的狭窄裂隙称为声门裂，简称声门，是呼吸道最狭窄之处。幼儿时期声门下区黏膜下组织结构疏松，炎症时易发生水肿而致喉阻塞。在喉返神经的径路上，侵犯和压迫神经的各种病变都可引起声带麻痹，由于左侧喉返神经较右侧长，故临床上左侧声带发生麻痹的机会较右侧为多。

思考题

1. 咽分为哪三部分？以什么为界进行划分？
2. 鼻咽部有哪些解剖结构？
3. 什么叫咽峡？
4. 试述咽部的淋巴组织。
5. 喉软骨有哪些？喉黏膜有哪些特点？
6. 喉腔如何分区？喉的神经有哪些特点？

4.1.2　咽喉的生理功能

学习目标

熟悉咽与喉的生理功能及其机制

4.1.2.1 咽的生理功能

(1) 呼吸功能

咽黏膜内或黏膜下含有丰富的腺体,当吸入空气经过咽部时,继续得到调温、湿润、清洁。

(2) 吞咽功能

当食物由口腔进入咽部时,表现为软腭上举,关闭鼻咽,咽缩肌收缩,压迫食物团向下移动。由于杓会厌肌及提咽肌收缩和舌体后缩等,使会厌覆盖喉入口。同时,喉上提,声门关闭,食物越过会厌经梨状窝进入食管。

(3) 共鸣作用

发声时,咽腔和口腔可改变形状,产生共鸣,使声音清晰、和谐悦耳;并由软腭、口、舌、唇、齿等协同作用,构成各种言语。

(4) 防御和保护功能

来自鼻、鼻窦和咽鼓管的分泌物,可借咽的反射作用而吐出,或吞下由胃酸将其微生物消灭。此外,咽肌的反射活动,对人体具有保护作用。在吞咽或呕吐时,咽肌收缩,可封闭鼻咽和喉腔,避免食物反流入鼻腔或吸入气管;若有异物误入咽腔,也可借咽肌收缩而阻止其下行,并引起呕吐反射,以利吐出。

(5) 调节中耳气压功能

由于咽部不断地进行吞咽动作,咽鼓管经常获得开放机会,使中耳内气压与外界大气压得以平衡,这是保持正常听力的重要因素之一。

(6) 扁桃体的免疫功能

扁桃体位于呼吸和消化道的门户,在儿童期,是个活跃的免疫器官。它含有各个发育阶段的淋巴细胞,包括 B 细胞、T 细胞、浆细胞、吞噬细胞等。所以既具有主要的体液免疫作用,产生各种免疫球蛋白,也有一定的细胞免疫作用。腺样体也是个免疫器官,但作用较小。

4.1.2.2 喉的生理功能

(1) 呼吸功能

喉是呼吸道的一部分,是空气出入的必经之路。声门裂是呼吸道最狭窄处,通过声带的内收和外展,可调节声门裂的大小,从而调节呼吸量的大小。

(2) 发声功能

声带振动后可以发出声音。由声带振动而发出的声音,其音调高低与声带振动的频率密切相关。声音的强度与由肺部呼出的气流量和声门下气压呈正比。

(3) 保护功能

喉对下呼吸道的保护功能,是通过杓状会厌襞、室带和声带的括约作用完成的。杓状会厌襞的括约是第一道防线,室带的括约是第二道防线,声带内收关闭声门是第三道防线。三道防线可使吞咽或呕吐物不能进入下呼吸道。

(4) 屏气功能

平时室带处于外展位,闭合时向中线靠拢后,可防止下呼吸道内的气流外逸,使气管、胸腔内压力增加,达到屏气目的。

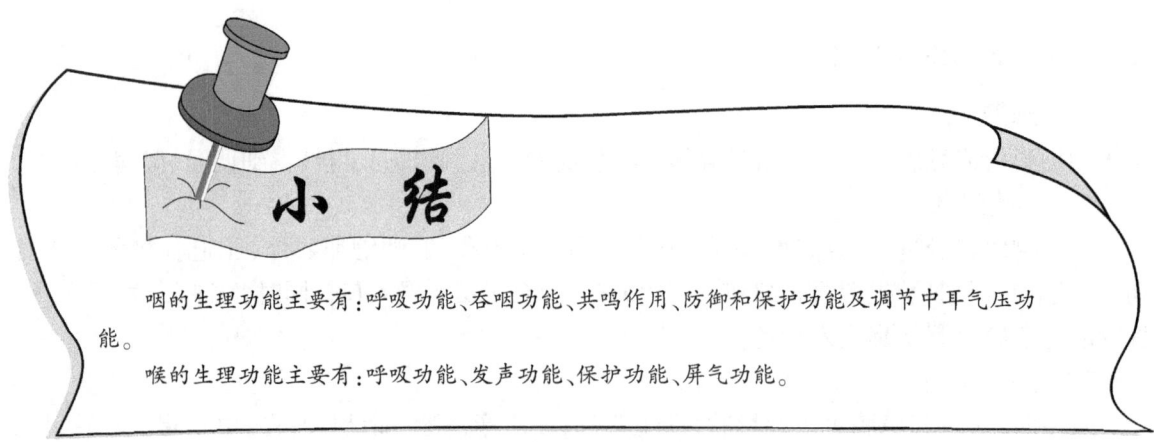

咽的生理功能主要有：呼吸功能、吞咽功能、共鸣作用、防御和保护功能及调节中耳气压功能。

喉的生理功能主要有：呼吸功能、发声功能、保护功能、屏气功能。

1. 咽有哪些生理功能？
2. 喉有哪些生理功能？

4.1.3 咽喉与脏腑经络的关系

学习目标

1. 了解咽喉与五脏六腑的生理、病理关系，树立局部与整体的统一观念
2. 理解咽属胃系、喉属肺系的意义，熟悉咽喉与肺、胃、脾、肾、肝的密切关系
3. 认识循行于咽喉的经脉

咽喉与脏腑的关系主要是生理上的相互联系和病理上的相互影响；咽喉与经络的关系主要是经脉循行于咽喉和病理上相互影响的关系。

4.1.3.1 咽喉与脏腑的关系

咽喉是饮食、呼吸的门户，又是经脉循行交会之处，与五脏六腑关系密切，构成了咽喉与脏腑在生理功能和病理变化上的互相影响，五脏六腑病变多反映于咽喉，其中与肺、胃、脾、肾、肝的关系更为密切。

肺 喉属肺系，与肺相通，是肺司呼吸的门户。肺与喉相互协调，才能完成其行呼吸，发声音的生理功能。肺司呼吸，要在喉的生理功能正常的情况下进行；喉的发声音，要有肺气充沛鼓动才能发音清亮。肺的病理变化，可以由肺系直接上循波及于咽喉，咽喉的病变，亦也直接影响于肺。一般来说,喉的病变多是肺系病变在咽喉局部的反映。

胃 咽属胃系,与胃相通,是胃纳水谷的通道。咽与胃共同协调,完成胃系的主要生理功能,司饮食受纳、腐熟。咽的功能正常,有赖于胃气的健旺,功能正常;胃受纳功能正常,有赖于咽的通利,功能正常;病理上,胃腑蕴热,上蒸咽喉,则咽部可出现红、肿、痛等病理变化。临床上常见的热性咽病,多属胃腑热盛之证。

脾 脾与胃互为表里,经脉互相络属,参与胃系的生理功能活动。同时足太阴脾经上循咽喉夹舌本,故脾与咽有着直接及间接的关系。脾主运化,咽喉功能正常,有赖于脾所运化之水谷精微的濡养;脾主升清,咽喉功能正常,有赖于清阳上走清窍和水津的上承。而脾功能的正常,也有赖于咽喉功能正常,饮食呼吸通调。病理上,中焦脾胃的蕴热伏火,脾运化障碍,升清不足,皆可引起咽喉的病变。

肾 足少阴肾经循喉咙挟舌本,故肾与咽喉有着直接的关系。肾为藏精之脏,肾精充足,咽喉得精气濡养,则生理功能健旺,不易为邪毒所犯。若因肾虚,咽喉失于濡养而功能不健,兼以阴虚,虚火上炎;或肾阳虚,虚阳上越;或肾气虚,无力鼓动于咽喉,皆可致咽喉病变。

肝 足厥阴肝经循喉咙之后入颃颡,肝之经气直上于咽喉,故肝与咽喉有着直接的关系。咽喉功能的正常,有赖于肝气、肝血的条达和畅。肝气郁结,疏泄升降失常,气滞血瘀,气郁化火,结于咽喉,皆可导致咽喉功能失常而发生病变。

4.1.3.2 咽喉与经络的关系

咽喉为十二经脉循行交会之要冲。在十二经脉中,除足太阳膀胱经、手厥阴心包经间接通于咽喉外,其余经脉均直接循经咽喉。

手太阴肺经,入肺脏,从肺系上循至咽中,横出腋下。本经病变可致咽喉肿痛,音低,声嘶,咽痒咳嗽等。

手阳明大肠经,从缺盆上走颈部,过面颊,挟口入下齿中。本经病变可致咽喉肿痛,颈肿。

足阳明胃经,其支者,从大迎前下走人迎,循喉咙入缺盆。本经病变可致咽喉肿痛,吞咽困难。

足太阴脾经,从脾脏上络于胃,横过膈,上行挟于食道两旁,循经咽喉连于舌根。本经病变可致咽喉肿痛,吞咽难下,食物滞留。

手少阴心经,其支者从心系,挟食道上循咽喉,连于目系。本经病变可致咽喉干燥、疼痛。

手太阳小肠经,其支者从缺盆循颈经咽喉上颊。本经病变可致咽喉痛,下颌及颈部肿痛。

足少阴肾经,从肾上贯肝膈,入肺中,循喉咙挟舌本。本经病变可致咽干,疼痛,微肿。

手少阳三焦经,从肩上走颈,过咽喉,经耳上角到颊部。本经病变可致咽喉肿痛,梗阻不利。

足少阳胆经,从耳后循颈过咽,下肩至缺盆,其支者从颊车,下走颈,经咽喉至缺盆。本经病变可致咽喉肿痛。

足厥阴肝经,与胆相络,上贯膈,分布于胁肋,循喉咙之后,上入颃颡。本经病变可致咽喉干不适,喉中梗塞感。

此外,循经咽喉的尚有任脉、冲脉、阴跷脉、阳跷脉、阴维脉等经脉。

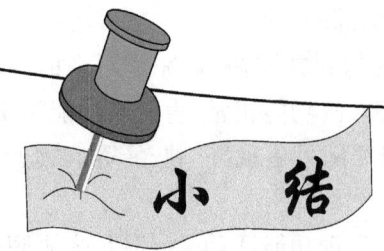

小结

咽喉与五脏六腑都有联系,但临床上与肺、胃、脾、肾、肝的关系较为密切,尤其是与肺、胃的关系最密切。所谓"咽喉属肺胃"是也,其关系主要从生理与病理两个方面理解。

咽喉为经脉循行交会的要冲,十二经脉中除手厥阴心包经和足太阳膀胱经间接通于咽喉外,其余经脉均直接循行于咽喉。

思考题

1. 试从生理和病理角度论述咽喉与肺、胃、脾、肾、肝的关系。
2. 如何理解"咽属胃系,喉属肺系"?
3. 哪些经脉直接循行于咽喉?

4.1.4 咽喉病的病因病机概述

学习目标

1. 了解咽喉疾病常见的病因和病机
2. 理解不同病理变化引起局部症状的不同表现

咽喉病的发生,内因多为肺、胃、脾、肾、肝等功能失常,外因多为风、热、湿、疫等邪乘机侵犯,不同内因和外因,产生不同的病理变化。一般来说,咽喉病的病理变化有两个特点。一个特点是多属于火,火有虚火、实火之分,如邪热外犯,肺胃热盛上炎,脾胃湿热上蒸,肝郁化火上灼,肾虚虚火上炎,阴虚肺燥、燥火蒸咽等,故古人有"咽喉诸病皆属于火"之说。另一个特点是病情发展较快,易发生危重证候。兹将咽喉病的病因病机归纳分述于下:

4.1.4.1 邪毒侵袭

喉为肺系,肺上通咽喉,肺主卫表,外邪侵犯,从口鼻而入,内犯于肺,肺经发生病理变化,循肺系而影响于咽喉,产生各种病证,故咽喉病初起多属肺经病证。

风热之邪外犯,肺失清肃,宣降失常,邪热蕴肺,循经上蒸于咽喉,咽喉受邪,脉络瘀阻,气血滞留,热灼肌膜伤津,出现咽喉红肿疼痛,吞咽不利,声音嘶哑,咳嗽有痰等症。因风热之邪在卫表,病情较轻。

风寒之邪外犯,风寒束肺,困遏不宣,寒邪结聚咽喉,故出现咽喉微肿微痛,肌膜色淡,声音嘶哑,咳嗽痰稀,流清涕等风寒表证。

亦有风热湿邪所犯者。肺脾二脏生理功能相互配合,病理变化互相影响,风热犯肺,肺蕴邪热,影响脾脏健运,湿热之邪乘机内犯。风热犯肺,则肺之通调水道失职,湿热困脾,则脾之运化水湿功能不健,产生了风热湿邪上犯咽喉,可出现声音嘶哑、咽喉疼痛、水肿等。

4.1.4.2 脾胃热盛

脾胃互为表里,经脉相互络属,其病理关系极为密切,往往脾胃发生病变,循胃系直接上犯于咽喉。咽喉为肺胃之门户,肺与脾的关系比较密切,故脾胃热盛与肺经蕴热又常互相联系。

脾胃火热,可由肺经邪热壅盛,失于治疗,病邪由表转里,犯及脾胃;或平素过食辛热炙煿,热蕴脾胃,循经上炎于咽喉,或脾肺热盛上熏咽喉。脾胃热盛,上蒸咽喉,灼烁肌膜,气血壅滞,故红肿疼痛较重,灼津成痰,痰涎壅盛,饮食难下,呼吸气促等。脾胃热盛,伤及营卫,火热上扰,出现高热、头胀痛、腹胀闷、口干、便结、尿黄、舌质红、脉洪数等。其病理变化,又有偏于湿热与火热之不同。偏于湿热者,以脾脏病变为主;偏于火热者,以胃腑病变为主。

若火热壅聚作肿,灼伤咽喉肌膜,可致腐坏成痈。

4.1.4.3 肺脏虚损

素体虚弱,邪热损伤,久病耗伤,或劳损所伤,导致肺阴受伤,或肺气耗损,以致阴阳失调,气血不和,咽喉失于濡养,功能紊乱,而为邪毒停滞及虚火上炎。

肺阴虚,津液不足,肺失滋养,失其清润肃降之机。阴虚则虚火内生而上炎,成阴虚肺燥之证。症见咽喉微红微痛,干痒咳嗽,声嘶乏力等。

肺气虚,精气不能上荣,咽喉失于煦养,生理功能失健,御邪能力下降,易为病后余邪滞留,症见咽喉淡红,干痒不适,讲话音低,气短懒言,肢体乏力等。

4.1.4.4 肾脏虚损

素体亏虚,久病耗伤,或过劳损伤,致肾阴亏虚或肾阳不足。肾脏亏损易致病后余邪滞留,或外邪乘虚而犯,或阴虚虚火上炎,阳虚虚阳上越等而发病。临床上以肾阴虚为多见。

肾阴亏虚,无以上濡于咽喉,咽喉失养,功能减退,易为邪毒滞留,或因阴虚火旺,虚火上炎,灼伤咽喉而为病。症见咽喉微红,微痛,微肿,异物感,或有声嘶,腰膝酸软,头晕目眩,耳鸣,夜热盗汗等肾阴虚之证。

肾阳不足,阳气无以上达咽喉,功能减退;阳虚则无根之火上越咽喉,症见咽喉淡白不适,乏力声低,口淡面白,形寒肢冷,腰膝酸冷等肾阳虚之证。

4.1.4.5 肝气郁结

情志不遂,内伤于肝,疏泄失常,肝气郁结,以致气滞痰凝,阻滞于咽喉间,出现咽喉不适,有物梗阻感。或肝气郁而化火,火随气上逆于咽喉,熏灼肌膜,出现咽喉红肿疼痛,溃烂,口干。或肝气久郁,气病及血,气滞血瘀,可致咽喉不适日久不除,甚或渐生喉瘤。

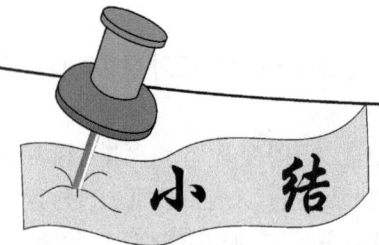

咽喉病的内因多为肺、胃、脾、肾、肝等脏腑功能失调,外因多为风、热、寒、湿、疫毒之邪侵袭。咽喉病的病因病机主要表现为火热上炎,故有"咽喉诸病皆属于火"之说。火有虚实之分,虚火多因肺、肾阴虚;实火多为肺、胃、脾、肝之热盛。然亦有非火者,如肝气郁结,气滞痰凝,阻于咽喉的梅核气。概括起来,咽喉病的病因病机包括:邪毒侵袭、脾胃热盛、肺脏虚损、肾脏虚损、肝气郁结等。

1. 咽喉病常见的病因、病机有哪些?
2. 咽喉病病理变化有哪些特点?如何理解"咽喉诸病皆属于火"?

4.1.5 咽喉病的辨病与辨证要点

1. 了解辨证与辨病、局部辨证与全身辨证相结合的重要性和临床的应用
2. 掌握咽喉科疾病的几个主要症状及辨证方法

根据四诊所获病情资料,运用中医基本理论和咽喉科学知识,进行分析判断,以鉴别同一症状常涉及的不同疾病和不同证候。咽喉科疾病临床常见表现有红肿疼痛、腐烂、脓液、声音嘶哑、气味异常、焮痒、梗阻等。本节主要讨论上述临床表现的辨病与辨证。

4.1.5.1 辨红肿疼痛

咽喉红肿疼痛,新病多见于急喉痹、急乳蛾、喉痈等病,久病多见于慢喉痹、慢乳蛾等病。

1) 病变初起,咽喉鲜红、肿胀、疼痛,多属风热邪毒在肺卫之表证;若咽喉淡红、不肿、微痛,多属风寒表证。

2) 咽喉肿胀,高肿或漫肿,色深红,疼痛较剧,发病迅速的,多是肺胃热毒壅盛,火热上炎,搏结咽喉的实热证。

3) 高肿而色深红,疼痛剧烈,三五天不减的,为热毒壅盛,可致化脓成痈。

4) 久病微红微肿,疼痛不甚,多属虚证。

5) 若肿胀而色淡,疼痛轻微,多属痰涎湿浊凝聚。

肿与痛有一定关系,一般来说,风热表证,红肿疼痛较重,里热壅盛,红肿疼痛更甚;虚证,红肿疼痛轻微或不红肿,只有不适感。

4.1.5.2 辨腐烂

咽喉局部腐烂主要见于急乳蛾、慢乳蛾、喉癣、疫喉等病。

1) 新病,腐烂浅表、散在,周围色红,多为热毒尚轻。

2) 新病,腐烂成片,或洼陷的,周围红肿,多为火毒壅盛。

3) 腐烂浅表散在,反复发作,周围淡红,多为虚火上灼;若成片洼陷,久不愈者,多为正气亏虚,邪毒内陷之证。

> **咳嗽可由咽病引起**
> 参与咳嗽反射的感觉神经末梢来源于三叉神经、舌咽神经、迷走神经、喉上神经等。咽喉炎时炎性反应可刺激感觉神经末梢而产生反射性咳嗽。这类咳嗽X线胸部检查往往无明显异常,经治愈咽喉炎后咳嗽自然缓解。

4) 溃腐上覆白膜,松厚而容易拭去者为轻;坚韧不易剥离,强剥出血,剥后复生者为重。

4.1.5.3 辨脓液

咽喉成脓病变多见于喉痈。

1) 红肿高突,有波动感,按之柔软凹陷者,多已成脓;若红肿高突,四周红晕紧束,焮痛较甚,按之硬实者,为尚在酿脓。

2) 脓液稠黄,多属实证热证;若稠黄而量多,多为湿热之证。

3) 脓液清稀,多为正不胜邪的虚证;如清稀污黯而腥臭,多为脾胃虚损,邪毒内陷之证。

4) 脓液清稀而量多,长流不止,溃口难于愈合,多属脾虚湿聚。

4.1.5.4 辨声音

声音的改变多见声音嘶哑,甚或失音,常见于急喉喑、慢喉喑、喉癣、咽喉菌等病。

1) 声音嘶哑初起,起病较急的,多为风热、风寒或表寒里热证;若发生缓慢的,多为咽喉部赘生物所致。

2) 声音嘶哑日久,咽干痒不喜饮,多为肺肾阴虚,虚火上炎之证;语言低微,气短乏力,多为肺脾气虚之证。在此基础上,可出现局部痰瘀浊聚而生声带小结、息肉。

3) 语言难出,呼吸气粗,咽喉红肿,为热毒痰涎壅盛之危重证候。

此外,"子瘖"属生理性声音嘶哑,"舌瘖"属"中风"病范畴,均不在本节讨论范围之内。

4.1.5.5 辨气味

气味臭秽一般多见于急乳蛾、喉痈、疫喉及咽喉菌等病。

1) 咽喉病新起,有秽恶臭气者,或流涎腥臭,多属实热火毒证,系肺胃火热上蒸。

2) 虚寒咽喉病,一般口和无臭气,即有臭味,一般也较轻微。

3）久病而口气臭秽，多为肺肾亏耗，邪毒伤腐肌膜，或肿瘤溃烂所致。

4.1.5.6 辨焮痒、梗阻

咽喉焮痒、梗阻多见于急喉痹、慢喉痹、梅核气、喉咳等病。

1）咽喉肌膜色红灼热而痒，多属风热实证；不焮而痒，多为风邪；焮而干燥，多属阴虚火旺。

2）咽喉梗阻感，但饮食无碍，无红肿痛，多为肝气郁结，痰气交阻之证；若有异物感，时时咳嗽，咽干微痛，多属肺肾亏虚之证。

3）若梗阻有碍饮食或呼吸，当注意咽喉或食道有无肿瘤。

咽喉病的辨病与辨证要点，是根据咽喉病的主要症状，结合有关病史、伴随症状、体征等病情资料，进行分析判断，以鉴别同一症状常涉及的不同疾病和不同证候。临床常见表现有红肿疼痛、腐烂、脓液、声音嘶哑、气味异常、焮痒、梗阻等，具有临床实用意义。

1. 咽喉病常见症状有哪些？
2. 试述咽喉红肿疼痛、腐烂、脓液、声音嘶哑、气味异常、焮痒、梗阻的辨病与辨证。

4.1.6 咽喉病的治疗概要

1. 掌握内治法与外治法的运用
2. 了解针灸疗法、烙法、提刮法、按摩法、擒拿法的使用

咽喉病的治疗方法很多，临床上应根据辨病与辨证结果，本着"治病必求于本"的原则，选择适宜的治法，以达到最佳疗效为目的。同时要时刻注意和防止病情的发展和演变，一旦出现危重证候，应"急则治其标"，病情缓解后再治本。

4.1.6.1 内治法

(1) 疏邪解表

疏邪解表法用于咽喉疾病初起,外感六淫所致者。常用辛凉解表和辛温解表二法。

若症见咽喉红肿微痛,兼有发热恶风、头痛、咳嗽,脉浮数等风热表证,宜用辛凉解表法,常用方如疏风清热汤,药物如蝉衣、牛蒡子、薄荷、桑叶、蔓荆子、葛根、桔梗等。

若症见咽喉淡红,微肿或不肿,异物感,兼有发热恶寒,无汗,头痛,舌苔薄白,脉象浮缓等风寒表证,宜用辛温解表法,常用方如六味汤,药物如荆芥、防风、紫苏、羌活等。

(2) 清热解毒

清热解毒法用于邪热壅盛,由表转里,或肺胃热盛,热毒上攻咽喉所致的病证,症见患部红肿,灼痛较剧,高热口渴,舌质红苔黄等。常用方剂如五味消毒饮、黄连解毒汤、普济消毒饮。临床上,根据热毒壅盛程度及所在脏腑不同而灵活使用。若热毒尚轻且兼有表证,宜用本法与辛凉解表法合用,药如银花、连翘、牛蒡子、薄荷、菊花、蒲公英等;若热毒壅盛于里,可单用本法,药如黄芩、黄连、栀子、龙胆草、穿心莲、生石膏等;若出现烦躁、神昏、舌红绛等热入营分者,又宜清热凉血解毒,药如水牛角、生地黄、丹皮、紫草等。

凡热毒壅盛者,患部肿痛必剧,热毒减轻,则红肿痛随之减轻,故清热解毒法又为消肿止痛的一种方法。

(3) 利膈通便

利膈通便法用于胃腑热盛,邪热内困,咽喉红肿疼痛较甚,身壮热,大便秘结,苔黄厚,脉洪数之证。常用方如凉膈散,药物如大黄、芒硝、番泻叶、瓜蒌仁、麻子仁等。本法常与清热解毒法配合使用。

(4) 散瘀排脓

散瘀排脓法用于热毒壅盛,气血瘀滞,肌膜灼腐成脓的咽喉痈肿。常用方如仙方活命饮,药物如穿山甲、皂角刺、白芷、当归尾、丹参、桔梗、泽兰等。未溃时可配合清热解毒药物,促其消散或溃破;溃破后脓未清者,宜配合清热利湿药,并酌减穿山甲、皂角刺等排脓药;溃后流脓久不愈合者,在酌减排脓药中,宜用本法配合补益气血药,常用方如托里消毒散。

(5) 解郁散结

解郁散结法用于气滞痰凝,痰气互结于咽喉所致的病证,症见喉中如有物梗阻,吐之不出,吞之不下,饮食无妨碍,症状随情志波动而加重。常用方如半夏厚朴汤,药物如半夏、厚朴、柴胡、苏梗、郁金、合欢花、香橼、佛手等。若气血与痰火凝聚,可用丹栀逍遥散。

(6) 化痰利咽

咽喉诸病火热上炎者居多,火热可炼津成痰,痰浊可结聚于咽喉,阻遏气机,故痰浊常常是咽喉诸证病理变化之果,又是咽喉诸病证之因,故本法是咽喉病的基本治法,多与其他治法配用。症见咽肿,痰多稠黄,咳嗽,甚者喉中有痰鸣音,宜清热化痰利咽,常用方如清气化痰丸,药物如瓜蒌、贝母、竹茹、射干、前胡、桔梗、葶苈子等。若见痰鸣气逆的重症,宜用礞石、胆星、竹沥、天竺黄等,或配用探吐法。

温燥化痰药在喉科使用较少。若果属寒痰、湿痰者可用,药如半夏、陈皮、天南星等。

(7) 滋阴养液

滋阴养液法用于肺肾阴亏的咽喉病。若为肺津耗伤,阴虚肺燥,症见咽喉干燥不适,微痛,痒咳、咽干不喜饮、咳嗽痰稠、乏力等，治宜滋养肺阴，生津润燥，方如养阴清肺汤，药物如沙参、麦冬、玉竹、石斛、芦根、天花粉、百合等。若为肾阴虚，虚火上炎，症见咽喉淡红或暗红，微肿，微痛，晨轻暮重，讲话时觉痛涩，全身伴见腰酸、耳鸣、怔忡、盗汗等，治宜滋养肾阴，潜降虚火，方如知柏地黄汤，药物如生地黄、熟地黄、女贞子、旱莲草、枸杞子、知母、黄柏、生牡蛎等。若为肺肾阴亏，可用百合固金汤。

(8) 温补元气

温补元气法用于肺、脾、肾等脏腑虚寒所致咽喉病。若为肾阳虚，症见咽喉微痛，不红，吞咽不利，疼痛多在午前，唇舌淡白，口和不渴，手足不温，大便溏薄等。宜温补肾阳，方如肾气丸，药物如熟附子、肉桂、肉苁蓉、菟丝子、熟地黄等。若为肺脾气虚，症见咽喉淡白，干痛，语言低弱，兼见食少困倦、少气懒言、动则气喘、咳嗽痰稀、自汗等，宜补益肺脾之气，常用方如补中益气汤、参苓白术散，药物如党参、生山药、白术、炙甘草、黄芪等。

4.1.6.2 外治法

1) 吹药：将药粉吹布于咽喉患部，以达到治疗的目的。传统喉科都十分重视此法。若热毒较盛，肿痛剧烈者，宜用清热解毒、消肿止痛为主的药物，如冰麝散、珠黄散之类。若咽喉溃烂者，宜用祛腐生肌、除痰消肿为主的药物，如冰硼散。每天吹药6～7次。吹药时，动作要敏捷，药粉均匀撒布于患处及周围。若用力过猛，则会引起病人呛咳和不适。

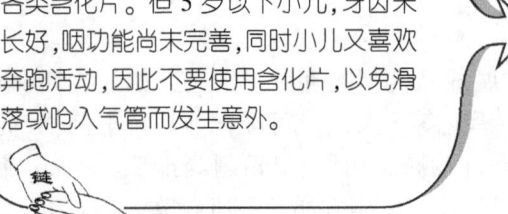

小儿禁用含化片

由于方便、有效，临床上咽喉病常用各类含化片。但5岁以下小儿，牙齿未长好，咽功能尚未完善，同时小儿又喜欢奔跑活动，因此不要使用含化片，以免滑落或呛入气管而发生意外。

2) 含法：将药物制成片剂或丸剂，含于口内，令其慢慢溶化，使药液较长时间浸润于咽喉患处，起到清热解毒，消肿止痛，清利咽喉的作用。常用的药物如六神丸、喉症丸、西瓜霜润喉片等。

3) 含漱：用药液漱涤口腔，起清洁患部及清热解毒作用，常用的如漱口方，每天含漱多次，于饮食之后更要含漱。

4) 雾化吸入：将药液加温，蒸气吸入，或用超声波雾化吸入。与吹药、含法相比，雾化吸入可使药物直接作用于咽部和喉部，而吹药、含法主要作用于咽部。常用芳香辛散药物和清热解毒药物，一般适用于慢性咽喉病或风寒咽痛。

5) 刺破排脓：用三棱针或小刀尖刺穿，或用刀切开痈肿排出脓液，此法用于成脓的喉痈。操作时，令病人仰靠坐定，必要时由一人扶定其头，用压舌板压定舌头，选择痈肿最高突、有波动而浅薄之处，轻轻刺入或切开，施术时动作宜敏捷，不要刺入过深，以免伤及内部肌肉及血络，引起不良后果。此法尚可用注射器抽吸排脓。

6) 外敷：用药物敷贴于颈部、面颊等患部，或循经所取部位，以起到治疗作用。常用于咽喉病而致颈外部肿胀者，药物如如意金黄散，有清热消肿作用。又如虚火喉痹，用附子捣烂如泥，敷于涌泉穴，有引火归原作用。

4.1.6.3 针灸疗法

1) 针刺：多用于急性热性咽喉病。如咽喉肿痛，常用合谷、内庭、曲池、天突、少泽、足三里、鱼际等穴。疼痛较剧,还可用涌泉、天突、外关等穴,用泻法,以疏散邪热,减轻咽喉疼痛及阻塞症状。

2) 针刺放血:用于急性咽喉病,用三棱针速刺两手少商穴或商阳穴,出血1~2滴,以达泄热目的。亦可选用十宣穴。

3) 针刺患部:局部红肿较甚,病势急速,有呼吸困难可能者,用三棱针在咽喉内患部之红肿高突处刺入1分许,刺3~4针,出血泄热消肿。

4) 穴位注射:选用循经咽喉部的经络穴位,注入药液,以达到针刺和药物的双重治疗作用。如属热毒为患的咽喉病,可用鱼腥草注射液、穿心莲注射液;发热者,可用柴胡注射液;慢性病者,多注入调补气血的药液,如当归注射液,川芎注射液等。

5) 耳针:用于急性或慢性咽喉病。常用的穴位有咽喉、心、神门、内分泌、肾上腺等。进针捻转,留针20~30分钟,中间可提插或捻转3~4次以加强刺激。

6) 艾灸法:多用于虚塞性咽喉病,常用穴位如足三里、合谷、曲池等,一般每穴悬灸3分钟。

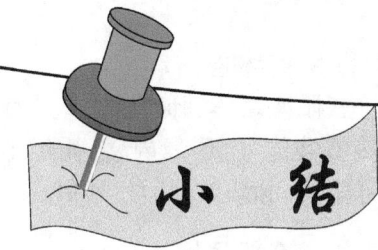

咽喉病的治疗包括内治法、外治法、针灸疗法及其他疗法。常用的内治法包括疏邪解表、清热解毒、利膈通便、散瘀排脓、解郁散结、化痰利咽、滋阴养液、温补元气等。这些方法可单独使用,也可相互配合使用。外治法有吹药、含法、含漱、雾化吸入、刺破排脓及外敷等。其中雾化吸入法应用最广,针灸疗法包括针刺、穴位注射、耳针、艾灸等。

1. 咽喉病有哪些治疗方法?
2. 内治法中,每一治法的适应证、常用方药是什么?

4.2 咽喉科疾病

4.2.1 急喉痹

1. 了解急喉痹的概念
2. 熟悉病因病机、临床表现和诊断要点
3. 掌握辨证论治和外治方法

急喉痹是因外邪客于咽部所致的以咽痛、咽黏膜肿胀为特征的急性咽病,主要指急性咽炎。

急喉痹又名风热喉痹。本病常见于秋冬及冬春之交,男性发病率较多于女性。发生于儿童者,较成人严重。

4.2.1.1 病因病机

(1) 风寒外袭

咽喉为肺胃之门户,风寒之邪侵袭,先伤皮毛,肺卫失宣,肺气壅遏,邪郁而不能外达,循肺系壅结于咽喉而发喉痹。

(2) 风热外侵

风热邪毒侵袭,由口鼻而入,咽喉首当其冲,邪毒循肺系而犯于肺,肺卫蕴热,邪热上炎,咽喉为内外邪热所灼而发喉痹。

(3) 肺胃热盛

平素阳盛之体,肺有郁热或中焦积热,复因邪热壅盛传里,热毒内盛,循经上壅,咽喉为热毒蒸灼,脉络瘀阻而发喉痹。

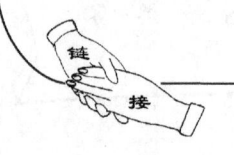

喉科名方六味汤

六味汤出自《喉科秘旨》,由桔梗、甘草、薄荷、荆芥穗、防风、僵蚕六味药组成,具有宣肺散邪、化痰利咽作用,经适当加减可应用于部分咽喉疾病的急性阶段,受到历代医家的重视。

4.2.1.2 诊断依据

1) 咽痛,病情重者有吞咽困难及恶寒、发热等症。

2) 咽部检查见黏膜充血、肿胀,咽侧索红肿,咽后壁淋巴滤泡增生。

3) 起病较急,病程较短。

4.2.1.3 辨证论治

(1) 风寒外袭

主证 咽痛,口不渴,恶寒,不发热或微发热,咽黏膜水肿,不充血或轻度充血。舌质淡红,苔薄白,脉浮紧。

治法 祛风散寒,宣肺利咽。

方药 六味汤加味。方中以荆芥、防风祛风散寒,僵蚕、薄荷宣畅气机,合甘草、桔梗以宣肺利咽。可加苏叶、生姜等助其辛散祛邪。

(2) 风热外侵

主证 咽痛而口微渴,发热,微恶寒,咽部轻度充血、水肿。舌边尖红,苔薄白,脉浮数。

治法 疏风清热,解毒利咽。

方药 疏风清热汤加减。方中以银花、连翘、牛蒡子疏风清热,助以荆芥、防风宣散表邪,黄芩、赤芍、玄参泻火解毒,浙贝母、桑白皮、天花粉、桔梗、甘草清热化痰,消肿利咽。若为阳盛之体,病情较重者,可加黄连、板蓝根、马勃、白僵蚕等,以增清热解毒、消肿利咽之功效;若兼大便干结者,酌加大黄以泻热;若兼声嘶失音者,可加蝉衣、胖大海以利咽开音。

(3) 肺胃热盛

主证 咽痛较剧,口渴多饮,咳嗽,痰黏稠,发热,大便偏干,小便短黄,咽部充血较甚。舌红,苔黄,脉数有力。

治法 泻热解毒,利咽消肿。

方药 清咽利膈汤加减。方中以栀子、黄芩、连翘、金银花、黄连泻火解毒,桔梗、甘草、牛蒡子、玄参祛痰消肿止痛;大黄、玄明粉通便泄热,使炽盛之热得以下泄,助以薄荷、荆芥、防风解表散邪。若持续高热,可加生石膏、天竺黄以清热泻火除痰;若颌下淋巴结肿大疼痛者,可加蒲公英、板蓝根以增强解毒消肿之力;若痰涎壅盛,可加瓜蒌、贝母、前胡、射干以清化痰热。

4.2.1.4 其他疗法

(1) 外治

1) 吹药:常用药物有冰硼散、锡类散、西瓜霜喷剂等,可每隔1~2小时吹药1次。妊娠者,禁用含有冰片的药物,以免流产。

2) 含服:常用药物有西瓜霜含片、草珊瑚含片、银黄含片、六神丸等。

3) 雾化吸入:可用内服药作蒸汽吸入,或用清热解毒祛邪类药物超声雾化吸入。

4) 含漱:可用银花、菊花、薄荷等煎水含漱。

(2) 针灸疗法

针刺主要选用手太阴经、手足阳明经及任、督脉等经络的穴位,常用穴位有:列缺、尺泽、鱼际、合谷、手三里、陷谷、曲池、足三里、内庭、人迎等。热盛者,可针刺双手少商、商阳穴以出血泄热。穴位注射可用柴胡注射液、板蓝根注射液等,选穴如曲池、手三里、脾俞等,每次注射1~2毫升,每天1次。

4.2.1.5 预防和护理

1) 平时加强锻炼身体,患病期间注意休息、避风。

2) 饮食有节,戒除烟酒。患病期间宜忌食辛辣、甜食、发物,多饮开水。

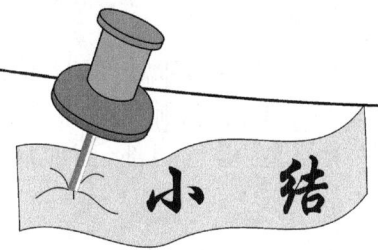

小结

急喉痹是外感风寒或风热之邪,内应于肺胃,引起咽痛、咽黏膜肿胀的一种病变,多属实证。发病初期偏于表,治宜宣散利咽,因于风寒者,用六味汤加减;因于风热者,用疏风清热汤加减。病情进一步发展,邪传于里,治宜清泄利咽,可用清咽利膈汤加减,同时结合外治可提高疗效。

1. 何为急喉痹？
2. 试述急喉痹的辨证要点、治法、代表方剂。

4.2.2 慢喉痹

学习目标

1. 了解慢喉痹的概念
2. 熟悉病因病机、诊断要点
3. 掌握本病症状特点、辨证论治及预防护理

慢喉痹是因脏腑虚弱，咽部失养，或邪滞于咽所致的以咽部不适，咽黏膜肿胀或萎缩为特征的慢性咽病，主要指慢性咽炎。

慢喉痹又名虚火喉痹。本病为咽喉科的常见病、多发病，多发于成年人，一般病程较长，症状顽固。

4.2.2.1 病因病机

（1）阴虚肺燥

急喉痹治不及时、不彻底，或过食辛辣烟酒，或久咳劳嗽，伤及肺阴。肺阴亏虚，咽喉失养，加之阴亏内生燥火，上灼咽喉而病发。

（2）肺脾气虚

过劳伤气，日久肺脾损伤；或环境污染，经口鼻而入，日久损伤肺胃；或素体中虚，或久病伤中，土不生金，可致肺脾两虚。脾胃生化乏力，脾气升津无能，肺气敷布失职，可致咽喉失却濡养而发病。同时，气虚则卫护不足，邪毒易于侵袭、滞留咽部，而使病变加重或缠绵难愈。

（3）痰热蕴结

阳盛之体，过食烟酒辛辣，肥甘炙煿，化生痰热；或阴津亏虚，虚火上炎，灼津为痰；或气虚津停，滞而为痰，复与外感热毒相合，致痰热蕴结于咽喉而发病。因气、血、津液互生互化，痰瘀多可互为因果，瘀滞又可加重咽失濡养，而致本病缠绵难愈。

4.2.2.2 诊断依据

1）以咽部干燥，或痒、疼、异物感、胀紧感等为主要症状。
2）病程较长，咽部不适症状时轻时重。
3）常有急喉痹反复发作史，或因鼻窒而长期张口呼吸，或因烟酒过度，环境空气干燥，粉尘异气刺激等导致发病。

4) 咽部检查黏膜肿胀,或有萎缩,或有暗红色斑块状、树枝状充血。咽侧索肿大,咽后壁淋巴滤泡增生。

4.2.2.3 辨证论治

(1) 阴虚肺燥

主证 咽喉干疼、灼热,多言之后症状加重,呛咳无痰,频频求饮,而饮量不多,午后及黄昏时症状明显。咽部充血呈暗红色,黏膜干燥,或有萎缩,或有淋巴滤泡增生。舌红,苔薄,脉细数。

治法 养阴润燥,清肺利咽。

方药 养阴清肺汤加减。方中以麦冬、玄参、生地滋养肺阴,养阴润燥,丹皮、白芍清热凉血敛阴,贝母润肺化痰,薄荷宣肺达邪,甘草调和诸药。若值秋令,燥火较甚,可选清燥救肺汤加减;若兼胃阴虚,可加石斛、玉竹、知母以清养胃阴;若兼肾阴虚,可选用百合固金汤或知柏地黄汤加减;大便秘结者,可合增液汤加火麻仁以润肠通便。

(2) 肺脾气虚

主证 咽喉干燥,但不欲饮,咳嗽,有痰易咯,平时畏寒,易感冒,神倦乏力,语声低微,大便溏薄。咽部充血较轻。舌苔白润,脉细弱。

治法 益气健脾,升清利咽。

方药 补中益气汤加减。方中以黄芪益气升提,党参、白术、炙甘草益气健脾,助以当归养血润燥,陈皮理气运脾,升麻、柴胡升清。咽干较甚,可加天花粉、百合润燥利咽;若兼痰湿内郁,可加茯苓、山药、薏苡仁健脾化浊。

(3) 痰热蕴结

主证 咽喉不适,因受凉、疲劳、多言之后症状较重。咳嗽、咯痰黏稠,口渴喜饮。咽黏膜充血呈深红色,肥厚,有黄白色分泌物附着。舌红,苔黄腻,脉滑数。

治法 清热化痰,散结利咽。

方药 清气化痰丸加减。方中以二陈汤去甘草以化痰,合黄芩清肺、杏仁利肺、枳实利气、瓜蒌仁、胆南星清化痰热,共奏清热化痰散结之功。可加射干、贝母、牛蒡子等化痰利咽。若病久瘀滞明显,可合会厌逐瘀汤化裁。

含服片能长期使用吗

古人说:"凡药有利必有害。但知其利,不知其害,如冲锋于前,不顾其后也。"治疗咽炎的含服片药性多偏寒凉,且有糖分矫味,部分慢性咽炎患者,长期使用含服片,结果咽炎未愈,逐渐出现饮食减少,胃脘不适,甚至舌苔渐腻。因此,不可盲目长期使用含服片。

4.2.2.4 其他疗法

(1) 外治

外治可用吹药、含服、雾化吸入、含漱等法(参考"急喉痹")。尚可以附子或肉桂末醋调敷涌泉穴,外以胶布固定,每日换药1次。

(2) 针灸疗法

临床上可根据病情需要选用以足少阴肾、手太阴肺等经脉为主的穴位,常用穴位如:合谷、内关、足三里、曲池、肺俞、尺泽、太溪、照海、复溜等。

4.2.2.5 预防和护理

1) 起居有常,劳逸有度,避开污染。
2) 忌烟、酒、辛辣刺激食物。
3) 及时、彻底治疗急性咽喉病及鼻病。对热性咽喉病,在治疗时要注意保阴养液。

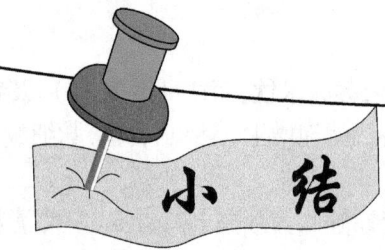

慢喉痹是以咽部不适为主要表现的一种慢性咽病,多属虚实夹杂证,也有属虚证或实证者。属阴虚肺燥者多治以养阴清肺汤加减,属肺脾气虚者多治以补中益气汤加减,属痰热蕴结者多治以清气化痰丸加减。平时宜注重调摄预防。

1. 何为慢喉痹?有何临床表现?
2. 如何认识慢喉痹的病因病机?
3. 试述慢喉痹的辨证要点、治法、代表方剂。
4. 试述慢喉痹的预防。

4.2.3 急乳蛾

1. 了解急乳蛾的概念
2. 熟悉病因病机、诊断要点和辨证指征
3. 掌握本病的辨证治疗、外治法

急乳蛾是因风热邪毒侵袭喉核所致的以发热,喉核急发红肿疼痛,状如乳蛾或蚕蛾为主要表现的咽喉疾病。相当于急性扁桃体炎。

急乳蛾又名风热乳蛾,是一种很常见的咽部疾病。多发于儿童及青年,在季节更替、气温变化时容易发病。

4.2.3.1 病因病机

(1) 风热外侵

风热邪毒外侵,首先犯肺,肺脏有热,循经上犯,邪毒搏结于喉核,致喉核红肿疼痛而为病。

(2) 肺胃热盛

风热邪毒壅盛,乘势传里,或平素过食辛辣炙煿,致肺胃热盛,邪热上攻喉核,灼腐肌膜,致喉核红肿疼痛,或有白腐脓液而为病。

4.2.3.2 诊断依据

1) 以咽痛、吞咽困难为主要症状。
2) 起病较急,病程较短。
3) 喉核肿大、充血呈鲜红或深红色,表面有脓点、假膜,严重者有小脓肿。

扁桃体是如何发炎的

正常人的咽部存在着链球菌、葡萄球菌、流感杆菌等多种细菌,也有病毒和真菌。它们的存在,使人体免疫系统处于"活跃"状态,当其他微生物入侵时,能迅速有效地做出反应;但当人体抵抗力下降时,它们可以转变为致病的病原体。因此,扁桃体发炎多发于某些因素使机体抵抗力低下时,如劳累、受寒、过热、醉酒等。

4.2.3.3 辨证论治

(1) 风热外侵

主证 急乳蛾初起,咽痛,轻度吞咽困难。伴发热、恶寒、咳嗽、咯痰等症。咽黏膜、喉核充血,未成脓。舌苔薄白,脉浮数。

治法 疏风清热,解毒利咽。

方药 疏风清热汤加减。方中以银花、连翘、牛蒡子疏风清热,助以荆芥、防风宣散表邪,黄芩、赤芍、玄参泻火解毒,浙贝母、桑白皮、天花粉、桔梗、甘草清热化痰,消肿利咽。本方一方面祛风散邪,使风热之邪从表解;另一方面清泄邪热,以降内蕴之热;再加上宣肺利咽,望药力直达病所,消退喉核红肿。

(2) 肺胃热盛

主证 咽痛较重,吞咽困难。身热,口渴,大便秘结。喉核及咽部充血红肿,上有脓点。舌红,苔黄,脉滑数。

治法 清咽利膈,解毒消肿。

方药 清咽利膈汤加减。方中以栀子、黄芩、金银花、连翘、黄连泻火解毒,桔梗、甘草、牛蒡子、玄参祛痰消肿解毒,大黄、玄明粉通便泄热,使炽盛之热得以下泄,助以薄荷、荆芥、防风疏散表邪。本方清上泄下,解表疏里,而以通腑泄热为主,使热毒得以清解,邪有出路。若持续高热,可酌加石膏、知母、天竺黄以清热泻火;喉核点状或片状腐物,加马勃以祛腐解毒;喉核出现小脓肿不溃者,加赤芍、皂角刺、马勃以促其穿溃排脓。

4.2.3.4 其他疗法

(1) 外治

1) 吹药:可选用冰硼散、锡类散、西瓜霜喷剂等,每日5~6次吹患处。

2) 含服:可选用牛黄解毒丸、健民咽喉片、西瓜霜喉片、薄荷喉片等。

3) 含漱:可用金银花、菊花、薄荷、生甘草等煎水含漱。

4) 雾化吸入:可用内服药作蒸汽吸入,或用清热解毒祛邪类药物超声雾化吸入。

(2) 针灸疗法

1) 针刺:取手太阴、手足阳明经穴为主,取穴如合谷、曲池、内庭、天突、少泽、鱼际等,用泻法。也可刺少商、商阳出血散热。

2) 穴位注射:可用柴胡注射液、鱼腥草注射液等,选穴如曲池、脾俞、肩井,每穴注入药液2毫升,每日或隔日1次。

4.2.3.5 预防和护理

1) 起居有常,劳逸失度,锻炼身体,避开污染。

2) 饮食宜淡薄,不宜熏灸生冷,忌烟、酒、辛辣刺激,保持大便通畅。

3) 体温过高时,要适当降温及注意休息。

急乳蛾是外感风热邪毒,内应于肺胃,引起咽喉疼痛,喉核红肿,表面或有黄白色脓点,甚则有假膜的实热证。发病初期,偏于表,属肺经有热,治宜疏风清热、消肿利咽,用疏风清热汤加减。病情进一步发展,邪传于里,属肺胃热盛,治宜泄热解毒、消肿利膈。用清咽利膈汤加减。

1. 何为急乳蛾?其病因病机有哪些?
2. 试述急乳蛾的辨证要点、治法、代表方剂。

4.2.4 慢乳蛾

学习目标

1. 了解慢乳蛾的概念
2. 了解本病可导致某些全身性疾病,明确防治的意义
3. 熟悉慢乳蛾以内因为主的病因病机
4. 掌握本病症状特点和各种治疗原则

多因急乳蛾反复发作,经久不愈,以致脏腑失调,虚火上炎所致的以喉核常溢少量脓液,微红微肿,咽部不适等为主要表现的咽喉疾病,相当于慢性扁桃体炎。

慢乳蛾又名虚火乳蛾。本病是耳鼻喉科常见病、多发病之一。发病年龄,一般以7~14岁儿童为多。

4.2.4.1 病因病机

（1）肺肾阴虚

由于急乳蛾反复发作,或温热病后余邪未清,邪热损伤肺阴;或患者素体阴虚,急乳蛾缠绵日久不愈,或劳伤过度,损伤肾阴。肺、肾有金水相生之妙,可相互影响。肺肾阴虚,咽喉失濡,喉核失养,加之阴虚则虚火随生,上灼于喉核而为病。

（2）脾气虚弱

由于素体后天不足,或在急乳蛾或温热病期过用寒凉攻伐,损伤中焦脾气,导致脾虚生化不足,升清乏力,喉核失养,邪毒留恋不去而为病。

4.2.4.2 诊断依据

1) 以咽部干燥、灼痛为主要症状。
2) 病程较长,常有急乳蛾的反复发作。
3) 咽部检查,喉核肿大、充血呈暗红色,或不充血,表面有脓点,或挤压后有少许脓液溢出。

4.2.4.3 辨证论治

（1）肺肾阴虚

主证　咽部干燥、灼热、微痛不适。干咳少痰,手足心热,精神疲乏,或午后低热,颧赤。喉核暗红、肿大,或有少许脓液附于表面。舌红,苔薄,脉细数。

治法　养阴生津,降火利咽。

方药　百合固金汤加减。方中以生、熟地黄、百合、麦冬、玄参养阴生津清虚火,当归养血润燥,白芍养血敛阴,贝母润肺化痰,桔梗合甘草利咽。虚火甚者,可加知母、黄柏清泻虚火。

(2) 脾气虚弱

主证 咽部不适,微痒或干燥,或有异物感,咯痰色白,面色少华,声音低怯,神疲乏力,食少,便溏。喉核肿大,充血较轻或不充血,挤压时有少许脓液溢出。舌质淡胖,苔白润,脉细弱。

治法 益气健脾,化痰散结。

方药 六君子汤加减。方中以党参、白术、炙甘草益气健脾,茯苓利湿健脾,半夏、陈皮化痰散结。若咽异物感重,扁桃体肿大,挤压有少许脓液者,加贝母、枳壳、生牡蛎、夏枯草以增强化痰散结之力。

若慢乳蛾患者出现急乳蛾发作时,按急乳蛾辨证论治。

4.2.4.4 其他疗法

(1) 外治

1) 吹药、含服、含漱、外敷、雾化吸入等法参考"急乳蛾"。

2) 烙治法:用特制烙具,在酒精灯上烧红,蘸香油趁热烙灼于肿大的喉核上,每处可烙3~5烙。如需再次烙者,每次之间,需隔1~2天。本法可达到使喉核缩小,预防反复发作的目的。

3) 必要时可行扁桃体摘除术。

(2) 针灸疗法

1) 针刺法:取合谷、曲池、颊车、足三里、太溪、照海、鱼际等穴,每天1次,中等刺激或弱刺激,留针20~30分钟,用平补平泻手法。

2) 穴位注射疗法:可选曲池、合谷、天突、孔最等穴,每次取1~2穴,单侧或双侧,每穴注射10%葡萄糖2毫升,或生脉散注射液1~2毫升,每日或隔日1次,5~7次为1疗程。

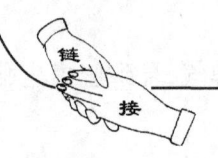

扁桃体可随意手术摘除吗

手术摘除扁桃体后,"慢性扁桃体炎"自然也不会存在。那么扁桃体可随意手术摘除吗? 随着免疫学的发展,扁桃体这个卫士的功能被人们重视,它与胸腺、脾脏、淋巴腺等共同组成人体中强大的免疫网。据科学实验证明,扁桃体切除后,机体的免疫成分有所下降,所以它是人体的一个重要免疫器官。临床证明,它可以产生多种特异性免疫球蛋白,以对付侵入机体的各种致病微生物,起到抗病作用,因此随意切除咽部淋巴组织将消除局部的免疫反应,甚至降低呼吸道抗感染的免疫力,出现免疫监视障碍。只有对于那些炎症已呈不可逆性病变的扁桃体才应考虑手术治疗。

4.2.4.5 预防和护理

1) 注意及时、彻底治疗急乳蛾及急喉痹,防止邪毒潜伏而转成慢乳蛾。

2) 锻炼身体,增强体质。

3) 忌食烟、酒、辛辣食物,保持大便通畅。

4) 对慢乳蛾患者,应及时采取有效的保守疗法,避免发生并发病。必要时可行扁桃体摘除术,以根治病灶。

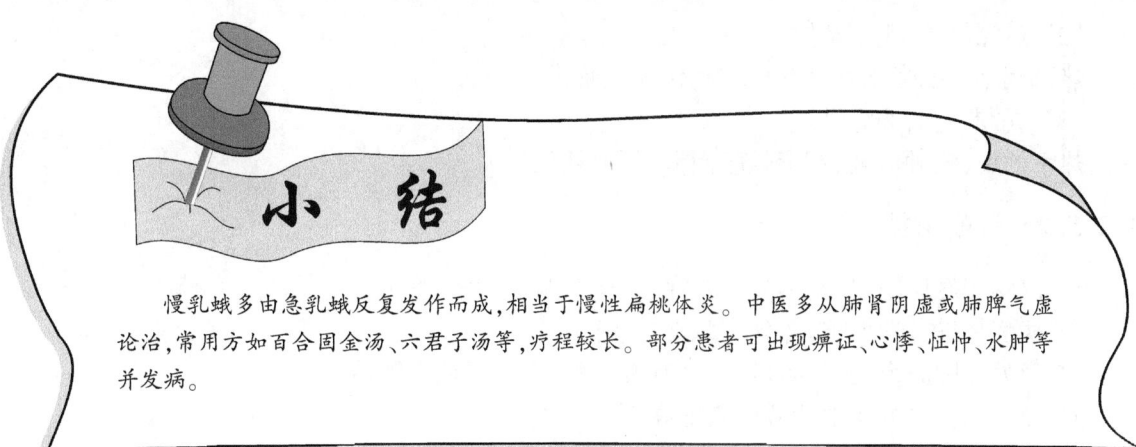

慢乳蛾多由急乳蛾反复发作而成,相当于慢性扁桃体炎。中医多从肺肾阴虚或肺脾气虚论治,常用方如百合固金汤、六君子汤等,疗程较长。部分患者可出现痹证、心悸、怔忡、水肿等并发病。

1. 何为慢乳蛾?有何临床表现?
2. 如何认识慢乳蛾的病因病机?
3. 试述慢乳蛾的辨证要点、治法、代表方剂。
4. 试述慢乳蛾的预防。

4.2.5 喉痈

学习目标

1. 掌握喉痈的治疗
2. 熟悉喉痈的临床表现和病因病机
3. 了解喉痈的概念

喉痈是因脏腑蕴热,复感外邪,热毒客于咽喉,腐血败肉,酿成痈脓,以咽喉局部红肿,疼痛剧烈,吞咽困难,高热等为主要表现的病变。主要指咽部脓肿类疾病。

本病根据痈脓发生部位的不同分别有不同的病名,常见的有喉关痈、里喉痈、颌下痈、会厌痈。临床上以邪客乳蛾,热毒延及周围所致的喉关痈为多见,喉关痈相当于扁桃体周围脓肿。

4.2.5.1 病因病机

(1) 外邪侵袭,热毒搏结

平素过食辛辣炙煿,肥甘厚腻之品,以致肺胃积热,复受外邪侵袭,外邪引动积热,内外热毒搏结,气血凝滞,热毒循经壅结于咽喉而为病。

（2）热毒困结，肉腐脓生

热毒困结于咽喉不解，灼腐血肉，化为痈脓。

（3）痈溃脓出，热毒外泄

热毒灼腐，痈肿溃破，邪毒随脓而泄，气血耗伤。

4.2.5.2 诊断依据

1）以咽部疼痛剧烈、发热为主要症状，伴吞咽、语言困难。
2）病症呈进行性加重，部分有急乳蛾病史。
3）患处红肿高突，触痛明显，触之有波动感，穿刺可抽出脓液。
4）血白细胞总数及中性粒细胞增高。

4.2.5.3 辨证论治

（1）外邪侵袭，热毒搏结

主证　喉痈初起，患者多有发热、恶寒、头痛、口干、咳嗽、咽喉疼痛，吞咽时加甚。咽喉局部检查可见红肿。舌质红，苔薄黄，脉浮数。

治法　疏风清热，解毒消肿。

方药　五味消毒饮加荆芥、防风、白芷。方中以五味消毒饮清热解毒，消肿止痛，加荆芥、防风、白芷疏风消肿。

（2）热毒困结，肉腐脓生

主证　高热不退，咽喉剧痛，吞咽困难，语言困难，大便结，小便黄。咽喉患处可见红肿明显，触之有波动感。舌质红，苔黄厚而腻，脉洪数有力。

治法　泻火解毒，消肿排脓。

方药　仙方活命饮加黄芩、黄连、栀子。方中以仙方活命饮清热解毒，消肿排脓，加黄芩、黄连、栀子以增强泻火解毒之功。若热入营血，可选用犀角地黄汤化裁。

（3）痈溃脓出，热毒外泄

主证　喉痈自溃出脓或经切开、穿刺排脓后，咽喉疼痛逐渐减轻以致消失，发热、头痛等全身症状也随之逐渐消失，可出现乏力、纳呆、口干渴等症状。舌质红，苔微黄欠润，脉细缓或细数。

治法　扶正生肌，清解余毒。

方药　益胃汤加赤芍、红花、银花。方中益胃汤养胃生津益阴，加赤芍、红花活血祛瘀生新，银花清热解毒。气虚者，可加太子参益气养阴。

4.2.5.4 其他疗法

（1）外治

本病可用清热解毒，祛腐消肿类药外敷、含漱、吹药等外治。但由于喉痈多数发生在肌膜深层，单用这类外治法均难于奏

> **喉痈治疗注意风邪**
>
> 喉痈属"痈"证之一，总由气血为毒邪壅滞而成。按部位分，痈发生于上焦，多兼风邪。因此，治疗时注意风药的使用。适时、适当伍用风药可缩短疗程，提高疗效。

效。临床上常用而有效的外治法为切开排脓或穿刺抽脓。

（2）针刺疗法

针刺治疗可刺少商、商阳出血以泄热,每日 1 次。或针刺合谷、内庭、太冲等穴,用泻法,每日 1 次。

4.2.5.5 预防和护理

1) 及时、彻底治疗急乳蛾、急喉痹。
2) 饮食清淡为宜,忌恣食醇酒厚味。
3) 痈肿成熟,及时排脓治疗。
4) 注意呼吸情况,保持呼吸通畅。

喉痈包括了喉关痈、里喉痈、颌下痈及会厌痈等。多因脾胃素有积热,外感风热而发病。初起邪在表,宜疏风清热、解毒消肿;里热壅盛,蕴酿成脓时,宜泻火解毒、消肿排脓;痈溃脓出,热毒外泄,则应扶正生肌、清解余毒。本病未成脓时,争取消散;脓已成,一定要排脓以泄毒。但排脓时要有充分的准备,以防脓液溢入喉内,引起窒息等危险。

试述喉痈的临床表现和治疗。

4.2.6 梅 核 气

1. 了解梅核气的概念、病因病机、诊断和鉴别诊断
2. 掌握本病的辨证与治疗原则

梅核气是因情志不遂,肝气郁滞,痰气互结,停聚于咽所致的以咽中似有梅核阻塞,咯之不

出,咽之不下为主要表现的咽病。相当于咽神经官能症。

本病以中年女性为多见。

4.2.6.1 病因病机

（1）痰气互结

患者平素情志抑郁,肝失条达,肝病乘脾,肝郁脾滞,运化失司,津液不布,积聚成痰,痰气交阻,结于咽喉而为病。

（2）肝郁气滞

肝主疏泄,喜条达而恶抑郁。若情志不畅,致肝郁气滞,循经上逆,结于咽喉而为病。

（3）心脾气虚

平素忧愁思虑,耗损心脾。心脾损则心神失宁,心气失利,脾运失畅,发于咽喉而为本病。

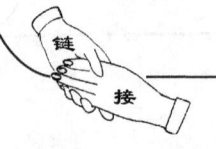

4.2.6.2 诊断依据

1）以咽中似有梅核或炙脔,或其他异物梗塞感,并随情志波动而发作为主要症状。

2）一般见于成人,多见于女性。

3）对咽喉、食道及其他有关器官检查,均无器质性病变。

4.2.6.3 辨证论治

（1）痰气互结

主证　咽中如有炙脔或其他异物感,吐之不出,咽之不下,时作嗳气、呃逆、恶心、泛泛欲吐,胸脘胀满。舌苔白腻,脉弦滑。

治法　行气散结,化痰降逆。

方药　半夏厚朴汤加减。方中半夏化痰散结降逆,厚朴下气除湿,茯苓甘淡渗湿,助半夏以化痰降逆。苏叶芳香理气,生姜散结和胃。本方以辛温苦燥之品为主,适于痰气互结而无热者。若痰气互结化热者,可酌加白僵蚕、海浮石、浙贝母、竹茹等清化之品。

（2）肝郁气滞

主证　咽中梗阻感,嗳气频频,或作呃逆,胁下胀闷,嗳气后稍舒。舌苔薄白,脉弦。

治法　疏肝解郁,行气化滞。

方药　柴胡疏肝散加减。方中以四逆散（柴胡、芍药、枳实、炙甘草）枳实易枳壳疏肝解郁,加陈皮、川芎、香附,增强疏肝解郁,行气化滞之力。若作呃逆,胁下胀闷者,加白术、茯苓、竹茹以护中;若气郁有化热倾向,可酌加川楝子、丹皮、栀子等疏肝清热。

(3) 心脾气虚

主证 咽中异物感,不思饮食,口中无味,面白神疲,少气懒言,或时时悲伤欲哭,夜寐不实,易惊醒或惶恐不安,小便清长,大便溏薄。舌淡,苔白,脉弱。

治法 益气补血,健脾养心。

方药 归脾汤加减。方中以人参(可党参代)、黄芪、白术、炙甘草、生姜、红枣甘温补脾益气,当归、茯神、酸枣仁、龙眼肉补血养心安神,远志宁心定志,木香理气醒脾。

4.2.6.4 其他疗法

(1) 外治

1) 可用冰硼散少许含咽,每日6~7次,以化痰利咽,减轻局部不适。
2) 可用焦麦芽加代代花适量泡水代茶饮。

(2) 针灸疗法

1) 可用毫针刺廉泉穴,针尖向上刺至舌根部,并令患者做吞咽动作,至异物感消失为止。
2) 取合谷、间使、内关、太冲、丰隆、天突等穴针刺,每次2~3穴,平补平泻,每日1次。

4.2.6.5 预防和护理

1) 耐心解释,消除患者的猜疑和顾虑,增强治疗信心。
2) 保持心情舒畅,避免情志过度变化。

梅核气相当于咽神经官能症,"男子绝少,妇人最多"。中医认为多与心、肝、脾失调、痰气互结有关。治疗重在解郁化痰散结,方如半夏厚朴汤、柴胡疏肝散、归脾汤等。同时应重视情志疗法。

1. 何为梅核气?有哪些常见症状?
2. 梅核气的病因病机是什么?如何进行辨证论治?

4.2.7 急喉喑

学习目标

1. 掌握急喉喑的治疗方法
2. 了解本病的病因病机及其辨证

急喉喑是因邪客于喉所致以突然声哑,声带充血水肿为主要表现的咽喉疾病,其发病较急,病程较短。与急性喉炎相类似。急喉喑又名急喉瘖、暴喑、暴哑等。

此病多发生于冬、春两季,为常见呼吸道急性感染性疾病之一,常继发于伤风鼻塞以及急喉痹。过多吸入粉尘、有害气体及用嗓较多的职业人员易患本病。发生于儿童则病情多较严重。

4.2.7.1 病因病机

（1）风热犯肺

风热邪毒由口鼻而入,内伤于肺,肺失清肃,邪热蕴结,或寒邪化热,风火热毒循经上蒸结于喉窍,与气血搏结,致气血瘀滞,脉络壅阻,以致喉部肌膜红肿,声门开合不利而致声音嘶哑。

肝郁失音与急喉喑有别

肝郁失音与急喉喑都是以突发声音嘶哑为主要表现,但肝郁失音多发生于情绪变化时,声带检查无明显充血、肿胀等病理变化,且哭闹声和咳嗽声无嘶哑低沉。治疗重在疏肝解郁,怡情悦性。

（2）风寒袭肺

风寒之邪侵袭,先伤皮毛,内犯肺卫,肺卫失宣,肺气壅遏,气道不清,气机不利,寒邪凝聚于喉,致使脉络壅阻,气血滞留,声门开合不利而为本病。

（3）肺热壅盛

风热之邪或寒郁化热,热灼津液成痰,痰热交阻,或素有痰热,壅遏于肺,肺失清肃,气道不清,亦致嘶哑失音。

临床上,还见有因肺内蕴热,复感风寒,热受寒束,寒包内热,肺气失宣,气道不清,喉窍壅闭而喑者。

4.2.7.2 诊断依据

1）以声音嘶哑,喉内干燥或微痛为主要症状,重者可伴有发热、恶寒,婴幼儿患者可有呼吸困难。

2）起病较急,病程较短。

3）常以疲劳、感寒、发声过度为发病诱因。

4）喉部检查黏膜充血、肿胀,声带水肿,或有充血,声门闭合不密。

4.2.7.3 辨证论治

(1) 风热犯肺

主证 卒然声嘶,音低而粗,声出不利,初起喉内干燥灼热,疼痛不适,干痒而咳,咳嗽及发声则会使喉痛加剧。喉关及关外红肿不明显,但喉部红肿,声带淡红、肿胀,闭合欠佳。并见恶寒,发热,头痛,肢体倦怠,骨节疼痛等,舌边微红,苔白或兼黄,脉浮数。

治则 疏风清热,利喉开音。

方药 选用疏风清热汤加蝉蜕、木蝴蝶。方中以荆芥、防风祛除在表之风邪,金银花、连翘、黄芩、赤芍清其邪热,牛蒡子、桔梗、甘草解毒散结,清利咽喉,玄参、浙贝母、天花粉、桑白皮清肺化痰,蝉蜕、千层纸利喉开音。临证时也可选用银翘散加减应用,若声嘶重可加蝉蜕、胖大海、木蝴蝶,以宣肺开音。

(2) 风寒袭肺

主证 卒然声音不扬,甚则嘶哑,咽喉胀紧,或兼有咽喉微痛,吞咽不利,咽喉痒,咳嗽声重不爽。喉关及关外可无红肿,喉部微红肿,声带色淡白或淡红而肿胀,发声时闭合不全。全身可见恶寒,发热,鼻塞流清涕,头身痛,无汗,口不渴,舌苔薄白,脉浮紧。

治则 辛温散寒,宣肺开音。

方药 用六味汤加苏叶、杏仁、蝉蜕。方中以荆芥、防风、苏叶、薄荷辛温解表,疏风散寒,桔梗、甘草、杏仁、僵蚕宣肺化痰,利咽喉,蝉蜕祛风开音。咳嗽痰多者,可加法半夏、白前止咳化痰;若寒邪较盛夹湿,咳痰白稀量多,舌淡胖,苔白,脉细弱,可选用荆防败毒散以辛散风寒,利湿通络;若声带闭合欠佳,宜加细辛、生姜,以温散客于声门之寒邪。

(3) 肺热壅盛

主证 声音嘶哑,咽喉疼痛,咽喉黏膜充血肿胀明显,有黄白色分泌物黏附于上,声带闭合不良,并见身热,口渴,咳嗽,咯痰色黄而黏,大便秘结,小便黄赤,舌质红,苔黄或黄腻,脉数或滑数。

治则 清肺化痰,利喉开音。

方药 可选用清咽宁肺汤加杏仁、蝉蜕、瓜蒌皮。方中以前胡、甘草、桑白皮、桔梗清肺宣气,贝母化痰止咳,黄芩、知母、栀子加强清泻肺热之功,杏仁、蝉蜕、蒌皮化痰清热,以利咽喉开音。

此外,若见咳嗽声哑,喉痛,形寒,烦热气粗,口渴,舌苔白腻或黄,脉浮数者,则为寒包内热而致,治宜选用麻杏石甘汤加半夏、细辛等药。

4.2.7.4 其他疗法

(1) 外治

1) 吹药:用珠黄散、冰硼散等药吹喉,每日5~6次,以清热解毒,消肿化痰而利喉开音。

2) 含法:含服铁笛丸或六神丸等,每日3~4次,以解毒消肿,止痛利喉。

3) 含漱:用漱口方含漱,以清洁咽喉。

4) 蒸气吸入:风热犯肺者,可选用疏风清热,芳香通窍的药物,如:薄荷、藿香、佩兰、金银花、菊花等各适量,煎水作蒸气吸入,每日1~2次,每次20~30分钟,以解毒消肿,利喉开音;若为风寒袭肺而喑者,可选用芳香通窍,辛温散寒的药物,如:苏叶、藿香、佩兰、葱白等各适量煎水,作蒸气吸入,有宣肺开音的作用。

（2）针刺疗法

1）针刺：风热犯肺致喑者，针刺合谷、天突、列缺等穴，用泻法，每日一次，留针20~30分钟，5~7天为一疗程，有泻热解毒之功。若为风寒致喑者，可取上穴悬灸或温针灸，每次20~30分钟，每日一次，5~7天为一疗程，有温散风寒、泻肺开音的作用。

2）耳针：取神门、肺、咽喉、平喘等穴，每次2~3穴，针刺，留针15~20分钟，轮换取穴。

4.2.7.5 预防和护理

1）最主要的是声带休息，要学会正确用嗓，防止发声不当或使用声带过度而诱发本病，发病后需防止以耳语代替发音，尤忌大声呼叫，使声门得以休息，防止加重病情。

2）积极锻炼身体，增强体质，注意预防感冒；积极治疗鼻渊、喉痹、乳蛾等疾病。

3）减少有害气体、生产性粉尘的吸入，防止损伤喉黏膜、而继发感染致病。

4）饮食宜清润，忌辛辣刺激之品，戒除烟酒等不良嗜好。

急喉喑是卒然声音不扬、甚至嘶哑失音的疾病，由外感风热或风寒之邪所致。风热犯肺者，宜疏风清热、利喉开音，邪传于里，可消肿解毒、通腑泄热；风寒袭肺者，宜辛温散寒、宣肺开音；肺热壅盛者，宜清肺化痰、利喉开音。可分别选用疏风清热汤、六味汤、清咽宁肺汤加减。

1. 何谓急喉喑？其病机及治疗如何？
2. 急喉喑如何预防和护理？

4.2.8 急 喉 风

1. 了解急喉风的概念及其症状特点
2. 熟悉病因病机
3. 掌握辨证论治，各种疗法及救急的方法

急喉风是因风热痰火等上攻咽喉所致的以咽喉部突起红肿疼痛,痰涎壅盛,语声难出,口噤如锁,吞咽、呼吸困难,汤水难下等为主要表现的咽喉疾病。属急性喉阻塞范畴。

急喉风又名锁喉风。小儿较成人为多见,一般多并发于小儿急喉喑、里喉痈、喉白喉等病。

4.2.8.1 病因病机

(1) 外感风热,内蕴热毒

患者肺胃素有蕴热,复感风热之邪,或时行疫疠之邪侵犯人体,风热邪毒引动肺胃积热上升,风火相煽,内外邪热搏结不散,结聚于咽喉而为病。

(2) 热毒熏蒸,痰热结聚

由于过食膏粱厚味,醇酒辛辣炙煿,内酿湿热,脾胃火毒上攻,痰火互结于咽喉而为病。

4.2.8.2 诊断依据

1) 以吸气性呼吸困难,吞咽不利,声音嘶哑,咽喉疼痛为主要症状。常见吸气性呼吸困难,吸气性喉喘鸣,深吸气时出现胸骨上窝、锁骨上、下窝、胸骨剑突下或上腹部、肋间隙的凹陷(即四凹征)。

2) 起病较急,变化较快。

3) 咽喉部检查见红肿明显,或见会厌声门红肿明显。按呼吸困难轻重的程度,可分为四度。

一度 患者安静时无呼吸困难表现。活动或哭闹时,有轻度吸气性呼吸困难、喉鸣及鼻翼煽动。

二度 安静时也有轻度吸气性呼吸困难现象,活动时加重。

三度 吸气性呼吸困难明显,喉喘鸣加重,吸气性四凹征显著,并出现烦躁不安,自汗,不易入睡,不愿进食,脉搏加快等症状。

四度 呼吸极度困难,坐卧不安,面白唇青,出冷汗,甚则四肢厥冷,脉沉微欲绝,神昏,濒临窒息。

4.2.8.3 辨证论治

(1) 外感风热,内蕴热毒

主证 咽喉突发肿胀疼痛,吞咽不利,数小时之内肿痛更甚,肿胀处呈紫红色或鲜红色,吸气期呼吸困难,声音嘶哑,痰涎壅盛。可伴见恶寒、发热、头痛、乏力等症状。舌质红绛,舌苔黄厚,脉洪数或滑数。

治法 泄热解毒,除痰消肿。

方药 清咽利膈汤加减。方中荆芥、防风、薄荷疏表散邪,栀子、黄芩、连翘、银花、黄连泻火解毒,桔梗、生甘草、牛蒡子、玄参缓解咽喉肿痛,生大黄、玄明粉通便泄热,使炽盛之里热,得从下泄。若痰涎盛者,可加瓜蒌、贝母、前胡、百部、桑白皮等清热疏风祛痰散结药。

当心小儿急性喉炎

小儿急性喉炎常见于6个月至3岁的婴幼儿。因幼儿喉腔较小,喉软骨柔软,黏膜下组织疏松,腺体丰富,故当声门下区黏膜炎性水肿时,易发生喉梗阻,出现不同程度的呼吸困难。发病快,症状除全身发热、烦躁不安、咳嗽等症状外,声嘶、喉鸣、咳嗽呈特有的哮吼样、吸气性呼吸困难,较重者可出现"三凹征"。

(2) 热毒熏蒸,痰热结聚

主证 咽喉突发肿胀,疼痛难忍,呼吸、吞咽困难,语声难出,痰声如锯,会厌或声门红肿明显,痰涎壅盛,或有腐物。可伴见憎寒壮热,或高热神烦,出冷汗,口干欲饮,大便秘结,小便短赤等症。舌质红绛,苔黄或腻,脉数或沉微欲绝。

治法 泻热解毒,祛痰开窍。

方药 清瘟败毒饮加减。方中以犀角(可用水牛角代)为主药,伍以玄参、生地黄、赤芍、牡丹皮以泻热凉血解毒,去血分之热;以黄连、黄芩、栀子、石膏、知母、连翘清热泻火解毒,去气分之热,桔梗、生甘草宣通肺气而利咽喉。痰涎壅盛者,可选加竹沥、天竺黄、贝母、瓜蒌、葶苈子、竹茹等清热化痰散结;大便秘结者,可选加大黄、芒硝以泄热通便。

本病症急势凶,重在抢救及时。临床治疗中,第一要务是解除呼吸困难。急救时可暂不用汤药,急取雄黄解毒丸吞服。每次 1.5 克,开水送服。必要时每隔 6 小时服 1 次,但每天不能超过 3 克。如没有雄黄解毒丸,可急用六神丸代替,每次 10~15 粒,6 小时 1 次,开水送服。呼吸困难暂缓后,急用上述汤剂治疗。

4.2.8.4 其他疗法

(1) 外治

1) 雾化吸入:可选用银花、菊花、薄荷、藿香、佩兰、葱白、紫苏等药,适量煎煮,蒸气吸入或超声雾化吸入,每日 3~5 次,每次 30 分钟。

2) 含漱:可用艾叶、蒲公英各 30 克,煎水漱口,有祛风消肿,清热解毒的作用。

3) 呼吸困难进入第三、四度者,可行气管切开术。

(2) 针刺疗法

主要选用肺、胃、大肠、小肠四经的穴位。每次可选主穴如合谷、少商、尺泽、曲池,配穴如商阳、少泽、丰隆、扶突,天鼎各 1~2 穴,用泻法,不留针,每 1~2 小时针刺 1 次。或取两手少商、商阳穴,针刺出血,每 3~4 小时 1 次。

4.2.8.5 预防和护理

1) 积极治疗各种咽喉疾病,以预防本病的发生。

2) 密切观察病情变化,做好充分准备,随时进行抢救。

3) 多休息,少活动,以免加重呼吸困难症状。痰涎较多,可取半卧位。

4) 忌食燥热或甜腻的食物。

5) 服药宜缓缓吞咽。

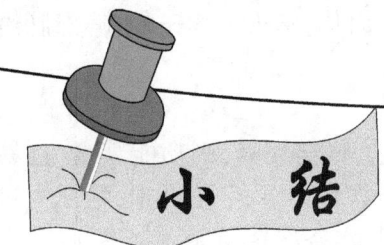

急喉风是指喉风之发病急骤,迅即咽喉肿塞者,症见咽喉红肿疼痛,呼吸困难,痰涎壅盛,语言难出,汤水难下,是由于风热邪毒、痰涎火毒,或疫疠之邪聚于喉间所致。治疗时,要保持气管通畅,防止窒息死亡。内治方面多用泄热解毒、祛痰开窍的药物。外治法对本病占有极其重要的地位。必要时宜行气管切开术。

1. 何为急喉风?
2. 急喉风的病机特点和证候特点是什么?
3. 试述急喉风的治疗。

4.2.9 慢喉喑

1. 了解慢喉喑的概念、症状特点、发生的原因
2. 熟悉慢喉喑的病因病机
3. 掌握慢喉喑的辨证论治

慢喉喑是因脏腑虚弱,声门失养,或气血瘀滞,痰浊凝聚于声门所致的以长期声音嘶哑为特征的慢性喉病。主要指慢性喉炎,亦包括声带小结、声带息肉。

慢喉喑又名久喑。本病多因急喉喑反复发作或迁延不愈而成,或因长期用声过度或用声不当所致。各种年龄均可患本病,但多见于成人。

4.2.9.1 病因病机

(1) 肺肾阴虚

肺肾阴虚多因素体亏虚,燥热伤阴,或久咳、久言耗伤,肺阴亏损,病久及肾。或房劳太过,阴精亏少,阴液不能上承,或虚失灼肺,乃至肺肾两虚。若肺肾阴虚,喉失濡养,声门开合无力而为喑。同时,喉失濡养则易为外邪所犯,加之阴虚生内热,虚火上灼于喉,喉部脉络受损,皆可导致或加重声音嘶哑。

(2) 肺脾气虚

肺脾气虚多因久咳,过度用声耗伤肺气,肺气不足,喉窍失养,则功能衰减,且易为邪侵。肺气虚,气不布津,津液聚而为痰,结于喉间而为喑;若饮食不节,劳倦耗损,忧思太过,或久病过用寒凉,或吐泻损伤,均可导致脾气亏虚而运化失司,水谷之精微无以上奉,喉窍失养,亦致其功能减退,并易受邪。脾气虚水湿不运,停聚成痰,痰湿结于喉间而致喑。

(3) 气滞血痰凝

用声过度,多语伤肺,喉窍脉络受损,气血阻滞,或血溢脉外积成瘀;或在上述病因病机基础上,邪毒反复侵袭,滞留于喉,窍络受损,或用声过度,窍络受损,皆可致喉窍气滞血瘀而发声障碍。气滞血瘀日久,可影响津液运行,而致津停成痰,痰瘀结于声门,可形成有形之小结、息肉。

喉喑要重视局部检查

古人认为暴喑多属"金实不鸣",久喑多属"金破不鸣"。"金破"则补益,但临床上久喑经补益无功者颇多。慢喉喑结合局部检查可诊断为"慢性喉炎"、"声带小结"、"声带息肉"等不同的疾病,其治疗方法及疗程也不尽相同,同时"喉癌"的除外也需结合喉的局部检查。

4.2.9.2 诊断依据

1) 以长期声音嘶哑,喉部干燥不适为主要症状。伴有咳嗽,咯痰等症。
2) 病程较长,声音嘶哑时轻时重。
3) 从事教师、演员、营业员等用嗓较多职业者易患本病。多因急喉喑反复发作而转化为慢性,亦有长期发声过度,缓慢起病者。
4) 喉镜检查有助于诊断。

4.2.9.3 辨证论治

(1) 肺肾阴虚

主证　声嘶日久,咽喉干燥,焮热微痛,口干,干咳无痰,或痰少而黏。声带微红。舌红,少苔,脉细数。

治法　滋养肺肾,降火清音。

方药　百合固金汤加减。方中以生熟地黄、百合、麦冬、玄参养阴生津清虚火,当归养血润燥,白芍养血敛阴,贝母润肺化痰,桔梗合甘草利咽。可加知母、黄柏以降火坚阴,使肺肾之阴得以渐复;加木蝴蝶以润肺清音,阴复火降,其音自清。若大便秘结,宜加瓜蒌仁以润肠通便。

(2) 肺脾气虚

主证　语声低沉,气短懒言,咳嗽咯痰,色白略稀,体倦乏力,纳少便溏。声带肿而不红,声门关闭不密。舌淡,苔白,脉细弱。

治法　补益肺脾,升清降浊。

方药　补中益气汤加减。方中以黄芪补益肺脾,益气升清,人参、白术、炙甘草健脾益气,升麻、柴胡升清,陈皮理气,当归和血。可加石菖蒲、诃子以宣壅敛肺,化浊开音。若咳嗽痰白者,加半夏以燥湿除痰,降逆止咳;若纳差便溏明显者,加苍术、茯苓、薏苡仁以健脾燥湿。

（3）气滞血瘀痰凝

主证 声音嘶哑，咳嗽痰少，多言后喉中觉痛，痛处不移，胸胁胀闷。声带暗红、增厚，或有声带小结、声带息肉，或室带肥厚、超越。舌质紫暗或有瘀点，脉涩。

治法 行气活血，散结开音。

方药 桃红四物汤加味。方中以四物汤养血活血，入桃仁、红花逐瘀行血。若喉痛，胸胁胀闷明显者，可加丹参、郁金、元胡以活血行气止痛；若声带肥厚、小结突出者，可加生牡蛎、海浮石、枳实等化痰软坚散结。

4.2.9.4 其他疗法

（1）外治

1）雾化吸入　可用内服药作蒸汽吸入，或用辨证论治方药煎好后作超声雾化吸入。

2）含服　可选用润喉丸、铁笛丸、清凉润喉片、西瓜霜含片、健民咽喉片等含服。

（2）针灸疗法

针刺主要选取手太阴、手足阳明、任脉之经穴为主，每次取主穴及配穴1~2个，主穴如合谷、鱼际、天突、人迎，配穴如曲池、尺泽、廉泉、足三里等，用平补平泻手法，每天1次，10次为1疗程。穴位注射选穴如天突、曲池、孔最等，药物如丹参注射液、维生素B_1、维生素B_{12}、10%葡萄糖等，每穴每次注入药液2ml，每次选1~2穴，隔天1次，5~7次为1疗程。

4.2.9.5 预防和护理

1）要正确用声，避免发声过多、过高、过久，当感冒或妇女月经期尤应注意。

2）已患急喉喑者，应禁止或减少发声。

3）戒除烟酒，忌食辛辣厚味，避免各种刺激性气体或粉尘。

4）积极治疗喉痹、乳蛾、鼻渊病变。

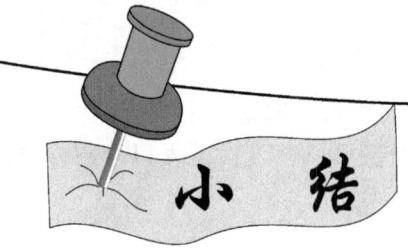

慢喉喑，又称久喑，是长期声音不扬，甚至嘶哑、失音的一种疾病，与慢性喉炎相似。多由肺肾阴虚、肺脾气虚、气滞血瘀痰凝所致。治疗时，宜滋养肺肾、降火利喉，或健脾益气、润肺养阴，或行气活血、化瘀祛痰。可选用百合固金汤、补中益气汤，桃红四物汤加味。

1. 何为慢喉喑？有何临床表现？
2. 如何认识慢喉喑的病因病机？
3. 试述慢喉喑的辨证要点、治法、代表方剂。

4.2.10 异物梗喉

学习目标

1. 熟悉异物梗喉的处理原则、取出方法和含漱药的应用
2. 了解本病的主要症状、检查方法

异物梗喉是因骨类、金属或其他异物梗于咽喉或食管所致的以咽喉或胸前异物感、刺痛,或呛咳咯血,吞咽不利为主要表现的咽喉疾病。类似于咽喉异物,食道异物。诸多异物中,以鱼刺最为多见,常见的还有骨肉、谷粒、玉米、瓜子皮、果核、枣核、笔帽、假牙等。

小儿谨防咽喉异物

5岁以下小儿,牙齿未长好,咽功能尚未完善,又喜欢奔跑活动,异物容易经口腔滑落咽喉或呛入气管。因此,要避免小儿将大小适宜异物放入口中,也不要给予含服片等药物。

4.2.10.1 病因病机

由于进食仓促、疏忽或进食时说笑,误将鱼刺、骨肉、果核等咽下;或儿童嬉戏、玩耍时,误将硬币、玩具等咽下;或企图自杀,有意将异物吞下,异物梗于咽喉或食道而致病。甚者,异物损伤肌膜,邪毒乘机而入,气滞血瘀,热毒熏蒸,则生红肿、糜烂、化腐成脓之变。

4.2.10.2 诊断依据

1) 有进食鱼类或其他带骨类食物或误吞异物史。
2) 自觉咽喉或胸前异物感,刺痛,吞咽不利有梗阻感,甚则咯血,窒息等症状。
3) 检查发现异物。异物易停留于喉核、舌根、会厌谿、梨状窝、食道入口等部位,检查时尤应注意;异物较低者,X线钡餐检查可协助诊断。

4.2.10.3 辨证论治

主证 咽喉异物感,吞咽不利,局部刺痛而固定,吞咽时症状加重;异物刺激喉黏膜可出现呛咳、咯血、失音,甚至窒息;较大的异物或异物梗于食道,则症状较重,吞咽困难有梗阻感,疼痛剧烈,甚则痛及胸背;邪毒侵袭则会出现发热等全身症状。

治疗 以取出异物为主,若异物损伤肌膜,邪毒侵袭,则需取出异物并配合内服中药治疗。

(1) 取出异物的方法

由于异物所在部位不同,其取出方法各异。

1) 咽异物取出法:口咽异物,用压舌板压舌,看清异物,用镊子取出即可;部位较低者,可在间接喉镜下,找到异物,用异物钳取出。

2) 喉异物取出法:可用直接喉镜将异物取出。

3) 食道异物取出法：须用食道镜取出异物。

对有骨刺而无法取出或没有条件取出者，可用威灵仙 30 克，水煎，两碗水煎至半碗，加白醋半碗，徐徐含咽；或用砂仁、草果、威灵仙、乌梅各 10 克，白糖 30 克，水煎 3 碗，连续饮尽，可使骨刺松脱而下。若本法连续两天无效时，应去有条件的医院，设法将异物取出，以免延误病情。

(2) 肌膜受损形成脓肿的治疗

异物刺伤肌膜过久过深，外邪乘机入侵，导致气滞血瘀，久郁化热，蒸灼肌膜，出现患处红肿、糜烂、溢脓，甚至形成痈肿，疼痛剧烈，吞咽困难等，或兼见全身发热等表现。治宜清热解毒，消肿止痛，方可选用三黄凉膈散或五味消毒饮加减治疗。并可用银花、甘草煎水含漱，或用珠黄散、冰硼散吹患处，均有清热解毒之功效。

4.2.10.4　预防和护理

1) 进食时要细嚼慢咽，不可仓促、谈笑，以防误吞异物。
2) 管理教育小孩，不要将玩具、硬币等异物入口，以免发生意外。
3) 异物入喉，应及时到医院医治，不可自行用馒头、米饭往下带，以免使异物加深。
4) 异物取出后，最好先行 1~2 天流质饮食，可减轻疼痛及防止染毒。

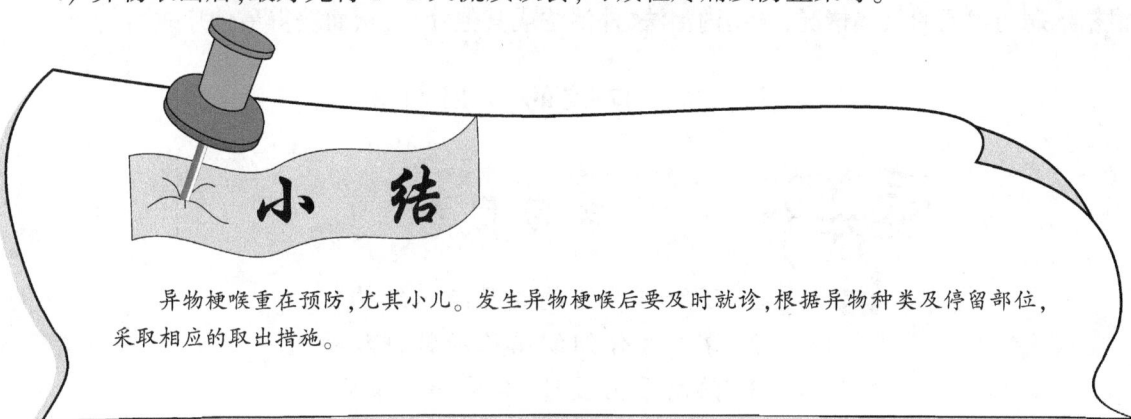

异物梗喉重在预防，尤其小儿。发生异物梗喉后要及时就诊，根据异物种类及停留部位，采取相应的取出措施。

1. 检查异物应注意哪些部位？
2. 如何取出咽喉、食道异物？

口腔科学

5.1 口腔科学概述

口腔包括口齿唇舌，是人体重要的组成部分，为消化道的起端，具有进水谷、嚼食物、辨五味、泌津液、助消化、出语音等功能。同时，口腔又为呼吸之门户，助肺鼻以行呼吸，吐浊纳清。

口齿唇舌与脏腑经络在生理上相互联系，在病理上互相影响，因此，临床辨证论治时，要重视局部与整体相结合。在辨证方面，既要重视局部症状，又要重视全身表现；在治疗方面，必须根据辨病与辨证的具体情况，选用内治法、外治法或其他疗法，从而获得最佳疗效。

5.1.1 口腔的应用解剖

学习目标

1. 了解口腔的构成及组织结构
2. 掌握牙体组织结构的特征和功能
3. 熟悉牙齿数目、名称和记录方法
4. 熟悉牙周组织及其功能

口腔由唇、颊、舌、腭、口底、涎腺、上下颌骨和牙齿等所构成。上界为腭，下为口底，两侧是颊，前面是唇，软腭向后延伸形成舌腭弓和咽腭弓，组成咽峡（图5-1）当闭口时，上下牙列、牙槽突和牙龈将口腔分为口腔前庭和固有口腔。

5.1.1.1 口腔前庭

口腔前庭位于口腔前部，为口唇、颊黏膜和牙齿、牙龈之间的潜在腔隙，通过口唇与外界相通。其上、下界为唇颊黏膜移行至牙龈转折处，此处前面称为唇沟，两侧称为颊沟，或统称为前庭沟。

将唇外翻，就可看见上、下唇正中线各有一条系带由唇内延至牙龈，称唇系带。移行皱襞（即前庭沟）是牙龈与颊黏膜的连续部分。两侧前庭在第三磨牙后方与固有口腔相通，当牙关紧

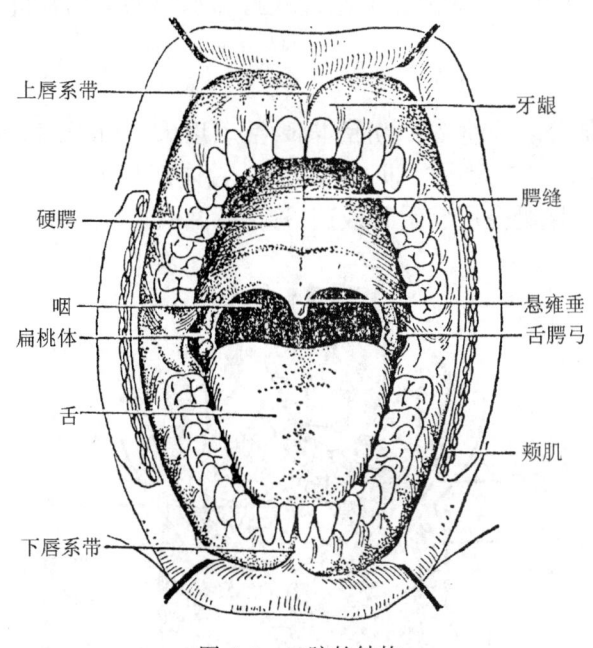

图 5-1　口腔的结构

闭时,可经此通道进食。

(1) 唇

唇分上、下唇。两游离缘间为口裂,两端为口角。上唇外面正中有一纵行的浅沟,称为人中沟。其上 1/3 正中处,为人中穴,为常用的急救穴位。

唇分皮肤,肌肉和黏膜三层,外伤手术时应分层缝合,恢复其正常解剖结构、外貌和功能。唇部皮肤有丰富的汗腺、皮脂腺和毛囊,是疖痈的好发部位,在唇黏膜下有许多黏液腺,当其导管受到外伤而引起阻塞时,容易形成黏液腺囊肿,唇黏膜显露于外面的部分,称为唇红部(或称红唇)。唇红的变化可识别某些疾病,也可作为中医辨证的参考。唇的皮肤和黏膜交界处,叫做唇红缘,是唇部外伤缝合或唇裂修补术时定点的一个标志。唇部皮肤与黏膜之间为口轮匝肌等组织。

(2) 颊

颊位于颜面两侧,形成口腔前庭外侧壁,由外向内由皮肤、表情肌,颊脂垫、颊肌和黏膜构成。颊脂体与颞后及颞下脂体联为一体,感染时,可通过相连的蜂窝组织互相扩散。在上颌第二磨牙相对的颊黏膜上,有一乳头状突起,是腮腺导管开口处,腮腺分泌时唾液就从此导管口流入口腔。在腮腺发炎时,导管口红肿,并有脓性分泌物溢出,鼻翼、上唇和颊之间的浅沟名鼻唇沟,面肌瘫痪时,此沟可变浅或消失。

5.1.1.2　固有口腔

固有口腔是口腔的主要部分,其上界为硬腭和软腭,下为舌和口底,前面和两侧为上下牙弓,后界为咽门。

(1) 腭

腭构成口腔的顶,将口腔与鼻腔分开,其前 2/3 的黏膜下是骨板,称为硬腭;后 1/3 是黏膜和肌肉,可以活动,称为软腭。正常情况下通过软腭和咽部的肌肉彼此协调运动,共同完成腭咽闭合,行使语言功能。

(2) 舌

舌分舌体、舌根两部分。舌前 2/3 为舌体部,活动度大,其前端为舌尖,上面为舌背,下面为舌腹,两侧为舌缘;舌后 1/3 为舌根部,活动度小;舌体部和舌根部以人字沟为界,其形状呈倒 V 形,尖端向后有一凹陷处是甲状舌管残迹,称为舌盲孔(图 5-2)。

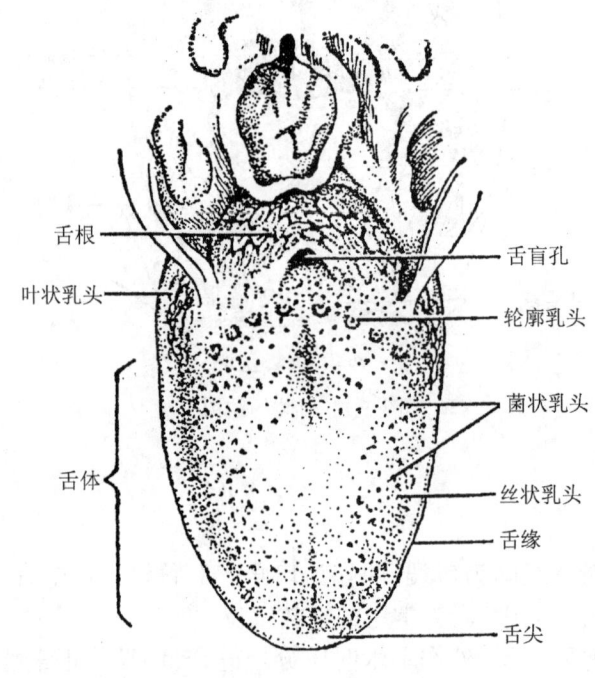

图 5-2 舌及舌乳头

舌是由横纹肌组成,肌纤维呈纵横、上下等方向排列,因此舌能多方向活动,非常灵活。舌背上有许多小乳状的突起,叫舌乳头,分布着味蕾,含有丰富的味觉神经末梢,舌腹正中有舌系带与口底相连,如舌系带太近舌尖,可限制舌的活动,影响语言的清晰度。

正常情况下,舌质呈淡红色,舌面有白色薄苔,当机体发生病变时,舌质和舌苔均会发生变化。中医学常通过舌象来判断病情的变化进行辨证论治。

(3) 口底

指舌体以下,下颌舌骨肌以上的组织结构。口底舌系带两侧有乳头状突起称舌下肉阜,其中有一小孔,是颌下腺和舌下腺导管的共同开口,两个腺体分泌的唾液,出此排入口腔。由于口底组织比较疏松,因此在口底外伤或感染时,可形成较大的血肿、水肿或脓肿,将舌体向后上推移,压迫会厌及咽部,容易引起呼吸和吞咽困难,甚至窒息,故应特别警惕。

5.1.1.3 牙齿及牙周组织

(1) 牙齿的数目、名称和记录方法

1) 乳牙:从出生后 6~8 个月开始萌出,两周岁左右长齐,共 20 个。六周岁以后,乳牙相继脱落,换以恒牙,到12~13岁乳牙脱落完毕(图5-3)。为便于病历记载,用正中线和上、下颌分界线把牙列分为四组,左右上下同名牙相对称。乳牙常用罗马数字表示。如右下第二乳磨牙,表示为Ⅴ̄。乳牙的名称和符号如下:

右	Ⅰ	Ⅱ	Ⅲ	Ⅳ	Ⅴ	上颌	左
	乳中切牙	乳侧切牙	乳尖牙	第一乳磨牙	第二乳磨牙	下颌	

2) 恒牙:从6岁前后,恒牙萌出,乳、恒牙开始替换,口腔内形成了乳牙和恒牙共同存在的混合牙列。到12岁左右已有28个恒牙,全部乳牙被恒牙所代替。第三磨牙一般在18~25岁间萌出。恒牙全部萌出后,共有32个,前20个恒牙与乳牙相替换,后12个恒牙在乳牙列后方直接萌出(图5-4)。

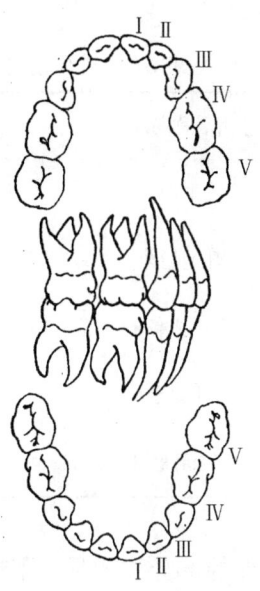

图5-3 乳牙列

	1	2	3	4	5	6	7	8	上颌	
右	中切牙	侧切牙	单尖牙	第一双尖牙	第二双尖牙	第一磨牙	第二磨牙	第三磨牙	下颌	左

在人类进化过程中,颌骨体积逐渐退化变小,第三磨牙常因间隙过小,位置不正,萌出困难,成为阻生齿。也有人先天缺失,或埋在颌骨内终生不萌出。

恒牙常用阿拉伯数字表示,如左下侧中切牙,表示为1̄。恒牙的名称和符号如下:

(2) 牙齿萌出时间和次序

乳牙萌出时间和次序(表5-1),从出生后6~8个月开始萌出乳中切牙,然后乳侧切牙、第一乳磨牙、乳尖牙和第二乳磨牙依次萌出。

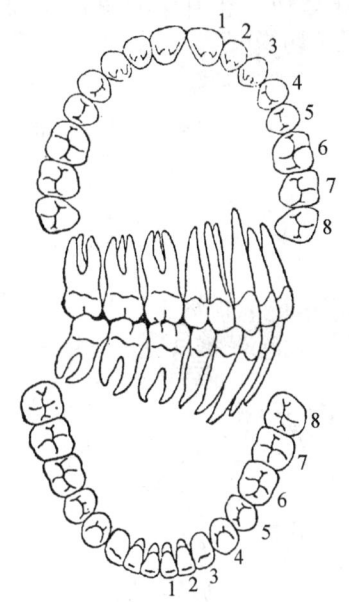

图5-4 恒牙列

恒牙萌出时间和次序(表5-2),从6岁左右开始,在第二乳磨牙后方萌出第一恒磨牙(6龄齿),同时恒中切牙萌出,乳中切牙开始脱落,随后侧切牙、尖牙、第一双尖牙、第二双尖牙、第二磨牙及第三磨牙依次萌出。有时第一双尖牙较尖牙更早萌出。

一般左右同名牙多同时期萌出,上下同名牙则下颌牙较早萌出。

(3) 牙齿的解剖形态

牙齿本身又名牙体,由牙冠、牙根、牙颈三部分组成。在临床上,露于口腔的部分称牙冠,牙冠咀嚼的一面叫咬合面;埋在牙齿周围组织里的称牙根,牙根的尖端称牙根尖;牙冠与牙根

表 5-1　乳牙萌出时间与次序

牙齿名称与顺序	萌出时间(月)
乳中切牙	6~8
乳侧切牙	8~10
第一乳磨牙	12~16
乳尖牙	16~20
第二乳磨牙	24~30

表 5-2　恒牙萌出时间与次序

牙齿名称与顺序	萌出时间(岁)	
	上颌	下颌
第一磨牙	5~7	5~7
中切牙	7~8	6~7
侧切牙	8~10	7~8
单尖牙	11~13	10~12
第一双尖牙	10~12	10~12
第二双尖牙	11~13	11~13
第二磨牙	12~14	11~14
第三磨牙	18~25	18~25

交界的部分称牙颈(图5-5)。

1) 牙冠:牙冠的形态因其功能而各异。如切牙形如刀刃,便于切割食物;尖牙形如锥状,便于撕裂食物;磨牙呈立方形,咬合面有数个牙尖和沟窝便于磨碎食物。牙冠虽形态各异,但均可分为五个面,即近中面、远中面、舌(腭)面、唇(颊)面与咬合面(切缘)。

2) 牙根:不同功能形态的牙齿具有不同数目和形态的牙根,上下前牙和第一、二双尖牙为单根牙,但上颌第一双尖牙多为双根;下颌磨牙为双根,上颌磨牙为三根;其中第三磨牙牙根数目形态变异较大,数目不一,根尖常弯曲,拔牙时应注意。

(4) 牙体组织结构

牙体组织由牙釉质、牙本质、牙骨质和牙髓构成(图5-6)。

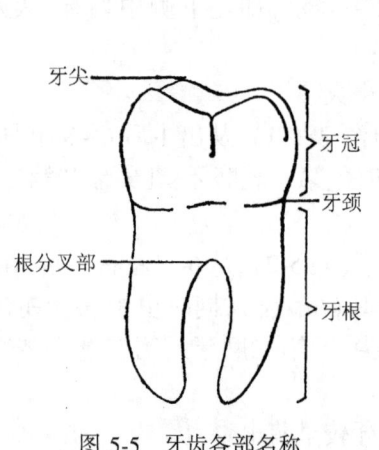

图 5-5　牙齿各部名称

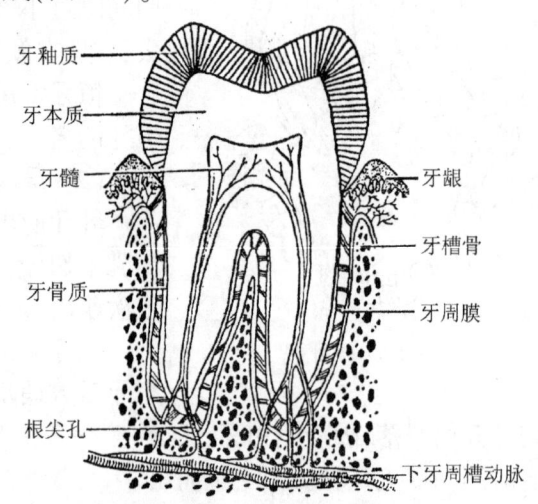

图 5-6　牙齿及其周围组织的剖面图

1) 牙釉质:覆盖牙冠表面,呈乳白色,略透明,有光泽,质地坚硬,为高度钙化的组织。当牙釉质有磨损时,则透露牙本质呈淡黄色。某些局部和全身因素可改变其透明度和色泽。如牙髓坏死,牙齿可变为褐色或黑色,在婴幼儿时期,长期或大量服用四环素,则牙齿可呈棕黄色。牙冠各面的釉质,随功能不同而厚薄不一,牙尖部和切缘处最厚,有利于切割和咬碎食物,近牙颈部则逐渐变薄。牙釉质中没有神经分布,对外界刺激的反应不明显,这种特点有利于很好地保护牙本质和牙髓。由于牙釉质浅龋时并无疼痛发生,因此多不被人早期察觉。

2) 牙本质:是构成牙齿的主体,硬度仅次于釉质,位于牙釉质与牙骨质的内层,色淡黄而有光泽,稍有弹性,可被压缩。牙本质中间有一腔隙,为牙髓腔,髓腔在冠部的膨大部分为髓室,在牙根的狭窄部分为根管,在根尖借根尖孔与颌骨骨髓腔相通。牙本质内有神经末梢存在,对外界刺激可以表现出明显的疼痛反应。因此,牙本质龋时,则有疼痛的感觉。

3) 牙骨质:是覆盖在牙根表面类似骨质的一层钙化结缔组织,色淡黄,在牙颈部较薄,并与牙冠部的釉质相连形成牙颈线。因其硬度不高,故当牙龈萎缩导致牙颈部暴露时,容易受到机械性的损伤而造成牙本质过敏。此外,牙骨质借牙周膜将牙体固定于牙槽窝,支持牙齿。牙根表面受损时,牙骨质可新生进行修复。

4) 牙髓:是充满于髓腔的疏松结缔组织,含有丰富的血管、神经、淋巴管及最外层的造牙本质细胞,其主要功能是营养牙体组织和维持牙体组织的新陈代谢,形成继发性牙本质和有限的修复再生能力。牙髓内的神经纤维,对外界刺激异常敏感,任何刺激加到牙髓上时,即会引起剧烈疼痛,但缺乏定位能力。

(5) 牙周组织结构

位于牙齿周围的组织叫牙周组织,包括牙周膜、牙槽骨和牙龈(图5-6),主要功能是支持牙齿使牙齿稳固。

1) 牙周膜:是介于牙根与牙槽骨之间致密的胶原纤维结缔组织,其一端埋入牙骨质,另一端埋入牙槽骨和牙颈部之牙龈内,将牙齿固定于牙槽窝内,还可神经反射性地调整牙齿所承受的咀嚼压力,营养其本身和牙体组织。

2) 牙槽骨:是颌骨包围牙根的突起部分,又称之为牙槽突。牙槽骨容纳牙根的窝称牙槽窝,两牙根之间的骨板,称为牙槽中隔。牙槽骨的骨质较疏松,且富有弹性,也是支持牙齿的重要组织。

3) 牙龈:是覆盖牙颈部和牙槽骨上的口腔黏膜,呈粉红色,表面坚韧有弹性而具有保护作用。牙龈靠近牙颈处游离的部分,形成龈缘,他与牙齿间的空隙,称为龈沟,正常龈沟深度不超过2毫米。两牙之间突起的牙龈,称为龈乳头。

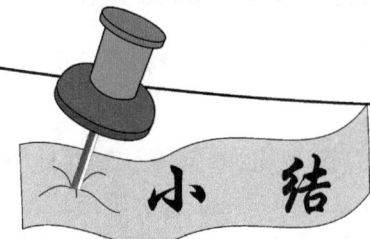

小结

口腔是由唇、颊、舌、腭、口底、涎腺、上下颌骨和牙齿等所构成。分为口腔前庭和固有口腔两部分。

人一生中有两副天然牙齿,即乳牙和恒牙。正常乳牙有20个,从中线起向两旁分别为乳中切牙、乳侧切牙、乳尖牙、第一乳磨牙、第二乳磨牙,上下颌的左右侧各5个。恒牙共28~32个,从中线起向两旁分别为中切牙、侧切牙、单尖牙、第一双尖牙、第二双尖牙、第一磨牙、第二磨牙、第三磨牙,上下颌的左右侧各7~8个。

牙齿又称牙体,由牙冠、牙根、牙颈三部分组成。牙体组织由牙釉质、牙本质、牙骨质和牙髓构成。牙周组织包括牙周膜、牙槽骨和牙龈,是牙齿的支持组织,以确保牙齿稳固。

1. 怎样划分口腔前庭和固有口腔？各包括哪些组织结构？
2. 试述乳、恒牙的数目、名称和记录方法？
3. 简述牙体的组织结构。
4. 牙周组织包括哪些部位？主要功能是什么？

5.1.2 口腔的生理功能

1. 了解口腔的生理功能
2. 熟悉咀嚼功能与消化功能的关系

口腔是消化道的始端，在咀嚼食物、帮助消化、辨别味道、辅助发音和吞咽等方面起着重要的作用。有时还可代替鼻腔保持呼吸。

5.1.2.1 咀嚼功能

咀嚼食物是口腔的主要功能，主要由牙齿来完成。当食物进入口腔后，经过牙齿的切割压碎、磨碎等一系列的咀嚼运动，把食物研磨粉碎，与唾液混合形成食团，经舌体送至咽门，以便于吞咽。不同形态的牙齿在咀嚼运动中，其功能也有差别，例如切牙是切断食物，单尖牙主要是撕裂食物。双尖牙用来捣碎食物，磨牙则用来磨碎食物。咀嚼不仅能帮助食物咽下与消化，还可刺激颌骨的正常发育，促进牙周组织的健康。

5.1.2.2 消化功能

食物进入口腔后，一方面引起咀嚼运动，另一方面刺激触觉、味觉等反射性地引起唾液分泌增多，同时，由于舌的搅拌作用，食物与唾液充分混合。因为唾液中含有唾液淀粉酶，可消化淀粉，使其变成麦芽糖，所以食物经过咀嚼、粉碎和唾液淀粉酶的作用，在口腔里完成初步的消化过程。食物中化合物的溶解刺激味蕾产生味觉，可增进食欲，反射性地引起胃、肠等消化器官的活动，为下一步消化做好准备。

5.1.2.3 味觉功能

口腔辨别味道，主要是分布在舌背上的味蕾的作用。由于味蕾只能接受化学刺激，所以就需要唾液的分泌，以促使食物中化合物溶解，刺激味蕾产生味觉。

5.1.2.4 吞咽功能

当咀嚼动作完成后，嚼碎了的食物与唾液充分混合形成食团，有助于食物的下咽，加上舌、唇、颊、咀嚼等作用,使食物进入咽部并咽下。

5.1.2.5 感觉功能

口腔内存在着大量的触觉、痛觉和温度觉感受器。在舌尖、唇部、口腔黏膜及牙周膜内都有触觉感受器,不同部位触觉敏感度不相同,最敏感处为舌尖及硬腭前部,触觉最迟钝处为颊黏膜、舌背及牙龈。随年龄的增加,触觉敏感度随之减退。口腔黏膜的痛觉感受阈较皮肤为高,且因人而异。口腔黏膜组织还能感觉冷热刺激,其对温度的耐受力远大于皮肤。

5.1.2.6 辅助发音

声音由声门发出后,必须经过喉腔、咽腔、口腔等器官的作用。加上舌、腭、颊、齿、唇等动作的配合,才能形成具有音调特色的语言。唾液可使口腔黏膜表面润滑,发音容易。口腔组织对发音的影响,舌为首要,其次为软腭、上下唇、牙齿和硬腭等,这些部位的病变和畸形,都将使发音受到影响。

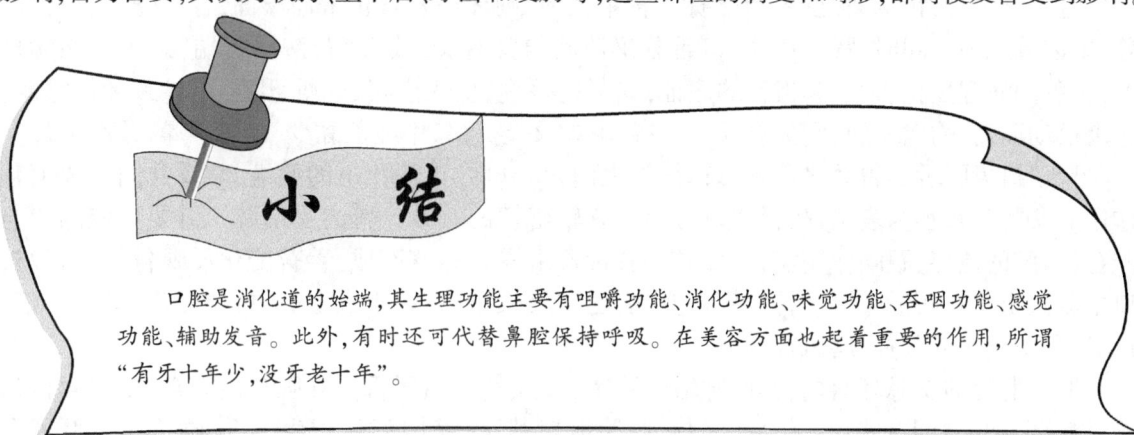

口腔是消化道的始端,其生理功能主要有咀嚼功能、消化功能、味觉功能、吞咽功能、感觉功能、辅助发音。此外,有时还可代替鼻腔保持呼吸。在美容方面也起着重要的作用,所谓"有牙十年少,没牙老十年"。

口腔的生理功能有哪些?简述之。

5.1.3 口腔与脏腑经络的关系

学习目标

1. 熟悉口腔与五脏六腑的关系,其中与脾、心、肾、胃、肝在生理病理上有密切关系
2. 了解循行于口腔的经脉
3. 明确口腔与脏腑经络关系在临床应用的意义

5.1.3.1 口腔与脏腑的关系

口齿唇舌通过经络的运行,与五脏六腑密切地联系起来,生理上相互关联,病理上相互影

响，尤其与脾、心、肾、胃、肝的关系更为密切。分述如下：

脾 脾主口唇，口为脾之窍，口唇为脾之官。生理上，脾主运化水谷精微，脾功能健旺，精微上输于口，则舌下金津、玉液二穴得以泌津液而助消化，唇红而润，口知五味。病理上，脾失健运，水谷精微不能上输，则口唇色淡，饮食乏味；脾经湿热上蒸，灼腐口腔黏膜，可致口疮、口糜等。临床上常以口唇来候脾的病变。

心 心主舌，舌为心之苗，为心之窍。生理上，心气通于舌，心气调和，则舌知五味，转动灵活。病理上，心脏功能失常，常可引起舌的病变，如心火偏盛，上炎于口，灼腐肌膜，则口舌生疮，心脉瘀阴，可致舌蹇难言，临床上，亦常通过观舌来诊察心的病变，如舌尖红赤，常为心经有热，舌尖有芒刺为心火亢盛，舌质淡为心血不足，舌质紫暗，多为心血瘀滞等。所以有"舌为心之候"之说。在口腔科中，心与舌的关系最为密切。

肾 肾主骨，齿为骨之余，肾之标。肾精充沛，则牙齿发育正常而牢固，肾虚骨弱，齿失所养，则齿槁疏豁。同时，肾主津液，口舌分泌津液与肾有关，故有"肾液出舌端"之说。在病理上，肾脏的病理变化，多引起齿舌的病证，如肾精亏虚，虚火上炎，灼烁牙龈，可导致牙根宣露，牙齿松动而痛；灼腐肌膜，则见口舌生疮；肾虚虚火上炎，口中唾液黏少，口唇干燥，舌红少苔。

胃 口齿唇舌为胃系之所属，口者，胃之门户。口腔为消化道的始端，与胃共同完成消化作用。又脾与胃互为表里，故胃与口齿唇舌有较密切的关系。胃的受纳腐熟需要口腔的参与配合，口腔的搅拌、吞咽作用需胃气的推动；舌苔由胃气熏蒸而成，舌苔变化反映胃气的盛衰，口中涎液出于脾而溢于胃。胃的病理变化，也常反映于口，如胃火上炎，可致牙痛、口舌生疮、口臭、牙龈出血或肿痛、唇风等病症。

肝 肝经的支脉环唇内，其筋脉络于舌本，其经气上通唇舌。肝脏功能失常，易引起口齿唇舌病证，如《素问·痿论》有"肝气热，则胆泄口苦"。又因五行相生关系，临床常有肝郁犯脾，气血痰浊结聚，在口腔中形成肿瘤。

此外，口齿唇舌的病变也可因小肠、膀胱等脏腑病变引起，如口糜为"膀胱移热于小肠"而致。

5.1.3.2 口腔与经络的关系

循行于口腔的经脉较多，除足太阳膀胱经外，均直接循行或通过分支交会于咽喉、唇、舌、颊、齿龈等。计有：

手阳明大肠经，其支者，从缺盆上颈，贯颊，入下齿中，还出挟口，交人中。

足阳明胃经，由下循鼻外，入上齿中，还出挟口环唇，下交承浆、口腔等。

足太阴脾经，上膈、挟咽，连舌本，散舌下。

足厥阴肝经，其支者，下行至颊里，环唇。

足少阴肾经，其直者，从肺中，上循喉咙挟舌本。

手太阳小肠经，其支者，别颊上䪼①，抵鼻。

手少阳三焦经，其支者，从耳上角，以屈下颊至䪼。

足少阳胆经，其支者，下行至大迎，抵于䪼下。

督脉，沿前额下行至龈交。

---

① 䪼指眼眶下部，包括上下牙床部位。

任脉,由颈部到达下唇内,环绕口唇,上至龈交。

冲脉,向上循咽喉,环绕口唇。

经络与口腔的关系,在生理上,通过经络的循环,加强了口齿唇舌与脏腑及全身广泛而密切的联系;在病理上,口齿唇舌疾病与脏腑经络失调可以互相影响。

口、齿、唇、舌与五脏六腑都有关系,但临床运用上与脾、心、肾、胃、肝的关系更为密切,如口与唇属脾;舌属心;齿属肾、肝的经气上通唇舌;口、齿、唇、舌为胃系之所属。其关系主要从生理、病理两方面认识。

口、齿、唇、舌与经络的关系,在十二经脉中,除手太阴肺经、手厥阴心包经、手少阴心经外,其余均循行于此。它们之间的关系,亦即生理上的相互联系和病理上的互相影响。

1. 口腔与哪些脏腑关系密切?请简要论述。
2. 在十二经脉中循环于口齿唇舌的经脉有哪些?

5.1.4 口腔病的病因病机概述

1. 了解口腔疾病的病因病机
2. 熟悉不同的病理变化,出现的局部症状及全身表现

口腔病的发生,外因多为风、热、寒、湿等邪毒侵袭;内因多为脏腑功能失调,其中以脾、心、肾、胃为多见,经脉失调以手、足阳明经脉为主。一般来说,实证热证的急性病,多责之于心、脾、胃、肝,虚证寒证慢性病变,多责之于脾、肾。

5.1.4.1 邪毒侵袭

口腔为脾胃之外窍,口唇为脾之官,舌为心之窍,齿为肾之标,肝脉系舌本,手足阳明经脉循行入齿,若脏腑功能失调,口齿唇舌失健,风热、风寒之邪就可乘机侵犯,内伤脏腑,壅结口齿唇舌,导致气血滞留,脉络瘀阻而发病,多见于病的初起阶段。侵犯的外邪多为风热、风寒,风热邪毒侵犯,蒸灼口腔黏膜龈肉,导致气血凝滞,局部出现红肿痒痛等症状,全身兼有风热表证;风寒之邪侵犯口腔,寒邪凝闭,脉络痹阻,气血不畅,以致口腔黏膜龈肉苍白浮肿而痛,全身可见风寒表证。

5.1.4.2 脾胃热盛

脾主运化,胃主受纳,若因进食辛辣煎炒,脾胃受伤,火热蕴积,或邪热壅盛,内犯脾胃,热困中焦,聚而化火,火热循经上炎口齿唇舌,而致黏膜红肿溃烂疼痛;火热灼伤脉络则牙龈出血或充血肿胀;火热灼腐黏膜,则化脓成痈。全身可见口渴喜冷饮,消谷善饥,便秘等胃火热盛之证。亦有因脾经蕴热,或湿浊不化,久蕴化热,或膀胱湿热犯及脾胃,均可致湿热之邪上蒸于口舌,发生黏膜糜烂生疮,表面腐物松而厚。火热与痰湿凝结于舌下,可成痰包。湿热之邪郁结口齿,久则生腐,可致牙体被蛀蚀,而成龋齿。全身可见口黏口腻,纳差等症状。

5.1.4.3 心火上炎

思虑过度或热病之后,耗伤心阴,心阴不足,心火循经上炎于口舌,则口舌糜烂生疮,疼痛,全身伴有心烦、失眠、口渴、舌尖红、苔黄、脉数等症;若心经受热,或心火热盛,与脾热结聚,上攻口舌,灼腐黏膜而成口疮。或因心脾蕴热,湿浊不化、湿热上蒸口腔,导致口腔黏膜红肿溃烂疼痛。如为热邪伤津成痰,痰热结聚于舌,兼受风邪,则舌体肿胀强硬语言謇涩。

5.1.4.4 肝郁化火

肝主疏泄,调畅气机,肝之经脉环唇络舌本,若情志不舒,肝气郁结,久则气滞血瘀,痰凝血瘀积聚唇、龈等处,可见肿块或口底囊肿样病变;肝郁化火,火气上逆,则面痛,口舌生疮,齿颊肿胀,牙龈肿痛或渗血;若肝经火热,风热传脾,热灼口唇,热聚不散,则唇红肿裂;热极生风,风火相煽,犯及口舌,筋脉失养,出现舌强或歪斜。

5.1.4.5 肾阴亏损

肾主骨,齿为骨之余,肾的生理病理变化可影响齿的功能,肾主藏精,口齿唇舌得肾之精气濡养而健旺。肾精亏损,精气无以上濡,口齿唇舌失于滋养,则功能失健,加以阴虚则火旺,虚火上炎,蒸灼于口齿唇舌,导致虚火牙痛,复发性口疮等病证;肾虚骨枯,不能固齿,使牙齿松动,咀嚼无力,易生龋齿。若复受邪毒侵犯,滞留牙龈,则牙龈萎缩,牙根宣露。

5.1.4.6 脾气虚弱

脾为后天之本,气血生化之源,若饮食劳倦伤脾或素体脾虚,气血精微化生不足,口腔黏膜失养,则黏膜唇色淡白,龈肉萎缩。若兼水湿内停,湿浊上泛则黏膜水肿色淡,舌边或有齿痕。

口腔病的发生内因多为脾、心、肾、胃、肝等脏腑功能失调,或手、足阳明经脉失调;外因多为风、热、寒、湿等邪毒侵袭。实证热证的急性病,多责之于心、脾、胃、肝。虚证寒证的慢性病,多责之于脾、肾。其病因病机包括邪毒侵袭、脾胃热盛、心火上炎、肝郁化火、肾阴亏损、脾气虚弱等。

1. 口腔病常见的病因有哪些?
2. 在口腔病中,脾的病因病机变化有哪些方面?
3. 试述心火上炎,肝郁化火导致口腔病的病因病机。
4. 试述肾阴亏损导致口腔病的病因病机。

5.1.5 口腔病的辨病与辨证要点

学习目标

1. 了解口腔病局部辨证与全身辨证相结合的辨证方法
2. 掌握口腔病几个主要症状的辨病与辨证方法

口腔病的辨病与辨证和耳、鼻、咽喉科一样,应以望、闻、问、切四诊和必要的现代医学检查资料,采取八纲辨证、脏腑辨证及局部与全身辨证相结合的方法进行辨析,鉴别同一症状可能存在的不同疾病和不同证候,同时为治疗提供更可靠依据。本节将口腔病常见的几个主要局部症状辨析如下:

5.1.5.1 辨溃烂

溃烂可发生于口腔黏膜、牙龈、唇舌等任何部位,主要见于口疮、口糜、唇风、牙宣等疾病。

1) 口腔黏膜溃烂,呈圆形或椭圆形,边缘略隆起,中央凹陷,上有假膜覆盖,周围黏膜充血,为口疮。若溃烂点呈黄浊色,周围黏膜色红水肿,多为实热之邪,上炎口腔,灼腐肌膜而成;若溃烂点呈灰白色或色污浊,周围黏膜色淡微肿,多为阴虚火旺,上炎口舌而成;若四周苍白,则为脾肾阳虚所致。

2) 口腔黏膜糜烂成片,表面有松厚的白腐物覆盖,色灰白如糜粥样,周围黏膜红肿,为口糜。多为膀胱湿热,或脾不化湿,郁久化热,湿热上蒸口腔所致。

3) 唇部溃烂,色红作肿,破裂流水,触痛,为唇风。若局部红肿、破裂流水,多为脾不化湿,湿热上蒸所致;若燥裂流水或流血,痛如火燎,为脾经血燥所致。

4) 牙龈萎缩,边缘溃烂,牙根宣露、松动,为牙宣。若牙龈萎缩溃烂色红,为肾阴虚,虚火上炎;萎缩溃烂色淡者,是为气血亏损。

5.1.5.2 辨疼痛

疼痛是口腔病的常见症状,多见于龋齿、牙痛、牙咬痈、牙宣、口疮等疾病。

1) 牙体被龋蚀成洞,受冷热等刺激时引起疼痛或使疼痛加剧,为龋齿。多因牙齿不洁,过食肥甘,胃腑积热所致,受冷热酸甜等刺激时疼痛加重。

2) 牙齿疼痛不甚,牙龈萎缩,牙根宣露,牙齿松动,为牙宣,若为午后加重,多为阴虚火旺之证;疼痛上午重者,为阳虚之证。若急性发作,齿龈红肿作痛,甚或溢脓者,为胃炎上蒸所致。

3) 患牙跳痛,咀嚼时加重,有伸长感,患处牙龈局限性红肿,甚则穿溃出脓,为牙痈。其焮热疼痛,得冷痛减,多为风热邪毒引动脾胃积热循经上冲所致。

4) 牙龈疼痛,张口受限,咀嚼痛甚,第三磨牙牙龈红肿、触痛者,为牙咬痈,多因该磨牙异位或阻生,加之风热之邪入侵,或胃火循经上蒸所致。

5) 口腔黏膜疼痛,灼热,患处为黄白色如豆大的溃烂点,中央凹陷,表面覆盖假膜,为口疮,多为心脾积热、阴虚火旺、脾肾阳虚等引起。

5.1.5.3 辨红肿

红肿是红和肿两个不同症状的合称,但往往互相联系,红多见肿,肿多见红,同时还有不同程度和性质的疼痛。口腔病红肿多见于牙痈、牙咬痈、牙宣、唇风、牙槽风等疾病。

1) 牙龈红肿疼痛,牙齿有伸长感,患处叩痛明显,为牙痈。多因风热或胃火实热所致。

2) 牙龈红肿疼痛,张口受限,第三磨牙呈现异位或阻生,为牙咬痈。多因风热或胃热所致。

3) 牙龈红肿疼痛,甚则溢脓渗血,且患牙有松动,多为胃火上蒸引起的牙宣。若牙龈微红微肿,牙齿浮动而痛,午后加重,为阴虚火旺所致。

4) 唇部红肿痒痛,日久破裂流水,为唇风。多因脾胃湿热上蒸所致,若为燥裂流水或流血,为脾经血燥之证。

5) 患处相应部位红肿疼痛,穿溃流脓,有腐骨排出,X线示牙骨腐坏,为牙槽风。若红肿焮热,疼痛剧烈,穿溃流脓,为邪炽热炽盛,腐灼骨质,波及腮颊所致,若溃口日久不愈,流脓清稀,为正虚邪恋之证。

5.1.5.4 辨脓血

火热灼腐肌膜,化腐成脓;胃火炽盛,脾不统血,火热迫血妄行,热伤血络则血溢出,肉腐络伤,则脓血并见,口腔病脓血症多见于牙痈、牙咬痈、牙宣、牙槽风等疾病。

1) 牙龈红肿溢脓,患牙跳痛,为牙痈,色黄质稠,为胃火上炎所致;脓质清稀,疮口不收,为气血亏虚所致。

2) 第三磨牙处牙龈红肿溢脓，张口受限患处牙齿异位或阻生，为牙咬痈。多因风热邪毒侵袭或胃火上蒸所致。

3) 牙龈红肿，龈肉萎缩，渗血溢脓、牙齿松动，为牙宣。若牙龈红肿疼痛，出脓渗血，脓质稠密，血色鲜，多为胃火上蒸所致；若龈肉溃烂，时时渗血，多为肾阴亏虚之证；牙龈经常渗血，龈色淡白，多为气血不足而成。

4) 病变相应部位瘘口流脓，时有死骨排出，为牙槽风。脓多稠黄，为邪热炽盛，灼腐血肉所致；流脓日久，脓质清稀，为气血亏虚，邪毒滞留所致。

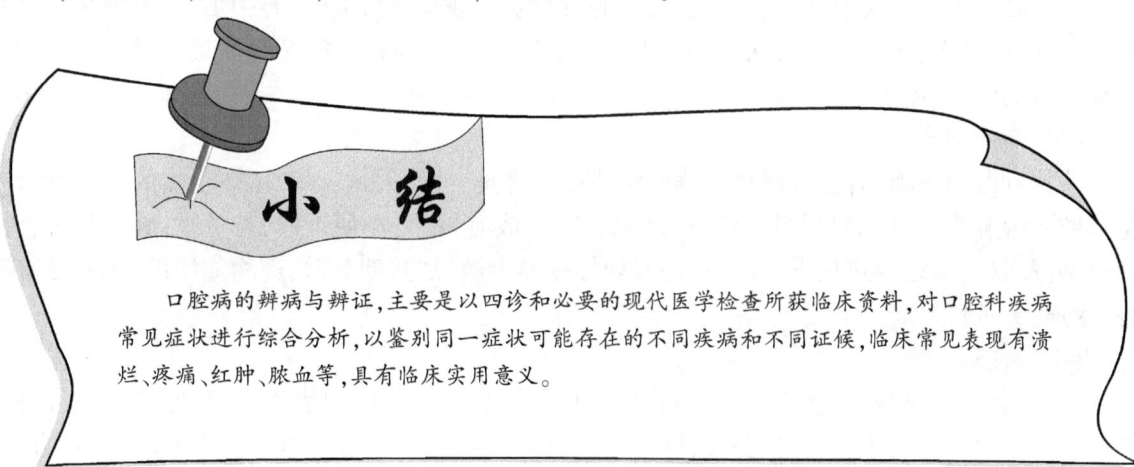

口腔病的辨病与辨证，主要是以四诊和必要的现代医学检查所获临床资料，对口腔科疾病常见症状进行综合分析，以鉴别同一症状可能存在的不同疾病和不同证候，临床常见表现有溃烂、疼痛、红肿、脓血等，具有临床实用意义。

口腔病常见的症状有哪些？怎样进行辨病与辨证？

5.1.6 口腔病的治疗概要

学习目标

1. 掌握内治法及外治法的应用
2. 了解针灸疗法和穴位指压法

口腔也和耳、鼻、咽喉一样，虽为局部器官，但通过经脉和气血与五脏六腑广泛相连，口腔的病变是脏腑病理变化在口腔局部的表现。因此，治疗口腔病，要采取局部与整体相结合的原则，在辨证论治的基础上，根据具体病情，选择相应的方法，如内治、外治、针灸等从而取得较好的疗效。这里介绍几种常用治法。

5.1.6.1 内治法

（1）疏风散邪

疏风散邪用于风邪侵袭而致的口腔疾病，如牙痛、牙痈等。有发热恶风，脉浮数的风热表证者，治宜疏风清热，常用方如薄荷连翘方、疏风清热汤、银翘散，药物如牛蒡子、桑叶、菊花、银花、连翘、薄荷、地丁等。如为发热轻，恶寒重脉浮紧的风寒表证者，治宜疏风散寒，常用方如苏叶散，药物如苏叶、荆芥、防风、桂枝、生姜等。

（2）清心降火

清心降火用于心火上炎，熏灼口舌而致的口腔病。证见口舌溃烂，心中烦热，失眠多梦，面红，舌质红苔黄等，治宜清心降火、凉血解毒。常用方如黄连解毒汤，药物如黄连、栀子、丹皮、生地、紫草、竹叶、莲子心等。

（3）清热利湿

清热利湿用于脾不化湿，湿热熏蒸或湿热蕴结膀胱，气化失常，以致湿热上熏的口腔病，症见口腔黏膜肿胀发红，满口糜烂，疼痛，纳呆，口臭，或有发热，小便黄赤，苔黄腻，脉濡数等，宜清热利湿，使上蒸之湿热从下渗出，常用方如加味导赤散、加味四苓散，药物如泽泻、车前子、茵陈、木通、冬瓜仁等。

（4）利膈通便

利膈通便用于热毒壅盛于里，热困脾胃，以致胃热上灼，导致口齿疼痛，口腔溃烂或红肿，烦渴引饮，口臭，便秘腹胀，舌红苔黄，脉滑数，宜泻热通便，使壅盛的里热从下而泄，常用方如大承气汤，药物如大黄、芒硝、番泻叶等，兼有表证者，与解表药同用，方如凉膈散，若体质素虚，气阴亏损，而有里热者，宜用火麻仁、郁李仁等药以润下通便，除去里热。

（5）清化痰浊

清化痰浊用于痰浊停聚口腔而致的口腔肿胀疾病，如痰包、舌肿胀，或痰浊内生，阻滞脉络，痰浊气血凝聚而成的良性及恶性肿瘤，治宜行气化痰，清利湿浊，常用方如加味二陈汤，药物如瓜蒌、贝母、竹茹、半夏、桔梗、前胡、昆布、礞石等。

（6）滋养阴液

滋养阴液用于肾阴不足，虚火上炎或胃津亏虚而致的口腔疾病，如虚火口疮，虚火牙痛，肾虚牙宣等，常用方如六味地黄汤，知柏地黄丸等。药物如熟地黄、女贞子、旱莲草、龟甲、五味子等。若肾阴虚兼阴虚胃热者，可用玉女煎养阴清胃降火。

（7）补益气血

补益气血用于因气血亏损导致的牙宣、口疮、虚证骨槽风等，治宜补益气血，祛邪外出。常用方如补中益气汤、八珍汤、归脾汤，药物如黄芪、党参、白术、枸杞子、黄精、熟地、当归、阿胶、首乌等。

（8）活血排脓

活血排脓用于发生于口腔部的痈肿。如牙痈、牙咬痈、牙槽风等，治宜清热解毒，活血散瘀，托毒排脓，常用方如仙方活命饮，药物如金银花、浙贝母、穿山甲、皂角刺、白芷、当归尾、赤芍等。若体质虚弱，正不胜邪，脓肿溃破日久不愈者，治宜补托解毒，排脓生肌，常用方如托里消毒散。

5.1.6.2 外治法

(1) 含漱法

含漱法是用药液漱涤口腔,达到清洁患处和清热解毒的作用。用于口疮、龋齿、牙痛、口糜等,常用方如漱口方。若溃面腐物多,宜马勃、升麻等量,煎水含漱,以解毒祛腐。对龋齿牙痛,可用蜂房汤含漱。

(2) 噙化法

噙化法是将丸剂或片剂药物噙于口中使其慢慢溶化,以达到清热解毒、消肿止痛的作用。用于治疗口疮、牙龈肿痛等。常用药物如草珊瑚含片、四季润喉含片、西瓜霜含片等。

(3) 吹药法

吹药法是将药粉吹布于口腔患处,以达到清热解毒,散瘀止痛、祛腐生肌的作用。用于治疗口疮,龋齿牙痛、牙痈、牙咬痛等。常用药物如冰硼散、细辛散、珠黄散、牙疼散等。

(4) 涂药法

涂药法是将药物研制成粉末,或制成膏剂、油剂、用棉棒蘸涂患处,以达到清热解毒、消肿止痛,生肌收敛的作用,多用于治疗口疮、口糜、唇风等,常用药物如青吹口散、黄连膏、紫归油等。

(5) 敷贴法

敷贴法是用药物敷贴患处或穴位,以达到治疗效果。若患处红肿疼痛,可用清热解毒,消肿止痛的药物敷贴,如牙痛,波及颌面部肿胀者,用如意金黄散敷贴颌面部肿胀处。虚火上炎者,可用滋阴降火,消肿止痛的药物,如虚火牙痛,用龙眼白盐散敷贴牙龈痛处,或用吴茱萸捣烂,敷于双足涌泉穴,以引火归元使浮游上炎之火下行。

(6) 刺割法

刺割法是用消毒的三棱针或手术刀刺破血泡或切开成熟的痈肿、痰包、以使瘀血、脓毒、痰液排除,达到治疗的目的。

(7) 拔牙法

不能再保留且没有功能的患牙可以将其拔除。

5.1.6.3 针灸疗法

(1) 针刺

针刺多用于治疗牙痛、口疮、口喎、舌强等。常根据不同的病情,选用不同的穴位,采用不同手法。一般实证多取足阳明经与手阳明经的穴位。用泻法,常用穴位如合谷、颊车、内庭、下关、太阳、承浆、地仓等;虚证多取足少阴肾经的穴位,用补法,常用穴位如太溪、阴谷、照海等,并可用悬灸法。

(2) 耳针

耳针常用于治疗牙痛、牙痈,牙宣、口疮、口糜等,常用穴位如上颌、下颌、屏尖、神门等,强刺激,针刺捻转后留针或埋针。

(3) 穴位注射

穴位注射多用于治疗慢性口腔病,如复发性口疮等。常用药物有维生素 B_1、维生素 B_{12}、复方丹参注射液等,一般选常用穴位注入药液 0.5 毫升,隔天一次,以调补气血,达到治疗作用。

5.1.6.4 穴位指压止痛法

本法多用于治疗各种口腔病如龋齿、牙痛、牙宣等所致的牙痛及拔牙止痛。方法是用拇指按压穴位,或加以揉动,至局部出现酸、麻、胀、重感觉,3~4分钟后疼痛减轻或消失,常用穴位如合谷、颊车、下关等。

口腔病的治疗包括内治法、外治法、针灸疗法及穴位指压止痛法。内治法包括疏风散邪、清心降火、清热利湿、利膈通便、清化痰浊、滋养阴液、补益气血、活血排脓等,可在辨证的基础上单独或配合使用。外治法包括含漱法、噙化法、吹药法、涂药法、敷贴法、刺割法及拔牙法等,临床上根据病情需要而采取不同的外治。针灸疗法包括针刺、耳针、穴位注射等,穴位指压止痛法,简便易行,有较好的止痛效果,主要用于牙痛及拔牙止痛。

思考题

1. 治疗口腔病常用的内治法有哪些?其适应证是什么?代表方如何?
2. 治疗口腔病常用的外治法有哪些?怎样操作?

5.2 口腔科疾病

5.2.1 牙痛

学习目标

1. 了解牙痛是牙齿疾患的常见症状,明确其发病原因
2. 掌握各类牙痛的处理办法

牙痛是口齿科疾病常见症状之一。无论是牙体或者是牙周的疾病都可发生牙痛。

5.2.1.1 病因病机

(1) 风热侵袭

风热邪毒外侵,伤及牙体及龈肉,邪聚不散,气血凝滞,瘀阻脉络,不通则牙痛。

(2) 胃火上蒸

足阳明胃经循行入齿,胃火素盛,又嗜食辛辣,或风热邪毒外袭,引动胃火循经上蒸,伤及龈肉,损及脉络而为病。

(3) 虚火上炎

肾主骨,齿为骨之余。肾阴亏虚,虚火上炎,灼烁牙体及牙龈,令骨髓空虚,牙失濡养,致牙齿浮动而疼痛。

5.2.1.2 诊断依据

牙痛是一个症状,凡以牙痛为主要症状者,均可诊断为牙痛。但临床上必须辨明发生牙痛的病因病机和所属疾病。

5.2.1.3 辨证论治

(1) 风热侵袭

主证 牙痛,呈阵发性,游走性,得冷痛减,得热痛增,牙龈红肿,全身伴发热、恶寒、口渴,舌红,苔白干,脉浮数等。

治法 疏风清热,解毒消肿。

方药 薄荷连翘方。方中、薄荷、牛蒡子疏风清热,金银花、连翘、竹叶、绿豆衣、知母、生地黄清热解毒,凉血止痛。或用薄荷 15 克、白蒺藜 15 克、露蜂房 15 克,水煎服,以清热解毒,祛风止痛。

(2) 胃火上蒸

主证 牙齿疼痛剧烈,牙龈红肿,或出脓渗血,肿连腮颊,头痛,口渴口臭,大便秘结,舌质红,舌苔黄厚,脉洪数。

治法 清胃泻火,凉血止痛。

方药 清胃散加减。方中黄连、石膏清胃泻火,丹皮、生地养阴清热,凉血止痛,升麻散阳明之火,当归和血。如大便秘结加大黄通里泻热;肿连腮颊加板蓝根、地丁、蒲公英等。

(3) 虚火上炎

主证 牙痛隐隐或微痛,牙龈微红微肿,牙龈萎缩,牙齿浮动,午后疼痛加重。可兼见腰酸背痛,口干,五心烦热,舌质红嫩无苔,脉细数等。

治法 滋阴益肾,降火止痛。

方药 知柏八味丸加狗脊。方中六味地黄汤滋阴益肾;知母、黄柏清降虚火以止痛;加狗脊补肝肾,强筋骨。

5.2.1.4 其他疗法

(1) 外治

1) 冰硼散、竹叶膏外搽,适用于风火牙痛。

2) 黄芩 10 克、元参 15 克、地丁 30 克煎水含漱,适用于胃火牙痛。

> **拔牙可根治牙痛吗**
>
> 牙痛原因较多,可以是口腔病变引起,也可以是全身病变导致;可以是牙体病变引起,也可以是牙周病变导致。因此,盲目拔除痛牙是不可取的。中医认为痛牙仅为邪走之处,治疗重点应是致病之"邪"而不是受邪之"牙"。

3) 龙眼白盐方外贴痛处,或用杜仲、青盐、制大黄、炒牛膝各等量,共研细末外搽。适用于虚火牙痛。

4) 如意金黄散茶水或醋调外敷,适用于牙痛肿连腮颊者。

(2) 针灸疗法

1) 取合谷、下关、颊车、风池、太阳、内庭、太溪、行间、太冲、牙痛穴(位于掌面第3、4掌骨距掌横纹1寸处)。每次2~3穴,强刺激捻转。

2) 前三齿上牙痛取迎香、人中。下牙痛取承浆。后三齿上牙痛取下关、颧突凹下处。下牙痛取耳垂与下颌角连线中点、颊车、大迎。以指切压,用力由轻逐渐加重,施压15~20分钟。

3) 用鱼腥草或柴胡注射液,注入合谷或患侧下关,每穴0.5~1毫升。

5.2.1.5 预防和护理

1) 注意口腔卫生,早晚刷牙,饭后漱口。

2) 忌食辛辣煎炒厚味。

3) 因进食使牙痛加剧者,要注意饮食不宜过冷、过热、过酸、过甜。

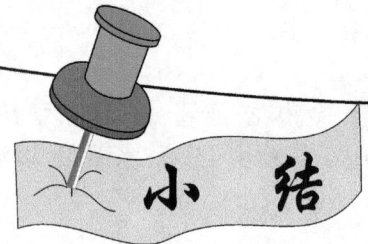

牙痛是口腔科疾病的常见症状之一,可由多种牙病引起。牙痛临床可分为实火与虚火两类:实火包括风火牙痛与胃火牙痛;虚火为虚火牙痛。在病因上:风火牙痛是风热之邪侵袭牙体,聚而不散,气血滞留瘀阻脉络而为病;胃火牙痛由于嗜食辛辣,胃中蕴热,引动胃火,循经上蒸牙床,伤及龈肉及经络而为病;虚火牙痛多因平素体虚及先天不足,或年老体弱,肾元亏虚,肾阴不足,虚火上炎而牙浮动疼痛。在治疗方面:实火牙痛,属风火者,宜疏风清热、解毒消肿;属胃火者,宜清胃泻热、凉血止痛。属肾阴虚火旺者,宜滋阴益肾、降火止痛。针灸疗法是止牙痛的有效措施,它包括针刺、耳针、指压法、穴位注射等。

1. 牙痛的病因病机如何?
2. 试述各型牙痛的辨证论治。

5.2.2 龋齿

学习目标

1. 掌握龋齿的症状、局部体征
2. 掌握各型的辨证论治及外治法

龋齿是因胃腑湿热,郁久蚀齿或肾精亏虚所致,以牙体组织被龋蚀,逐渐毁坏、崩解为主要表现的口腔科多发病。又称"蛀牙"。

5.2.2.1 病因病机

（1）胃腑湿热,郁久蚀齿

口腔卫生不良,过食糖饴,嗜食膏粱厚味,致胃腑积热,上冲于口齿之间,湿气乘之,湿热相搏,郁久生腐,牙体被蚀。

（2）肾精亏损,骨髓不固

齿为骨之所终,髓所养。久病耗伤,或房事不节,劳倦过度,或失血耗液,均可致肾精亏损,髓弱骨枯,骨枯则不能固齿,齿不固则易被虫蚀而生龋齿。

5.2.2.2 诊断依据

1) 牙齿疼痛,随龋蚀深浅或轻或重。
2) 牙齿表面黑褐色、粗糙或变软,或形成洞,或遗留残根。
3) 探针探测患牙有酸痛或剧痛。

龋齿有传染性吗

为什么有时一个人的嘴里会有多个龋齿呢?会不会是由一个龋齿而传染到其他牙齿呢?其实不是,因为龋齿的发生与饮食及口腔内细菌的存在有关。在同一个人的口腔中,上述条件都一样,因而可以同时有几个或十几个牙齿患龋,而不是由一个牙患龋而传染给其他牙齿的。

链接

5.2.2.3 辨证论治

（1）胃腑湿热

主证　牙体被蚀,病牙疼痛,遇冷热、酸、甜刺激疼痛加剧,甚则痛不可忍,夜不能安。全身可伴有烦热口渴,小便短黄,苔黄腻,脉濡数等。

治法　清热燥湿杀虫。

方药　清胃汤加露蜂房、海桐皮。清胃汤清热燥湿、凉血止痛,加露蜂房、海桐皮解毒杀虫,祛风化湿。亦可选用清胃散。

（2）肾精亏损

主证　牙体被蚀,病牙隐痛,牙齿摇动,污黑,可伴头晕耳鸣,眼花,腰膝酸软,舌质红少苔,脉细数等。

治法　滋阴补肾,益髓固齿。

方药 六味地黄汤加狗脊、骨碎补、杜仲等。六味地黄汤滋阴补肾,加狗脊、骨碎补、杜仲更增补肾之功。虚火上炎者,宜用知柏地黄汤以滋阴补肾、清降虚火。

5.2.2.4 其他疗法

(1) 外治法

1) 露蜂房散,煎汤含漱,每日3~4次。
2) 露蜂房、白芷、细辛各等量,煎水含漱。
3) 白矾丸置于痛处咬之,每日4~5次,以辛散止痛。
4) 取花椒1粒,放龋齿上,用力咬住,或用花椒末塞入龋洞内;可杀虫止痛。
5) 细辛、生半夏、生草乌、生南星各5克,薄荷、樟脑各4克,共研细末,浸泡于75%乙醇100毫升中3天,取浸液擦患处,有消肿止痛的作用。
6) 充填患牙。发现龋洞时,应及早给予充填,以阻止发展。充填技术由专科处理。
7) 龋齿损坏严重,失去咀嚼功能,可予拔除。

(2) 针灸疗法

上前牙痛取合谷、人中、迎香穴;上后牙痛取合谷、下关、颧髎穴;下前牙痛取合谷、承浆穴;下后牙痛取合谷、颊车、大迎穴。每次各选1~2穴,每天针刺一次,属实热证者,用泻法或平补平泻法;属虚证者,用补法。

5.2.2.5 预防和护理

1) 注意口腔卫生,早晚刷牙,饭后漱口。
2) 纠正睡前吃糖果点心或其他甜食的不良习惯。
3) 使用药物牙膏刷牙,增强牙齿抗龋能力。
4) 定期检查,发现龋齿及早治疗。

龋齿俗称蛀牙,历代医书的别名很多,古人限于当时的条件而称牙虫、蛀虫。

龋齿诊断不难,检查可见牙齿龋蚀的牙面粗糙,黄褐色,有深浅不同的龋洞。治疗方面,以外治为主,并可结合内治,如放药于龋洞内,针灸法、补牙法等。

预防上要注意口腔卫生,坚持早晚刷牙及正确的刷牙方法。

1. 龋齿的主要症状有哪些?

2. 各证型的辨证论治如何?

5.2.3 牙痈

学习目标

1. 了解牙痈的病因病理
2. 掌握本病的症状,治疗原则和方法

牙痈是指发生在牙龈处的痈肿。是因火热内炽,上攻牙龈,血败肉腐所致,以牙龈疼痛、肿胀、溢脓为主要表现的痈病类疾病。又称"附牙痈"、"牙痈风"等。相当于急性根尖脓肿或牙周脓肿。

5.2.3.1 病因病机

(1) 秽毒结聚

患龋齿日久,秽毒由浅入深,结聚龈肉,熟腐成脓,致成牙痈。

(2) 风热邪毒侵袭

风热邪毒,侵袭阳明经脉,流注齿龈,致气血壅滞,经络阻塞,热灼肌膜,肉腐成脓,造成牙痈。

(3) 脾胃火盛

过食辛辣,脾胃积热,火热循经上冲,交蒸牙龈而为病,若火毒壅盛,则肿势扩散,延及腮颊。

5.2.3.2 诊断依据

1) 牙龈肿胀、疼痛,流脓。

2) 齿龈局限性红肿,初硬后软,患牙叩痛明显,有溢脓或穿溃出脓。

3) 鉴别诊断:本病应与牙咬痈相鉴别。牙咬痈多见于青年人,病变多在下颌真牙咬合处,常因真牙异位、阻生所致。患区牙龈红肿疼痛,张口受限,患齿触痛较轻,无松动。牙痈则可发生于任何年龄,病变可发生各处牙龈,张口受限,患齿痛著且松动。

5.2.3.3 辨证论治

(1) 秽毒结聚

主证 原有龋齿,牙痛反复发作,日久未作根治,每当过度疲劳与体弱时,或口腔不洁时发病迅速。突发高烧,头痛,牙龈肿痛,颌下臖核肿大,牙龈红肿,溢脓。舌红苔黄,脉数。

治法 清热解毒。

方药 五味消毒饮。方中银花清气血热毒;紫花地丁、紫背天葵、蒲公英、野菊花清热解毒,加酒少量,以行血脉、助药效。

(2) 风热邪毒侵袭

主证 牙龈红肿疼痛,不能咀嚼,颌下有硬结,触痛。或伴有发热恶寒,患处得凉痛减,口渴。检查可见龈缘糜烂,易出血,牙龈红肿。舌质红,苔薄白或薄黄,脉浮数。

治法 疏风清热。

方药 疏风清热汤。方中荆芥、防风,疏风解表;银花、连翘、黄芩、赤芍寒凉泄热,活血解毒;玄参、浙贝母、花粉、桑白皮、牛蒡子、桔梗、甘草清热解毒,软坚散结。

（3）脾胃火盛

主证 牙龈红肿疼痛,溢脓,量多。烦渴欲冷饮、口臭、便秘、消谷善饥;舌质红绛,苔黄厚,脉洪数。

治法 清胃泻火。

方药 清胃汤加减。方中生石膏清热泻火;生地、丹皮清热凉血;黄芩、黄连清热泻火解毒;升麻升举脾胃清阳之气,并能解毒。可加入露蜂房解毒杀虫,祛风止痛。

5.2.3.4 其他疗法

1）牙痛初起,未破溃时用冰硼散搽患处。
2）如腮颊部肿胀,可外敷金黄散。
3）脓已成者,可用消毒针头或消毒刀尖将龈肉最软处,轻轻挑破或刺破,排除脓血后,再搽冰硼散。

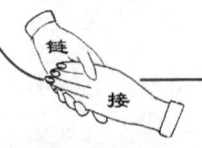

牙痛难愈当注意湿邪

牙痛多由热毒壅滞气血,化腐成脓,治疗每以清解。若患者脾胃素弱,或清泻太过,伤及脾胃,每易湿邪内生,湿性黏腻,致牙痛日久不愈。治疗应重视运脾化湿,脾运健,湿浊去,病可愈。临床有用平胃散合五味消毒饮治疗牙痛者,此为常法外之变法。

4）牙痛已溃,可用珠黄散外敷。
5）无法保留的病牙应给予拔除。

5.2.3.5 预防和护理

1）及早防治龋齿。
2）注意口腔卫生,早晚刷牙,饭后漱口。
3）平时少食炙煿辛辣之食物。
4）患病时宜进食易消化之食品,忌粗硬煎炒热物,以免加重病情。

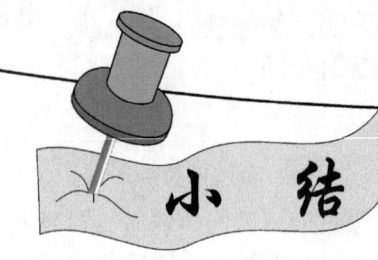

牙痛是发生于牙龈处的痈肿,多由火热邪毒壅滞气血化腐而成。治疗总以清解为法。方如五味消毒饮、疏风清热汤、清胃汤等。

1. 牙痛的症状有哪些?

2. 牙痛的内、外治法有哪些？

5.2.4 牙咬痈

学习目标

1. 了解牙咬痈的发病原因
2. 掌握本病的症状及治疗方法

牙咬痈是指发生于真牙处齿龈（龈咬合处）的痈肿。因热毒蕴结于真牙处，血败肉腐而成。以发热口臭，一侧真牙处齿龈红肿疼痛，张口困难，溃后溢脓为主要表现的痈病类疾病。又称"合架风"、"角架风"。相当于智齿冠周炎。本病好发于 18～30 岁青壮年，多发于智齿萌出过程中。

5.2.4.1 病因病机

（1）风热邪毒侵袭

尽牙萌出时，生长位置不足，萌出受阻，造成倾斜或部分长出，食物残渣滞留于牙缝中，日久物腐污臭，风热邪毒乘机侵袭，搏结于肌膜，灼腐成脓。

（2）热毒壅盛

平素饮食不节，过食辛辣，烟酒厚味，致胃肠积热，胃火循经上炎，牙龈气血壅滞，火毒灼腐肌膜，则化脓成痈。

5.2.4.2 诊断依据

1）好发于 18～30 岁青壮年。
2）发病急，尽牙龈肉红肿、疼痛，重则腮颊肿胀，张口困难。全身伴恶寒发热、头痛等。
3）尽牙倾斜或部分萌出，周围齿龈红肿，牙缝溢脓，颌下脊核肿大。
4）X 线检查可见阻生的智齿。
5）实验室检查：白细胞总数增高，中性粒细胞计数升高。

5.2.4.3 辨证论治

（1）风热侵袭

主证　尽牙周围齿龈红肿、疼痛，咀嚼吞咽不便。或伴有恶风发热，舌边尖红苔薄黄，脉浮数。

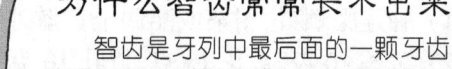

为什么智齿常常长不出来

智齿是牙列中最后面的一颗牙齿。这颗牙萌出时间不像其他牙那样有规律，一般是在18～30岁之间，也有人就根本不长出来。人类由于食物得到加工细作，不再需要用很大力量来咀嚼，牙齿的磨耗大大减少，下颌骨的结构因得不到充分咀嚼的锻炼而逐渐退化，下颌骨也远比古代人的下颌骨要小。相对来说，牙量大于下颌骨量，这样当第三磨牙出生时就常常位置不够，以致萌出困难，这就造成常见的"智齿阻生"，其中约有30%左右人的智齿不能正常生长。智齿阻生是青壮年期的一种常见疾病。

治法 疏风清热,解毒消肿。

方药 薄荷连翘汤。方中薄荷、牛蒡子疏风清热;银花、连翘、竹叶、绿豆衣、知母、生地清热解毒,凉血止痛。方中重用金银花清热解毒,丹皮清热凉血散瘀。

(2) 热毒壅盛

主证 尽牙处齿龈红肿高突,疼痛,张口、嚼物时痛加剧,甚则腮颊硬肿。全身可伴憎寒发热,头痛,口干口臭,便秘溲赤等。检查见尽牙周围龈肉红肿,齿缝积脓或溢脓,开口受限,颌下臀核肿大。舌质红,苔黄,脉洪数。

治法 清胃泻火。

方药 清胃汤。本方清热解毒,消肿止痛,如大便秘结,烦躁口渴,目赤头眩者,可选用凉膈散。如肿连腮颊,加板蓝根、紫花地丁、苦参以苦寒泄热。

5.2.4.4 其他疗法

(1) 外治法

1) 肿连腮颊者,用茶或醋调金黄散外敷。
2) 黄芩 10 克、银花 15 克、竹叶 10 克、白芷 10 克,煎汤漱口。
3) 痈肿成熟后,可切开排脓。
4) 肿胀疼痛消除后,视其真牙萌出情况,行龈瓣切除术或阻生齿拔除术。

(2) 针灸疗法

病初起,尽牙齿龈红肿,疼痛,牙关开合不利,可针刺合谷,颊车,下关等穴,用泻法,留针 10~20 分钟。

5.2.4.5 预防和护理

1) 及早拔除有症状的异位或阻生智齿。
2) 生长正常的智齿。如有龈肉覆盖其殆面,宜早日剪除覆盖之龈肉,以免污物堆积,引发本病。
3) 注意口腔卫生。
4) 患本病后,要早治疗,以免传变或并发他病。
5) 痛甚,嚼物吞咽困难者,宜进流质饮食或软质饮食。忌食粗硬、煎炒辛辣食物。

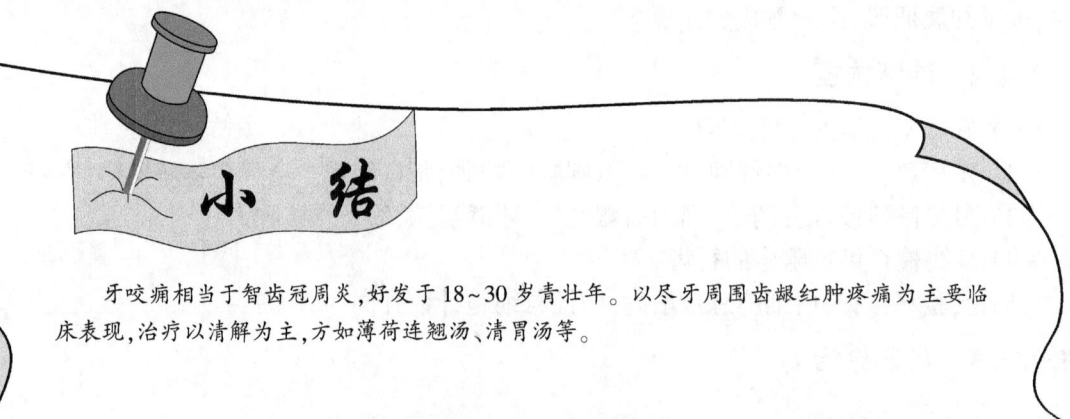

小 结

牙咬痛相当于智齿冠周炎,好发于 18~30 岁青壮年。以尽牙周围齿龈红肿疼痛为主要临床表现,治疗以清解为主,方如薄荷连翘汤、清胃汤等。

思考题

1. 牙咬痈的症状及治疗方法有哪些？
2. 牙咬痈与牙痈如何鉴别？

5.2.5 牙宣

学习目标

1. 了解牙宣的不同病因病理变化
2. 掌握牙宣的分型证治及外治法

牙宣是因胃火上炎，燔灼龈肉，或脏腑虚损，龈肉失养所致，以龈肉萎缩、牙根宣露，牙齿松动、经常渗血或溢脓为主要表现的口腔科疾病。又有"齿龈宣露"、"齿间出血"、"食床"等病名。主要指牙周炎，亦包括牙龈炎等其他牙周组织病。多发于中老年人。

5.2.5.1 病因病机

（1）胃火炽盛

嗜食膏粱厚味，或饮酒嗜辛，致脾胃积热，热气循经熏蒸齿龈，邪热壅盛，气血壅滞，灼腐龈肉血络，龈肉腐化渗血渗脓，久则龈萎根露，牙齿松动。

（2）肾阴亏虚

肾主骨，齿为骨之余。久病耗伤，房劳过度或生育过多，均可致肾虚精亏血少，肾精不能上达，齿失濡养，则骨质萎软；阴虚则火旺，虚火上炎，灼于龈肉，久则牙齿疏豁、动摇、根露。

（3）气血亏虚

素体虚弱或久病耗伤，气血不足，无以上濡，牙龈失养，以致萎缩；或气虚不能摄血，血不归经，由齿龈间渗出，而成此病。

> **如何预防牙周疾病**
>
> 牙周疾病是指发生在牙周组织的各类疾病的总称，主要有各种牙龈炎、牙龈增生、牙周炎、牙周萎缩等。它们的症状各有特点，轻重不同，可以简单地概括为六个字"红肿、出血、松动"。开始时，牙龈具有红肿的炎症表现，易出血，最后由于牙周膜、齿槽骨的破坏，导致牙齿松动。
>
> 依据牙周疾病的流行特征，预防对策有两类：一是预防或减少全身性疾病，加强营养，提高整体健康素质，达到增强牙周组织的抗病能力；二是搞好个人口腔卫生，广泛开展口腔健康教育，戒烟有益于牙周组织的健康。

5.2.5.2 诊断依据

1) 牙龈出血或龈齿间溢脓,牙齿松动,影响咀嚼。
2) 缓慢起病,逐渐加重,严重者发展为全口牙齿松动。
3) 牙龈红肿或萎缩,易出血,牙根宣露,牙齿松动。牙齿上附着牙垢、牙石。齿龈间有逐渐扩大的牙周袋,袋内溢脓。
4) 牙根周围 X 线片,示牙槽嵴吸收、牙间隙增宽等。

5.2.5.3 辨证论治

(1) 胃火炽盛

主证 牙龈红肿疼痛,出血溢脓,口臭,烦渴多饮或喜冷饮,多食易饥,大便秘结,或见齿隙积垢,牙根宣露,舌质红苔黄厚,脉洪大或滑数。

治法 清热泻火,消肿止痛。

方药 清胃散加减。方中黄连泻脾胃之火,生地、丹皮、当归凉血和血,升麻散阳明之火。牙龈红肿较甚加蒲公英、牛蒡子、石膏;出血出脓加马勃、旱莲草清热凉血止血。

(2) 肾阴亏虚

主证 牙齿疏松,咀嚼无力,牙龈萎缩溃烂,溃烂边缘轻微红肿,牙根宣露,或伴头晕、耳鸣、手足心热、腰酸、舌质红少苔,脉细数等。

治法 滋阴补肾,益髓坚齿。

方药 六味地黄汤加枸杞子、龟甲、杜仲。如肾阴虚而兼胃热者,可选用玉女煎加减。

(3) 气血亏虚

主证 牙龈萎缩,颜色淡白,牙根宣露,牙齿松动,咀嚼无力,牙龈渗血,头昏眼花,面色㿠白,失眠多梦等。舌质淡,苔薄白,脉沉细。

治法 补益气血,养龈健齿。

方药 八珍汤加减。本方补血、养血、行血。牙龈出血甚,加阿胶、血余炭、藕节炭以养血敛血止血。

牙宣的治疗,应从虚、实、虚实夹杂三方面考虑。虚者多为肾阴虚和气血虚,治以滋阴补肾,补益气血,养龈固齿。实者为胃火实,治疗当以清胃泻火,虚实夹杂者,常见肾虚胃热证,治当补肾泻胃。尚有因阴损及阳,致肾阳不足者,治疗应以温肾壮阳为主,可用金匮肾气丸温补肾阳,益阴坚齿。

5.2.5.4 其他疗法

1) 冰硼散外撒,每日 3~4 次,适用于牙龈红肿者。
2) 擦牙固齿散,外擦牙龈,每日 3~4 次,适用于齿龈溢脓、出血者。
3) 常用淡盐水漱口。
4) 牙宣膏,敷贴牙龈,每日 2 次,适用于牙宣出血者。
5) 用洁治器,刮除龈上或龈下牙石,以消除局部不良刺激。
6) 手术治疗,牙龈囊袋深者,需作牙龈囊袋切除术;牙齿松动,根露 2/3 时,可拔除患牙。

5.2.5.5 预防和护理

1) 注意口腔卫生,坚持早晚刷牙,饭后漱口。
2) 少食膏粱厚味、辛辣之品。
3) 积极治疗口腔慢性疾病,以减少本病的发生。
4) 避免房劳过度。
5) 坚持揩齿、叩齿。每日早晚用手指按摩牙龈 3~5 分钟,叩齿 30~50 次。

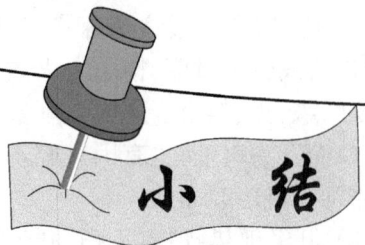

牙宣是以龈肉萎缩,牙根宣露,牙齿松动,经常渗血或溢脓为基本特征的一种牙周疾病。

在辨证分型中,大致为三类:胃火炽盛,肾阴亏虚,气血亏虚。但临床往往表现在两方面:大多数患者辨证其本在肾,为虚;而其标在胃,为实。因此,要抓住主要矛盾,在施治原则上,用补肾泻火,补肾中以滋阴为主,泻火中又以除虚火为主。同时也应注意健脾益气,它既有助于滋肾,也利于清胃,然后再根据各型的特点,增减药物。

牙宣的处理,还应注意病情的缓急,如果炎症突出,则按先治其标的原则,采用汤药内服,先以清热解毒排脓;待炎症已控制,再服培肾固齿的药。如临床患者,全身证候表现不够典型,甚至很难分属哪一型,这时就以牙宣的局部特点为主要依据。

1. 牙宣的主要症状及局部体征有哪些?
2. 牙宣各型的辨证要点、治法及主方如何?

5.2.6 口 疮

1. 熟悉口疮的分型及病因病机
2. 掌握口疮分型的局部辨证,全身辨证和内服外用药物治疗原则及常用方药

口疮,是口腔黏膜受邪热蒸灼,或失于气血荣养所致,以局部出现小溃疡,表面凹陷,灼热疼

痛,反复发作为主要表现的疮疡类疾病。又称为复发性口疮,与复发性口腔溃疡相似。其发病不受年龄限制,女性略多于男性,可发生于口腔任何部位,有自限性,一般7天左右自行愈合。

5.2.6.1 病因病机

口疮病因较为复杂,多因内外因素交织所致,但其发病与心、脾、肾、肝等脏腑功能失调关系密切。临床上常分为实证与虚证两类。

(1) 实证

1) 心脾积热:过食辛辣厚味,嗜饮醇酒,脾胃积热或劳神过度,情志之火内发,蕴积心经,复感风、火、燥邪,引动心脾蕴热,循经上攻于口而发为口疮,也有因口腔不洁,或被损伤,邪毒乘机侵袭而致。

2) 肝经郁热:情志不畅,肝失条达,致冲任经脉不调,肝郁气滞,郁久化火,循经上行,上攻于口,发为口疮。

(2) 虚证

1) 阴虚火旺:素体阴虚,加以病后伤阴,或劳伤过度,或思虑太过等暗耗真阴,伤及心肾。阴液不足,虚火上炎,口舌受灼,溃烂成疮。

合理营养与口腔健康

合理营养是保障口腔健康的有效措施,很多口腔疾病是直接由营养不良所造成的,如某些口腔黏膜疾病。所谓合理,应包括:①尽可能地采取自然食品,要求量足质全。②食物应多采取新鲜、全质(如粗面),要求避免过分煮煎。③应多吃些具有适当硬度、比较粗糙而富有纤维的食品。④加强牙颌系统生长发育期的营养。⑤适当控制糖和精制的糖类食品。

2) 气血亏虚:素体虚弱或久病耗伤,而致气血不足,无以上荣,口腔肌膜失于气血荣养,卫外抗病能力减弱,邪毒易于侵犯,或余邪滞留,结于肌膜而为病。

3) 脾肾阳虚:禀赋阳虚,或久病过用寒凉之品,耗伤脾肾之阳,阳虚生寒,虚阳上浮,熏灼口腔;同时,阳气虚衰,温化失调,津液停滞,寒湿困于口腔,肌膜溃烂而成疮。

5.2.6.2 诊断依据

1) 以口腔黏膜出现单个或数个直径3~5毫米的溃疡,灼热疼痛为主要症状。

2) 起病较快,一般7天左右愈合。若此起彼伏,则病程延长。愈后常易复发。

3) 口腔检查:口腔黏膜溃疡较表浅,圆形或椭圆形,数量少则1~2个,多则10余个,表面有淡黄色分泌物附着,溃疡周围黏膜大多充血。

5.2.6.3 辨证论治

口疮的主要症状是局部溃疡,灼热疼痛。但病情有实证、虚证之分,病程有长短之别,症状亦有轻重异差。一般来说,实证者起病急,病程短,局部疼痛较剧,溃点大且数目多,周围黏膜红肿突起,甚至融合成片。虚证者发病缓,病程长,局部疼痛轻微,溃点小且数目少而分散,周围黏膜微红微肿,常有反复发作史。

临证时,必须四诊合参,综合局部与全身兼证,进行辨证论治。

(1) 实证

1) 心脾积热

主证 口疮多生于唇、颊、齿龈、舌面等处,有如黄豆大小圆形或椭圆形的黄白色溃烂点,中央凹陷,周围黏膜红肿突起,数目较多,甚则融合成小片状。灼热疼痛,说话或进食时加重。全身兼有发热,口渴口臭,心烦,大便干结,小便黄赤,舌质红苔黄,脉数。

治法 清心泻脾,消肿止痛。

方药 凉膈散加减。方中连翘、黄芩、栀子解毒而清膈上之热;大黄、芒硝泻热通便;甘草缓和上炎之火,薄荷载药上行,兼疏表邪。若以心经火热为主,可选用导赤散,以清心泻热;脾胃热盛为主,可选用清胃汤,以清脾泻热,凉血解毒。心脾两经热盛时,亦可选用导赤散合清胃汤加减。

2) 肝经郁热

主证 多见于女性患者,溃疡可发生在舌侧边缘、唇及其他部位,口疮大小不一,溃面灰黄,周围黏膜充血发红,常随情绪波动或月经周期而发作,多在行经前一周开始发生,一般有痛经或月经不调情况,可伴有胸胁胀闷,口苦咽干,心烦易怒,乳房胀痛,舌尖红,舌质暗红或有瘀点,苔薄黄,脉弦数。

治法 疏肝理气,泻火解毒。

方药 丹栀逍遥散加减。方以柴胡、薄荷疏肝解郁,当归、白芍养血柔肝,茯苓、白术、甘草健脾和胃,丹皮、栀子清肝凉血。可加桃仁、红花、川芎活血祛瘀,口苦咽干重者,可加龙胆草、黄芩;亦可用龙胆泻肝汤加减。

(2) 虚证

1) 阴虚火旺

主证 口疮反复发作,且多生于舌根或舌下,溃烂面呈灰白,周围黏膜微红微肿,溃点大小不等,数目较少而分散,有轻度灼痛。伴有头晕耳鸣、口干咽燥、五心烦热、腰膝酸软,舌质红少苔,脉细数。

治法 滋阴清热,降火敛疮。

方药 知柏地黄汤加减,方以知母、黄柏清热降火;熟地、山萸肉、山药滋肾阴、养肝血;泽泻、茯苓、丹皮泄肾浊、渗脾湿、清肝热。口渴明显者可加沙参、麦冬、芦根;阴虚肝旺者,可加夏枯草、决明子、龙胆草等;若见心烦失眠多梦属真阴亏耗,心肾不交者,宜黄连阿胶鸡子黄汤加枸杞子以滋阴养血,清降虚火,交通心肾。

2) 气血亏虚

主证 口舌生疮,反复发作,日久不愈,溃疡中央凹陷有白色伪膜,周围黏膜色淡,伴有少气懒言,乏力自汗,面色苍白,口唇色淡。舌质淡,苔薄白,脉沉细弱。

治法 健脾益肾,益气养血。

方药 八珍汤加减。方以四君子汤益气健脾,四物汤养血和血;加菟丝子、肉桂、山萸肉补肾益精。如症见心悸怔忡,食少不眠等心脾两虚者,可用归脾汤。

3) 脾肾阳虚

主证 口疮反复发作,迁延日久,溃点数目少而散在,疮面色白,周围黏膜不红肿。口淡乏味,涎液增多,疼痛不甚或仅饮食时痛。面色㿠白,形寒肢冷,下利清谷,腰膝或少腹冷痛,小便多,舌淡苔白滑,脉沉弱或沉迟。

治法 温补脾肾,祛寒敛疮。

方药 附子理中汤加减,方以理中汤湿中健脾,加附子温补肾阳。同时可加五倍子、苍术健脾燥湿收敛。以腰膝冷痛,小便清长等肾阳虚为主者,可用附桂八味丸加减,以温壮肾阳。

5.2.6.4 其他疗法

(1) 外治法

外治法宜选用消肿止痛,收敛生肌的药物,促进溃疡愈合。

1) 冰硼散、珠黄散搽患处,每天5~6次,用于实证口疮。

2) 锡类散、柳花散撒敷患处,每天5~6次,可用于虚证口疮。还可用吴茱萸粉加醋调成糊状,敷于双侧涌泉穴,每天或隔日换药一次,以引火归元。

3) 孩儿茶、柿霜未、煅龙骨、五倍子等研末吹敷患处,每天3~4次。

4) 用漱口方或浓绿茶含漱,每天10余次,多用于实证口疮。

(2) 针灸疗法

1) 针刺:主要选用廉泉、颊车、足三里、合谷、曲池、通里、神门、少冲等穴,每次选2~3穴,交替使用,中强度刺激,留针5~10分钟,上唇溃疡加人中,下唇溃疡加承浆,颊部溃疡加地仓,舌体溃疡选廉泉。

2) 穴位注射:取牵正、曲池、颊车、手三里等穴,每次取两穴,交替使用,每次注射维生素 B_1 0.5毫升,隔日一次。

3) 耳针:常用穴位如神门、内分泌、口、唇、舌、皮质下、心、脾、胃、肾上腺等。每次选3~4穴,针刺或用王不留行贴敷于穴位,每日稍加压力按摩3次,每次10分钟,每3日轮换穴位一次,双耳交替治疗。

4) 刺血疗法:常规清毒后,用三棱针或毫针在溃疡面上点刺放血。多用于溃疡红肿较甚的患者。

5.2.6.5 预防和护理

1) 生活起居规律,避免过度劳累,保持心情舒畅。

2) 注意口腔卫生,减少邪毒在口腔滞留的机会。

3) 少食辛辣肥甘之品,除去吸烟饮酒等不良嗜好。

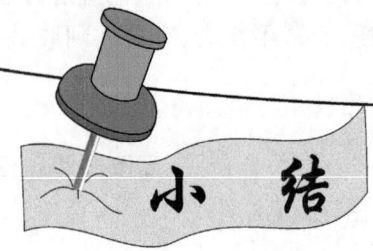

小 结

口疮是发生在口腔黏膜上的单个或多个豆样大小的小溃疡点。口疮有虚证、实证之分。实证口疮病理要点是心脾积热。在治疗上,当从心、脾两经着手,宜清热解毒、消肿止痛,可用凉膈散或黄连解毒汤加减。虚证口疮的病理要点是阴虚生内热、虚火上炎,阴虚之中又以心肾阴虚为多见。在治疗上当以滋养阴血、清降虚火为主。此外,由于脏腑不同,又有阴虚、血虚之异,所以在临床上又当根据具体辨证来立法处方,阴虚日久,阴损及阳,或在治疗上过用寒凉,损伤阳气,也可出现肾阳虚或脾胃虚寒证口疮,在治疗上要注意与实证口疮和阴虚火旺证口疮区别。口疮的外治法如能与内治法配合应用,往往可收到良好的效果,针灸对口疮亦有较好的疗效。

1. 口疮的诊断依据是什么？
2. 实证口疮的病机要点是什么？怎样进行治疗？
3. 虚证口疮的病机要点是什么？如何辨证治疗？

5.2.7 口 糜

1. 了解本病的病因病机
2. 熟悉本病的主要症状特征
3. 掌握本病的辨证和治疗

口糜是指因湿热内蕴，上蒸口腔所致的，以口腔肌膜糜烂成片，口气臭秽等为主要表现的疮疡类疾病。小儿患者，口内肌膜白屑满布，状似鹅口，故称鹅口疮，或称雪口。相当于口腔念珠菌病。该病多发于哺乳期婴儿或长期使用大量抗生素、免疫抑制剂的衰弱成人和儿童。

5.2.7.1 病因病机

（1）心脾积热

过食辛辣煎炒，膏粱厚味，以致心脾积热循经上炎于口，灼腐肌膜，逐成口糜；或因胎中伏热，蕴积心脾，上蒸于口舌，与湿浊交结而致。

（2）膀胱湿热

外感湿热，蕴结膀胱，或饮食不节，湿热内生，下注膀胱，膀胱移热于小肠，上蒸口舌而发病。

（3）脾虚湿热

素体脾虚，或久病过用寒凉之药，损伤脾胃。脾气虚，则运化失职，水湿不化，湿浊内停，久而化热，湿热熏灼口舌而为病。

婴幼儿慎用广谱抗生素

婴幼儿脏腑娇嫩，免疫功能尚不健全，使用广谱抗生素极易导致体内微生态环境的破坏，引起如口腔念珠菌病等相关病变。因此，使用抗生素时尽可能根据病情有针对性地使用，广谱高效并非最好。如必须使用广谱抗生素时，也不宜时间过长，同时应注意加强调护。

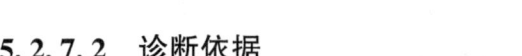

5.2.7.2 诊断依据

1）以口腔黏膜糜烂成片状，其上有白色腐物如糜粥样，局部红肿作痛为主要症状。

2）口内有特殊臭味，并自觉口甜。

3）多见于婴儿或久病之人。

4）涂片镜检可发现白色念珠菌。

5）鉴别诊断：口糜应与口疮相鉴别。口疮黏膜呈点状溃疡，中央凹陷，周围绕以红晕。溃点单个或多个，散在，偶有融合成小片状，表面覆以假膜，可发生于大人或小儿，局部疼痛，全身症状轻微，常易反复发作。

5.2.7.3 辨证论治

（1）心脾积热

主证 口腔黏膜红肿，斑点较多，表面满布白屑，状似凝乳，局部灼热疼痛，全身可伴发热、口干，心中烦热，饮食不便，便秘溲赤，小儿可见吮乳不便，烦躁啼哭，流涎等，舌红苔黄，脉滑数。

治法 清心泻脾，利膈通便。

方药 凉膈散合导赤散，方以导赤散，清热利湿，导热外出，配以凉膈散清热凉血，泻火通便，可加泽泻、茯苓利湿除腐，桔梗引药上行，牛蒡子、玄参清解上炎之热毒。

（2）膀胱湿热

主证 患处黏膜红肿灼热，口内斑点较多，表面覆有大量白腐物，疼痛，口臭或口有甜味，不欲饮食，发热，小便短赤，舌苔黄腻，脉滑数。

治法 清热利湿，祛腐解毒。

方药 加味导赤散，方以导赤散清热利湿，再配泽泻，茯苓加强利湿清热作用，黄连、黄芩、银花、牛蒡子、玄参清解上炎之火，桔梗、薄荷引药上行，祛腐解热。若热邪不甚，湿浊较著，症见口内白腐物较多，小便短少，苔滑腻者，可用五苓散合导赤散，以清利湿浊。

（3）脾虚湿热

主证 多在病后复患本病，口内黏膜斑点较少，可密集成片，也可散在多发，白腐物不甚多，患处不痛或疼痛轻微。全身可见口干少津不欲饮，纳差，大便溏泄，体倦乏力，面色无华，舌淡苔白或腻，脉濡细或濡数。

治法 健脾益气，利湿清热。

方药 连理汤加减。方以党参、甘草益气健脾，补土和中；白术、茯苓健脾祛湿；干姜温中健脾，黄连清热燥湿。若糜烂延及咽喉，日轻夜重，此为阴分已伤，邪热又盛之证，宜用少阴甘桔汤加马勃、黄连、青天葵治疗。以清热燥湿，养阴利咽。

5.2.7.4 其他疗法

其他疗法主要是外治法，宜清热解毒，祛腐生肌。

1）先以漱口方煎水含漱，并以消毒纱布蘸药汁拭去白腐物，也可用2%~4%碳酸氢钠溶液含漱或擦拭口腔使之呈碱性，以抑制念珠菌生长。

2）用冰硼散、青吹口散撒患处。

5.2.7.5 预防和护理

1）哺乳期婴儿，久病患儿应注意口腔卫生，经常用淡盐水或者2%碳酸氢钠溶液漱口或擦拭口腔。哺乳器,乳母乳头也应保持清洁。

2) 孕妇或乳母饮食宜清淡,少食辛辣煎炒之品,避免心脾积热。

3) 婴幼儿鹅口疮的发生,与胎产有一定关系。要注意孕期卫生,正确接生,以避免或减少本病发生机会。

4) 不要滥用抗生素,需长期服用者,要注意加强调护,以防止本病的发生。

口糜是口腔肌膜糜烂成片、表面覆以白腐膜如糜粥样,有特殊臭气的口腔疾病。口糜发于小儿者称鹅口疮。本病病理特点是湿热上蒸口腔,所以,在治疗上以清利湿热为主。由于湿热郁积生毒,腐烂肌膜,故又当配以解毒祛腐之法。可用加味导赤散治疗。但临床上又有偏热、偏湿,兼脾虚、兼阴虚的不同,故在治疗上又要随证变化。如湿盛者可用导赤散合五苓散治疗,热盛则可用凉膈散,脾虚湿盛可用连理汤,阴伤热盛夜重日轻者可用少阴甘桔汤加马勃、黄连和青天葵。

外治法对口糜病有重要意义。要注意治疗的方法,并注意与内治法的配合运用。

1. 口糜的主要症状是什么?与口疮有何不同?
2. 口糜的病机特点是什么?
3. 试述口糜的内外治法。

6 耳鼻咽喉口腔的常用检查法

耳鼻咽喉口腔的检查需借助专科器械与人工照明。一般检查者与被检查者对面而坐,光源(常用60~100瓦的电灯)置于被检查者右后侧,稍高于耳部,检查者头戴额镜,使镜孔置于一眼之前,光线投照于额镜上,转动额镜,使最佳聚焦点反射于检查处(图6-1)。

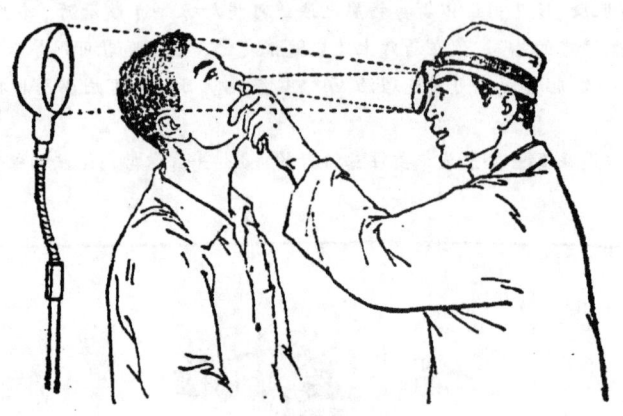

图 6-1 耳鼻咽喉检查的光源

6.1 耳的常用检查法

6.1.1 外耳检查法

(1) 视诊

观察耳郭的形状、大小及位置,有无畸形、红肿、裂伤等,注意耳后有无脓肿,耳周有无瘘口、赘生物及皮肤损害等。

(2) 触诊

触诊乳突部有无压痛,耳周淋巴结是否肿大。指压耳屏或牵拉耳郭时,是否出现疼痛或疼痛加剧现象,如是则示外耳道炎或疖肿。

6.1.2 耳镜检查法

耳镜检查法主要是检查外耳道及鼓膜。选择大小适宜的耳镜置于外耳道内。如被检者是成人,应将其耳郭上部牵向后上方,如检查儿童,则应将耳郭下部向后下方牵拉,使外耳道变直,以便观察。检查时应注意外耳道内有无耵聍栓塞、异物,外耳道皮肤是否红肿、有无新生物、狭窄、骨段后上壁塌陷等。如有耵聍、异物、分泌物等,应清除之。

鼓膜的检查,在临床上有十分重要的意义。在检查时,应注意鼓膜的颜色、标志是否正常,有无穿孔及穿孔的部位等情况。正常的鼓膜呈灰白色且有光泽,鼓膜前下方有一反射光锥。当鼓室有急性或慢性炎症时,鼓膜可出现充血、变厚、石灰沉着及瘢痕等病变。鼓室内有病变,鼓膜的正常标志可消失。如咽鼓管堵塞,鼓室气压减低,则鼓膜内陷,锤骨柄后移,光锥不完整,锤骨短突和前后皱襞更为明显。如有鼓膜穿孔,应注意穿孔的位置、大小及形状。如外伤性穿孔,多不规则,呈裂缝状或锐角形。急性炎症的穿孔,呈针尖状,多伴有液体搏动。慢性炎症的穿孔如在松弛部,多为胆脂瘤所致。如为中央性穿孔,则多见于单纯型化脓性中耳炎(图6-2)。

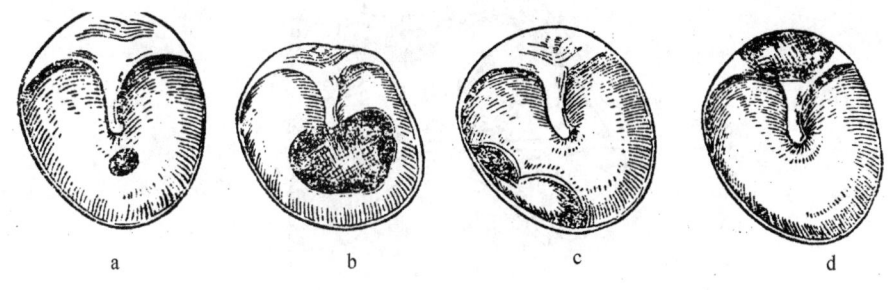

图 6-2 鼓膜穿孔的位置
a. 鼓膜中央性穿孔;b. 鼓膜大穿孔;c. 鼓膜边缘性穿孔;d. 鼓膜松弛部穿孔

用鼓气耳镜,可以观察鼓膜的活动度。检查时,将适当大小的鼓气耳镜置于外耳道内,使耳镜与外耳道皮肤贴紧,然后挤压橡皮球,此时鼓膜向内移动,放松橡皮球时,鼓膜就向外移动。若鼓膜有粘连,挤压橡皮球时无移动。利用此镜,还能进行瘘管试验。

6.1.3 咽鼓管检查法

咽鼓管的功能与中耳的生理功能密切相关。其检查方法较多,常用的有咽鼓管吹张法、鼓室滴药法、咽鼓管造影术等。兹介绍简便易行的咽鼓管吹张法。本法主要用于鼓膜无穿孔者,上呼吸道有急性感染、鼻腔或鼻咽部有脓液、溃疡、新生物者忌用。

(1) 吞咽试验法

吞咽试验法有两种方法,一是将听诊管两端的橄榄头分别置于受试者和检查者的外耳道口,然后请受试者做吞咽动作,咽鼓管功能正常时,检查者可听到"嘘嘘"声。二是请受试者做吞咽动作,此时观察其鼓膜,如鼓膜随吞咽动作而向外运动,示功能正常。

（2）捏鼻闭口呼气法

受试者以手指紧压两侧鼻翼，同时上下唇闭紧用力呼气，咽鼓管通畅者，此时呼出的气体经鼻咽部循两侧咽鼓管咽口冲入鼓室，检查者可从听诊管内听到鼓膜的振动声，或可看到鼓膜向外运动。

（3）导管吹张法

鼻腔以1%麻黄素和1%地卡因收缩、麻醉。检查者手持导管末端，前端弯曲部朝下，插入前鼻孔，沿鼻底缓缓伸入鼻咽部。当导管前端抵达鼻咽后壁时，将导管向受检侧旋转90°，并向外缓缓退出少许，此时导管前端越过咽鼓管圆枕，落入咽鼓管咽口处，再将导管向外上方旋转约45°（图6-3），并以左手固定导管，右手将橡皮球对准导管末端开口吹气数次，同时经听诊管听诊，判断咽鼓管是否通畅。其通畅时，可听到轻柔的吹风样声及鼓膜振动声；其狭窄时，可听到断续的"吱吱"声或尖锐的吹风声，无鼓膜振动声，或只有很轻微的震动声。鼓室有积液时，可闻及水泡声。此法在操作时动作要轻柔，吹气时用力要适当，用力过猛可致鼓膜穿孔。吹张前应清除鼻腔或鼻咽部的脓液、痂皮。

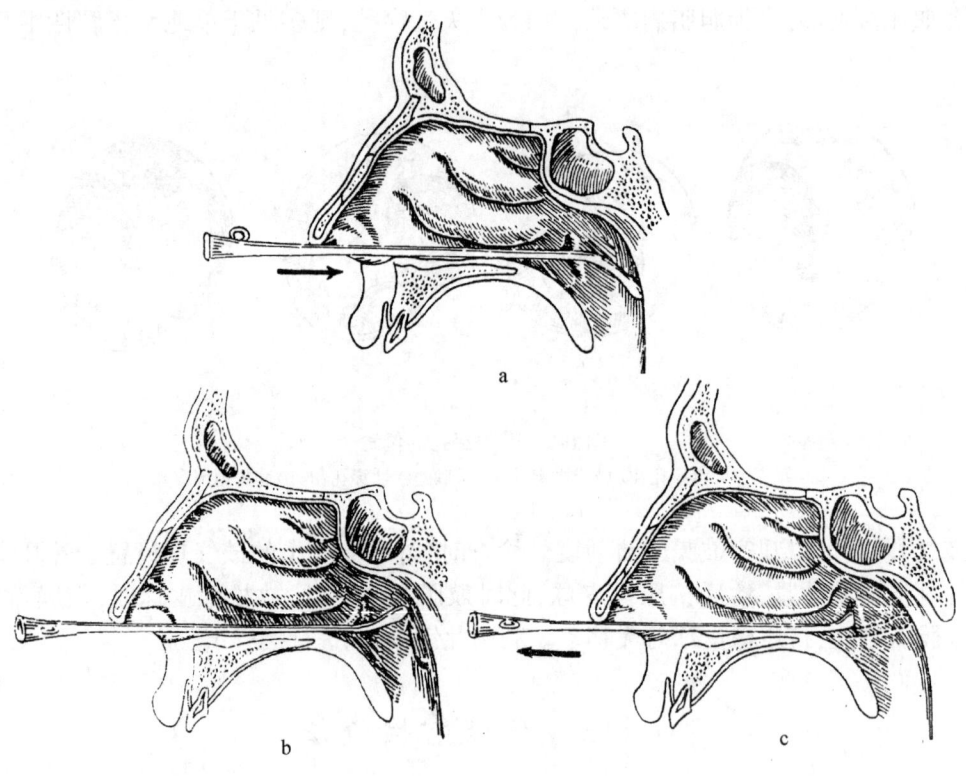

图6-3 导管吹张法

6.1.4 X线检查法

颞骨的X线摄片是耳部疾病的重要检查方法之一。常用的投照位有伦氏位、麦氏位、斯氏位等。急性乳突炎多显示气房混浊或形成脓腔。慢性中耳炎和乳突炎并有胆脂瘤者，多显示边缘整齐的孔洞，没有胆脂瘤的慢性中耳炎和乳突炎多显示为松质或硬化型乳突。

6.1.5 听力检查法

通过听力检查,可测定听力是否正常、听力障碍的性质及程度。常用方法有以下几种:

(1) 语音试验

被检查者闭眼侧坐,被检者耳朝向检查者,用手指堵塞另侧外耳孔。检查者于6米外用耳语发音,内容以熟悉的词句为宜,如广州、北京、工作、生活等。嘱被检者重复听到的声音。如被检者听不到,可缩短距离,重新检查,以听到为止。一般正常人能听到6米距离的耳语,如被检者在3米处才能听到耳语,则以3/6表示被检者的听力。用同法测定另侧耳。

(2) 音叉试验

音叉试验(图6-4)为门诊最常用的听力检查法。常用频率为256次/秒,或512次/秒的音叉进行检查。

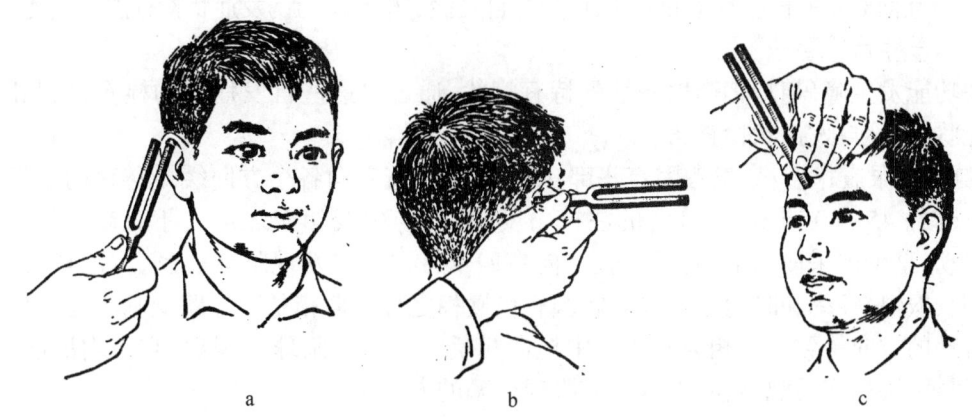

图6-4 音叉试验法
a. 气导检查法;b. 骨导检查法;c. 骨导偏向检查法

1) 气导、骨导比较试验(Rinne test,RT):此法旨在比较受试耳气导和骨导的长短。先将音叉振动后,使其股部接近被检耳外耳孔处,以检查空气传导,至检查者不能听到声音后,立即移动音叉,将其柄部接触乳突部的鼓窦区,以检查骨传导。如此时被检者仍能听到声音,表示骨导大于气导,此试验为阴性(-)。重新振动音叉后以检查骨导,至被检者听不到声音后立即移音叉检查气导,如此时被检者仍能听到声音,则表示气导大于骨导,此试验为阳性(+)。正常听力,气导大于骨导约1~2倍,传导性聋为骨导大于气导;神经性聋则气导大于骨导,但气导、骨导时间均较正常耳缩短。

2) 骨导偏向试验(Weber test,WT):将振动音叉的柄部放在被检者颅骨中线上,询问被检者何侧听到声音。正常人或两耳骨导能力相等者,感觉声音在中央;传导性耳聋,声音偏向患侧或较重的患侧;神经性耳聋,声音偏向健侧或较健侧。

3) 骨导比较试验(Schwabach test,ST):此方法是比较受检者与正常人的骨导听力。将振动音叉的柄部放在被检者的乳突部鼓窦区,至听不到声音时,立即移至检查者的鼓窦区(检查者的听力必须正常),如此时检查者仍能听到声音,表示被检者的骨导较正常人缩短,反之为延长。正常听力,被检者与检查者骨导时间相等;传导性耳聋,骨导时间延长;神经性耳聋,骨导时间缩短。

(3) 听力计检查

这是较为准确的检查方法,可确定听力减退的性质与程度。听力计可发出各种不同频率的纯音,并可调节其强度。患者听力损失以分贝(dB)计算,检查时,将空气传导和骨传导检查的记录做成听力曲线。正常听力:空气传导和骨传导都在零的水平。传导性聋:空气传导低音损失较高音为甚,骨传导则正常或接近正常。神经性耳聋:骨传导损失与空气传导损失相同或较甚,空气传导高音损失较低音为甚。混合性耳聋:空气传导低音和高音损失约在同一水平,或高音较重,骨传导损失较轻。

6.1.6 前庭功能检查法

前庭功能系指前庭器的平衡功能。前庭功能检查法,系通过对于自发性或诱发性前庭症状的观察,借以判断前庭系的机能状态的方法,可分为自发症状检查法与诱发症状检查法两大类。

(1) 自发症状检查法

前庭功能发生障碍时,将产生一系列特有症状,通过对这些自发症状的检查,以判断前庭系的功能状态,称自发症状检查法。

1) 自发性眼震检查:令患者固定头部,嘱其注视检查者向各个方向缓慢移动的手指,手指距病人眼球约45~60厘米,受检者的注视角度(视线与中线相交之角),不宜超过45°~50°。手指的移动,至少须采取向上、向下、向左、向右四个方向。如发现眼球震颤,应注意其震颤的种类、方向、振幅、频率和时间等。眼球震颤有快慢相之分。慢相是因迷路受刺激而产生,它与内淋巴流动的方向一致。快相为皮质下中枢向相反方向调节眼球的现象,它与内淋巴的流动方向相反。因快相容易观察,故以其代表眼球震颤的方向。

眼球震颤的轻重程度,可分为三级:

第一级　患者凝视向快相方向始有眼球震颤者。

第二级　患者向前注视时发生眼球震颤者。

第三级　患者眼球转向任何方向,均发生眼球震颤者。

眼球震颤可分为三种类型。区别其类型,可判断眼球震颤发生的原因。

周围迷路性眼球震颤　眼球震颤为水平或旋转性,有快慢相之分。病变较轻时,眼球震颤多向患侧,病变严重时,眼球震颤多向健侧。常伴有突发性眩晕及恶心、呕吐,眩晕的程度与眼震的强度相呼应,多伴听力减退或耳鸣。

中枢性眼球震颤　其特性是重度的眼球震颤,震颤的方向不一,可能为水平、垂直、或旋转、或倾斜等。持续时间较长,可达数月甚至数年,强度可能逐渐增加。不一定伴有眩晕、恶心及呕吐,即使有,也可能与眼震的强度不相呼应,听力常无改变。

眼病性眼球震颤　系眼部疾病所致。其特性是眼球向各个方向急速地不规则地颤动或游动,常无快、慢相之分,多不伴有眼部以外的症状,可存在数年,如伴眩晕,多发生在用目力过久之时,闭眼休息后即可减轻。

2) 自发性倾倒症状检查:令患者闭目,双脚并拢直立,两手手指互扣胸前向两侧紧拉,注意有无倾倒。因前庭病变发生的倾倒,倾倒的方向将向其眼震的慢相一侧,头部转动时,偏倒的方向可能随之改变。

3) 偏过定位试验　正常人虽将双目闭合，仍能察觉身体所在的位置，并能辨别方向。前庭因病变或进行试验刺激后，如无视觉协助，定位就会发生紊乱，此称为偏过定位。利用这种现象进行的前庭功能试验称偏过定位试验。试验方法是检查者与受检查对坐，伸出一指，令患者高举一上肢，向下移动，用食指接触检查者的食指。先睁眼试之，后闭目检查。如迷路有病变，闭眼时不能正确指向预定目标，手指恒偏向眼震慢相一侧（或前庭功能较弱的一侧），且双手皆然。

(2) 诱发症状检查法

对前庭系的某一部分，施加生理性或非生理性的刺激，诱出前庭反映，观察这些反应的程度、性质和其他特点，用以判断前庭功能状态，称诱发症状检查法。

1) 冷热试验：分别将 30℃ 和 44℃ 的水冲入外耳道直达鼓膜，观察被检者眼球震颤的振幅、频率、时间和方向，以了解被检者的前庭功能。

2) 旋转试验：令被检查者坐在旋转试验椅上，脚踏在试验椅的足板上，将头固定在稍向前倾 30° 的位置，则两侧水平半规管呈水平位，用每 20 秒钟转 10 周的速度向右侧旋转 10 周，然后突然停止，令受检者注视正前方，观察其眼球震颤的方向、类型和时间。休息 5~10 分钟后，用同样的方法再向左侧旋转。如将头固定在向后 60° 或向前 120° 的位置上，则可检查上垂直半规管和后垂直半规管。

试验水平半规管时发生水平性眼球震颤，试验垂直半规管时，则发生旋转性眼球震颤。

当头稍向前倾 30°，向右旋转突然停止时，左侧水平半规管的内淋巴液流向壶腹部，发生的眼球震颤快相向左。正常眼球震颤持续时间为 30 秒，如眼球震颤的时间延长至 1~3 分钟，也不一定说明前庭有病变，可能为前庭过敏所致。如眼球震颤时间少于 20 秒，则表示前庭不易受刺激。此外，前庭病变常可导致眼球震颤时间的缩短。

3) 瘘管试验：本法一般用于怀疑有迷路瘘管的病人。先用希格耳镜放入外耳道内塞紧，交替捏紧和放松橡皮球，以向外耳道内交替加压和减压，同时观察受试者的眼球运动及自主神经系统症状。当骨迷路由于各种病变而形成瘘管时，则会出现眼球偏斜或眼震，伴眩晕感。

6.2　鼻的常用检查法

6.2.1　外鼻的检查法

外鼻的检查主要观察外鼻有无畸形，皮肤有无变色、肿胀或皮肤损害等，触诊可检查有无压痛、骨折等。

6.2.2　鼻前庭的检查法

嘱受检者头稍后仰，检查者以拇指将其鼻尖推起，再左右推动即可检查。注意鼻前庭皮肤有无肿胀、溃疡、结痂、皲裂等。

6.2.3　鼻腔的检查法

鼻腔的检察法是鼻部检查的重点，可分为前鼻镜检查法与后鼻镜检查法。

(1) 前鼻镜检查法

检查者一手持前鼻镜，以拇指及食指捏住前鼻镜的关节（或拇指附于关节处，食指附于受检者鼻尖），其一柄贴于掌心，余三指握于另一柄上司前鼻镜的关启（图6-5）。另一手扶持受

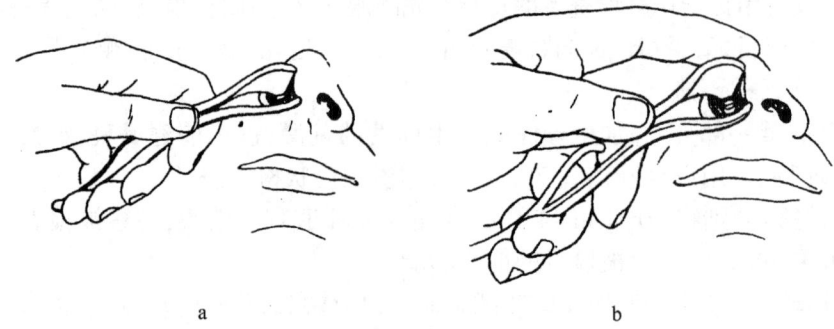

图6-5 前鼻镜的使用法

检者的面颊部或顶部以调整其头位。将鼻镜的两个扩张叶合拢，与鼻底平行伸入鼻前庭，然后慢慢打开鼻镜的两叶。前鼻镜不可放入过深，不能超过鼻阈，以免引起疼痛或损伤鼻中隔黏膜引起出血。

鼻腔检查的顺序，一般可按由鼻下部向上部，由鼻前部向后部，由内壁向外壁的次序进行。

被检者头部略向前低下时，可见鼻腔底部、鼻中隔前部和下部、下鼻甲下部和下鼻道；若头向后仰30°~60°，可见鼻中隔上部和后部、鼻丘、下鼻甲上部、中鼻甲、中鼻道。正常鼻黏膜呈淡红色、湿润、光滑，鼻甲黏膜柔软而有弹性，各鼻道及鼻底无分泌物潴留。

检查中应注意鼻甲有无充血、水肿、肥大、干燥及萎缩等，中鼻甲有无息肉样变，各鼻道中有无分泌物潴留以及分泌物的性质等。还应注意鼻中隔有无偏曲、穿孔、出血点、糜烂、溃疡、血管曲张、黏膜肥厚、鼻腔内有无异物、息肉或肿瘤等。

(2) 后鼻镜检查法

后鼻镜检查法用以检查鼻咽部及鼻后孔。被检者头略前倾，张口，用鼻呼吸。将后鼻孔镜在酒精灯上稍微加热。以免镜面生雾，并将镜面在检查者手背上测试一下，温度是否合宜，然后将额镜的反射光线照射于咽后壁。检查者左手持压舌板将舌前2/3压下，右手持后鼻孔镜，将其放入软腭后方（图6-6），在悬雍垂与咽后壁之间，镜面向上，转动镜面，可以看到鼻咽腔顶部、咽鼓管隆突和开口、咽隐窝、鼻中隔后缘及各鼻甲的后端（图6-7）。注意有无炎症、脓液、肿瘤等。如被检者反射敏感，可用2%地卡因做咽部喷雾。

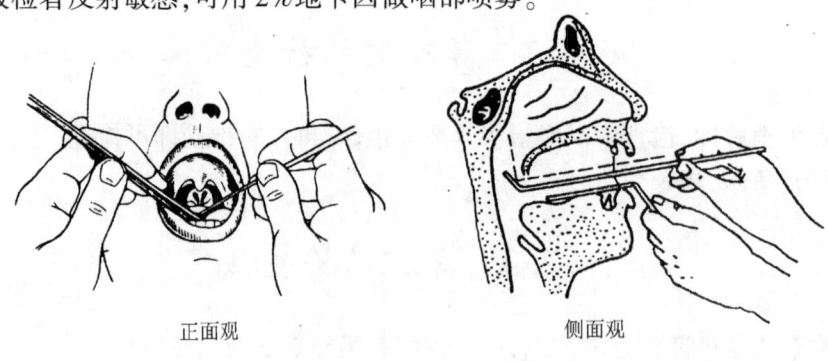

正面观　　　　　　　　　侧面观

图6-6 后鼻镜检查法

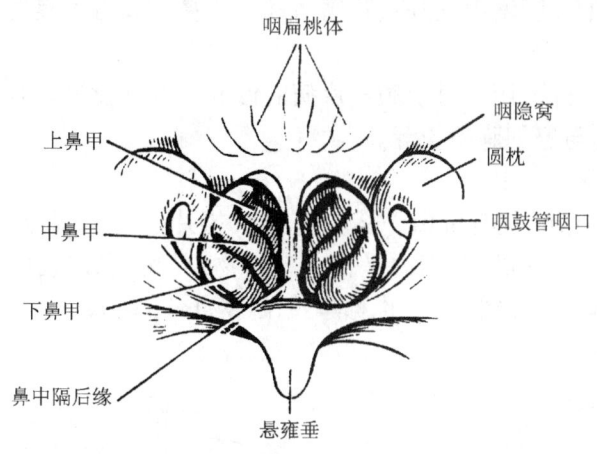

图 6-7 后鼻镜检查时的正常图像

6.2.4 鼻窦的检查法

(1) 触诊及前鼻镜检查

在急性鼻窦炎期,往往可在鼻窦骨壁较薄处查知有压痛点,根据压痛点的位置,可以帮助判断是哪一个鼻窦发炎。如额窦炎的压痛点在眼眶内上部,筛窦炎的压痛点在眼眶内壁;上颌窦炎在犬齿窝有压痛;蝶窦、后筛窦炎症状剧烈时,眼球可有压痛。通过前鼻孔镜检查,可以观察到鼻黏膜的改变及鼻道的引流情况,以此来帮助诊断鼻窦炎。如前组鼻窦炎引流在中鼻道,后组鼻窦炎引流在上鼻道、嗅裂。

(2) 头位引流法

头位引流法以检查上颌窦最有用。先将鼻腔内的脓液拭净,再用2%麻黄素棉片收缩中鼻道及嗅裂黏膜,以使窦口通畅。然后让受检者头部倾侧在一定位置上约15分钟,再行鼻前、后孔镜检查,判断脓液的来源。在检查上颌窦时,将头向对侧偏倒而使受检侧上颌窦居于上方,如见中鼻道内又有脓流出,表示脓从上颌窦来;如未见脓,须做后鼻孔镜检查,因从上颌窦流出的脓也可流入鼻腔后部。检查前组筛窦则头稍向后仰,查后组筛窦则稍向前俯;查额窦,头直立,查蝶窦须低头,面向下将额部或鼻尖抵在桌面上。

(3) 透照法

透照法用以检查上颌窦及额窦,对上颌窦的诊断价值较大。此检查须在暗室内进行。鼻窦透照器为一细长的管子,一端装有小灯泡,另一端接于电源。将透照灯放在眼眶内上部,使光线向上放射,前额部可见显示额窦大小的鲜红色光亮区。如将消毒的透

图 6-8 透射法检查额窦及上颌窦示意图

照灯放入被检者口中,顶住硬腭中部和后部,被检查者闭口,在下睑部可出现一月牙形的红色光亮区(图6-8),同时同侧瞳孔内也发出红光,患者闭眼时,亦自觉眼内发亮。如透明区黑暗,

则说明鼻窦内有病变,如黏膜增生、肥厚、肿瘤、脓液,或鼻窦发育不良等。

(4) 上颌窦冲洗法

它是临床上常用的方法,用于对上颌窦疾病的诊断。要注意冲出物的性质和数量,必要时可将冲出物做细菌培养与癌细胞检查等。

(5) 鼻窦 X 线检查法

此法对鼻窦疾病的诊断很有价值。从鼻窦 X 线摄片上可了解鼻窦的形状、大小,黏膜是否增厚,骨壁及周围组织有无破坏,窦内是否有分泌物、异物、息肉、肿瘤等。常用的拍片位置有鼻颏位(nose-chin position)(图 6-9),也称华特位(Water position)。主要用于检查上颌窦,也可显示筛窦、额窦和眼眶。

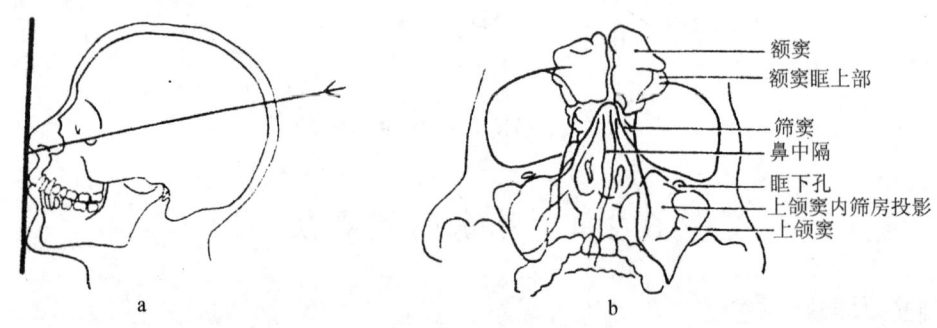

图 6-9 鼻颏位
a. 投照位置;b. 投影

(6) 计算机 X 线断层摄影术(CT)

计算机 X 线断层摄影术能详尽地显示鼻窦等处的肿瘤或囊肿的轮廓、范围,明确肿瘤是否侵入颅内、眶内、翼腭窝等,颅底骨质破坏情况也可明确显示。对于常规 X 线检查不能明确诊断的病例,可进一步提高诊断率。

6.2.5 嗅觉检查

用小瓶分装各种有气味的液体,如酱油、醋、香水、酒精等,让受检者嗅闻分辨。此法只能检查嗅觉的有无。

6.3 咽喉的常用检查法

6.3.1 咽部检查法

被检查者正坐张口,检查者手持压舌板,将其舌头轻轻压下。压舌板的远端宜置于舌前 2/3 与舌后 1/3 交界处,不可过深,过深易引起恶心呕吐。对反射敏感者,可先用 1% 地卡因溶液喷雾 1~2 次后再检查。

要注意观察咽部的形态变化、黏膜的色泽,有无充血、肿胀、隆起、溃疡、干燥、脓痂、假膜及异物等。检查扁桃体及咽壁和前后腭弓,除查看扁桃体的形态外,还应注意隐窝口处有无分泌物。

6.3.2 鼻咽部检查法

鼻咽部检察法即后鼻镜检查法,见鼻的检查法。

6.3.3 喉咽部检查法

喉咽部检察法即间接喉镜检查法。受检者正坐,张口,将舌伸出。检查者用纱布包裹舌前1/3,以左手拇指和中指捏住舌前部,把舌拉向前下方,食指推开上唇抵住上列牙齿,以求固定。右手持间接喉镜,镜面在酒精灯上稍微加温后,将喉镜伸入咽内,镜面朝向前下方,镜背紧贴悬雍垂前面,将软腭推向上方(图6-10)。检查者可根据需要,转动镜面,调整镜面的角度和位置,便可观察到舌根、会厌、会厌谿、喉咽侧壁、梨状窝等处。然后嘱受检者发"衣"的声音,使会厌上举,此时可看到会厌喉面、杓状会厌襞、杓间区(位于两侧杓状软骨之间)、室带及声带与其闭合情况(图6-11)。要注意的是,间接喉镜内的影像与实际喉部的位置乃前后颠倒而左右不变。

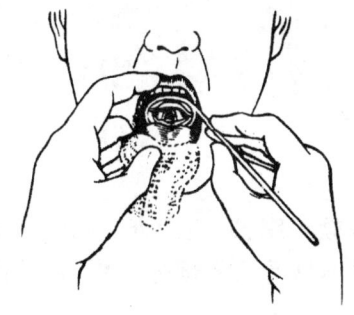

图6-10 间接喉镜检查法

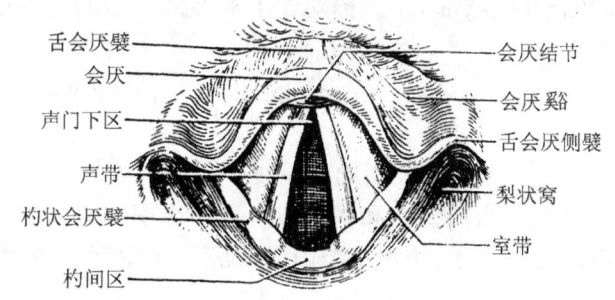

图6-11 间接喉镜下所见正常喉像

在正常情况下,喉及喉咽左右两侧对称,梨状窝无积脓,黏膜呈淡红色,声带为白色条状,发"衣"的声音时,声带内收,向中线靠拢,深吸气时,分别向两侧外展,此时,通过声门可看到声门下区或气管前壁的气管环。

检查时应注意观察喉的黏膜有无充血、增厚、溃疡,有无新生物或异物等,还应注意声带及杓状软骨的运动情况。

6.3.4 直接喉镜检查法

直接喉镜检查法系借助直接喉镜,使口腔和喉腔处于一条直线上,以便视线直达喉部,进行喉腔内的各部检查,以及在喉内施行手术治疗。如钳取异物、息肉、采取活组织等。

直接喉镜虽不是喉的常规检查法,但可以弥补间接喉镜检查之不足。

6.3.5 纤维喉镜检查

纤维喉镜是利用透光玻璃纤维的可曲性,纤维光束亮度强和可向任何方向导光的特点,制成的镜体细而软的喉镜。操作需在表面麻醉下进行。检查者左手握镜柄的操纵体,右手指持镜干远端,轻轻送入鼻腔,沿鼻底经鼻咽部,进入口咽,在调整远端、伸至喉部时,可观察会厌、杓状会厌襞、室带、声带、喉室、前连合、后连合和声门下区。并能看清会厌喉面、喉室等直接喉镜下不能检查到的部位。

6.3.6 喉动态镜检查

喉动态镜又称喉闪光镜,是一种电子仪器,它能发出不同频率的闪动光线。用这种光源来观察声带运动时,可将高速度的声带连续运动变慢或使其呈相对静止状态,使能够看清在间接喉镜检查时所不能看清的声带细微的变化,临床上用以检查声带早期病变、鉴别声带麻痹与环杓关节固定等,还可用于音域测定及发声生理的研究。

6.3.7 喉 X 线检查

喉部 X 线检查方法有透视、平片、体层片、喉造影和 CT 扫描等,常用于喉部肿瘤,异物等疾病的诊断,喉部 CT 扫描对于了解喉部肿瘤的范围很有价值。

6.4 口腔的常用检查法

口腔的检查常需借助口镜、探针、镊子等器械。

口镜 由口镜头和柄组成。用于牵引或推拉唇、颊、舌等软组织,以便检查。同时又可利用镜面反射光线,增加口腔内受检部位的亮度。同时,凡直视不易看清的部分,也可从镜面中反映出来。

探针 双头探针两端形状弯曲不同,具有锐利的尖端,用以检查牙的沟、裂、点隙和有无龋洞、牙本质的感觉状况、牙周袋的深度与龈下结石,也可探查牙龈瘘管的深度和方向。

镊子 反角式口腔镊子镊尖闭合严密,可检查牙齿的松动度,镊柄可作牙齿叩诊。

口腔的一般检查包括以下几种

(1) 望诊

1) 颌面部:发育与对称情况,有无畸形、肿胀、包块、窦道等,颞下颌关节的功能状态是否正常。

2) 牙齿:牙齿的排列及咬合关系、数目、形态、颜色、有无龋洞、残根、残冠等。

3) 牙龈:观察牙龈的外形、颜色与质地、有无溢脓、色素沉着、窦道、肿物等。

4) 黏膜:观察有无肿胀、糜烂、溃疡、角化过度、色素沉着及斑块等。

5) 舌:检查舌的大小、形态及功能活动情况。注意舌乳头是否充血、肥大,舌面有无沟纹、溃疡或新生物,舌体有无畸形、肿胀等。

(2) 探诊

1) 探查龋洞的位置、大小及深浅。

2) 检查牙周袋的位置及深度、龈下牙石的数量和分布情况等。正常龈沟的深度为 0~2 毫米。

3) 探测窦道的方向和深度、有无游离的死骨形成等。

(3) 叩诊

叩诊用镊子柄轻轻叩击，先叩正常牙，再叩患牙，注意有无叩击痛及叩痛的程度。

(4) 牙松动度检查法

牙松动度检查法用镊子夹住牙齿，轻轻摇动，以观察牙齿的松动程度。

此外，还有扪诊、嗅诊等检查方法。

(5) X线摄影检查

X线摄影检查用以检查龋洞的部位、范围及深度，根尖周围组织的病变情况、阻生牙的位置等。

附　中医耳鼻咽喉口齿部位名称对照表

中医名称	西医名称	中医名称	西医名称
窗笼	耳	蔽 耳眩	耳屏
耳轮 耳壳	耳郭	耳膜	鼓膜
耳垂珠 耳坠	耳垂	耳根	耳后连头部处
耳门	外耳道口	完骨 寿台骨	颞骨乳突部
明堂 元牝	鼻	鼻柱	鼻中隔
頞中 印堂	鼻根上部	鼻隧	鼻道
頯 山根 下极 王宫	鼻根下部	鼻洞 畜门	前鼻孔
鼻茎 天柱	鼻梁	鼻须	鼻毛
鼻准 鼻头 准头	鼻尖	鼻柱骨 鼻茎	鼻中隔骨
颧 面王 方上	鼻翼		
咽 嗌 咽嗌 喉嗌	咽喉的混称	结喉	喉结
喉 喉咙 咽头 咽门	口咽	唇门 飞门	唇
喉关	咽峡	舌柱	舌系带
喉核	(腭)扁桃体	口庭	口腔
蒂丁 喉花 小舌 帝钟	悬雍垂	口津 口涎 口水	唾液
喉底	咽后壁	口骨	构成口腔之骨
颃颡	鼻咽部	口盖骨	腭骨
嗌中	食管上口与喉咽、口咽连接处	久齿	恒牙
吸门	会厌	真牙 智齿 尽牙	第三磨牙
牙床	牙槽骨	颊车 下牙床	下颌骨
板齿 门齿	切牙	前柱	舌腭弓
槽牙	尖牙	后柱	咽腭弓

下篇

7 中医眼科学发展史

学习目标

了解中医眼科学发展概况

中医眼科学史,是研究中医眼科的形成和发展过程的一门学科。从其发展状况和学术特点来看,大体可分为萌芽、奠基、独立发展、兴盛、衰落与复兴五个时期。

7.1 萌芽时期(南北朝以前)

这一时期,我们的祖先通过漫长而原始的积累对眼的解剖结构、生理病理、辨证、眼科用药有了初步认识。这些认识最初散见于各种书籍文献之中,之后随着医药知识的不断积累和丰富,出现了医药专书。在这些专书中眼与眼病的知识开始有了比较集中的记载和论述。

从河南安阳殷墟出土的甲骨文卜辞中有"贞王弗疾目"、"大目不丧明"等,可见早在武丁时代,人们已将眼睛这一感觉器官命名为"目",眼睛得病称为"疾目",眼病失明称为"丧明"。至东周春秋时期,对目盲一病,分别以"瞽"、"矇"、"瞍"等词略加区别,如《书经》有"瞽奏鼓",《诗经》有"矇瞍奏公"等句。据《毛传》注释:"有眸子而无见曰矇,无眸子曰瞍。"瞳孔异常的记载最早见于《荀子》,《荀子·非相》中有"尧舜参牟子"之句。至汉代《史记·项羽本纪》亦说:"项羽亦重瞳子。"

先秦古地理著作《山海经》,记录100余种药物,其中治疗眼病的药物已有7种。《淮南子》也记载了一些治疗眼病的药物,如书中之梣木即现今的秦皮。该书还首次记载灼烙疗法:"目中有疵,不害于视,不可灼也。"表明当时已有治疗眼病的灼烙术。

扁鹊被认为是我国文献记载最早从事五官科的医生。《史记·扁鹊列传》记载:"扁鹊过雒阳,闻周人爱老人,遂为耳目痹医。"

成书于战国末期的《黄帝内经》,对眼的解剖、病因病机、眼与脏腑经络的关系、临床证候、针刺治疗等已有初步的论述。后世中医眼科学中许多基本理论就是在《黄帝内经》的基础上发展起来的。

大约成书于先秦时期的《神农本草经》，书中记载眼科用药已达80余种，可用于治疗胞睑、两眦、白睛、黑睛、瞳神等眼病，而且不少药物至今仍为眼科所常用。

东汉末年，张机(仲景)著《伤寒杂病论》。该书在阐述全身性疾病时涉及较多的眼部病症。书中所载的"狐惑"一病，与西医的白塞氏病颇类似，其所列清热解毒除湿法，至今仍为中医眼科治疗此病的常用治法。特别是仲景首创理、法、方、药，从整体观念出发，参合全身脉证、辨证施治，为后世中医眼科从全身辨证论治的方法奠定了基础。

此外，在一些针灸书籍和方书中还记载有治疗眼病的针灸疗法和方药。

综上所述，南北朝以前，中医眼科尚未形成比较系统的理论，处于眼科发展的萌芽时期。

7.2　奠基时期(隋唐时期)

隋唐时期，随着印刷术的发展，太医署的建立，中外文化的交流，中医眼科从基础理论到临床实践有了进一步的发展，特别是唐初武德年间设立的太医署，将耳鼻口齿疾病从内、外科范围划分出来，首次建立"耳目口齿科"，这就为以后中医眼科的独立发展奠定了基础。

隋代巢元方所著的《诸病源候论》一书，在目病诸候一卷内，集中收载了38候，包括胞睑、两眦、白睛、黑睛、瞳神等部疾病。书中提到的解剖名词，除目、眼、白睛、黑睛、瞳子等外，还首次应用了睑、眉、睫毛、缘等名称。为后世眼科临床证候诊断打下了一定的基础。

唐初孙思邈所著《备急千金要方》中收载了不少眼科内容。该书于七窍病一卷首列目病。首次明确提出生食五辛、房事不节、饮酒不已、夜读细书、久处烟火、泣泪过多、雕镂细作等容易引起眼病的19种因素，以及预防眼病的若干注意事项。在眼病的治疗上，记载了80余首内服、外用验方，其中神曲丸仍为当今常用方。该书还首次提出猪、牛、羊、兔等动物肝脏具有明目作用。此外，书中还收载了钩割、针灸、按摩等外治法。对中医眼科学的发展具有深远影响。

晚唐时期王焘所撰《外台秘要》，卷21专论眼疾。在眼疾一卷中首先引用印度《天竺经论眼》的内容作为总论。在眼的解剖生理方面，认为眼乃轻膜裹水，外膜白膜重数有三，黑睛水膜只有一重，不可轻触。在论述眼病方面，对青光眼有独到见解，认为病源"皆从内肝管缺，眼孔不通所致"。而且指出："急需早治，若已成病，便不复可疗。"并将青光眼分为黑盲、乌风、绿翳青盲三类。在眼病治疗方面，对白内障(脑流青盲)"宜用金篦决，一针之后豁若开云而见白日"。这是中医古籍有关金针拨内障的最早记载。对类似胬肉之类的眼病，主张用灼烙法外治。该书参考价值甚高。

在《通志·艺文略》中首次记载的《龙树眼论》目前公认为我国第一部眼科专书。可惜原书已佚失，后世认为朝鲜金礼蒙所辑《医方类聚》中的《龙树菩萨眼论》，就是唐代《龙树眼论》的外传本或辑录本。该书分总论和各论两部分。总论所述病因病机与《诸病源候论》相似，多主风热;各论30节。该书的眼科解剖名词和病症名称都比以前的文献丰富，如眼睑、眼皮、眼带、眼睑皮里等皆属首见;所列病症名已增至60余种。手术方面，不仅首次详述了"开内障用针法"，而且首次记载了治疗翼状胬肉的割烙法。此外，对"睑皮里有核(即胞生痰核)"施行手术治疗的记载以它为早。

《刘皓眼论准的歌》是晚唐时期,在《龙树眼论》影响下著成的另一部眼科专书。全书为诗歌体裁,便于记颂。现存《秘传眼科龙本论》中《龙木总论》之"审的歌",即引用该书内容。该书所载的五轮歌及眼病72症按内、外障分类法,不仅奠定了中医眼科的七十二证学说,而且促使中医眼科真正走向独立发展的道路。

此外,我国唐代已能安置假眼。据《太平御览》记载:"唐崔嘏失一目,以珠代之。"《吴越备史》又载:"唐立武选,以击球较其能否。置铁钩于球杖以相击。周宝尝与此选,为铁钩摘一目,睛失,……敕赐木睛以代之。"由此可知,我国安装假眼是世界上最早的。

总之,隋唐时期之中医眼科在生理解剖、病因病机、临床诊断、辨证施治、外治法和手术疗法等方面都有很大发展。特别是晚唐眼科专书《龙树眼论》的出现,为中医眼科进一步发展为独立的专科奠定了基础。

7.3 独立发展时期(宋元时期)

这一时期,中医眼科学在理论和临床方面都具备了成立专科的条件。因此,在北宋元丰年间的太医局,将眼科从耳目口齿科中分出,作为专科发展起来。

宋初王怀隐等所辑的《太平圣惠方》,书中有二卷为眼科专篇,收载眼科病症约60种,治眼方剂500多首,基本上总结了唐以前的眼科成就。该书还对五轮的配位作了改进,而且将它与眼病的病机联系起来,使五轮学说有利于临床应用。书中还介绍了钩割针镰等手术法,尤其对金针拨障等手术的介绍更为详细。

北宋末年编撰的《圣济总录》,眼科部分有12卷,是在《太平圣惠方》的基础上扩充内容而成。首列眼目统论,次列肝虚、肝实、肾肝虚、目睑垂缓等50多个病症,记载眼病用方750多首。眼科用药也很丰富,其中还吸收了一些外来药物,如没药、龙脑香等。手术方面,介绍了钩割针镰和熨烙,同时列述了适应证。

在金与南宋对峙时期,许叔微著的《类证普济本事方》、刘昉著的《幼幼新书》、刘完素著的《宣明论方》与《素问玄机原病式》、张从正著的《儒门事亲》、李杲编著的《东垣试效方》与《兰室秘藏》、杨士瀛著的《仁斋直指方论》等,都收载了不少关于眼科的论述,对眼病的病机、辨证和治疗,各具创见。另外,在南宋开始出现八廓学说。陈言(字无择)著的《三因极一病证方论》最早提到"八廓"一词,但没有阐述具体内容。大约成书于南宋末叶的《葆光道人眼科龙木集》才首次介绍了八廓的名称和内容,主要是论述眼病的病机,并未配属眼位。

元代危亦林所著的《世医得效方》,卷16为眼科专篇,其内容分总论、各论、附篇三部分。总论重点论述五轮八廓学说,使五轮所配眼位与《灵枢·大惑论》所划眼部与脏腑相应的关系相吻合,八廓首次配上了天、地、火、水、风、雷、山、泽八象名称,而且还给每一廓配属了眼位,充实了八廓的内容。各论列72症的证治。

《秘传眼科龙木论》是由宋元医家辑前人眼科著述而成的眼科专书。由《龙木总论》与《葆光道人眼科龙木集》等几个部分组成。前者载列"七十二证方论"、"诸家秘要名方"、"针灸经"、诸方辨证药性。书中主要内容是按内、外障分类记叙72种眼病的病因、主证和治疗,并介绍了古代金针拨内障以及钩、割、镰洗等手术方法。后者的主要部分是"眼科七十二问",具体内容与前面"七十二证方论"并不相同;并在论述五轮之后,首次较详地述及眼科"八廓"的名称和内容。

《银海精微》据考为元末托名孙思邈撰成的眼科专书。书中首先叙述了五轮八廓学说和中医眼科辨证的一些基本理论,接着列叙81种眼病的病因、症状和治疗,并附有眼病简图,初步介绍了按五轮检查眼病的顺序和方法。治疗方面,除内服药外,有半数眼病配合点眼药外治,此外还采用洗、劀、烙、夹等法,对金针拨障(开金针)的手法描述尤详。该书的附篇从眼的生理、病理、辨证,以及常用的内服方剂、中药药性与外用药的治法等都有论述。在眼科临床具有重要参考价值。

这一时期的另一成就是发明和使用眼镜。如南宋赵希鹄的《洞天清录》一书记载:"　　,老人不辨细书,以此掩目则明。"《正字通》说:"　　,眼镜也。"以上说明早在宋朝我国已开始用眼镜矫正视力。

总之,宋金元时期,中医眼科的基础理论与临床方面都有新的发展,开始成长为独立学科。

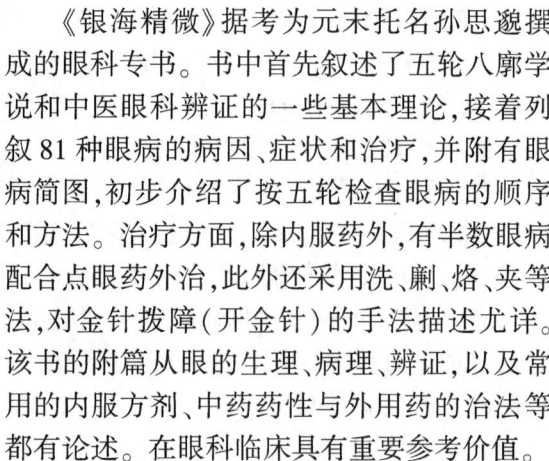

特殊功能的眼镜

我国早在宋期已开始用眼镜矫正视力,你知道眼镜的其他用途吗?

助听眼镜:美国发明了一种"聋人电脑眼镜"。这种眼镜的左镜片上安装了微型拾音器,能将旁人的讲话声录下来,并将信息传至微型电脑,电脑再把声音变成信号,反射在眼镜上,使聋人看到讲话内容。

摄影眼镜:日本发明了一种摄影眼镜。你只要按一下镜架上的快门,暗藏在眼镜鼻架中央的微型摄影机即可拍下画面。

报警眼镜:火车司机夜间行车,有时难免会因打瞌睡而错过红灯,或者忘记刹车。为了避免这类险情的发生,国外研制出一种电子眼镜,只要司机一合上眼睛,它就会及时发出报警的音响信号,如果司机无动于衷,七秒钟之后,这种信号能让机车自动刹车。

夜读眼镜:这种眼镜腿的夹层里装有两片高效能微型电池,镜框上角装着两个微型灯泡,灯光亮度足以让使用者在晚上看清书报杂志上的文字。

7.4　兴盛时期(明朝~清朝鸦片战争以前)

明清时期,是中医学发展的兴盛时期,此期中医眼科的发展也达到了历史高峰,不论是在眼科文献的数量和质量方面,还是对眼科理论与临床的研讨方面,都大大超过了以前各代。

元末明初倪维德著《原机启微》,全书共两卷。上卷将眼内、外各部病症按病因分为"风热不制之病"、"阳衰不能抗阴之病"等18类,并理论联系实际,详细分析病机,辨证论治。治疗除以内服药为主外,还视病情配合使用外洗、嗜鼻、点药、手术等外治法。下卷论方剂配伍,附40余方,对每方皆有说明。是阐述眼科理论比较系统的一本眼科专书。

明初朱橚等编撰的《普济方》有"眼目门"16卷,收方2300多首,集病名300余种。明朝万历年间李时珍的巨著《本草纲目》问世,该书第四卷眼目一节记载治眼赤肿、昏盲、翳膜、诸物眯目等药物数百种,多数药后附有单方、验方,便于应用。

王肯堂所辑《证治准绳》,在"七窍门"内有眼科专篇。其总论对五轮、八廓等词的含义作了解释,而且对八廓之配位,首次提出八方配位法。对瞳神首次记载内含神膏、神水、神光、真气、真血、真精的论述。各论汇集眼部病症170余种。类方收载眼科方剂405首,其中外治方106首。

明末傅仁宇辑眼科专书《审视瑶函》。卷首介绍名医医案、五轮八廓、运气学说等;卷1主要讨论眼科的基础理论;卷2重点论述眼病的病因病机;卷3~6,列眼病108症,按病症分节,详述每种眼病的症状、诊断和治疗。卷6之后,附有治疗要穴及22个外用药方的配制与应用等。该书内容丰富,流传较广。

1748年黄庭镜著《目经大成》,全书三卷。卷1内容包括眼部解剖、生理、辨证、治疗以及一些杂论;卷2论述12类病因、81症及似因非症8条;卷3载方200多首,并有方义说明。该书还有不少突出的见解,如将"黄膜上冲"改为"黄液上冲"使病名更贴切;对针拨术总结出审机、点睛、射复、探骊、扰海、卷帘、圆镜、完璧等八法,使手术操作规范化。

顾锡的《银海指南》,全书四卷。卷1~2比较全面地论述眼科五轮八廓、运气学说、眼病的病因病机、脏腑主病及全身兼症等;卷3列内服药方170余首,外用方11首;卷4录验案170余例。该书把八廓的功能与经络联系起来,而且与《审视瑶函》一样,认为八廓在内无迹可寻,有病时才能从眼部血络的走向与位置分辨出来。书中所用以病因、脏腑等分析归纳眼部病症的方法,明确而实用。在治疗方面,内治所列方剂多属内科常用方,外治除主张运用药物外,不赞成施用手术。

此外,明清时期还有其他眼科专书,如袁学渊的《秘传眼科全书》、邓苑的《一草亭目科全书》、马化龙的《眼科阐微》、王之固的《眼科百问》及撰人不详的《异授眼科》、《眼科奇书》等,对后世都有一定的影响。

明清时期,还有不少综合医书都有眼科专篇。如徐春甫的《古今医统大全》、薛己的《薛氏医案》、李梴的《医学入门》、杨继洲的《针灸大成》、龚信的《古今医鉴》、赵献可的《医贯》、张璐的《张氏医通》、吴谦的《医宗金鉴》、陈梦雷的《古今图书集成·医部全录·目门》等。

总之,明清时期的中医眼科在基础理论、临床治疗及文献方面都进入历史上的兴盛时期。

7.5　衰落与复兴时期(清朝鸦片战争以后至今)

清朝鸦片战争后的100多年里,我国沦为半殖民地半封建社会,中华民族的经济文化遭到空前的破坏。特别是国民党统治时期,反动当局极力宣扬洋奴买办思想和民族虚无主义,污蔑中医不科学,企图消灭中医,使中医眼科不仅得不到应有的发展,而且还受到排斥打击,濒于灭绝的边缘。这一时期的眼科著作寥寥无几,而且大多数为沿袭前代眼科医籍中的内容,有创见的不多。黄岩的《秘传眼科纂要》和康维恂的《眼科菁华录》,在当时还有一定的影响。

另外,鸦片战争之后,由于西医眼科的传入和影响,我国眼科界中开始出现了中西汇通的趋势。陈滋1936年著的《中西眼科汇通》是一部有代表性的著作。

1949年中华人民共和国成立以后,党和政府十分重视发挥祖国医学在人民卫生保健事业中的作用,制定了一系列的中医政策,使中医事业得到拯救和发展,中医眼科也从濒临失传的边缘抢救过来,重新走上复兴之路。

这一时期中医眼科著述的数量和质量超过了历史上任何朝代。中医眼科专著不断问世,如:路际平的《眼科临症笔谈》、陆南山的《眼科临症录》、姚和清的《眼科证治经验》、陈达夫的《中医眼科六经法要》、庞赞襄的《中医眼科临床实践》、张望之的《眼科探骊》、陆绵绵的《中西医结合治疗眼病》、杨维周《中医眼科历代方剂汇编》、唐由之等的《医学百科全书·中医眼科分卷》及唐由之、肖国士的《中医眼科全书》、廖品正主编的《中医眼科学》、李传课主编的《新编中医眼科学》等。同时,中医院校的眼科教材也不断完善,1960年广州中医学院等编写出版了第一部全国统编教材《中医眼科学》后经四次修订;祁宝玉主编的协编教材《中医眼科学》等,对继承和发扬中医眼科事业起到了重要作用。

随着科学技术的发展,中医眼科也引进了许多现代医疗设备,如裂隙灯显微镜、检眼镜、眼压计、视野计、眼超声检查仪、眼电生理检查仪、眼底照相机、眼用激光治疗机等,提高了中医眼科的诊疗水平。

总之,这一时期中医眼科在基础理论研究、科研教学、临床及著述等方面都超过了以往任何时期,使中医眼科学重新焕发出勃勃生机。

1. 试述中医眼科学发展五个历史分期的名称、时代及特点。
2. 简述各个时期主要的中医眼科著作和成就。
3. 什么时候眼科从原来的耳目口齿科中分出作为独立学科发展的?

8 眼的解剖与生理

学习目标

掌握眼球的解剖与生理,熟悉眼附属器的解剖与生理,了解眼的血液供应与神经支配

眼是人体一个重要的感觉器官。它由眼球、视路、附属器三部分组成。它接受外来光线的刺激——视觉信息,经过处理,转化为神经冲动,由视路传导至大脑半球的视中枢而引起视觉。眼附属器对眼球起保护、运动等功能。

8.1 眼 球

眼球近似球形,位于眼眶前部,成人眼球后径约 24mm,垂直径约 23mm,水平径约 23.5mm,借眶筋膜与眶壁联系,周围有脂肪垫衬,以减少对眼球的震动。眼球的前面有眼睑保护。眼球向前平视时,突出于外侧眶缘约 12~14mm。

眼球包括眼球壁与眼内容物两部分(图 8-1)。

> **人体内的照相机**
>
> 眼球是人体的生物器官,简单说来,它的结构好比一架优质照相机。它的屈光装置主要是晶状体,相当于照相机的镜头,通过调节晶状体就能看清近的物体或远的物体;瞳孔犹如光圈,控制着射入眼内光线以获得清晰的物像;眼球壁相当于暗箱;视网膜就如同感光底片一样。

8.1.1 眼 球 壁

眼球壁分为三层,外层为纤维膜,中层为色素膜,内层为视网膜。

8.1.1.1 纤维膜

外层纤维膜主要由纤维组织构成。前1/6为角膜，后5/6为巩膜，二者之间的移行处为角膜缘。眼球的外层具有维持眼球形状和保护眼内组织的作用。

（1）角膜

角膜是眼球前部的透明部分，呈椭圆形，略向前突。周边厚约1mm，中央厚约0.6mm。它的屈光率相当于43屈光度(+43D)的镜片。大于12mm为大角膜，小于10mm为小角膜。

在组织学上，角膜可分为五层，由前向后依次为：

1）上皮层：上皮细胞层占整个角膜厚度的1/10。由4~5层扁平细胞与柱状细胞组成，此层再生能力强，上皮易再生，小面积损伤在24h内由新生的上皮修复，不留瘢痕，恢复透明。

2）前弹力层：为均匀无结构的透明薄膜层。此层损伤后不能再生，由瘢痕结缔组织替代。

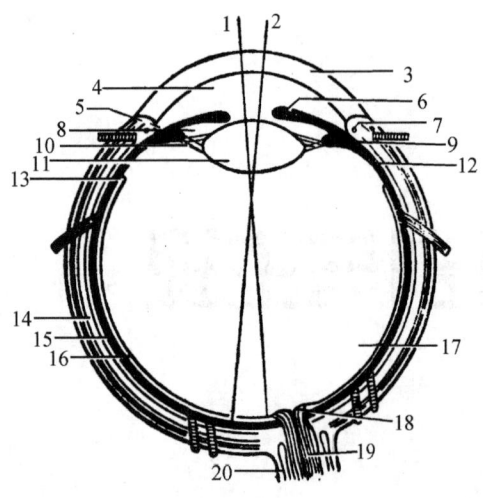

图 8-1 眼球水平图

1. 光轴；2. 视轴；3. 角膜；4. 前房；5. 前房角；6. 虹膜；7. 巩膜静脉窦；8. 后房；9. 睫状体（冠状部）；10. 悬韧带；11. 晶状体；12. 睫状体（扁平部）；13. 锯齿缘；14. 巩膜；15. 脉络膜；16. 视网膜；17. 玻璃体；18. 视神经乳头；19. 视神经；20. 视神经鞘膜

3）基质层：约占角膜厚度的9/10。由约200层胶原纤维束薄板组成，其排列极规则，与角膜表面平行，具有相等的屈光指数，各层间互相成一定角度重叠，其间有固定细胞和少数游走细胞。此层损伤后不能再生，由瘢痕结缔组织替代。

4）后弹力层：为透明的均质膜。在前房角处变成管状细条，移行到小梁组织中，此膜坚韧有弹性，损伤后能迅速再生。

5）内皮细胞层：此层为六角形扁平细胞结构，具有角膜—房水屏障功能。内皮细胞受损后不能再生，只能依靠邻近的内皮细胞扩展和移行来填补（图8-2）。

角膜无血管，由泪液、房水、周围血管以及神经支提供营养。角膜表面从大气中得到氧气。角膜的前面有一层泪液膜，有防止角膜干燥、保持角膜光滑和维持光学特性的作用。角膜含丰富的神经末梢，感觉敏锐，是测定人体知觉的重要部位。角膜也是眼重要的屈光间质之一。

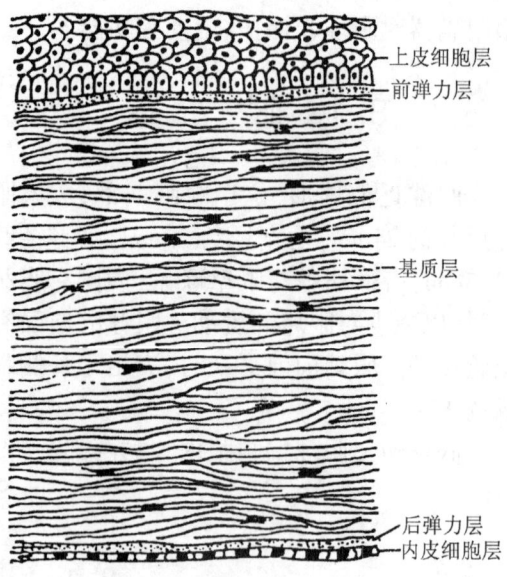

图 8-2 角膜横切面（示意图）

(2) 巩膜

巩膜前面与角膜、后面与视神经硬膜鞘相连。巩膜不透明,呈乳白色,质韧,为致密的胶原纤维结构。在组织学上,巩膜包括表层巩膜、巩膜实质和棕黑层。巩膜表面被球筋膜和结膜覆盖。巩膜、眼球筋膜、球结膜三者在角膜缘附近紧密融合而难以分离。巩膜内面邻接脉络膜上腔。

在眼球后极部的鼻侧,有巩膜后孔,又称巩膜管,为视神经的出口。在巩膜后孔,巩膜的外 2/3 组织转向后沿视神经的走行方向,参与视神经的硬脑膜鞘中;其内 1/3 纤维组织向巩膜后孔的中央扩展,形成薄板,被视神经纤维穿通,形成许多小孔,是为巩膜筛板。此处由于缺少巩膜组织,是眼球纤维层最薄弱的部分。

巩膜表层血管丰富,故炎症时充血明显;巩膜主质层血管很少,代谢缓慢,故发生病变抵抗力弱,病程缠绵。

(3) 角巩膜缘与前房角

角巩膜缘是角膜与巩膜的移行区,角膜嵌入巩膜内,前界为前弹力层,后缘为后弹力层。在交界处的巩膜表面,凹陷如沟状,称为外巩膜沟;与其相应的巩膜内面有内巩膜沟。内沟的后唇向前突,称为巩膜突,为睫状肌的附着点。Schlemm 管位于内巩膜沟的基底部。在 Schlemm 管的内侧为前房角的小梁网结构。小梁相互交错,形成富有间隙的网状结构,具有过滤网的功能,能阻止微粒或病菌进入 Schlemm 管(图 8-3)。

前房角是前房的周边部分,其前壁为角巩膜交界处,后壁为虹膜根部,介于前壁与后壁之间为前房角的顶部,称为房角隐窝。房角隐窝即为睫状体的底部所构成。

前房角是房水排出的主要通道。前房内的房水通过前房角的小梁网及 Schlemm 管外流。

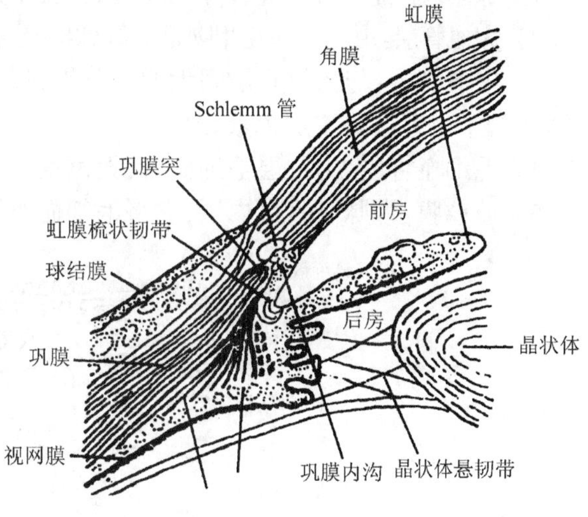

8.1.1.2 葡萄膜

葡萄膜是眼球壁的第二层膜,位于巩膜与视网膜之间。因富含色素,故又称色素膜。又因其具有丰富的血管,所以也称血管膜。由于该膜有丰富的血管及色素,使其颜色呈棕黑,酷似紫色的葡萄,故有葡萄膜之称。葡萄膜自前至后分为虹膜、睫状体和脉络膜三个相连续部分。

图 8-3 角膜缘的结构

(1) 虹膜

虹膜是葡萄膜的最前部,位于晶体前面,为一圆盘形膜,中央有一小孔,为瞳孔。瞳孔直径为 2.5~4mm。虹膜前面距瞳孔缘约 1.5mm 处,有一隆起的环状条纹,即虹膜小环,或称虹膜卷缩轮。虹膜小环附近,有许多穴状凹陷,叫虹膜小窝(隐窝)。在虹膜周边部有与角膜缘成同心排列的皱褶,为瞳孔开大时形成的皱襞。

虹膜根部附着在睫状体前面的中央,根部较薄,所以眼部挫伤时易发生虹膜根部离断。虹膜的瞳孔缘依托在晶体的前面,得到晶体的支撑,故当晶体脱位或摘除后,虹膜因失去支撑而产生震颤。

瞳孔周围虹膜的基质内,有环形排列的瞳孔括约肌,由副交感神经支配,该神经兴奋,括约肌收缩,使瞳孔变小;虹膜基质层后面,有放射状排列的肌纤维,称瞳孔开大肌,由交感神经支配,该神经兴奋,使瞳孔开大。瞳孔的开大与缩小,调节进入眼内的光线,使成像清晰。

虹膜的颜色主要因基质中所含色素的多少而不同。白色人种因缺乏色素,则虹膜呈浅黄色或浅蓝色,有色人种因色素多,则虹膜色深,呈棕褐色。

虹膜的感觉神经丰富,炎症时可引起剧痛、反射性瞳孔缩小和渗出反应。

(2)睫状体

睫状体是葡萄膜的中间部分,前接虹膜根部,后端以锯齿缘为界移行于脉络膜。睫状体分为两部,即睫状冠或称皱部与平坦部。

睫状体内含睫状肌,受动眼神经和副交感神经支配,其主要功能是产生房水与调节作用。房水营养眼内组织并维持眼内压,睫状体通过悬韧带调节晶体的屈光度,以看清远近物体。睫状体的感觉神经为三叉神经末梢,故过多使用调节时可引起眼疼和头痛。

(3)脉络膜

脉络膜是色素膜最大的一部分,起于锯齿缘,终于视乳头。由内向外分为5层:

1)脉络膜上腔:为血管和神经通过之处,也是眼内液流通的空隙。

2)大血管层:由动脉和互相吻合的静脉构成,各血管之间由色素细胞和少量平滑肌充填。

3)中血管层:与大血管层间无明显分界,仅血管逐渐变细。黄斑区无大血管层,仅有排列较紧密的中血管层。本层色素较少。

4)毛细血管层:为一层毛细血管,无色素。

5)玻璃膜:为脉络膜最内层,它将毛细血管层与视网膜色素上皮层隔开(图8-4)。

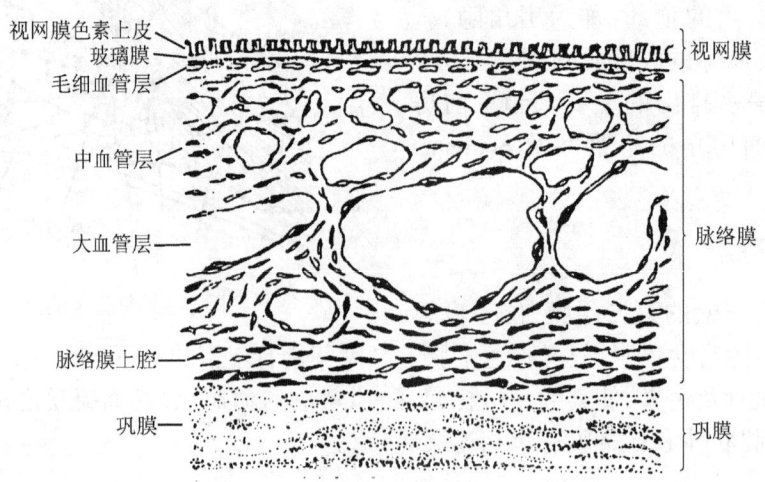

图8-4 脉络膜组织结构

脉络膜血管丰富,血流量大,除本身外,也营养视网膜的外层。也因血流量大,病原体也易经此扩散。脉络膜含有丰富的色素,使眼球内形成暗房,保证了成像的清晰性。

8.1.1.3 视网膜

视网膜分为两层,内层为感光层,外层为色素上皮层。二层之间有潜在性间隙,成为临床上视网膜脱离的解剖基础。视网膜起自视乳头周围,前至锯齿缘。

在视网膜后极部视轴正对终点为黄斑中心凹,呈一浅漏斗状,直径约 1mm。当人死后,黄斑区变为黄色,故名黄斑。黄斑是视网膜上视觉最敏锐的特殊区域。黄斑区很薄,中央无血管,可透见其下面橙红色的脉络膜色泽,此部位主要为视锥细胞,在神经传递上呈单线联系,因此,黄斑区病变时,视力明显减退。

黄斑鼻侧 3mm 处有直径为 1.5mm 的淡红色区,检眼镜下呈圆盘状,为视乳头,又称视盘,是视网膜上视神经纤维从四面八方汇集出眼球的部位。视乳头多呈圆形或垂直椭圆形,色淡红,边界清楚,其上有动静脉血管出入,正常眼有时亦可见静脉搏动。视乳头中央部有一小漏斗状凹陷,称视杯或视乳头生理凹陷。视乳头区域无视网膜,即无感光细胞,故视野上表现为固定的盲区,称为生理盲点。

视网膜的组织结构十分复杂,由外往内分为 10 层,即色素上皮层、视杆视锥层、外界膜、外核层、外丛状层、内核层、内丛状层、神经节细胞层、神经纤维层和内界膜,其主要功能是感光,锥细胞和杆细胞是感觉细胞,锥细胞主要感受明视觉与色觉,主要分布于黄斑区,杆细胞分布于黄斑区以外的网膜周边部,司暗视觉。网膜周边部受损,可产生夜盲(图 8-5)。

> **你知道吗**
>
> 瞳孔俗称"瞳仁",如果把眼球比做照相机,则瞳孔相当于光圈,调节光线进入眼内量的多少。正常人双眼瞳孔等大等圆,平均大小约 2.5~4mm,看近物体时缩小,看远时则散大。天色暗时瞳孔散大,强光下瞳孔缩小。睡眠时瞳孔缩小,情绪紧张或疼痛时瞳孔散大。有机磷中毒时瞳孔缩小,阿托品中毒时瞳孔散大。出现虹膜睫状体炎时瞳孔缩小,青光眼时瞳孔散大。人濒临死亡时瞳孔可极度散大,死后一段时间又缩小。瞳孔反射是判断中枢神经功能的重要指征。

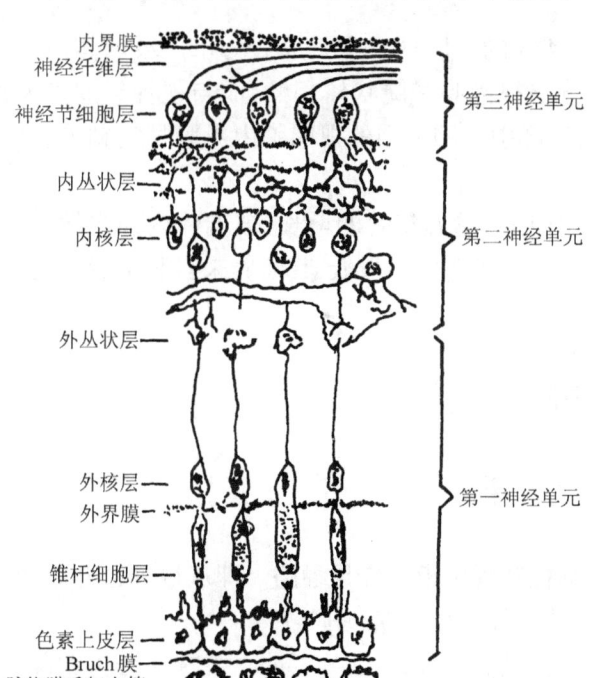

图 8-5 视网膜组织(示意图)

8.1.2 眼内容物

眼内容物包括房水、晶体和玻璃体。三者均透明,有一定的屈光指数。三者与角膜一起组成了眼的屈光间质。

8.1.2.1 房水

房水含量为 0.25~0.3ml。主要成分为水,约占总量的 98.75%。房水的功能主要是营养角膜和晶体,并维持正常的眼内压力。

房水的循环途径:房水由睫状突分泌后进入后房,经瞳孔进入前房,再经前房角小梁网 Schlemm 管、外集合管和房水静脉,最后入巩膜表层的睫状前静脉而进入血液循环。亦有少量被虹膜隐窝所吸收,还有少部分经脉络膜上腔吸收。若房水产生过多,或排出路径受阻,均可导致眼内压力升高,引起临床上常见的致盲眼病之一——青光眼(图 8-6)。

8.1.2.2 晶状体

晶状体是眼的重要屈光介质之一,主要功能是调节作用。

晶状体无血管,它的营养供应来自房水。当晶体受损或房水代谢发生变化,可发生混浊,临床称之为白内障。

晶状体形如双凸透镜,位于虹膜后面,玻璃体前面,借助悬韧带与睫状体相联络,并保持其正常位置。

晶状体由晶状体囊与纤维组成。晶状体囊为一层透明而富有弹性的薄膜,包围在晶状体外面。赤道部的上皮细胞不断伸长,成为晶状体纤维,逐渐移向晶状体内部,排列规则,形成晶状体皮质。晶状体纤维在一生中不断增生,旧的纤维向中心挤压,形成晶状体核。

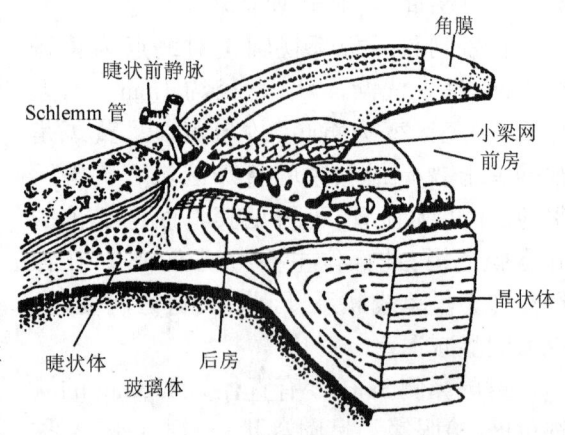

图 8-6 前房角解剖与房水循环途径

8.1.2.3 玻璃体

玻璃体为无色透明的胶质体,充满眼球后 4/5 的空腔内。主要成分为水。玻璃体前面有一凹面,称为玻璃体凹,以容纳晶体。其他部分与视网膜和睫状体相贴,而与视神经周围及锯齿缘前 2mm 处视网膜内界膜紧密粘连。与黄斑部中心凹周围的视网膜内界膜稍有粘连,形成 2~3mm 的小环,见于青少年,成人后消失。

玻璃体也有屈光功能,并有支撑视网膜的作用。随着年龄的增长,玻璃体内黏多糖解聚,可呈凝缩和液化,可见漂浮物。玻璃体无血管,本身代谢作用很低,其营养来自脉络膜和房水,无再生能力。

8.2 视　路

8.2.1 视　神　经

视路是视觉信息从视网膜光感受器到大脑枕叶视中枢的传导径路。即从视神经开始经过视交叉、视束、外侧膝状体、视放射至大脑枕叶的神经传导径路(图 7-7)。

视神经是指从视乳头至视交叉前角的这段神经。全长约 42~47mm。视神经分为四部分:眼内段,长约 1mm;眶内段,长约 25~30mm;管内段,长约 4~10mm;颅内段,长约 10mm。

眼内段:包括视乳头和筛板部分。视盘位于中心凹鼻侧 3mm 和其上 0.8mm 处。视盘后的神经纤维带有髓鞘,而其前的神经纤维则为无髓鞘。正常情况下,视盘与周围视网膜应在同一水平面上,当视乳头水肿时,则高出视网膜这一水平面。

眶内段:自眼球后至视神经孔。呈 S 形弯曲,以利于眼球的活动。其外面被有由硬脑膜、蛛网膜和软脑膜三层构成的鞘膜,鞘膜间隙与大脑同名间隙相沟通,蛛网膜下腔充满脑脊液。故当颅压增高时,蛛网膜下腔内压力挤压视神经而引起视盘水肿。

管内段:指神经管内部分。此处鞘膜与眶骨相粘连,于此视神经可被固定。

颅内段:出视神经管直至视交叉。

与周围神经不同,视神经损伤后不能再生。

8.2.2 视交叉

视交叉位于蝶鞍上方,视交叉纤维包括黄斑纤维,分成交叉与不交叉两组。交叉纤维来自视网膜的鼻侧,不交叉纤维来自视网膜的颞侧。若邻近组织炎症影响或被肿块压迫时,出现双眼颞侧偏盲。

8.2.3 视束

视交叉向后的视路神经束名视束。这段神经束包含了对侧眼球的鼻侧神经纤维与同侧眼球的颞侧神经纤维。因此,一侧视束发生病变时,见双眼同侧盲。

什么叫双眼单视

人的双眼位于颜面部的前部,视轴正直向前,双眼有共同视野,与单眼相比,达到了最大的比例,视物时两眼可同时看到同一物体,所以有最完善的双眼视觉,人类正因为如此,获得了物体和空间的有关位置、方向、距离及形体的概念(即三维空间),同时产生了立体知觉。这是人类和许多动物在漫长进化过程中所获得的视觉功能:即一个外界物体的形象,分别落在两眼视网膜的对应点上(主要为黄斑部),所产生的刺激引起神经冲动,沿着视觉传入经路传到中枢,在大脑皮质的视觉中枢,把来自两眼的视觉信号分析整理,综合成为一个完整的、具有立体知觉的物像。所以,虽然两眼注视,仍能产生一个独立的立体物像。

8.2.4 外侧膝状体

外侧膝状体位于大脑脚外侧,属间脑部分。视束的纤维止于外侧膝状体的节细胞,变换神经元后再进入视放射。

8.2.5 视放射

视放射的神经纤维呈扇形散开形成。是联系外侧膝状体和大脑枕叶皮质的神经纤维结构。

8.2.6 视皮质

视皮质每侧与双眼同侧一半的视网膜相关联,如左侧视皮质与左眼颞侧、右眼鼻侧视网膜相联系。上部的纤维终止于距状裂的上唇,下部的终止于下唇,黄斑纤维终止于后极部。交叉的纤维在深内颗粒层,不交叉的在浅内颗粒层。是人类视觉的高级中枢。

视觉传递在视路的不同段路径中,与神经纤维的分布位置有关,如果在某部位或某段路程中发生病变或损害,则可表现为特定的视野异常,因此,准确地检测到视野改变(缺损),也就具有视路病变或相关部位病变的定位诊断意义。

8.3 眼附属器的解剖与生理

眼附属器包括眼睑、结膜、泪器、眼外肌和眼眶。

8.3.1 眼睑

8.3.1.1 眼睑的一般形态结构

眼睑分上睑与下睑两部分。上睑的上界以眉为界,下睑的下界无明显界限,通常定于眶下缘处。

眼睑的游离缘称睑缘。上下睑缘间的裂隙称睑裂。上下睑于鼻侧连接处即鼻侧端称内眦,上下睑于颞侧连接处即颞侧端称外眦。内眦角圆钝,呈马蹄铁状。内眦角与眼球之间隔以一空间,称泪湖。该处可见一半椭圆形肉样隆起,称泪阜,外眦角为锐角。上下睑缘于距内眦部约 1/6 睑长处各有一小突起,称泪乳头,其中央有一小孔,称泪小点,为泪小管的入口处,过剩泪液即由此下行,通过泪道,进入鼻腔。

睫毛为黑色短毛,于眼睑的前缘生出,排列约 2~3 行,睫毛毛囊的周围有变态的皮脂腺 Zeis 腺和变态的汗腺 Moll 腺。睫毛的功能不仅可防止异物进入眼内,还可减弱强光照射。

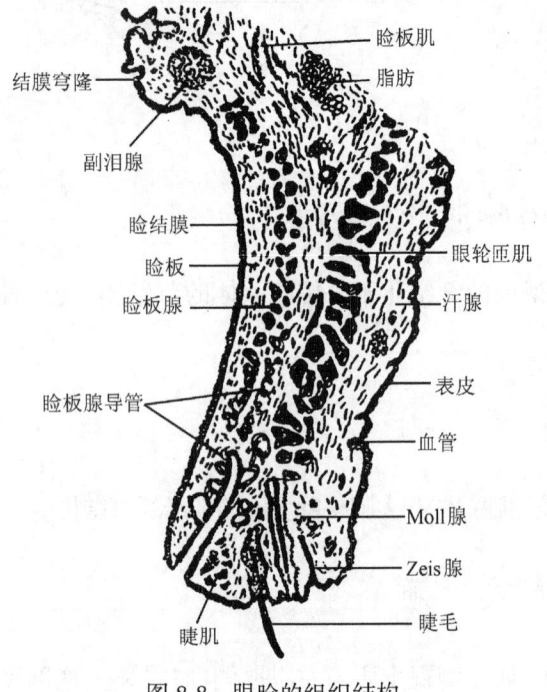

图 8-8 眼睑的组织结构

8.3.1.2 眼睑的组织结构

眼睑的组织结构可分为五层(图 8-8)。

(1) 皮肤层

眼睑皮肤是人体皮肤中最薄的部位,容易形成皱襞和皱纹。眼睑皮肤富有弹性,易于推动和伸展。

(2) 皮下组织层

皮下组织层为疏松的结缔组织,部分人可见少量脂肪组织,借纤维组织束和下方的肌层相联系。由于该层组织疏松,所以在眼局部炎症时,或有静脉循环障碍,或某些全身性疾病(如血管神经性水肿、肾病等)时,可出现显著的眼睑水肿。

(3) 肌层

肌层包括眼轮匝肌、提上睑肌和 Müller 肌(图 8-9)。

眼轮匝肌纤维收缩可使眼睑紧闭,其纤维基本与睑缘平行。由面神经支配。提上睑肌位于上睑的浅层,在上直肌上方至上睑。该肌受动眼神经支配,功能提起上睑。

提上睑肌功能正常时,上睑缘可在角膜缘下 2mm,当该肌功能障碍时,则可出现上睑下垂。

Müller 肌又叫睑板肌,属平滑肌,呈薄片状。受交感神经支配,收缩时可辅助开睑。

(4) 睑板

睑板由致密的结缔组织构成是眼睑的支架组织。上睑板较大,长约 29mm,厚度约为 1mm。睑板的前面稍凸突,后面稍凹陷,恰与眼球的弧度相适应。睑板的两端通过内、外眦韧带固定于相应的眶骨膜上。睑板内有大量与睑缘垂直走行的睑板腺,开口于睑缘灰线的后方。

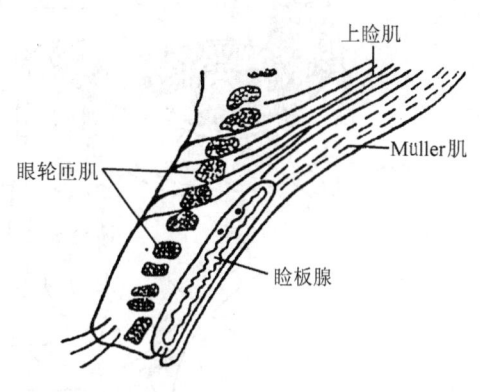

图 8-9　上睑切面

(5) 睑结膜

睑结膜覆盖在眼睑内面。又分为睑缘部、睑板部与眶部。睑板部衬于睑板内面,与睑板紧密结合,该部分结膜血管丰富,因此呈红色。在离睑缘后唇约 2mm 处,有一与睑缘平行的浅沟,称睑板下沟,常为异物存留之处。

8.3.2　结膜的分布结构

临床上将结膜分为睑结膜、球结膜和穹隆结膜三部分。

(1) 睑结膜

见眼睑解剖。

(2) 球结膜

球结膜覆盖于眼球前 1/3 的巩膜表面。球结膜最薄,最透明,富有移动性。它分为巩膜部与角膜缘部。角膜缘部指角膜缘外 3mm 以内的部分,该部分结膜与其下方的眼球筋膜、巩膜紧密结合。该部位上皮细胞移行于角膜上皮细胞,因而结膜疾病易累及角膜。

(3) 穹隆结膜

穹隆结膜介于睑结膜与球结膜之间。该处结膜较厚,多皱褶,其下方为疏松结缔组织,因此富有伸展性,使眼球与眼睑得以自如活动。

结膜含有杯状细胞、副泪腺(Krause 腺与 Wolfring 腺)等腺体,分泌黏液及泪液以润滑和保护眼球。

8.3.3　泪　　器

泪器在结构与功能方面均可分为两部分。即泪液的分泌部和泪液的导流部。分泌部是产生泪液的结构,包括泪腺及在结膜内的副泪腺,分泌泪液入结膜囊内。导流部是导流多余泪液的结构,由泪点、泪小管、泪囊与鼻泪管四部分组成,其作用是将泪液剩余者通过此部排至下鼻道(图 8-10)。

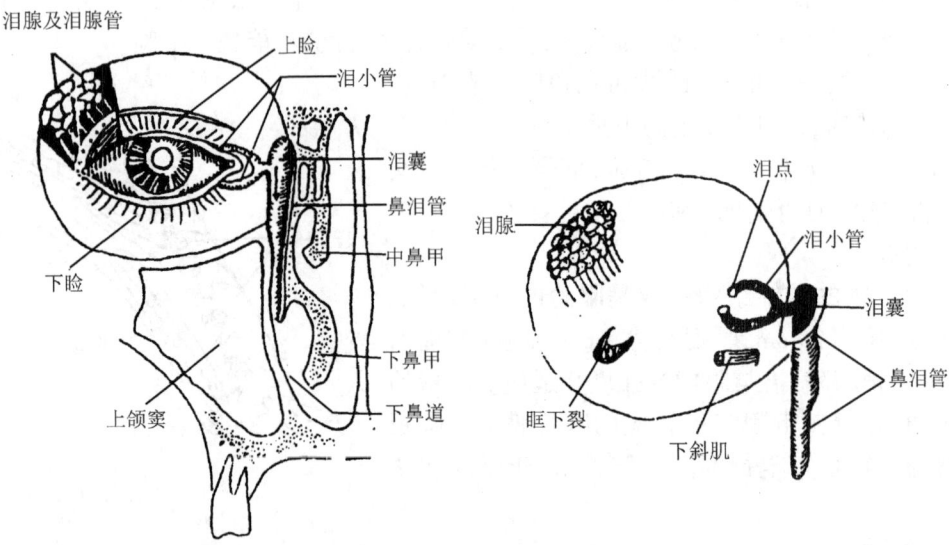

图 8-10 泪器(示意图)

8.3.3.1 泪腺

泪腺由主泪腺和副泪腺组成,具有分泌泪液的功能,泪腺的分泌分基础分泌和反射性分泌两种。

主泪腺位于眼眶上外方,额骨的泪腺窝内,故正常情况下隔着眼睑皮肤难以触及。但在病理情况下,如泪腺肿瘤或炎症时,泪腺肿大或下垂,即可触及。副泪腺,位于结膜上和下穹隆内,构造与泪腺同,已于结膜条内叙述。

泪腺的功能是分泌泪液。泪液的功能首先是保证供给眼球表面的湿润,使角膜保持固有的透明性。其次,泪液能维持眼球表面的清洁。此外,泪液里含有溶菌酶、免疫球蛋白 A(IgA)、补体系统等,因此,泪液还有杀菌消炎作用。

8.3.3.2 泪道

泪道是排泄泪液的管道,由泪小点、泪小管、泪囊、鼻泪管组成。泪液经泪腺分泌后,由眼的瞬目功能及泪小管的虹吸作用,汇集于泪湖,经泪小点、泪小管、泪囊和鼻泪管而排入下鼻道。

(1) 泪点

泪点是泪道系统的起始部,为一 0.2~0.3mm 的小孔,上下睑各一,位于内眦睑后缘的内侧,泪乳头的尖端处。泪点的局部位置具有实用意义,如果泪点变位,如泪点外翻,虽泪点的大小正常,也会引起临床上的泪溢症。

(2) 泪小管

泪小管连接泪小点与泪囊的管道,约长 10mm。泪小管分垂直部与水平部,两者交接处泪小管扩大,称壶腹。上下泪小管可先汇合成回总管,后再进入泪囊,但也可以各自单独开口于泪囊。

8 眼的解剖与生理

（3）泪囊

泪囊为位于泪囊窝的膜样囊，长约 10~15mm，前后径约 5~6mm，左右径约 3~4mm，泪小管即开口于此囊。泪囊有 1/3 位于睑内眦韧带的上方，泪囊顶部闭合成一盲端，位置约在内眦上方 3~5mm 处，下端移行于鼻泪管。

（4）鼻泪管

鼻泪管为连接泪囊下方的膜性管道，下方开口于下鼻道。管长约 12~24mm，管径约 3~6mm。

8.3.4 眼外肌

眼球的运动依赖于 6 条眼外肌，即上直肌、下直肌、内直肌、外直肌、上斜肌、下斜肌（图 8-11）。

四条直肌均起自眶尖视神经孔周围漏斗形的腱环——总腱环。四条直肌由此腱环发出，向前行进，分别附着于巩膜表面的不同位置。

内直肌是直肌中最大和力量最强的一条。起于总腱环内侧偏下方，附着于鼻侧角膜缘后 5.5mm 的巩膜上，其上方有上斜肌跨过。收缩时主要作用为使眼球内转。下直肌起源于总腱环之下方，沿眶下壁向前、向下和向外伸展，走行方向大致同上直肌。该肌收缩时（眼球在原位），能使眼球下转（主要动作）、内转和外旋。外直肌的一部分起自总腱环的外方，该肌的收缩（眼球在原位时），主要使眼球向外转。上直肌起自总腱环的上方，在提上睑肌下面，上直肌的收缩能使眼球上转（主要）、内转和内旋。上斜肌起于总腱

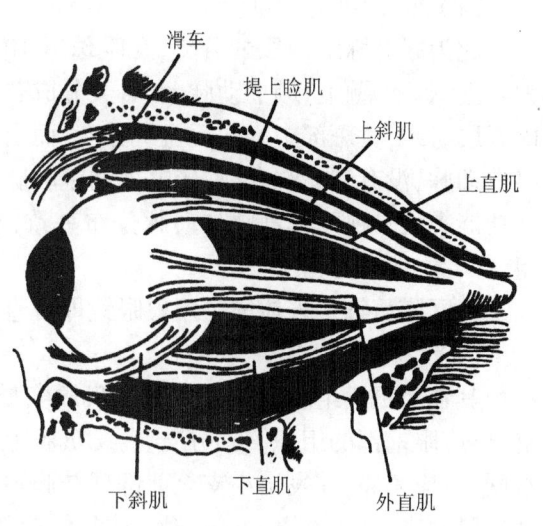

图 8-11　眼外肌侧面观

环的内上方，顺着眶之内上角向前，达眶的内上缘附近，穿过由纤维组成的滑车，然后突然转向后外，经过上直肌之下面，附着于眼球中纬线或赤道稍后偏外侧的巩膜上。其主要作用为内旋，其次为下转、外转。下斜肌位于眶底的前部，起于上颌骨眶面的泪沟外侧，向眼球外后上方伸展，在下直肌上方，继经外直肌与眼球之间，止于眼球外侧赤道后下方，其主要作用为外旋，其次为外转与上转。

除外直肌受第Ⅵ颅神经（外展神经）、上斜肌受第Ⅳ颅神经（滑车神经）支配外，其余四条肌肉均受第Ⅲ颅神经（动眼神经）支配。

8.3.5 眼眶

眼眶是由额骨、蝶骨、筛骨、腭骨、泪骨、上颌骨和颧骨构成的骨性空腔。形似四棱锥形，眶尖向后向内，通至颅腔；眶底向前向外，朝向面部，其入口称眶缘，一般体表能被触知。眼眶分为上下内外四壁。

内有眼球、脂肪、肌肉、神经、筋膜、泪腺等。眼眶内侧壁菲薄,与额窦、上颌窦、蝶窦相邻,故鼻窦的炎症或肿瘤可影响至眶内。眶尖有一孔二裂即为视神经孔,有视神经和眼动脉通经孔外侧有眶上裂,动眼神经、滑车神径、外展神经及三叉神经的眼支和眼静脉由此通过。

眶外壁与眶下壁之间有眶下裂,三叉神经的第二支和眶下动脉由此通过。另外,在眶上缘内 1/3 与外 2/3 交界处为眶上切迹,有眶上神经及眶上动脉通过。

8.4 眼的血液循环与神经支配

8.4.1 血液循环

8.4.1.1 动脉系统

(1) 视网膜中央动脉

此为眼动脉眶内段的分支,在眼球后 10~12m 处穿入视神经中央,前行至视乳头穿出,分为鼻上、鼻下、颞上、颞下动脉,然后又分成若干小支,分布于视网膜直达锯齿缘,以营养视网膜内五层组织,黄斑部中心凹无血管分布,而由脉络膜毛细血管网供应营养。视网膜中央动脉属终末动脉,没有侧支吻合,临床上视网膜动脉阻塞的病人,即造成相应区域的视网膜缺血,以致视功能丧失。视网膜静脉与动脉分布一致,动脉颜色较红,管径较细;静脉颜色较暗,管径较粗,二者之比大约为 2:3。

视网膜血管是人体惟一用检眼镜即可直视观察到的血管,有助于临床诊断和病情的判定。

(2) 睫状前动脉

其在上巩膜组织(巩膜上层,即巩膜实质表面的一部分)和巩膜实质内走行,发出许多小支,供应眼前部的组织。其分支有:①巩膜上支,在上巩膜组织内走行,发出分支形成角膜缘血管网,供应角膜;并发出小支至前部球结膜,是为结膜前动脉,并与结膜后动脉吻合,供应结膜。②巩膜内支,终止在 Schlemm 管周围,供应该处巩膜。③穿通支,该支较大,距角膜缘后 4~8mm,穿通巩膜,达睫状体,参与虹膜大环的组成。

(3) 睫状后短动脉

其自视神经周围穿入巩膜,在脉络膜内逐级分支,以营养脉络膜与视网膜的外五层组织,以及视神经筛板前区的组织。

(4) 睫状后长动脉

其于视神经的鼻侧与颞侧穿入巩膜,在巩膜上与脉络膜之间到达睫状体部,与睫状前动脉吻合,形成虹膜大环,营养虹膜与睫状体,并有返支向后,与后短动脉吻合,营养脉络膜的前部。

8.4.1.2 静脉系统

(1) 视网膜中央静脉

视网膜深层毛细血管丛和近锯齿缘的毛细血管收集该处血液后,管径增大,形成小静脉,上行至赤道部时形成较大静脉,并与动脉伴行。到后极部时,形成颞上、颞下、鼻上、鼻下四支静脉主干。在视盘上汇合成视网膜中央静脉总干,与伴行动脉穿过筛板进入视神经,沿途收集视神经内静脉小分支血流,并与软膜静脉交通。在眼球后大约 8~15mm 处与动脉一道穿出视神经。

(2) 涡状静脉

涡状静脉收集脉络膜、睫状体、虹膜的静脉血。脉络膜后部的小静脉往前汇合,赤道部以前的脉络膜静脉往后集合,在赤道部附近形成4~6支涡状静脉,分别位于上、下直肌两侧,收集颞上、颞下、鼻上、鼻下方的血液。颞上支涡状静脉在赤道后8mm、颞下支在赤道后6mm、鼻上支在7mm、鼻下支在5.5mm处分别穿出巩膜,在眼眶内汇入眼静脉。

(3) 睫状前静脉

睫状前静脉收集虹膜、睫状体和巩膜的血液。在角膜缘后的巩膜内有深层和浅层静脉丛,彼此互相交通,收集前部巩膜血流和部分虹膜、睫状体的血流,然后形成睫状前静脉,同时也与结膜静脉丛交通,最后注入眼静脉。

8.4.2 神经支配

眼球是受睫状神经支配的。睫状神经含有感觉、交感和副交感纤维。它又分为睫状长神经和睫状短神经。睫状长神经为第Ⅴ对颅神经第1支眼神经的鼻睫状神经的分支,睫状短神经发自睫状神经节。睫状长神经和睫状短神经均在眼球后极穿入巩膜后,前行到睫状体,组成神经丛,由此发出的分支,支配虹膜、睫状体、巩膜、角膜的知觉,以及瞳孔开大肌、瞳孔括约肌和睫状肌的运动。

睫状神经节位于视神经和外直肌之间,距眶尖约1cm,由于睫状神经节是眼球感觉神经的集中点,当行眼球手术时,常在术前进行球后麻醉,即将麻醉剂针头沿眶外侧壁向眶后内上推进,将药注入该神经节附近,麻醉该神经节,达到手术止痛的目的(图8-12)。

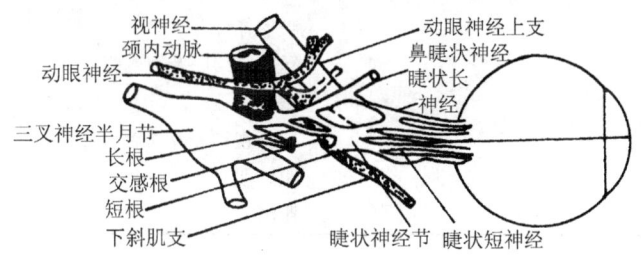

图8-12 睫状神经节

8.5 中医古代对眼解剖生理功能的认识

《灵枢·大惑论》云:"五脏六腑之精气,皆上注于目而为之精。精之窠为眼,骨之精为瞳子,筋之精为黑眼,血之精为络,其窠气之精为白眼,肌肉之精为约束,裹撷筋骨血气之精,而与脉并为系,上属于脑,后出于项中。"此一段经文,说明了眼的生成及其物质基础,眼的解剖及生理,眼与脑的关连,眼与气血精及眼与脏腑经络的关系,为后世五轮学说、八廓学说的创立和完善奠定了基础。

明代《审视瑶函·目为至宝论》对眼球的解剖及生理又有更详尽的认识,谓:"大概目圆而长,外有坚壳数重,中则清脆,内包黑稠神膏一函,膏外则白稠神水。水以滋膏,水外则皆血,血以滋水。膏中一点黑莹,乃是肾胆所聚之精华,惟此一点,烛照鉴视,空阔无穷者,是曰瞳神,此水轮也。"并指出:"五轮之中,四轮不能视物,惟瞳神乃照物者。"

现仅就中西医眼科解剖名称进行对照,并列表于后(表8-1),以供参考。

表8-1 中西医眼部解剖名称对照

中医名称	西医名称
眼睑(约束、胞睑、睥、目睥)	眼睑
上胞(上睥、上睑)	上眼睑
下睑(下胞、下睥)	下眼睑
内睑(睥内)	睑结膜
睑弦(胞弦、睥沿、胞沿)	睑缘
睫毛	睫毛
睑裂(目缝)	睑裂
内眦(大眦)	内眦
外眦(小眦、锐眦)	外眦
泪泉	泪腺
泪窍(泪堂、泪膛、泪孔)	狭义指泪点,广义指泪道
白睛(白眼、白仁、白珠、白轮)	指球结膜、前部筋膜及巩膜
黑睛(黑眼、水膜、乌睛、乌轮、乌珠、黑珠、青睛、神珠)	角膜
黄仁(眼帘、虹彩)	虹膜
神水	外为泪液,内为房水
瞳神(瞳子、金井、瞳人、瞳仁)	狭义指瞳孔,广义指瞳孔及其后的眼内组织
睛珠(黄精)	晶体
神膏	玻璃体
视衣	包括脉络膜及视网膜
眼珠(目珠)	眼球
目系(眼系、目本)	包括视神经及球后血管等
眼带	眼外肌
眼眶(目眶)	眼眶

思 考 题

1. 角膜营养靠何处供给?
2. 简述眼外肌的主要作用方向。
3. 视网膜色素上皮有哪些功能?

9 眼与脏腑经络的关系

学习目标

1. 掌握眼与脏腑的关系
2. 了解眼与经络的关系

眼为视觉器官,属五官之一。它通过经络和其他组织器官保持着密切的联系,共同构成有机的整体。如果脏腑、经络的功能失调,以致引起全身性反应。因此,在研究眼的生理、病理和诊治眼病时,不仅要看局部,而且应该具有整体观念,根据眼与脏腑经络的关系,全面地观察。

9.1 眼与脏腑的关系

眼之能够明视万物,辨别颜色,是赖五脏六腑精气的滋养。所以,《灵枢·大惑论》说:"五脏六腑之精气皆上注于目而为之精。"明确地指出了眼与脏腑在生理上有着密切的关系。

9.1.1 眼与心、小肠的关系

(1) 心主血脉,诸脉属目

《素问·五脏生成》及《素问·脉要精微论》说:"诸脉者,皆属于心","脉者,血之府","诸脉者,皆属于目。"由此可知,心主全身血脉,脉中之血受心气推动,循环全身,上输于目,目受血养,才能维持视觉。

(2) 心主藏神,目为心使

《灵枢·大惑论》说:"目者心之使也,心者神之舍也。"这里的"神",是指人体大脑的精神、思维活动,由于心为神之舍,精神虽统于心,而外用在于目,故为心之使。《审视瑶函》还认为:心神在目,发为神光,神光深居瞳神之中,才能明视万物。

此外,《素问·解精微论》说:"夫心者,五脏之专精也,目者其窍也。"由于心乃神明之府,为五脏六腑之大主,五脏精气任心所使,而目既赖脏腑精气所养,视物又受心神支配,因此,人体脏腑精气的盛衰,以及精神活动的状态均能反映于目,所以,目为心之外窍。这一理论也是中医望诊中望目察神的重要依据。

(3) 眼与小肠的关系

《素问·灵兰秘典论》说:"小肠者,受盛之官,化物出焉。"水谷由胃腐熟后,传入小肠,并经小肠进一步消化,分清别浊。清者,包括津液和水谷之精气,由脾转输全身,从而使目受到滋养。

此外,心与小肠脏腑相合,有经脉相互络属,小肠的功能是否正常,既关系到心,也影响到眼。

9.1.2　眼与肝、胆的关系

(1) 肝开窍于目

《素问·金匮真言论》在论述五脏应四时,同气相求,各有所归时说:"东方青色,入通于肝,开窍于目,藏精于肝。"指出了目为肝与外界相通的窍道。所以,肝所受藏的精微物质,才能源源不断地输送至眼,使眼受到滋养,从而维持眼的视觉功能。

(2) 肝受血而能视

肝主藏血,具有贮藏血液,调节血量的功能。虽然五脏六腑之精气皆上注于目,但目为肝之窍,尤以肝血的濡养为重要。所以,《素问·五脏生成篇》说:"肝受血而能视。"《审视瑶函》则进一步阐述说:"肝中升运于目,轻清之血,乃滋目经络之血也。"并指出"血养水,水养膏,膏护瞳神",才能维护眼的视觉功能。

(3) 肝气通于目

肝主疏泄,具有调畅人体气机的功能。气能生血,又能行血,凡是供给眼部的血液,无不依赖气的推动。《灵枢·脉度》说:"肝气通于目,肝和则目能辨五色矣。"这就强调了肝气和畅条达,眼才能辨色视物。

(4) 肝脉上连目系

《灵枢·经脉》说:足厥阴肝经"连目系"。通观十二经脉,唯有肝脉是本经直接上连目系的。肝脉在眼与肝之间起着沟通表里,联络眼与肝脏,为之运行气血的作用,从而保证了眼与肝在物质上和功能上的密切联系。

(5) 眼与胆的关系

肝与胆脏腑相合,互为表里。肝之余气溢入于胆,聚而成精,乃为胆汁。胆汁于眼,十分重要。如《灵枢·天年》说:"五十岁,肝气始衰,肝叶始薄,胆汁始减,目始不明。"在前人论述基础上《审视瑶函》又说:"神膏者,目内包含之膏液,……此膏由胆中渗润精汁,升发于上,积而成者,方能涵养瞳神。此膏一衰,则瞳神有损。"由上可知,胆汁减则神膏衰,瞳神遂失养护。

9.1.3　眼与脾、胃的关系

(1) 脾输精气,上贯于目

脾主运化水谷,为气血生化之源。《素问·玉机真脏论》在论及脾之虚实时说:"其不及,则令九窍不通。"其中即包含脾虚能致病之义。李杲《兰室秘藏》在《内经》的基础上又作了进一步的阐述,说:"夫五脏六腑之精气,皆禀受于脾,上贯于目。脾者诸阴之首也,目者血脉之宗也,故脾虚则五脏之精气皆失所司,不能归明于目也。"这就突出了眼赖脾之精气供养的关系。

(2) 脾气上升,目窍通利

脾主升清,能将精微物质升运于目,此属《素问·阴阳应象大论》所谓:"清阳出上窍。"目得清阳之气的温养则能视物清明。

(3) 脾气统血、血养目窍

脉为血之府,诸脉皆属于目,目得血而能视,而血液之所以运行于眼络之中不致外溢,有赖脾气的统摄。

(4) 眼与胃的关系

胃为水谷之海,主受纳、腐熟水谷,下传小肠,其精微通过脾的运化,以供养周身。脾胃脏腑相合,互为表里。两者常被合称为"后天之本"。所以,李杲《脾胃论》说:"九窍者,五脏主之,五脏皆得胃气乃能通利。"并指出:"胃气一虚,耳、目、口、鼻俱为之病。"由此可见胃气于眼之重要。

此外,《素问·阴阳应象大论》说:"浊阴出下窍。"脾胃为机体升降出入之枢纽,脾主升清,胃主降浊。两者升降正常,出入有序,则浊阴从下窍而出,不致上犯清窍。

9.1.4 眼与肺、大肠的关系

(1) 肺为气主,气和目明

张介宾说:"肺主气,气调和则营卫脏腑无所不治。"由于肺朝百脉,主一身之气,气能推动血行,气血并行全身,则目亦得其温煦濡养;肺气调和,气血流畅,脏腑功能正常,则五脏六腑精阳之气皆能源源不断地输注于目,故视精明。若肺气不足,以致目失温养,则昏暗不明,此即《灵枢·决气》所谓:"气脱者,目不明。"

(2) 肺气宣降,眼络通畅

肺气宣发能使气血津液敷布全身;肺气肃降,又能使水液下输膀胱。肺之宣降正常,则血脉通利,目得卫气、津液的温煦濡养,卫外有权,目亦不病。

(3) 眼与大肠的关系

肺与大肠脏腑相合,互为表里。小肠浊物下注大肠,化为粪便,有赖肺气肃降,推动其排出体外。

9.1.5 眼与肾、膀胱的关系

(1) 肾精充足,目视精明

人体之精乃生命活动的基本物质。眼之能视,有赖于五脏六腑精气的濡养。《素问·上古天真论》说:"肾者主水,受五脏六腑之精而藏之。"故眼的视觉是否正常,与肾所受藏的脏腑精气充足与否关系至为密切。

(2) 肾生脑髓,目系属脑

《黄帝内经》说,肾主藏精,精能生髓,脑为髓海,目系上属于脑。肾精充足,髓海丰满,则思维灵活,目光敏锐。《医林改错》的认识有所发展,说:"精汁之清者,化而为髓,由脊骨上行入脑,名曰脑髓,……两目即脑汁所生,两目系如线,长于脑,所见之物归于脑。"王氏已明确地将眼之视觉归结于肾精所生于脑,而且还通过肾,阐明了眼与脑的关系。

(3) 肾主津液,上润目珠

《素问·逆调论》说:"肾者水脏,主津液。"《灵枢·五癃津液别》又说:"五脏六腑之津液,尽上渗于目。"津液在目化为泪,则为目外润泽之水;化为神水则为目内滋养之液。这些水液的分布和调节,与肾主水的功能密切相关。

(4) 眼与膀胱的关系

肾与膀胱脏腑相合,互为表里。在人体水液代谢过程中,膀胱的气化作用主要取决于肾气的盛衰,如肾气不足,或湿热壅结,引起膀胱气化失常,水液潴留,可致水湿上泛于目。如膀胱敷布失职,水湿停留,上泛目窍可致眼部肿胀。

膀胱属足太阳经,太阳主一身之表,易遭外邪侵袭,亦常引起目病,故《银海指南》有"治目不可不细究膀胱"之说。

9.1.6 眼与三焦的关系

三焦为孤府,主通行元气、运行水谷与疏通水道的功能,故上输入目之精气津液无不通过三焦。若三焦功能失常,致水谷精微之消化、吸收和输布、排泄紊乱或发生障碍,则目失濡养。若三焦水道不利,致水液潴留,水邪上犯于目,则可引起眼底病变。

此外,《证治准绳·七窍门》还指出:目内所含神水,是"由三焦而发源"。所以,三焦功能失常,可致神水衰竭而发生目病。

> **寻根究底——猫为啥爱吃老鼠**
>
> 猫都爱吃老鼠,究其原因却说法各异,但人们都赞同的一个观点是:如果不吃老鼠,猫的夜视能力就会下降直至为零。
>
> 德国的科学家近来试着从这方面入手研究猫为什么爱吃老鼠,结果发现猫的体内有一种特殊的物质,这种物质能自行合成一种名为牛黄酸的物质,而牛黄酸正是提高高级哺乳动物夜间视觉能力的化学物质。偏偏猫本身不能合成牛黄酸。显然,猫只有不断地吃老鼠,体内才能有足够的牛黄酸,才能保持夜间的视力,让自己在自然界存活下去。
>
> 当初,德国科学家研究牛黄酸的目的是关注人类的夜盲症,夜盲症中有一种叫顽固性夜盲症,并不是因为缺乏维生素 A 引起的,目前也没有治疗的良药,所以德国科学家正打算让病人吃一点老鼠肉,看看他们的主证是不是可以变得轻一些。
>
> (摘自《黄金时代》)

9.2 眼与经络的关系

经络运行全身气血,在人体起着沟通表里上下,联络脏腑器官的作用。《灵枢·口问》说:"目者,宗脉之所聚也。"《灵枢·邪气脏腑病形》说:"十二经脉,三百六十五络,其血气皆上于面而走空窍,其精阳气上走于目而为睛。"这些都说明了眼与脏腑之间,靠经络的连接贯通,保持着有机的联系。是经络不断地输送气血,才能维持眼的视觉功能。

9.2.1 眼与十二经脉的关系

十二经脉,三阴三阳表里相合,正经首尾相贯,旁支别络纵横交错,营血在经隧中运行全身,始于手太阳,终于足厥阴,周而复始,如环无端。故从经络循行的路径来看,可以说十二经脉都直接或间接地与眼发生着联系。

兹将十二经脉中循行于头,与眼部发生联系的经脉分述如下:

1) 手阳明大肠经:其支脉,上行头面,左右相交于人中之后,上挟鼻孔,循禾髎,终于眼下鼻旁之迎香穴,与足阳明胃经相接。

2) 足阳明胃经:本经受手阳明之交,起于鼻旁之迎香穴,上行而左右相交于鼻根部,过内眦部睛明穴,与旁侧之足太阳经交会后循鼻外侧下行,经承泣、四白、巨髎,入上齿中。此外,足阳明别出而行的正经(足阳明之正)亦上行至鼻根及眼眶下方,并联系于目系,然后到承泣穴附近再与本经会合。

3) 手少阴心经:其支脉,从心系上挟咽喉,系目系。其别出之大络名通里,亦属于目系。此外,尚有本经别出而行的正经(手少阴之正)上出于面,与手太阳经的支脉会合于内眦之睛明穴。

4) 手太阳小肠经:本经有一支脉循颈上颊,抵颧髎,上至目外眦,过瞳子髎,转入耳中。另一支脉,从颊部别出,上走眼眶之下,抵于鼻旁,至目内眦睛明穴,与足太阳经相接。

5) 足太阳膀胱经:本经受手太阳之交,起于目内眦之睛明穴,上额循攒竹,过神庭、通天,斜行交督脉于巅顶百会穴。其直行者,从巅入脑,连目系。

6) 手少阳三焦经:本经有一支脉从胸上顶,沿耳后经翳风上行,出耳上角,至角孙,过阳白、睛明,再屈曲下行至面颊,直达眼眶之下。另一支脉,从耳后翳风穴入耳中,经耳门出走耳前,与前脉相交于颊部,至目外眦与足少阳经交会于瞳子髎,再到丝竹空。

7) 足少阳胆经:本经起于目外眦之瞳子髎,由听会过上关,上抵额角之颔厌,下行耳后,经风池至颈。其一支脉,从耳后入耳中,出耳前,再行至目外眦瞳子髎之后。另一支脉,又从瞳子髎下走大迎,会合于少阳经,到达眼眶之下。此外,由本经别出之正经(足少阳之正),亦上行于头,系目系,并与足少阳经会合于目外眦。

8) 足厥阴肝经:本经沿喉咙之后,上入颃颡,行大迎、地仓、四白、阳白之外,直接与目系相连,再上出前额,与督脉相会于巅顶之百会。

归纳上述,足三阳经之本经均起于眼或眼附近,而手三阳经皆有1~2条支脉终止于眼或眼附近。此外,以本经或支脉,或别出之正经系连于目系者,有足厥阴肝经、手少阴心经以及足三阳经。

9.2.2 眼与奇经八脉的关系

奇经八脉与脏腑无直接络属关系,然而它们交叉贯串于十二经脉之间,具有加强经脉之间的联系,以调节正经气血的作用。使正经气血充足流畅,也就能维持眼部的正常营养。奇经中起、止、循行路径与眼直接有关的,主要有督脉、任脉、阴跷脉、阳跷脉及阳维脉等。

1）督脉：督脉总督一身之阳经。起于少腹以下骨中央。有一支别络绕臀而上，与足太阳膀胱经交于目内眦。另一支脉则从少腹直上，入喉上颐，上系两目之下中央。

2）任脉：任脉总任一身之阴经。起于中极之下，沿着腹里上行，上颐循承浆，环绕口唇，分两支上行，系两目之下中央，至承泣而终。

3）阴跷脉、阳跷脉：阴阳跷脉分别主一身左右之阴阳。阴跷脉起于足跟内侧，上目内眦而入通于太阳、阳跷。阳跷脉起于足跟外侧，上目内眦而合于太阳、阴跷。足太阳经自项入脑，别络于阴跷、阳跷，而阴阳跷脉又相交于目内眦之睛明穴，其气并行环绕，濡养眼目，且司眼睑之开合。通常卫气出于阳则张目，入于阴则闭目。若阳跷气盛而阴气虚，则目张不合；若阴跷气盛而阳气虚，则目闭不张。外邪客于跷脉，则可引起目赤痛或胬肉攀睛等。

4）阳维脉：阳维脉维系诸阳经。起于外踝下足太阳之金门穴，经肢体外后侧，上行至头颈，到前额，经眉上，再由额上顶，折向项后，与督脉会合。因为阳主外、主表，故阳维病可见头痛目赤、恶寒发热之类表证。

9.2.3 眼与经筋的关系

十二经筋隶属于十二经脉，是经脉之气结聚散络于经络关节的系统。其位表浅，有连缀百骸、维络周身、主司人体正常运动的作用。经筋分布于眼及眼周围者，有手足三阳之筋。

1）足太阳之筋：足太阳之支筋为目上网。张介宾解释说："网，纲维也，所以约束目睫，司开合者也。"

2）足阳明之筋：足阳明之筋，其直行者，上头面，从鼻旁上行，与足太阳筋相合。太阳为目上网，而阳明为目下网。张介宾认为：足太阳的细筋散布于目上，故为目上网；足阳明的细筋散布于目下，故为目下网。两筋协同作用，则可统管胞睑运动。不过，在《黄帝内经太素》及《针灸甲乙经》中皆以"网"作"纲"。后世眼科专书一般也称为"目上纲"和"目下纲"。

3）足少阳之筋：足少阳之支筋结聚于目外眦，为目之外维。张介宾认为：凡眼能左右盼视者，正是此经所为。

4）手太阳之筋：手太阳之筋，其直行者，上行出耳上，会手少阳之筋，又前行而下，结聚下颔，与手阳明之筋相合，再向上行，联属于目外眦，与手足少阳之筋相合。

5）手少阳之筋：手少阳之支筋上颊车，会足阳明之筋，循耳前上行，遂与手太阳、足少阳之筋交会，联属于目外眦，然后上行，结聚于额角。

6）手阳明之筋：其支筋上颊，上行结聚于颧部；其直行之筋，上出手太阳之前，左侧者行左耳前，上左额角，络头，以下右颔，而右侧此筋上右额角，络头，下左颔，以会太阳、少阳之筋。

上述网系结聚于眼其周围的经筋，在经脉之气的濡养下，共同作用，支配着胞睑的开合，眼珠的转动，以及头面其他筋肉的正常活动。此外，足厥阴肝之筋，虽未直接分布至眼，然而，肝为罢极之本，一身之筋皆肝所生，为肝所主，足厥阴之筋联络诸筋，故与眼仍有重要关系。

简要叙述眼与各个脏腑的关系。

10 病因病机

学习目标
1. 掌握眼病病因致病的临床特点
2. 熟悉眼病病机

10.1 病　　因

眼病的病因是指引起人体发生眼病的原因,常见的有六淫、疠气、七情内伤、饮食不节、劳倦、眼外伤,及其他因素等。

> **李敖妙语录**
> 良医有两种,一种是自己能够把病人治好,一种是知道自己治不好而把病人推荐给治得好的医生。

10.1.1 六　　淫

六淫是外障眼病常见的致病因素,当人体正气虚弱,腠理不密时,易感受六淫之邪。其致病途径多由肌表、口鼻入侵,或直接侵犯眼部。它可由一种淫邪为害,亦可由多种淫邪兼挟致病,且具明显的季节性,故常称之为"外感六淫"。六淫之中尤以风、火、湿为患最多。

10.1.1.1 风邪致病的特点

1) 善行而数变,发病急,变化快。如临床上常见的"暴风客热"。
2) 风为阳邪,性轻扬,善袭于上;头为诸阳之会,眼为清阳之窍,其位至高,容易受外来风邪侵袭。
3) 风邪致病在眼部的临床表现为目痒,目涩,畏光,多泪,目赤,胞睑肿胀,黑睛起翳等。

10.1.1.2 寒邪致病的特点

1) 寒为阴邪,易伤阳气。使全身及眼部喜热、恶寒,或伴手足冷,小腹冷痛。
2) 寒性凝滞,主痛。寒邪使机体气血凝结阻滞,不能畅通流行,不通则痛。
3) 寒主收引。寒邪入络,常致筋脉拘挛、收缩。
4) 寒邪致病在眼部的临床表现为胞睑紫胀,白睛血脉紫滞或暗红,头目疼痛,目昏冷泪,眼底脉络瘀滞,目珠紧涩,或口眼㖞僻,或目珠偏斜。

10.1.1.3 暑邪致病的特点

1) 暑为阳邪,其性炎热,易伤津耗液。
2) 暑多挟湿,暑夏季节,气候炎热,雨量增多,因此,在感受暑热的同时,也常兼感湿邪。
3) 暑邪致病在眼部的临床表现为目赤,肿胀而痛,眵泪如脓,视物昏朦。暑兼夹湿,则常见障赤翳厚。

10.1.1.4 湿邪致病的特点

1) 湿为阴邪,遏伤阳气,阻碍气机。常见头重视昏。
2) 湿性重浊,常见头重如裹,视物昏暗。
3) 湿性秽腻,缠绵难愈。
4) 湿邪致病在眼部的表现为睑内粟疮、白睛污红,眵泪胶粘,黑睛边缘混浊而隆起,睑弦赤烂,或眦帷赤烂,湿痒糜烂,胞睑浮肿,或黑睛边缘溃陷如蚕蚀,或视瞻昏渺等。

10.1.1.5 燥邪致病的特点

1) 燥为阳邪,其性干燥,易伤津液。古人说:"燥胜则干","液竭者,则目涩"。
2) 燥邪致病在眼部的临床表现为眼干涩不适,眼眵干结,白睛红赤少津等。

10.1.1.6 火邪致病的特点

1) 火为阳邪,其性炎上,故容易上冲头目,引发目疾。
2) 迫血妄行,灼伤脉络,出现眼病的出血证候。
3) 燔灼津液,消津耗液,眵多浓稠,怕热畏光等。
4) 火邪致病在眼部的临床表现为目赤肿痛,灼热刺痒,磣涩畏光,眵多黄稠,热泪如汤,大眦脓漏,抱轮红赤,黑睛翳溃,黄液上冲等。

10.1.2 疠 气

疠气,指具有强烈传染性,能引起广泛流行的致病邪气。又称"疫疠"、"毒气"、"时气"、"天行"、"戾气"等。其临床表现与风火外袭所致的外障眼症大体相似。一年四季都可发生,但以夏天气候炎热时为多,如天行赤眼,天行赤眼暴翳。

10.1.3 七情内伤

七情内伤指喜、怒、忧、思、悲、恐、惊七种情志的过度变化,属精神致病因素。七情过度可导致脏腑功能失调,如喜伤心、悲伤肺、怒伤肝、恐伤肾、忧伤脾等。七情致病的特点多以内障眼病为多,如暴盲、绿风内障、视瞻昏渺、视瞻有色、青风内障、青盲等。

10.1.4 饮食不节

饮食不节系指过食辛辣灸煿,膏粱厚味,或嗜好烟酒刺激之品,致使脾胃蕴积痰湿热毒,阻塞经络,郁遏气机升降失常;或由饥饱不匀,饮食偏嗜,冷热失调,导致脾胃运化失职,水谷精微不能上注于目等,如针眼、胞生痰核、睑弦赤烂、疳积上目等。

10.1.5 过　　劳

过劳系指体力、脑力、目力的过度疲劳,以及房室无节等。过劳可导致气血耗伤、阴精亏损、心火上亢、心肾不交、肝肾不足等脏腑功能紊乱,从而引起眼病,如视瞻昏渺、暴盲、视瞻有色等。

10.1.6 眼　外　伤

眼外伤指由外物引起的眼部损伤。常见的眼外伤有异物入目,跌仆或钝物撞击伤目,锐器刺入或爆炸造成的真睛破损,以及电击、辐射、日照、高温和化学物质等伤目。

10.1.7 其他因素

其他因素指先天与衰老,以及因他病等引起眼病者。其中先天禀赋不足与生俱来的称为先天性眼病,如胎患内障、高风内障、色盲等,与衰老有关的疾病有老视、圆翳内障等。此外,全身性病变以及体内的痰湿、瘀血等病理产物在一定条件下亦可导致眼病。

10.2 病　　机

病机指疾病发生、发展与变化的机制。分为外感病机与内伤病机。

10.2.1 外感病机

此指六淫邪气及疠气直接侵及眼球,或自皮毛肌腠及口鼻而入,通过经络脉道,甚至于脏腑而扰害清窍。其发展变化多取决于正与邪两方面。邪盛而正不衰则眼病表现为实证。邪盛而正虚则眼病表现为虚实错杂证。外感眼病的预后主要取决于正邪双方斗争与消长,邪衰而正复者预后多良,邪盛而正衰者预后多差。

10.2.2 内伤病机

10.2.2.1 脏腑功能失调

(1) 肝和胆

肝开窍于目,主藏血,又主疏泄,为风木之脏,且黑睛属肝,足厥阴肝经连目系,故眼病与肝关系密切。肝与胆相表里,故肝胆失调可导致多种目疾。

1) 实证

肝气郁结:多由情志引起,郁怒不解,木失条达疏泄无权,气机阻滞,故可致目珠胀痛,视瞻昏渺,青绿二风,甚则暴盲等。

肝火上炎:肝气郁结,久则化火,气火上逆;或肝阳暴张,气火上冲,可发绿风内障;若伤及营血,迫血妄行可致暴盲,如肝火素盛之人复感风热毒邪,则可致使黑睛生翳,或瞳神紧小等。

2) 虚证

肝血不足:目失滋养可致目睛干涩,晶珠混浊,视瞻昏渺,瞳神干缺,冷泪常流,青风,夜盲等。

肝阴不足:阴不制阳,肝阳化风,气血上冲可致暴盲。

3) 兼证

肝脾不和:肝失条达,郁结不解,横逆伐土所致。临床可见视瞻昏渺,青风内障,暴盲,圆翳内障等。

肝火犯肺:肝气郁久,化火上逆犯肺。临床可见白膜侵睛,金疳,暴赤生翳,花翳白陷等。

(2) 心与小肠

心主血,又主神明,目得血而能视,且内外眦属心,心与小肠相表里,发病机制主要表现在血脉运行障碍和情志活动的异常。其中以血脉运行障碍对眼科关系更为重要。

1) 实证

心火上炎:多由抑郁不遂,郁久化火,上扰清窍所致。可表现为两眦红赤,胬肉高隆,漏睛生疮,眦帷赤烂。若气郁华火,炼液为痰,致痰热内扰,可使目窍不利,继生青绿二风,或眼底血脉扩张,甚则暴裂出血,乳头色红,水肿等而造成暴盲。

气滞血瘀:心气不振,气滞脉中,血瘀痹阻,脉道失和,可致眼底血脉怒张或细如银丝,甚则脉道破裂出血,渗出水肿,而成暴盲,青盲,视瞻昏渺,云雾移睛等严重眼病。

2) 虚证

心阳不足:思虑过度,心气不足,心阳不振,可致脉道阻塞,神光发越受阻,而成视瞻有色,青风内障,暴盲等病。

心阴亏虚:劳心过度,营血亏虚,阴精暗耗,心火上扰,可见两眦淡红,血脉隐见,微痒不甚,白睛溢血,赤脉传睛,云雾移睛,青盲等。

3) 兼证

心脾两虚:思虑不解,过度劳倦可致心脾两虚。常见有视瞻昏渺,青风内障,圆翳内障等。

心与小肠相表里,心之实火可移热于小肠,除眼部主证外,还可有小便短赤、口舌生疮、心烦失眠等。

(3) 肺与大肠

肺主气,且主皮毛,其病主要表现为气机升降失常和外感时邪客于肌表,肺失肃降。

1) 实证

肺热熏蒸:风热上受或风寒郁久化热,或痰热内积而致热邪蒸肺,肺失肃降,可见金疳,火疳,白睛溢血。如兼风邪则可发为白睛暴赤肿痛和黑睛生翳等。

风邪束肺:风邪外束,肺气不宣,每易引起白睛红赤肿胀的眼病。

2) 虚证

肺阴虚:秋燥,或咳嗽日久,致肺阴亏损,而致虚热内生,常见白睛干涩,金疳颗粒隆起不甚,赤丝淡红,反复难愈,火疳后期等。也可造成云雾移睛,眼底出血,渗出等眼疾。

肺气虚:劳累过度,病久体虚,久咳伤肺等,可致肺气亏虚。多表现为白睛疾病久治不愈或反复发作。

肺与大肠相表里,脏腑同病除眼部主证外,常由肺失肃降而致大肠传导失常产生便秘。

(4) 脾与胃

脾胃功能主要表现在受纳与运化方面,其统血、主肌肉也同样与受纳运化相关。肉轮属脾胃,脾胃为后天之本,气血生化之源。故脾胃功能失调均可引起眼病。此外,脾胃功能失调后产生痰与湿,对眼功能影响甚大。

1) 实证

痰湿内蕴:脾胃失运,聚湿生痰。流窜于肌肤可致胞生痰核,泛溢于眼内,又可引起云雾移睛,甚则眼底渗出,增生改变。如痰湿久郁化热,再兼肝气郁滞,往往激变青绿二风。

2) 虚证

脾阳虚衰:过食生冷,或过用寒凉之剂,以及久病失养均可致脾阳不振,统摄无权,运化失职,常可致疳积上目,高风内障,眼内渗出,圆翳内障等。

中气不足:劳倦太过,饮食不节,久病体弱均可耗伤脾胃之气而致升降失职。上睑下垂,目睛偏视,网膜脱离,目珠塌软等均与中气不足有关。

(5) 肾与膀胱

肾为先天之本,主藏五脏六腑之精,为视功能之源泉,瞳神为之所属,故在眼科生理病理中均占重要地位。因肾宜固藏,不宜泄露,故多虚证,虚证又有阳虚、阴虚之分。

肾阳不足:先天禀赋不足,久病不愈,房室无节,致下元亏损,命门火衰,阳衰则不能胜阴则夜视罔见;阳虚则不能温化水湿,水湿上泛则眼内水肿、渗出,病见视瞻有色、云雾移睛,甚则暴盲。

肾阴亏虚:阴精不足,目失所养,故视物昏瞢,晶珠混浊,瞳神干缺,眼底视乳头色淡,网膜血管细而色淡,甚则阴虚火旺灼伤眼内,致瞳神散大,目睛胀痛,眼底可见血管扩张,或迫血妄行,其色鲜红而量少。

肾与膀胱相表里,二者并病时除眼部主证外,可见小便清长、夜尿增多或尿失禁等体征。

10.2.2.2 气血功能失调

(1) 气的病机

气的含义有二:一是指构成人体和维持人体生命的精微物质;二是指脏腑组织的生理功

能。《太平圣惠方》谓:"眼通五脏,气贯五轮",气的正常与否,常会直接或间接地由脏腑和眼部表现出来,气之为病有虚有实。

气虚气陷:多因劳伤过度或久病失养而耗伤元气,以致气机衰惫,不能敷布精微,充泽五脏,上荣于目,或卫外不固,统摄、温煦失职等。在眼表现为眼睑下垂,无力举抬,冷泪常流,黑睛翳陷久不平复,或内外障翳久不痊愈,视力疲劳不能持久,眼内水肿、出血,晶珠混浊,青盲内障等。

气滞气逆:多因痰火湿热,食滞不化,情志郁结,或因外感治疗失当,而引起气机阻滞,运行不畅,致水谷精微无从输布;或肺气郁阻,失其清肃而上逆化为燥热;或郁怒伤肝,久则化火逆冲于上。因气为血帅,气滞而血凝,血凝不行则成瘀,眼病表现为赤脉虬丝,结节隆起,胞睑肿核,目胀而痛,目中干涩失润;或视力骤降,眼内出血等。如胞生痰核、金疳、火疳、青绿二风、暴盲等眼疾之病机往往与之有关。

(2) 血的病机

目依赖血的濡养才能明视万物,若血的功能异常,则可引起目疾。

血热:实证多由脏腑功能亢进,或外感热邪入络,热入血分。血热炽盛,可致胞睑、白睛赤热肿痛;血受热迫,溢于脉外,可致白睛溢血,或眼底出血,视力减退或暴盲。虚证多由血虚生热,虚火上炎,血热妄行,溢于脉外,常可致眼内外出血,但出血量多缓、量少、易复发。

血虚:多由生化不足或失血过多及久病体虚引起。在眼表现为胞睑内面及白睛血脉淡红不鲜,目睛干涩少泪,视力疲劳或视物不清,眼底视盘色淡,或苍白,或视瞻昏渺,甚至变生青盲。血虚生风,虚风内动,上扰于目可致胞轮振跳;眉棱骨痛,目涩羞明等。

血瘀:指血液瘀滞不行,常可由外伤、出血、久病、寒凝、气滞、热盛灼津等引起。在眼部的表现,可见眼珠外突。胞睑可见椒疮、粟疮、胞睑赤紫肿硬。白睛可见血络紫赤粗大,虬蟠旋曲。黑睛可见赤膜下垂,甚则血翳包睛。黄仁可致肿胀,上有新生血脉,或瞳神紧小或干缺。眼底可见脉络阻塞,缺血或出血,视力骤降。若瘀血阻塞神水出入之通道,可致眼珠变硬,头目疼痛,视力猝降。

1. 如何理解"肝受血而能视"?
2. 为什么说风邪为外障眼病之先导?

眼科诊断概要

1. 熟悉四诊在眼科的运用
2. 掌握问诊和眼科一般检查(含望诊和切诊)的内容和方法
3. 掌握眼科常用的辨证方法

11.1 眼科诊法

眼科诊法是四诊在眼科中的具体应用,由于眼的特殊的部位、结构与功能,及眼与脏腑、经络的密切联系,决定了眼科的四诊中,重在望诊与问诊。问诊主要是询问与眼病有关的病史与自觉症状,包括眼部与全身的临床主证,望诊的重点是望眼部,切诊亦以眼部触诊为主。结合现代科学仪器进行眼部检查,属于望诊与切诊在眼科方面的发展。

11.1.1 问 诊

11.1.1.1 问病史

1) 询问发病时间与起病情况:发病时间多久,单眼或双眼,初发或复发,病起是急或是缓,及变化的快慢,以目痛眵泪为主多为外障,以视觉变化为主多为内障。

2) 可能引起的发病因素:包括工作的性质、环境、室内或野外,脑力还是体力,有无情志波动,饮食不节及小儿喂养不当情况。有无外伤、手术及药物过敏等,有无食物中毒及屈光不正史。怀疑有遗传性眼病应详细询问家族史。

3) 治疗经过:是否经过治疗,曾用过何种药物,疗效如何,目前是否继续使用及了解以往治疗情况,作为以后用药的参考。

11.1.1.2 问症状

（1）问眼部自觉主证

1）目痛：重点了解目痛的部位与性质，目痛是前部痛，眼深部痛或眼珠转动时痛，目刺痛、灼痛或胀痛，是隐痛或胀痛如突。目痛持续不解或时发时止，拒按或喜按，昼痛或夜痛，首先辨别外障或内障及虚实寒热。

2）目痒：询问目痒发作是否与季节有关；是微痒不舒、涩痒兼作或痒如虫行，是否遇暖加重，遇冷减轻；或迎风痒极，无风则减；是起病时痒或病减时痒，或仅两眦作痒。目痒与饮食、睡眠是否有关。是否有时复的特点，明确目痒属风、属火，还是属血虚。

3）目眵：重点问眼眵的量多量少，骤起或常有，满眼是眵或仅限于眦头；是稠而粘结、或稀薄如水，或呈丝状，色白色黄，如脓或似浆。以了解肺热之虚实，是否兼夹湿邪等。

4）目泪：是热泪或冷泪，迎风泪出或无时泪下，胀痛泪下或目昏流泪。若情绪激动时亦无泪溢出，询问是否伴有口干眼干。可初步了解是外感眼病或是内伤所致。热泪重点检查白睛与黑睛；冷泪水重点检查泪窍。

5）视力：重点询问视力骤降或缓降，是看远模糊还是视近不清，或远近均不清。是否注视后才感不清，是白昼如常而入暮目暗，还是相反，结合视力检查明确眼病的虚实，性质和部位。

6）视觉异常：重点问眼前有无蚊蝇飞舞，正前方是否有物遮挡；是否有视物变形，视物变色，或有黑影飘动，视一为二等，又须问清是双眼还是单眼。

（2）问全身症状

眼睛是整体不可分割的一部分，不仅邻近的耳、鼻、口齿疾病可以传变为眼病，而且通过经络，与五脏六腑密切相关。因此，眼病不仅可引起全身主证，也可以是全身病的组成部分，现仅就常见的几个方面提示如下：

1）问头部情况：眼病可伴有头痛。由眼病引起头痛者有两个特征：①先有眼痛，病情加剧时放射至头部；②用眼时才引起头痛。应仔细询问头痛的时间、部位与性质，以及伴随的症状，如伴有恶心、呕吐等。询问头发是否突然脱落、变白，有无耳鸣、耳聋，是否有鼻塞流涕、口疮、龋齿、咽部疼痛等，对眼病诊治也有重要参考意义。

2）问饮食口味与二便情况：询问平素饮食习惯，近日食欲及食量有无增减；有无口苦、咽干、口淡乏味或口甘黏腻；有无口干、口渴现象；是渴不欲饮还是口渴引饮；喜冷饮还是热饮；口干是否以夜间为甚等。问二便是否调顺，有无大便干结或溏泻；小便清长还是黄赤等等。由此可了解脾胃的虚实及津液气血的盛衰。

3）问睡眠情况：是难以入睡或易惊易醒，还是嗜卧乏力不欲睁眼等。可作为辨证用药的参考。

4）问妇女经带胎产情况：问月经提前或延后，经量多少，颜色如何；是否有瘀块；是否有经前胁胀或经来腹痛；白带多少，是否黏稠腥臭；是否怀孕、哺乳或新产之后；分娩时是否有出血过多等现象，问此可了解其气血虚实情况，及有无气滞血瘀等。

11.1.1.3 询问可能引起发病的因素

如病前有无情志激动，工作过于紧张，用目过度或熬夜；有无烈日曝晒，迎风疾走，感冒风寒，发热，腹泻等；问工作性质与环境；有无外伤史、手术史；有无蚊虫叮咬；点过什么药，戴过什么眼镜;是否饮食不节。如系小儿则要问喂养情况;妇女则要问胎产情况;如眼红多眵者,要问是否接触过"红眼病"患者;如怀疑属遗传性眼病,则要问亲属的健康情况,是否患有类似眼病等等。

11.1.1.4 询问治疗经过

问是否经过诊治,用过什么药物,疗效如何等。详细询问以往诊治情况,对做出诊断、选择药物提供参考。

11.1.2 视功能检查

视功能检查包括视觉心理物理学(包括视力、暗适应、色觉、视野、对比敏感度等)和视觉电生理两大类方法。

11.1.2.1 视力

视力即视敏度。此处所说的是中心视力,分为远、近视力。5m或5m以外的视力称远视力,距离30cm阅读时的视力称近视力。中心视力检查是测定黄斑中心窝视功能的主要方法,是眼科常规检查的重要项目之一。

(1) 远视力检查

远视力检查常用的有国际标准视力表和对数视力表。

1) 国际标准视力表:检查时光线充足,被检者距视力表5m,表上第10行视标应与被检眼在同一高度,用小数记录法表示视力。两眼分别检查,一般先查右眼后查左眼,从上至下指出视标开口的方向,把说对的最小视标一行的字号记录下来,例如右眼1.2;左眼1.5。正常远视力标准为1.0。如某行视标只有半数以下看对,可用加减的方法表示,如1.0行只看到1个可记作0.9^{+1};又如1.0行只有二个视标看错可记作1.0^{-2}。戴眼镜者必须测裸眼视力和戴眼镜的矫正视力。如远视力未达到正常者可于被检眼前加针孔镜,屈光不正者由于加针孔镜后改变了焦点深度和避免了球面差而增加视力。

不能辨认0.1者,则让被检者逐渐走近视力表,直至辨出最大视标字向为止,测量其与视力表的距离,然后按下列公式计算:

$$视力 = \frac{被检查者与视力表之距离(m)}{5(m)} \times 0.1$$

如被检者在3m处才能辨清0.1,则视力为$(3/5) \times 0.1 = 0.06$。

如被检者走至距视力表1m处仍不能辨认0.1者,则改用数指。被检者背光而立,检查者伸出手指,指间距离略同指粗,让被检者辨认。如在40cm处能说出指数,则视力为指数/40cm。

如手指接近被检眼前5cm还分不清者,则改为手左右摆动,记录能看到的距离,如手动/10cm。

数指或手动视力的患者应检查光感及光定位。检查方法为:在暗室内,医生手持蜡烛(或相等亮度的灯光)在5m处测试患者能否辨别烛光之有无,如能正确分辨,则为5m光感,若于5m处分辨不出,则将烛光移于4m处检查,若还不能分辨,则继续向前移动烛光,至分辨出为止,并记录出分辨烛光的距离,如4m光感、1m光感。不能辨出光亮者,记录为无光感。

光定位检查,其意义是测定光视野。被检眼向前方注视不动,烛光在眼前约1m远处,在右上、右、右下、下、左下、左、左上、上等8个方向移动,让患者用手指指出烛光所在的方向。用"+"表示辨认准确,"-"表示不能辨认或辨认错误。例如:

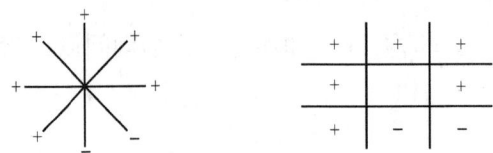

2) 对数视力表:对数视力表用5分记录法表示视力增减的幅度,其检查方法同国际标准视力表。表中共14行视标,最佳视力可测至5.3(2.0)。

(2) 近视力检查

近视力检查常用的有标准近视力表或Jaeger近视力表。在充足的光线下,距眼30cm,分别检查右眼、左眼。能辨明J_1或标准近视力表1.0以上视标字向者,为正常近视力。如不能在30cm辨明1.0视标字向,则将视力表向前或向后移动,至最清楚的距离止,然后分别记录,如:1.0/20cm,0.4/40cm等。

11.1.2.2 暗适应

当眼从强光下进入暗处,起初一无所见,以后随着光敏度的增进,渐能看清物体,这种过程即称暗适应。暗适应有两种检查方法。简单的方法为对比法,具有正常暗适应功能的检查者与被检者同时进入暗室,分别记录在暗室内停留可辨别周围物体所需要的时间,以粗略地判断受检者的暗适应功能。另一种方法,是用暗适应计检查。高风内障和疳积上目的患者,暗适应功能降低或丧失。

11.1.2.3 色觉

视网膜锥细胞有辨别不同颜色的功能,称为色觉。在暗适应时,黄斑区中心窝的色觉敏度最高。先天性色觉障碍为遗传性眼病,男多于女。临床上通常以程度的轻重分色盲与色弱两种,缺乏辨色能力为色盲,辨色力不足为色弱。

色盲的检查方法有多种,最常用的方法是假同色图检查。检查应在充足的自然光线下进行,双眼同时检查,距离约为0.5m,先读首页的"示教图",此图正常人或色盲者均可立即读出,以后可按顺序,也可间隔检查。每图应在5s内读出,如超过10s,勉强看出,可能为色弱,如读错或读不出,可按所附说明书判定为何种色盲。

圆翳内障手术前,为估计黄斑部功能,光感检查后,需用红、绿颜色玻璃片置于被检眼前做色觉检查。

11.1.2.4 视野

视野是黄斑中心窝以外视网膜的视力,亦称周边视力,即当眼球平直向前注视一固定点时,其所觉察到的全部空间范围。视野检查分周边视野检查与平面视野检查两种。

(1) 周边视野检查

1) 对比法　医生与被检者相对而坐,距离约1m,眼位等高,将相对的一眼遮盖,另一眼互相注视不动,医生用手指放在两人中间,从上下左右等各个不同方位由外向内移动(图11-1),并时刻询问被检者是否看到手指,这样与医生的正常视野做比较,以了解患者视野的大概情况。

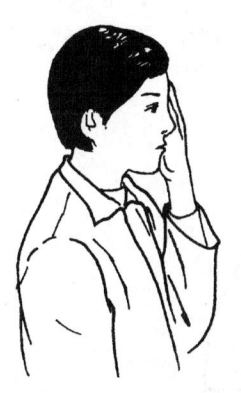

图11-1　对比法检查视野

2) 周边视野计检查　现有半球形或弧形视野计(图11-2,图11-3),主要构造为一个宽80mm的半圆弧形金属板,底面为黑色或灰黑色,半径为33cm,中央固定,可以旋转,弧的中央为0°,置有固定视标,两端为90°,弧弓对面距固定视标33cm处设有一个颌托,可以调节。上方设有1、2、3、5、10mm不同直径,红、黄、蓝、白四种不同颜色的光视标,后面有装纸表和打点针等记录装置。

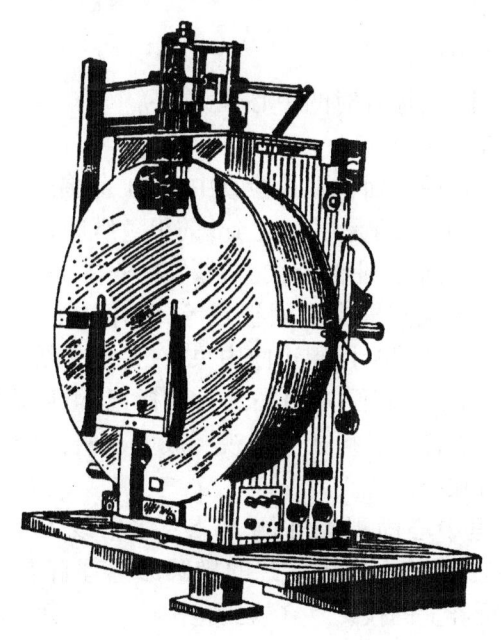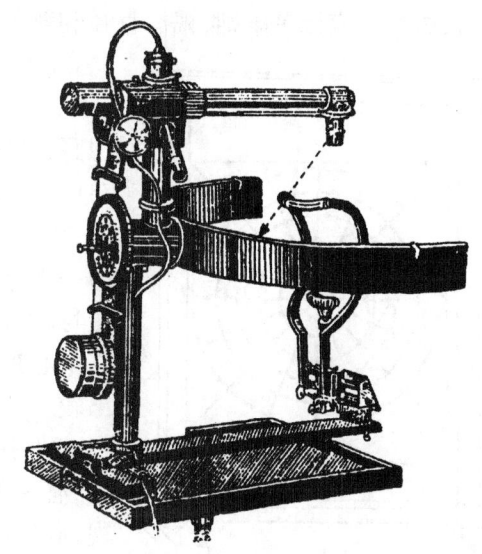

图11-2　Goldmann半球形视野计　　　图11-3　电气投射弧形视野计

检查前必须让患者明白如何配合。检查时被检者的下颌放在视野计的下颌托上,遮盖一眼,调节下颌托,使受检眼与视野计的中央在同一水平线上,并注视中央固定点不动,然后检查者将视标由周边向中央慢慢移动,记录刚能看到视标(如为色视标,则要分清视标的颜色)或视标刚消失的弧度数于视野图上。旋转弧板,一般间隔30°,用同样方法检查12个不同经线,最后将周边视野纸上记录的各点连接起来,即为被检眼的周边视野范围。

正常视野(白色)的范围平均为颞侧90°,鼻侧60°,下侧70°,上侧55°。蓝、红、绿色视野依次递减10°左右,绿色视野最小(图11-4)。

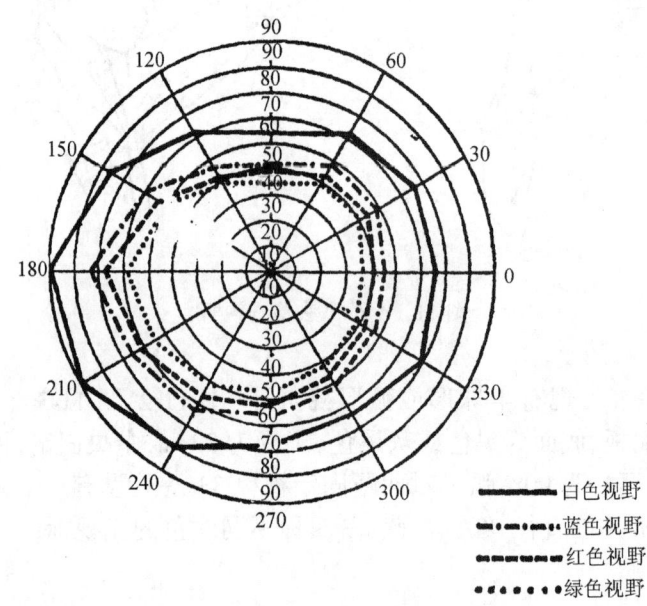

图11-4 正常单眼(左)视野范围

视野纸上应记录眼别、视标直径和颜色,检查的距离,检查时的中心视力。

(2)中心视野检查

中心视野检查是用平面视野计检查中央30°范围以内的视野,平面视野计(图11-5)是用一块1m的黑色绒布做成的布屏,屏面绘有多个同心圆和经线。被检者坐在屏前1m处,头位固定,使被检眼与屏中心固视点等高,并注视不动,另一眼遮盖。检查者持视标由周边向中央,在各子午线上缓慢移动,检查出来的暗点范围先用小黑头针标记,最后描记在中心视野图上。这样检查可比周边视野放大3倍,便于查出较小的中央视野缺损。

在中心视野里中心固视点外侧15.5°,水平线下1.5°处,有一垂直7.5°±2°,横径5.5°±2°的椭圆形生理盲点,为视神经乳头在视野屏上的投影。在视野范围内,除生理盲点外出现的任何其他暗点,都为病理性暗点。完全看不见视标的暗点称为绝对性暗点;虽能看到视标但明度较差或辨色困

图11-5 平面视野计

难的暗点称为比较性暗点。记录时必须注明。

11.1.3 一般检查

常规检查是先右后左,如一眼赤痛应先查健眼,眼的检查顺序是由前向后,先外后内,先察胞睑、两眦,次看白睛、黑睛、神水、黄仁、瞳神、晶珠。

11.1.3.1 眼睑

观察两侧眼睑是否对称,上睑提起及闭合功能是否正常,有无红肿、硬结或瘢痕,有无瘀血或气肿。睑缘位置是否正常,有无内翻或外翻,有无赤烂,脓痂和鳞屑。睫毛排列是否整齐以及生长方向,有无变色或缺损等。

翻转眼睑,检查睑内面是否红赤,表面是否光滑,有无红肿、脓点、椒疮、粟疮、结石、瘢痕及异物嵌顿,血管是否清楚等。

附 眼睑翻转法

(1) 下睑翻转法

以拇指在近下睑处轻轻向下牵引,同时嘱被检者向上看,即可暴露下睑和下睑穹窿结膜。

(2) 上睑翻转法

1) 单手翻转法:嘱被检者向下看,检查者拇指放在被检眼上睑中央近睑缘处,食指放在上睑中央相当眉弓下凹陷处,两指夹住相应部位的皮肤向前下方轻拉,然后用食指轻压睑板上缘,拇指同时将上睑皮肤向上捻转,上睑即被翻转,露出上睑结膜。此时另一手拇指在下睑轻轻向上推眼球,即可暴露上穹窿结膜。

2) 双手翻转法:以拇、食指夹住被检眼上睑近睑缘处皮肤,向前轻拉,捻转,另一手持玻璃棒,横置于睑板上缘,向下压迫,上睑即被翻转。

3) 婴幼儿眼睑翻转法:将患儿头部及全身固定,检查者以双手拇指轻轻拉开上下眼睑,并稍加挤压,眼睑即可翻转。如黑睛疾病或眼外伤患者,切不可用此法。

11.1.3.2 两眦

注意两眦部有无红肿、干裂或糜烂。小眦上方有无肿块及压痛;大眦部红肉是否红肿或自此生脉如缕,横侵黑睛。上下泪窍大小位置是否正常;睛明穴下方有无红肿、压痛及瘘管,压迫该部注意观察有无黏液或脓液自泪窍逆流而出。如泪窍正常,眼无红痛,而患者主诉流泪者,可做泪道检查。对于眼干患者应作泪液分泌检查。

11.1.3.3 白睛

白睛包括球结膜和前部巩膜。检查时以拇指和食指将上下胞睑轻轻分开,嘱患者向上、下、左、右各方向转动眼球,观察白睛是否红赤。是红赤一片,边界清楚,还是赤丝网络,边界不清;

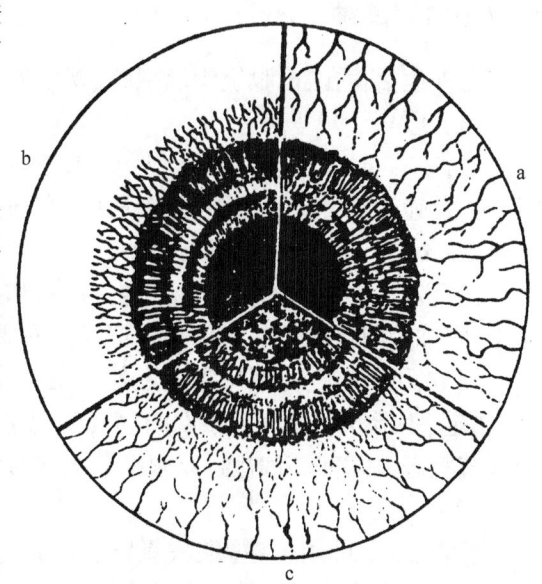

图 11-6 眼球的充血状态
a. 结膜充血;b. 睫状充血;c. 混合充血

是整个白睛红赤,还是限于局部,是四周较重,赤丝鲜红,状如树枝,推之可移(结膜充血);还是环抱黑睛,颜色紫暗,赤丝模糊,推之不移(睫状充血)(图11-6)。注意白睛有无异物、肿胀、小泡疹或结节隆起,有无压痛,两侧有无泡沫状物堆集。望白睛是否发黄,有无青蓝色斑块,是否与胞睑粘连。如系外伤,则应注意白睛外层有无撕裂,内层有无穿通伤,伤口处有无异物或眼内容物嵌顿等。

11.1.3.4 黑睛

暴露黑睛比较容易,只需将上下睑轻轻分开即可。如刺激症状严重,胞睑痉挛,可先滴0.5%~1%地卡因1~2次后再详细检查。婴幼儿不能配合检查,可使用眼睑钩拉开上下睑,暴露黑睛。检查时注意黑睛的大小、透明度、表面是否光滑,有无灰白混浊及血丝伸入,如有混浊,注意其位置、形态、面积大小和深浅程度,表面是否光滑,有无凹陷,边界是否清楚。黑睛后面是否与黄仁粘连。黑睛后壁是否有沉着物,如有,应注意大小、颜色、数量(此项应在裂隙灯显微镜下观察)。黑睛上如有膜状物,应注意其颜色、厚薄及来自何方。如有外伤史,需查看黑睛上有无异物嵌顿,有无穿通伤的痕迹等。

11.1.3.5 神水

注意神水有无混浊、积血、积脓或异物等,注意前房的深浅。

11.1.3.6 黄仁

观察其颜色、纹理,注意有无血丝和结节,有无色素脱失和萎缩,是否与黑睛或晶珠粘着(与黑睛粘着为前粘连,与晶珠粘着为后粘连),有无根部离断及缺损,当眼球转动时,有无黄仁震颤现象等。

11.1.3.7 瞳神

瞳神包括瞳孔、内眼组织及视路、视中枢等。

(1) 瞳孔

检查瞳孔时应注意其数目、大小、形态、位置、光反射和集合反射等,并应结合双眼对比进行。正常瞳孔左右等大等圆,位置居中,在强光下缩小,弱光下散大,在自然弥散光线下直径约2.5~4mm之间,幼儿及老年人稍小。

光反射检查:用电筒光直接照射被检眼时该眼瞳孔缩小,称为直接光反射;另一眼瞳孔也缩小,则称为间接光反射。应分别记录左右眼的直接和间接光反射是否灵敏、迟钝或消失。

调节反射检查:先嘱患者向远处注视,消除其调节,然后嘱其立即注视眼前15cm处之物体(如铅笔、手指等),这时观察双眼瞳孔变化情况。正常者由看远变为看近,即由不调节状态变为调节状态,随着调节增强,双侧瞳孔应同时缩小。

(2) 晶珠

检查晶珠,可用1%盐酸去氧肾上腺素溶液或0.5%托品酰胺液滴眼散瞳后,用斜照法检查。注意观察晶珠前壁是否有色素沉着,晶珠是否混浊,如有混浊应描绘其位置及形态,并注意有无脱位。

(3) 其他内眼组织检查

详见检眼镜和裂隙灯显微镜检查。

11.1.3.8 眼珠

检查时应注意眼珠的大小,有否突出或内陷;两眼向前直视时黑睛位置是否位于睑裂中央,高低位置是否相同。令患者向上下左右等各个方向注视,观察两眼运动是否一致,有无受限,眼珠有无震颤,有无偏斜。

(1) 眼球突出度检查

将眼球突出计支架两侧的小凹卡在被检者两侧眶外缘(图11-7),嘱向前平视,然后从该计的反光镜中,读出两眼角膜顶点投影在标尺上的毫米数,即眼球突出的度数。

例如右眼突出度为13mm,左眼12.5mm,眶距98mm,记录如下:13mm>98mm<12.5mm。我国人的眼球突出度正常值为12~14mm,平均值为13.6mm,正常两眼差不超过2mm,正常眶距平均值为95~98mm。

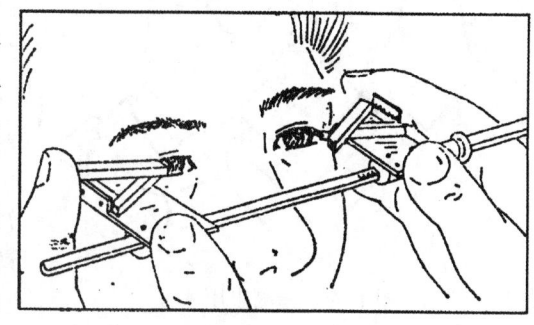

图11-7 用Hertel眼球突出计测量眼球突出度

(2) 斜视的检查

最常用的是遮盖法。被检查者注视正前方某一目标,医生用遮板交替遮盖一眼,若为正位,则遮盖任何一眼,另一眼均固定不动。如遮盖右眼,左眼注视,将遮板迅速移遮左眼时,观察右眼,如右眼移向鼻侧属外斜视;如右眼移向颞侧属内斜视,依此类推。

角膜光点反映法测定斜视角:检查者坐于患者对面,手持锤状灯,距患者两眼之间正前面约30cm处,令其双眼注视灯光,医生在正前方观察灯光在患者角膜上的反光点的位置,若两眼位置正常,反光点在两眼角膜正中央。如一眼反光点偏位,偏正中央的内侧为外斜;偏正中央的外侧为内斜。自瞳孔中心至角膜缘连线分成三等份,每份约15°,可根据映光点的位置估计斜视度。如位于瞳孔缘约偏斜10°~15°,位于瞳孔缘与角膜缘之间的中点约偏斜25°~30°,位于角膜缘时约偏斜45°(图11-8)。

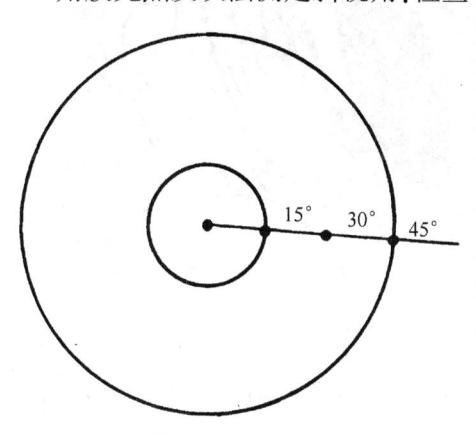

图11-8 角膜映光法

(3) 眼压的检查

眼球内容物对眼球壁所施的压力,叫做眼压,曾称眼内压。常用的眼压检查法有指触眼压测量法与眼压计测量法两种。

1) 指触眼压测量法:嘱患者两目尽量向下注视,检查者将两手的食指尖腹面放在上睑板上缘的皮肤面上,然后两指尖通过眼睑交替轻压眼球,借手指尖感到的波动,估计眼压高低。记录方法:"T_n"表示眼压正常;"T_{+1}"表示眼压轻度增高;"T_{+2}"表示眼压中等度增高;"T_{+3}"表示眼压极高,眼球坚硬如石。如眼球软于正常,记录为"T_{-1}";中等软为"T_{-2}";"T_{-3}"为眼球极软(图11-9)。

2) 眼压计测量法：眼压计的种类很多，目前我国较常用的为压陷式修兹眼压计（图11-10）。它是以一定重量的砝码（有5.5g、7.5g、10g和15g四种）压陷角膜的深度来计算眼压的。测前眼压计先在标准试盘上测试，指针指在零度时为准确。然后用75%乙醇棉球消毒眼压计的底板及压柱下端露出部分，待干后方可使用；测量时，患者低枕仰卧，滴0.5%地卡因或1%利多卡因液2~3次，做表面麻醉后，双眼自然睁开，注视正上方目标，使角膜恰在水平正中位，检查者右手持眼压计，左手拇、食指轻轻分开上下眼睑，并固定在上下眶缘上，切勿压迫眼球，右手持眼压计使之垂直，将底板轻轻放在角膜中央（图11-11）。开始用5.5g砝码测量，迅速读清指

图11-9 指测眼压法

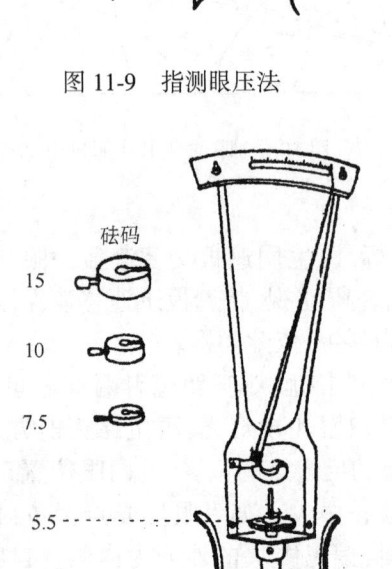

图11-10 Schiltz眼压计

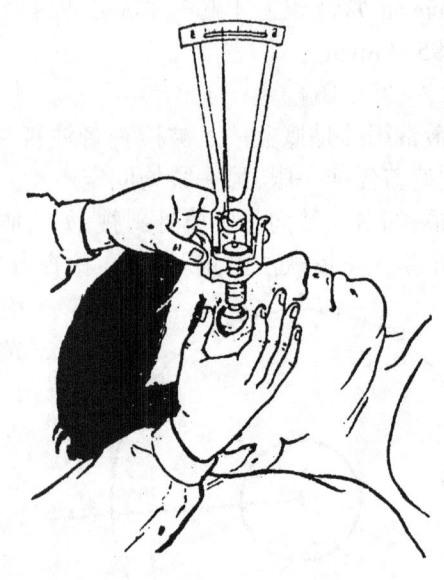

图11-11 压陷眼压计测量法

针所指的刻度，即提起眼压计，以免擦伤黑睛。如指针读数小于"3"时，则应更换较重的砝码，重新测量。测量完毕，点消炎眼药水1~2滴，以防感染。测出的读数查换算表求得眼压实际毫米汞柱数。记录时以所使用的砝码重量为分子，指针所指的刻度为分母，换算所得的毫米汞柱记在等号之后，如右眼5.5/4＝2.75kPa（20.55mmHg），左眼7.5/5＝3.43kPa（25.81mmHg）。正常眼压为1.36~2.77kPa（10~21mmHg）。低于1.36kPa（10mmHg）者为低眼压，超过2.77kPa（21mmHg）时，应做排除青风内障的检查。

压陷眼压计的缺点是不能排除巩膜硬度的影响，可用5.5g与10g（或7.5g与15g）砝码各测一次，然后查表可以得出校正眼压。

11.1.4 检眼镜与裂隙灯显微镜检查

11.1.4.1 检眼镜检查法

检眼镜检查是眼底检查的重要方法,眼底检查包括玻璃体、视网膜、脉络膜、神经的检查。中枢神经系统某些疾病,心血管、血液、内分泌等全身性疾病也需要进行眼底检查。

检眼镜检查要在暗室内进行。一般先在原瞳孔下检查,但如瞳孔过小不易窥入或欲详查眼底各部,则需散大瞳孔。常用1%~5%盐酸去氧肾上腺素液或复方托品酰胺滴眼散瞳。成人(尤其40岁以上的人)散瞳前应检查前房是否较浅,眼压是否偏高,必要时配合用降压药,以防止诱发绿风内障。

检眼镜有间接及直接两种。

间接检眼镜所见眼底为倒像,放大4倍,可见范围大。新型间接检眼镜为双目(立体)检眼镜,它戴在医生头部,含一强光源灯,双眼通过头戴的两个目镜观察,左手持+20屈光度凸透镜,右手持巩膜压迫器压迫巩膜,这样检查易于发现视网膜周边部病变(图11-12)。

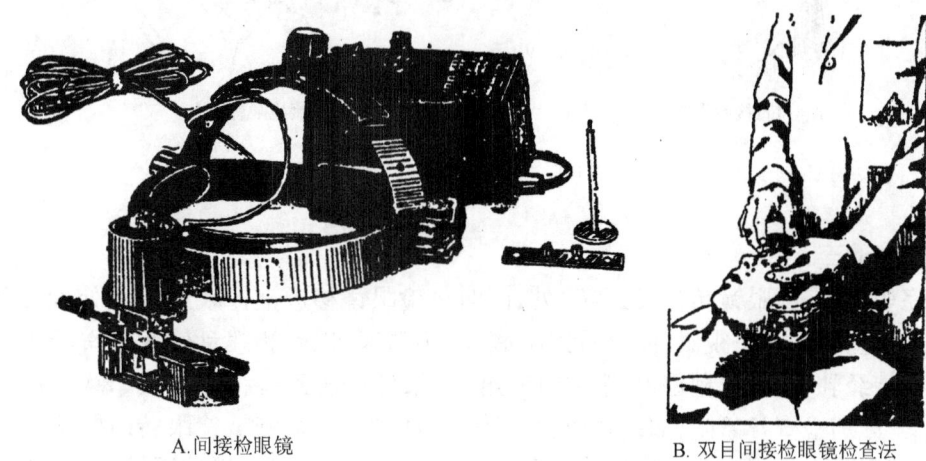

A.间接检眼镜　　B.双目间接检眼镜检查法

图11-12　间接检眼镜及使用方法

直接检眼镜所见的眼底为正像,放大约16倍,可见范围较少,但使用方便。目前我国多采用直接检眼镜检查。以下将直接检眼镜检查法及眼底观察所见介绍如下。

(1)持直接检眼镜的方法

食指放在检眼镜的转盘上,以便拨动转盘,调整屈光度,拇指及其余三指握住镜柄(图11-13A)。

(2)检查时的姿势

患者坐位。检查右眼时检查者右手持检眼镜,站在患者的右侧,用右眼观察;检查左眼时,检查者站在患者的左侧,左手持检眼镜,用左眼观察(图11-13B)。

(3)直接检眼镜检查法

检查眼底前,应先作彻照法检查眼的屈光间质有无混浊。检查者先将检眼镜的转盘拨到+8~+10屈光度处,让被检者双眼直视前方,然后在距被检眼10~20cm处,将检眼镜光线射到被检眼的瞳孔区,检查者从检眼镜的窥孔观察各屈光间质的情况。正常情况下瞳孔区呈均匀一致的橘红色反光,如屈光间质有混浊时,则出现点状、线状或团状黑影,此时嘱被检者眼球向各个方向转动后再向前注视不动,若黑影随眼球移动,则混浊在角膜或晶状体上;若眼球停止转动后,黑影仍在飘动,则混浊在玻璃体内。若屈光间质高度混浊,瞳孔区的红光反射可消失。

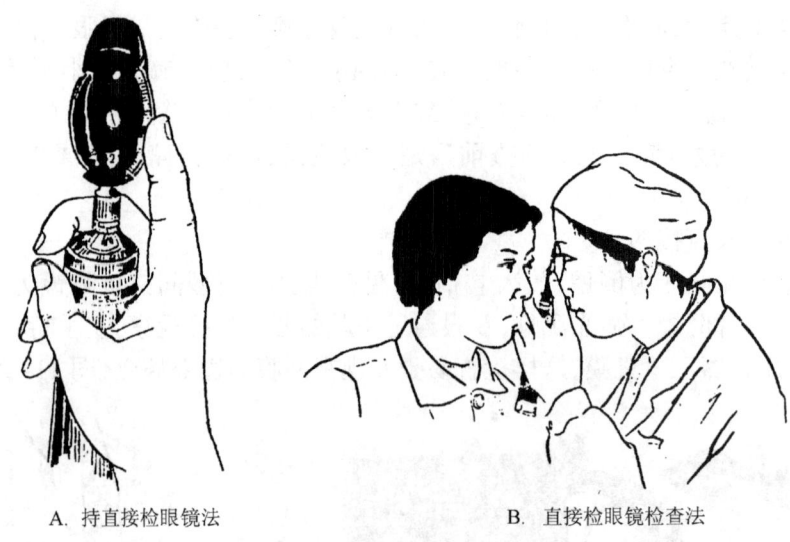

A. 持直接检眼镜法　　　　　　B. 直接检眼镜检查法

图 11-13　直接检眼镜检查法

(4) 眼底检查

彻照完毕后,将检眼镜转盘拨到"0"处,同时将检眼镜移近被检眼约 2cm 处检查眼底。如果检查者与被检者都是正视眼,便可看到眼底,看不清时,以食指拨动转盘至看清为止。检查时先检查视神经乳头,光线稍偏颞侧(约 15°角)射入即可看到视神经乳头。然后再按视网膜动静脉分支,分别检查各象限,如果在改变检眼镜角度的同时,嘱被检眼转向要检查的各个方向,则能观察到眼底的周边部。最后检查黄斑部,可要求被检眼注视检眼镜光源,或检眼镜光线由视乳头向颞侧水平向移动,无血管的较暗区即为黄斑区。

(5) 眼底所见及检查内容

1) 视神经乳头(视盘):正常视神经乳头(彩图 1)为圆形或略呈椭圆形,淡红色,边界清楚。中央呈漏斗形凹陷,色泽稍浅,称为生理凹陷。凹陷底部隐约可见有暗灰色小点,称为巩膜筛孔。视网膜血管由视乳头中央向眼底四周发出,视乳头上的静脉有时可见搏动。检查时应注意视乳头的颜色、大小、边界是否清楚,形态如何,有无变红或变淡,有无水肿、出血和渗出,有无新生血管或赘生物,生理凹陷有无扩大加深,凹陷与视乳头直径的比值(简称杯盘比,可用杯/盘或 C/D 表示)是多少,双眼杯盘比相差多少,视乳头上的血管是否偏向鼻侧及有无屈膝样改变,视乳头上的动脉有无搏动等。

2) 视网膜中央血管:视网膜中央动、静脉在视乳头上各自分为上下两支后,再分为颞上、颞下、鼻上、鼻下四支,然后再分出许多小支,分布于视网膜各部。动脉呈鲜红色,静脉呈暗红色,静脉与动脉管径比为 3∶2。检查时要注意血管的粗细、行径、管壁的反光情况,管径是否匀称,有无白鞘伴随,血管的分支角度及动、静脉交叉处有无压迫或拱桥现象。还应注意血管有无阻塞及新生血管等。

3）视网膜：正常的视网膜为透明的，因脉络膜及色素上皮层的关系，使眼底呈均匀的深橘红色，有的人因脉络膜血管透露则形成豹纹状眼底。检查时应沿四主支血管分布区域逐一进行，注意有无水肿、渗出、出血、萎缩斑、色素沉着或新生血管，有无肿物、视网膜裂孔及脱离等。

4）黄斑区：黄斑位于视网膜后极部，距视乳头颞侧缘约2个乳头直径（PD）处，范围约1个视乳头或稍大些，颜色较其他部视网膜稍暗，无血管，其中心有一针尖大的反光点，称中心凹光反射。青少年在黄斑周围可见一反光晕，此晕轮随年龄增长而逐渐消失。检查时应注意中心凹光反射是否存在，有无水肿、渗出、出血，有无色素紊乱、萎缩斑或黄斑裂孔等。

(6) 眼底检查的记录

先用彩色笔简单绘制一眼底示意图。通常以红色标志视网膜动脉、视网膜出血；蓝色标志视网膜静脉、视网膜脱离；黄色标志渗出物；黑色标志视网膜色素等。然后以文字说明眼底病变的部位及其大小范围，一般以视神经乳头、视网膜血管和黄斑为标志，说明病变部位与这些标志的位置距离。距离以视乳头直径（PD）来测算，如距视乳头边缘约1.5PD。病变的大小也以 PD 来表示，如 1/2PD 等。1PD 约为 1.5mm。病变的隆起或凹陷程度，是以看清病变周围视网膜与看清病变区隆起最高处，或凹陷最低处的屈光度差计算，每3个屈光度约等于1mm。

11.1.4.2 裂隙灯显微镜检查

裂隙灯显微镜（图11-14）是由光源投射系统与光学放大系统两个部分组成。不仅能清楚地观察眼的浅表细微病变，而且可以调节焦点和光源宽窄，形成"光学切面"，使深部组织的病变也能清楚地显示出来，并且层次分明。还可附加前置镜、接触镜、前房角镜及三面镜等，检查前房角、后部玻璃体、视网膜周边部等。在眼科临床上应用甚为广泛。

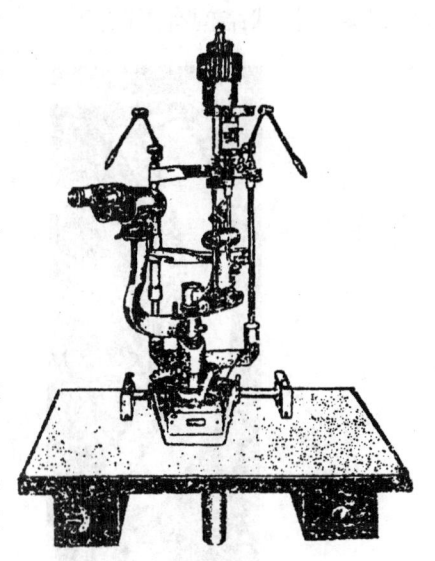

图11-14 裂隙灯显微镜

裂隙灯显微镜检查需在暗室内进行。检查时，患者坐在裂隙灯前，下颌落在托架上，前额与托架上面的横档紧贴，调节托架的高度，使睑裂的水平线与托架旁柱上的黑色标记相一致，双眼自然睁开，向前平视。一般先用低倍显微镜，得到的物像清晰，视野大；倍数加高，物像增大，但视野较小。光隙越窄，切面越细，层次就越分明；光隙愈宽，局部照明增强，但层次结构不及细隙光带清楚。裂隙灯的光线射入角度，因检查部位而不同，检查眼前部，如眼睑、结膜、巩膜与角膜时，灯臂与镜臂的夹角成30°~45°为宜；检查前房、虹膜、晶状体及玻璃体前部时，15°~30°为宜；在使用前置镜检查玻璃体后部和眼底时，应使角度处于5°~10°之间。常用的照明方法有以下几种：

(1) 弥散光线照明法

将光源的裂隙充分开大，从45°角广泛照射眼部，可以粗略观察眼睑、结膜、巩膜、角膜等眼前部组织，发现病变再用其他照明法仔细检查。

(2) 直接焦点照明法

此法即裂隙灯光焦点与显微镜焦点联合对在一起，为临床上最常使用的照明方法。由于眼各部组织透明度不同,对投射到的光线呈反射、折射或散射现象。当光线投射到眼睑皮肤、巩膜或虹膜上时,大部分光线被反射、散射或吸收,故可见一个境界清楚的照亮区,可细致地观察该区的情况。当裂隙光线照射在透明的角膜上,则呈现一乳白色的光学切面(图11-15),这样可以观察其弯曲度及厚度,有无异物及角膜后沉着物,以及浸润、溃疡、瘢痕等病变的层次及形态。将显微镜及裂隙灯的焦点移至前房,裂隙调节成细小光柱,以详查房水是否清晰,有无混浊物,如房水出现灰色光带,称房水闪辉阳性(图11-16),并可看到有细小颗粒在房水内浮游。将焦点由瞳孔区后移,并调成窄裂隙光投射在晶状体上,晶体也出现一光学切面(图11-17),将焦点先从晶体前囊渐渐向后移到后囊,这样就可逐一看清晶体的各层情况,如看到晶体有混浊,应仔细观察其部位、形态、色泽,以便分析不同类型和时期的白内障。焦点再向后移则至玻璃体,在瞳孔放大的情况下可以清楚地看到前1/3玻璃体。正常情况下它们像悬挂着的淡灰色纱幕,随眼球运动而飘动,检查时注意有无棕色或灰色的尘状、丝状或假膜状混浊物,玻璃体网状结构有无改变等。

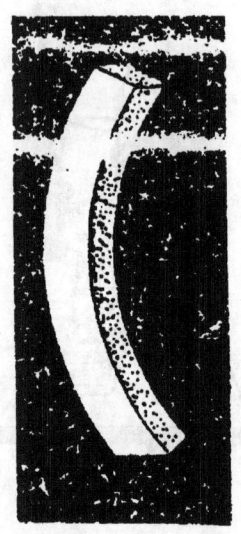

图11-15 角膜光学切面

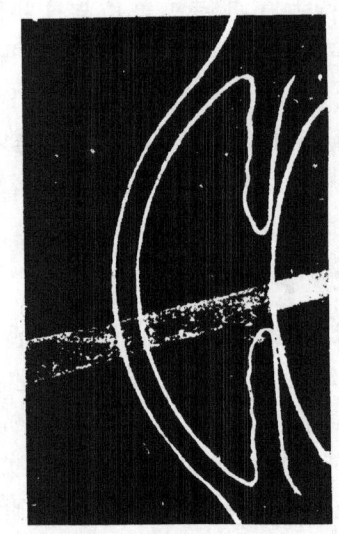

图11-16 房水闪辉阳性

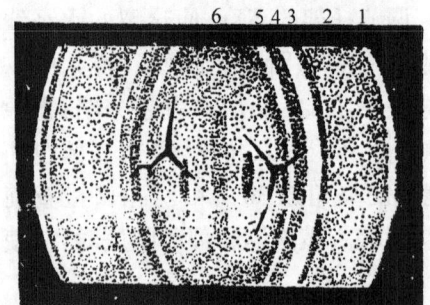

图11-17 晶状体光学切面图解
1.前囊膜;2.前皮质层;3.成年核;
4.婴儿核;5.胎儿核;6.胚胎核

(3)后部反光照明法

本法简称后照法,此法灯光的焦点与显微镜的焦点不在一个平面上,而是把灯光照在被检查目标的后方。这种照明法便于发现角膜上皮或内皮水肿、新生血管、轻微瘢痕以及角膜或晶体后的沉着物、晶体空泡等。

用裂隙灯显微镜检查眼底时,需将被检眼瞳孔放大,并在被检眼前加前置镜或接触镜,便能观察到后2/3玻璃体及后极部眼底。如角膜上加戴三面镜,则能检查赤道部及周边眼底。这样检查眼底,可以做成光学切面,用双眼同时观察,有较好的立体感,用以确定某些用检眼镜不易分辨的病变。

11.1.5 眼科其他检查

11.1.5.1 前房角镜检查

检查前房角需用房角镜(图11-18),目前国内多用哥德曼反射式房角镜,借助裂隙灯显微镜照明并放大,使房角结构清晰可见。检查前,先将房角镜与角膜接触的一端清洗消毒。检查时,被检眼滴用0.5%丁卡因2~3次后,被检者坐于裂隙灯前,位置调至舒适,再将1%甲基纤维素液或生理盐水滴入接触端的凹面内(注意不要混入气泡),然后分开被检眼的上、下睑,将接触镜放入结膜囊内,使镜面借甲基纤维素或生理盐水与角膜接触,检查者通过裂隙灯进行观察。先做静态(原位状态)的观察以区分房角宽窄。病人双眼向正前方平视,房角镜放在角膜正中位置,不要偏斜,不施加压力,这样就能准确看到房角的本来状态。房角窄者可改用动态观察,以区分窄角的等级。动态观察,就是嘱被检者稍稍改变眼球向某一方向注视的位置,并将房角镜略倾斜加压,以使房角结构尽可能地看清楚。

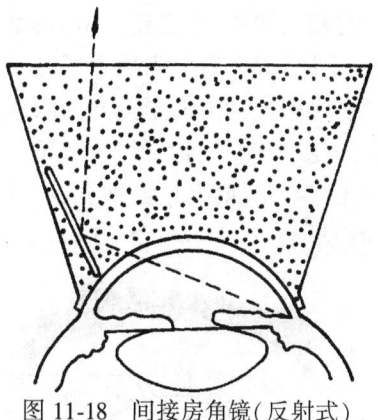

图11-18 间接房角镜(反射式)

房角的宽、窄或闭塞,对青光眼的诊断、治疗及判断预后有极为重要的意义。

11.1.5.2 荧光素眼底血管造影检查

荧光素眼底血管造影,是1960年后发展起来的一种新的眼科特殊检查方法。它是应用可以发荧光的造影剂注入静脉后,用装有特定滤光片组合的眼底照相机观察眼底循环现象并连续照相的方法。此种方法可以完整地、系统地记录眼底的循环动态图像,并能清晰地表现出眼底的微循环结构形态,识别眼底血管及组织的功能性和器质性改变,有助于临床诊断和辨证论治。

目前临床上用的造影剂是供静脉注射的荧光素钠。荧光素进入机体内过肾脏随尿排出,小部分由胆道排出,因此有心、肝、肾疾病的患者要慎用,病情严重者应忌用。常见的不良反应是恶心、眩晕、一过性呕吐。在注射荧光素钠前,应给抗过敏药和止吐药,为安全起见,检查室内应备有氧气及各种急救药品。检查之前,先行荧光素钠皮肤划痕试验,阳性者,不能进行造影检查。

11.2 眼科辨证法

眼科辨证是中医诊治眼病的重要环节,千百年来,在中医学基本理论的指导下,经过历代医家的长期实践和反复摸索,特别是1949年以来中医眼科随着现代医学检测手段的引进,已能观察到内眼细节,这无疑对中医眼科学术的发展起到了促进作用,同时对中医眼科辨证也提出了新的要求。眼科的辨证方法内容很丰富,现将比较常用的、具有中医眼科特点和临证时使用较多的几种介绍如下。

11.2.1 五轮辨证法

11.2.1.1 五轮学说

《灵枢·大惑论》曰:"五脏六腑之精气,皆上注于目而为之精,精之窠为眼,骨之精为瞳子,筋之精为黑眼,血之精为络,其窠气之精为白眼,肌肉之精为约束,裹撷筋骨血气之精而与脉并为系,上属于脑,后出于项中。"古代医家在上述理论指导下,经过长期的临床实践,提出了五轮学说。将眼局部由外至内分为眼睑、两眦、白精、黑睛和瞳神等五个部分明确分属于五脏,分别命名为肉轮、血轮、气轮、风轮、水轮,总称五轮,借以说明眼的解剖、生理和病理,及与脏腑的关系,并用于指导临床辨证,此即五轮学说(图11-19)。在我国现存医籍中,以《太平圣惠方·眼论》记载为最早。

所谓轮,乃比喻眼珠形圆而转动灵活如车轮之意。如《审视瑶函》说:"五轮者,皆五脏之精华所发,名之曰轮,其像如车轮运动之意也。"

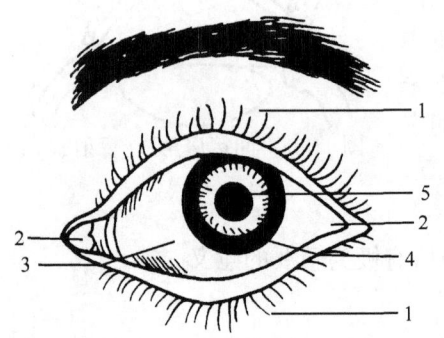

图11-19 五轮部位与五脏分属
1. 肉轮(眼睑)—属脾;2. 血轮(两眦)——属心;3. 气轮(白睛)——属肺;4. 风轮(黑睛)—属肝;5. 水轮(瞳神)—属肾

11.2.1.2 五轮的解剖部位及五脏分属

(1) 肉轮

肉轮指眼睑,包括眼睑皮肤、皮下组织、肌肉、睑板和睑结膜。眼睑分上、下两部分,司眼之开合,起着保护眼球的作用。眼睑在脏属脾,脾主肌肉,故称肉轮。脾与胃相表里,所以,眼睑病变往往与脾、胃有关。

(2) 血轮

血轮指内外两眦,包括内外眦部的皮肤、结膜、血管及内眦的泪阜、半月皱襞和上下泪点。两眦在脏属心,心主血,故称血轮。心与小肠相表里,所以,两眦病变常常与心和小肠有关。

(3) 气轮

气轮指白睛,包括球结膜和前部巩膜。为眼球的外壁。其表层无色,薄而透明,称白睛外膜;里层色白,质地坚韧,具有保护眼珠内部组织的作用。白睛在脏属肺,肺主气,故称气轮。肺与大肠相表里,所以,白睛疾病常责之于肺和大肠。

(4) 风轮

风轮指黑睛,即角膜。位于眼珠前部的中央,质地透明而坚韧,是光线进入眼内的必由之路,并有保护眼内组织的作用。黑睛在脏属肝,肝主风,故称风轮。肝与胆相表里,所以,风轮疾病常与肝、胆有关。

黑睛后方与黄仁(虹膜)相邻,二者之间有一间隙(前房),充满透明的神水(房水)。黄仁中央的圆孔称瞳神。黑睛疾病病邪深入时,可影响神水、黄仁,波及瞳神。

(5) 水轮

水轮指瞳神,除瞳孔外还包括葡萄膜、视网膜、视神经以及房水、晶状体、玻璃体等。故水轮是眼能明视万物的主要部分。因水轮在脏属肾,肾主水,故称水轮,因肾与膀胱相表里,所以,水轮病变常与肾与膀胱有关。但由于水轮包括多种不同组织,且结构复杂,故除与肾和膀胱有关外,与其他脏腑也有密切关系。

此外尚需说明,眼外肌相当于约束,故为肉轮所属;黄仁位居黑睛之后,合之而构成黑睛,故在生理上常把黄仁划归风轮;但瞳神乃由黄仁围成,故瞳神的功能直接与黄仁有关,因此黄仁与风、水二轮皆有关系。而黄仁色黄,黄乃脾之色也,故黄仁病变常与肝、脾、肾相关。

11.2.1.3 五轮辨证的临床应用

眼与五脏六腑有不可分割的密切关系,视功能之所以能维持正常,全赖脏腑之精气源源不断上注于目,故脏腑功能失常,常常会导致眼睛发病,而眼睛不同解剖部位发病常与相应的脏腑有密切关系,故《审视瑶函》中有"轮为标,脏为本"的提法。在临床上,应用五轮理论,通过观察各轮外显症状去推断相应脏腑内蕴病变的方法,即是眼科独特的五轮辨证法。由于五轮本身在辨证中主要起确定病位的作用,故临证时必须结合四诊和病因、气血津液等辨证方法,才能得出全面正确的治疗方案。

(1) 肉轮

1) 实证:肉轮红肿多脾胃积热;睑弦赤烂而痒,多脾经湿热或外感风邪;眼睑皮下硬结,不红不痛,多痰湿结聚;眵泪胶黏,睑内颗粒累累,多脾胃湿热蕴结。

2) 虚证:上睑下垂多中气不足;睑内色泽较淡,多脾虚血少;两睑虚肿,多脾虚湿泛或脾肾阳虚;胞轮振跳,多血虚生风;目劄多脾虚肝旺。

(2) 血轮

1) 实证:血轮红赤,多心火上炎;血脉粗大且刺痛,多心经实火;眦头红肿溢脓,多心脾积热,兼有气血瘀滞。

2) 虚证:血轮血丝淡红,干涩不舒,多心经虚火或相火上炎。

(3) 气轮

1) 实证:气轮红赤属肺经风热;赤丝鲜红满布为肺经实热;白睛结节隆起,血脉紫暗,多热毒郁结、气血瘀滞;白睛水肿,多肺气不宣;红赤肿起,属肺热亢盛。

2) 虚证:气轮红丝淡而稀疏或局限,多肺经虚火;白睛干涩少泪属肺阴不足。白睛青蓝,属气虚血滞。

(4) 风轮

1) 实证:风轮星翳初起多外感风邪;翳大浮嫩或有溃陷,多肝火炽盛;黑睛混浊或兼有血丝伸入,多肝胆湿热兼有瘀滞。

2) 虚证:翳久不敛或时隐时现,多为肝阳不足或气血不足。

(5) 水轮

1) 实证:瞳神紧小,眼珠坠痛拒按,多为肝经风热或肝胆实火;绿风内障,眼珠胀痛欲脱多为肝胆火炽。

2) 虚证:瞳神干缺多肾阴不足或阴虚火旺;瞳神变色多属肝肾不足或心脾两虚。

五轮辨证对临床虽有一定指导意义,但它有其局限性,如白睛发黄,病位虽在气轮,但其因多不在肺,而是脾胃湿热交蒸肝胆,胆汁外溢所致;又如黑睛生翳,其病位在风轮,其因多与肝胆有关,但也有肺阴不足或痰湿内阻、湿热蕴结者;瞳神疾病,不但与肾且与其他脏腑有关。故临证时,不可拘泥于五轮,而应从整体出发,四诊合参,才能得出全面正确的治疗方案。

11.2.2 眼病症状辨证法

11.2.2.1 辨视觉障碍

视物不清,伴白睛红赤或翳膜遮睛,属外感风热或肝胆火炽。外眼端好而自觉视物渐昏者,多为血少神劳,肝肾两亏,阴虚火旺或肝郁气滞。自觉眼前黑花飞舞,云雾移睛者,多为浊气上泛、阴虚火动或肝肾不足。其人动作稍过,坐起生花,多属精亏血少。目无赤痛而视力骤降,如临黑夜者,多为头风痰火,血热妄行,气不摄血,气滞血瘀,或七情过伤,肝气上逆。内障日久,视力渐降而至失明者,多属气血两亏或肝肾不足。入夜目盲不见伴视野缩小者,多属肝肾精亏或脾肾阳虚。能近怯远者,阳气虚衰或久视伤睛;能远怯近者,多为阴精亏损。目妄见,视物变形,视物变色,视一为二等,多为精血亏耗。

11.2.2.2 辨目痛

目痛为眼科常见主证,内外障皆可有之。一般来说暴痛属实,久痛属虚,持续疼痛属实,时发时止者属虚;午夜至午前作痛为阳盛,午后至午夜作痛为阴虚;肿痛属实,不肿微痛属虚;赤痛难忍为火邪实,隐隐作痛为精气虚;痛而燥闷为肝气实,痛而恶寒为阳气虚;痛而喜冷属热,痛而喜温属寒;痛而拒按为实邪,痛而喜按为正虚。痛连巅顶后项,属太阳经受邪,痛连颞颥,为少阳经受邪;痛连前额鼻齿,为阳明经受邪。外障眼病引起的目痛常为涩痛、碜痛、灼痛、磨痛、刺痛,多属阳;内障眼病引起的目痛常为胀痛、牵拽痛、眼球深部疼痛,多属阴。目赤碜痛、灼痛伴眵多粘结,多外感风热;胞睑赤痛肿硬,伴大便燥结,多阳明实火;白睛微红微痛,干涩不舒,多津亏血少;目珠胀痛如突,多气火上逆,气血郁闭;隐隐胀痛,多阴精不足,阳亢于上,稍加注视,即感眼胀痛,多脾肾不足,精不上承或阳亢之象;眼球深部疼痛,多肝郁气滞或阴虚火旺。

11.2.2.3 辨目痒

目痒虽有因风、因火、因湿与因血虚等不同,但临床上仍以风邪引起居多。目赤而痒,迎风加重者,多为外感风热;睑弦赤烂,瘙痒不已,或睑内颗粒肥大,痒如虫爬,多脾胃蕴积湿热,外感风邪;痛痒并作,红赤肿甚者,为风热邪毒炽盛;痒涩不舒,时作时止,多血虚生风;目病将愈而痒者,多为邪退火息,气血渐复。

11.2.2.4 辨目涩

目干涩多为津液耗损或水亏血少所致;目沙涩,伴目痒赤痛,畏光流泪,多为风热或肝火所致。

11.2.2.5 辨畏光

畏光而伴赤肿痒痛流泪,多为风热或肝火所致,畏光而伴干涩不适、无红肿者,多为阴亏血少所致。

11.2.2.6 辨眵泪

(1) 辨目眵

目眵属外障眼病的常见主证,多属热。眵多硬结为肺经实热;眵稀不结为肺经虚热;眵多黄稠似脓为热毒炽盛；目眵胶黏多为湿热。

(2) 辨流泪

热泪如汤多外感风热；冷泪长流或目昏流泪，多肝肾不足不能敛泪，或排泪窍道阻塞所致。眼干涩昏花而无泪者，多阴精亏耗，不能生泪，或由椒疮等后遗所致。

11.2.2.7 辨红肿

红肿为外障眼病的常见症状，其部位多在胞睑和白睛。胞睑红肿如桃，灼热疼痛，或兼硬结、脓头而拒按者，多属脾胃热毒蕴积，兼有瘀滞；胞睑肿胀骤起、微赤多泪者，多为外感风邪；胞睑肿起如球，皮色光亮，不伴赤痛，多脾肾阳虚，水气上泛；胞睑赤肿糜烂，多湿热熏蒸；胞睑青紫肿胀，为气血瘀滞。暴发白睛微赤，泪多清稀，多外感风寒；白睛红赤，眵泪并作，多外感风热；白睛红赤如火，为肺经实热或三焦热盛；白睛红赤隐隐，多肺经虚热；白睛赤紫肿胀，多热毒壅结；抱轮红赤，畏光流泪，多肝胆实热；抱轮微红，目昏泪出，多阴虚火旺。

附　辨外障与内障

古人在眼科领域内，把眼病统称之为障，内障即指内眼疾病，外障则泛指所有眼疾病。

外障是指发生在胞睑、两眦、白睛、黑睛的眼病，多因六淫之邪外袭或外伤所致，亦可因痰湿积滞、脾虚气弱、肝肾阴虚、虚火上炎等因而起。外障自觉主证多较突出，或眼痛燎热，或痒涩不舒，或畏光流泪，或重垂难睁，或伴寒热头痛、二便不利等全身主证。外部主证明显易见，常见有红赤肿痛、湿烂、生眵、流泪、流脓、痂皮，以及翳膜、胬肉、上睑下垂等。

内障是指发生在睛珠、神膏、视衣、目系等眼内组织的病变，多因内伤七情、气血痰湿所致；或因脏腑内损，气血两亏，目失濡养；或因阴虚火旺，虚火上炎；或因忧思郁怒，七情过伤，肝失条达，气滞血瘀，玄府闭塞；或因风火痰湿上扰清窍；以及外障眼疾毒邪入里，外伤伤及眼内组织等。内障眼病多有视力变化，如视力减退，视物昏矇，眼前黑花飞舞，或荧星满目，蛛丝飘舞，飞蝇幻视，视物变形、变色，视灯光周围有如彩虹等。患者多外眼端好，间或有瞳神扩大或缩小，形态色泽改变，或出现抱轮红赤，检查眼底，可能有出血、渗出、水肿等病理改变。

附　辨　翳

翳指黑睛和晶珠的病变。黑睛病变有新翳、宿翳之别，新翳如花翳白陷、凝脂翳翳如冰瑕翳、云翳等。睛珠的病变为内障翳，如圆翳内障、惊震翳等。本节翳专指黑睛病变。

新翳：病属初起，黑睛某处混浊，色多灰白，表面粗糙，轻浮脆嫩，边缘模糊，具有向周围与纵深发展的趋势，并伴有不同程度的目赤疼痛、畏光流泪等症，如聚星障、花翳白陷、凝脂翳等，它类似西医学中的各种类型的角膜炎。黑睛属肝，故新翳多从肝经辨证，如肝经风热、肝火上炎、肝经湿热或肝阴不足等，而外感六淫之邪，尤以风热之邪，是黑睛生翳的主要病因。因新翳有发展趋势，易引起传变，故临证时必须严密观察其动态，以便根据病情辨证施治。

黑睛新翳亦可由他轮病变发展而来，病变亦可波及黄仁及瞳神，临床必须辨别清楚，抓紧治疗，病症轻者经治可以消散，重者留下瘢痕而成宿翳。

宿翳：黑睛某处混浊，表面光滑，边缘清晰，无发展趋势，不伴有赤痛流泪等主证者，属宿翳范畴。近代中医眼科根据宿翳厚薄、浓淡的不同程度等，将宿翳分为四类：翳菲薄，如冰上之瑕，必须在强光下方能查见者，为冰瑕翳（西医称云翳）；翳稍厚，如蝉翅，似浮云，自然光线下可见者，为云翳（西医称斑翳）；翳厚且色白如瓷，一望可知者，为厚翳（西医称角膜白斑）；翳与黄仁粘着，瞳神倚侧不圆者，称为斑脂翳（西医称粘连性角膜白斑）。

宿翳为黑睛疾病痊愈后遗留下的瘢痕。

宿翳对视力的影响程度,主要看翳的部位,大小厚薄次之。如翳虽小,但位于瞳神正中,阻挡神光发越,则视力会明显减退;如翳在黑睛边缘,虽略大而厚,视力也无太大影响。

11.2.3 眼内病变辨证法

眼内病变,属中医"内障"范畴。瞳神无气色、形态改变的内眼病,古人无法窥见其病变,故仅以患者的视觉异常而命名。如眼前有黑影飘舞,抓摸不着,称"云雾移睛"。若视力骤然减退者,称"暴盲"。所以,眼内疾病凡以自觉主证作为病名的亦可称为"证",但这些"证"包含相同主证的许多眼病。随着现代眼科检查器械的发展和引进,中医眼科已能窥见眼内病变,因而扩大了望诊范围,也使传统的体表望诊向深部望诊发展了一步。

眼内病变辨证法,就是应用检眼镜等检查仪器,窥视眼内病变的形态、色泽,结合中医理论进行辨证的一种方法。

眼内病变辨证,首先要掌握眼内组织的脏腑、经络分属,然后按其所属部位的病变性状做综合辨证。现将眼内组织的脏腑、经络分属,眼内病变的主要体征及辨证应用等内容分述如下。

11.2.3.1 眼内组织的脏腑、经络分属

眼内组织,古人虽也有解剖记载,但由于历史条件限制,大多以屠宰动物进行解剖,而且各自发现、各自命名,故组织名称不一,同时,因当时解剖技术比较粗糙,所以有的组织仍无名称记载。近代中医眼科学者,通过学术交流,对此已做了较为规范的命名,为我国中医、西医、中西医结合三个医学体系的交流奠定了基础。

(1) 目系

目系又名目本,相当于西医的视神经及其血管、视路。这与《内经》记载相吻合,如《灵枢·大惑论》曰:"五脏六腑之精气,皆上注于目而为之精,……裹撷筋骨血气之精而与脉并为系,上属于脑,后出于项中。"

目系的脏腑、经络所属,《灵枢·经脉》曰:"足太阳膀胱经,……并入脑,连于目。""手少阴心经之脉,系目系。""足厥阴肝经之脉,连目系。"膀胱与肾互为表里,目系又入脑,脑为髓之海,肾主骨生髓,所以目系与心、肝、肾有密切关系。

(2) 视衣

视衣相当西医的视网膜和脉络膜,它是发越神光的解剖基础。《证治准绳·五轮》曰:"神光者,谓目内自见之精华也。夫神光发于心,源于胆,火之用事。"《审视瑶函·五轮》曰:"神光者,谓目内自见之精华也。源于命门,通于胆,发于心,皆火之用事。"可见视衣与命门、胆、心有关。

(3) 黄斑区

黄斑区中医无记载。陈达夫在《中西串通眼球内容观察论》中谓:"黄斑属足太阴脾经。"其理,黄斑位于中央,中央戊己土,属脾,黄斑色黄,为脾之色,故属足太阴脾经。其实,它也是视衣的组成部分,故与命门、胆、心也有密切关系。

(4) 视网膜血管

视网膜血管中医称之为血脉,血循脉中,心主血脉,肝藏血,脾统血,故视网膜血管与心、肝、脾有关。

（5）神膏

神膏相当西医的玻璃体。《证治准绳·五轮》曰："神膏者,目内包涵之膏液……此膏由胆中渗润精汁积而成者。"又曰："血养水,水养膏,膏护瞳神,气运用。"故陈达夫根据以上所论,认为玻璃体属手太阴肺经。除此尚与胆和气血有关。

11.2.3.2 眼内病变常见体征

根据眼内病变的病理变化,常见体征有如下几种。

（1）炎症

炎症组织表现为充血、水肿及渗出。反复发作,可使组织增生,渗出变为机化以及病灶组织萎缩。

（2）血液循环障碍

血液循环障碍表现组织瘀血、出血、缺血。若组织缺血,则色泽苍白,血管变细,或血管内无血柱,呈白线状,如有少量血柱,则呈串珠状。若组织营养障碍,则导致组织变性、萎缩或坏死。若是血管炎,则出现出血、渗出以及血管旁显现白线。

（3）组织变性

组织变性则出现色素沉着及萎缩。

综上可见,常见的眼内病变的主证有瘀血和充血,出血和缺血,水肿和渗出,色素沉着和机化。

眼,本身也是一个统一的整体,眼内组织也不例外,相互间有着密切联系,例如血液循环障碍,除表现在血管自身组织外,还影响到视衣、目系等;反之,目系病变,也可影响到视衣与血脉。

11.2.3.3 眼内病变辨证

（1）目系

目系属心、肝、肾。以下所述内容,均指能窥到的视乳头病变之辨证。

1) 乳头瘀血与充血:①瘀血,色泽暗红,多由"瘀"所致,结合脏腑所属,可由肝气郁结、气滞血瘀、脉络阻滞而致;或为心肝火旺,灼津成瘀,阻滞脉道为患;或由肿物压迫,脉络瘀阻血流障碍造成。②充血,其色焮红,多与火、热有关。乃由肝胆火旺,火性炎上,升扰于目;或为心火亢盛,循经上犯目系所致。也可因风热毒邪侵扰于上,血热蒸腾而成。

2) 乳头水肿:兼目系暗红者,多属瘀滞,血不利则为水;若兼目系淡红者,多属肾阳不足、水湿蕴积所致。

3) 乳头色淡或苍白:兼见血管变细,多为肾精不足,肝血虚弱,或气血俱虚,不能上灌,目系失养而成;若乳头色淡而污秽,边界不清,周围血管伴有白线者,则不能以纯虚论治,其中不少是由乳头郁血、充血及水肿演变而成,故虚实兼杂,临证时必须全面分析,方不致有误。

（2）视衣

视衣属心、胆（肝胆相表里）、命门。

1) 视衣水肿:可由肝气郁结、气滞血瘀所致。《血证论》谓："瘀血化水,亦发为肿。"因而,心肝火旺,伤津成瘀,脉道阻滞,血不利则为水成肿。如脉络正常,视衣水肿,多属脾肾阳虚,水湿上犯。

2) 视衣出血:一般早期出血,色泽鲜红,多为心火亢盛,上乘于目,灼伤血络,迫血妄行引起;或为肝胆火旺,火性炎上所致;或为脾虚气弱,气不摄血造成。若出血暗红,多为肝郁气结,气滞血瘀,脉道失和,血溢络外而成。如反复出血者,常见原因可为瘀血阻滞脉道;或虚火上炎,煎迫脉络;也可由气虚,统摄失权所致。

3) 渗出与机化:渗出物或机化组织,中医将此归属于痰,痰又有新痰与老痰之分。凡浮、嫩、涩的病变属新痰范畴;若沉、老、坚的渗出或机化物,或病变日久者,则属老痰。①新痰,多属脾经痰浊、上泛于目,或肝郁化火、瘀热交作使然。②老痰,其因多为新痰日久不消,蕴积而成。由于它可阻塞气机,日久则可化热;另则气滞可使血脉瘀阻,进而痰瘀互结。

4) 视衣色素浮现:多由组织变性或退行性改变所致。如色素色泽变黑,多属肾阴虚损或命门火衰;黄黑相兼,状如椒盐;证属脾肾阳虚、痰湿上泛。

5) 视衣乳白混浊:多为脉络阻滞,精血失荣于目所致。

6) 视衣血脉改变:若血脉怒张、纡曲,或呈串珠状,或呈白线状,多属肝郁气滞、气血瘀阻;或肝胆火旺及心火偏亢,二者均可灼津成瘀,脉络阻滞。若见络脉尽端成球,状如挂灯,色泽暗红,多为肝肾阴亏、虚火上炎所致。

(3) 黄斑区

黄斑区原属视衣,因其居中,故与心、胆、命门、脾有关。黄斑为中心视力之据点,位置重要,故与视衣分别述之。

1) 黄斑水肿和渗出:多属脾肾阳虚,痰湿上犯;若充血伴有水肿,多为肝胆郁热,或肝郁化火所致。

2) 黄斑出血:多为劳伤心脾,气不摄血;或瘀热灼伤脉络所致;或外伤引起。

3) 黄斑色素沉积,状如椒盐:属脾肾阴虚、痰湿上泛。

(4) 神膏

神膏与胆、肺、气血有关。若神膏混浊骤生,多属肝胆热毒煎灼,或湿热熏蒸,若神膏猝混,不能窥见眼底,多属火热上攻,脉络出血,浸淫神膏所致。如神膏混浊,其状如丝如絮者,多为肺肾阴亏,或气阴两虚所致。

眼内病变辨证,不是眼内病证的惟一辨证方法。人体是一个统一整体,眼的各部组织与全身,也构成统一整体,所以要从整体着眼,结合全身情况进行辨证。

12 眼科治疗法

学习目标

1. 了解眼科常用内治法,熟悉退翳明目法,了解外治法
2. 熟悉滴眼药水法、涂眼药膏法、熏洗法

中医眼科治疗法是中医眼科临床的主要组成部分之一。根据用药途径和治疗手段不同,分为内治法、外治法、针灸疗法和推拿疗法等。这些治疗方法一般是在中医眼科基础理论指导下创立的,其中有些疗法是在临床实践中发展总结出来的,它们在临床眼病治疗中发挥着重大作用。

12.1 内 治 法

眼是整体的一部分,它与脏腑、经络有着密切的关系,内治法通过调整脏腑、经络功能而达到治疗眼病的目的,在眼病的治疗方面有着重要作用。现将常用的内治法介绍如下:

12.1.1 疏风清热法

疏风清热法是选用解表、清热方药来治疗风热所致眼病的一种治法。如外感风热眼病,常见胞睑肿胀、白睛红赤、黑睛生翳、畏光流泪或伴有恶寒、发热、头痛、脉浮数等症,可用该法治疗。由于外障眼病之原因,以外感风热最为常见,故本法在眼科应用中范围甚广。具体应用时尚应辨别风、热孰轻孰重,尔后进行适当配伍。

12.1.2 祛风散寒法

祛风散寒法是用辛温解表为主的药物组成方剂,通过祛除风寒,解除表邪,来消除眼病风寒证候的治法。

本法用于外感风寒之眼病,主要表现为发病急,目睛疼痛,畏光流泪,或目睛生翳,临证时也可参考全身之表现,如鼻流清涕、头痛、恶寒发热、苔薄白、脉浮紧等而用药。

12.1.3　泻火解毒法

泻火解毒法是选用寒凉清热类药物来治疗火热毒邪或脏腑热毒上攻所致的眼病的治法。例如胞睑红肿、白睛红赤、凝脂翳、聚星障、黄液上冲、瞳神紧小,暴盲等常用本法治疗。此法在临床上常与脏腑辨证结合,加减运用,是中医眼科重要的治疗方法之一。

12.1.4　滋阴降火法

滋阴降火法是选用寒凉、养阴、清降虚火等药物来治疗阴虚火旺所致眼病的一种治法。阴虚火旺所致的眼病常见的有黑睛生翳,瞳神紧小、白睛红赤,抱轮红赤,视物昏花等。这些病多具有病程长、易反复发作的特点。因此,滋阴降火法亦为中医眼科常用的治疗方法,在运用本法时,应结合五轮辨证法等应用。

12.1.5　祛　湿　法

祛湿法是用祛湿药物为主组成方剂,通过化湿利水、通淋泄浊,以消除眼病湿证的治法。本法适用于湿邪外侵或内生所引起的一切眼病。如眼睑水肿,睑重难睁,睑缘湿烂,胞内粟疮,白睛污黄或混睛障,神水混浊,云雾移睛,视网膜水肿甚至网膜脱离等。同时全身可兼见头重如裹、口不渴或渴不欲饮、胸闷食少、便溏、四肢乏力等。

具体治法可因湿邪侵袭部位不同或兼夹其他外邪而不同。如风邪夹湿所致的痒涩不止,可祛风胜湿;夹热所致的病变红赤湿烂、眵泪胶黏等,可清热祛湿。此外,由于湿性黏腻,中人缓,侵之深,聚之则可为痰,痰湿蕴结不但阻塞气机,而且可以使脉道涩滞。如痰湿阻络可引起胞生痰核;湿浊上泛,眼内脉络阻滞可造成视网膜水肿、玻璃体混浊;风痰阻络或肝阳化风,夹痰上扰,可致风牵偏视;痰郁化热生风,流窜经络,上扰清窍,可引发绿风内障。再有眼球脉络幽深,孔道微细,若遇湿痰阻滞,则易瘀结,治时可在祛湿基础上活血化瘀、软坚散结,以提高疗效。

12.1.6　止　血　法

止血法是选用具有止血作用的方药,来治疗眼部出血的一种治疗方法。适用于白睛溢血、血灌瞳神、眼底出血及外伤和其他出血性眼病。

临床常根据出血时间的不同,采用不同的方法。早期多用凉血止血和收涩止血法;中期应用活血止血法;晚期应用散结止血法,并配合脏腑辨证加以灵活运用。如阴虚火旺者,宜配合滋阴清热法;撞击伤目者,宜配合祛瘀止血法;气虚不摄而致眼部出血者,应配合益气止血法。

12.1.7 活血化瘀法

本法是用具有活血祛瘀作用的方药,改善血行,消散瘀滞,促进眼部瘀血吸收的方法。该法常用于眼病疼痛剧烈、持续不止、拒按、痛有定处者;不论外眼或内眼,凡血脉虬赤或青紫纡曲者;眼部之癥积包块和眼底退行性变以及眼底病变后期视力久不提高者;离经之血而无再出血之倾向,以及外伤、手术后出血者。

12.1.8 软坚散结法

软坚散结法是运用具有软化癥结、清除结滞作用的方药,以消除眼部癥结、积滞、机化及陈旧病灶的治疗方法。本法主要适用各种内外障眼病中出现气血凝滞、痰瘀互结而成有形之物的病变。如胞睑肿核,白睛颗粒或结节隆起,眼内机化物形成,以及陈旧渗出等。

12.1.9 疏肝理气法

疏肝理气法是用具有疏解肝郁、调理气机的方药来治疗因肝气郁结所致眼病的方法。肝气郁结、疏泄失职是许多内外障眼病的常见病因。如绿风内障、青风内障、圆翳内障、视瞻昏渺、暴盲等,常与肝郁失于疏泄有关,故无论内外障眼病,凡兼有胁胀、胸闷、嗳气、急躁易怒、脉弦等,皆可用之。故该法被广泛用于中医眼科。

12.1.10 补益法

本法是用益气养血、补益肝肾的方药,改善气血虚弱和消除肝肾亏虚证候以达到明目作用的方法。此法可单独使用或与其他内治法同用。

(1) 益气养血法

此法广泛用于气血亏虚而致的各种眼病。临床中气血亏虚目病者,可眼外观正常,惟目无神采,视物昏矇。亦可表现为上睑下垂,开合乏力,黑睛陷翳久不平复等。多见于慢性内外障眼病,亦可为眼病恢复期。因气血相依,关系密切,故益气养血往往同用,但临证时还应根据眼部表现及全身脉证灵活掌握,或偏补气,或偏养血。如上睑下垂,开合无力,脉弱舌淡者,多偏气虚,治当以补气为主;若因久病或失血过多,头晕眼花,不耐久视,脉细者,多偏于血虚,治当偏于养血。脾胃为后天之本,气血生化之源,水谷精微之化生转输均赖于此,故在益气养血的同时,要兼以健脾养胃。

(2) 滋补肝肾法

此法用于肝肾亏虚所致的各种眼病,以老年患者常用。例如眼干涩不舒,哭而无泪,或冷泪长流,白睛微赤,黑睛星翳疏散等外障眼病,以及视物昏花或夜视不见,眼前黑花飘舞等内障眼病,均属本治疗方法范畴。与此同时,应结合全身进行辨证。

12.1.11 退翳明目法

退翳明目所退之翳乃指黑睛之翳障,大多数是由于外感邪毒及疫疠之气或外伤等引起。该法是用有退翳作用的方药,来消退黑睛翳障而达到明目作用的眼科独特治法。根据翳障程度及时间不同,而选择不同的退翳明目方法。如病之初期,星翳点点,迎风流泪,风热正盛,当以祛风清热退翳。病之中期,翳大而厚,肝火正旺,瘀血内停,当以清肝明目、活血退翳;若风热或肝血渐减,则应逐渐过渡以退翳明目为主。病之后期,翳障停留而气血已虚,当以益气养血退翳或益肝补肾退翳;若气血不虚,则当以退翳明目为主。在退翳明目的过程中不论初期、中期、后期,均不可过用寒凉,以免邪气冰伏,气血凝滞,翳不易退。

12.2 外 治 法

外治法种类很多,除用药物点眼、熏洗、敷、熨之外,还重视钩、割、烙、针等手术方法。现代中医眼科不仅继承了传统的外治法,而且吸收了现代医学常用的结膜下注射法、球后注射法及内外眼手术法等。现将常用的外治法介绍如下。

12.2.1 一般外治法

12.2.1.1 点眼药法

本法是将药物直接点入眼部的治疗方法,多用于红肿热痛、眵多有翳膜的外障眼病。点眼药法为一般外治法中应用最多的方法,适用于一切外障及部分内障眼疾。常用的有点眼药水法、涂眼膏法、点眼药粉法三种。

(1) 点眼药水法

滴药水时患者取坐位或卧位,嘱其头微后仰,双目上视,医者左手拇、食指轻轻拉开眼睑,右手持滴管或药瓶,将药水滴入下穹隆部或大眦角,然后轻轻将上眼睑提拉,并同时放松下眼睑,以使药液充分均匀地分布于结膜囊内。每次滴药1~2滴,每日滴4~8次,急症、重症,每小时或半小时可滴1次。

滴眼前,要核对药名及眼别,滴有毒药液尤应注意。滴管或药瓶头部不要触及睫毛及皮肤,以免污染药液。滴入有毒液,如阿托品、毛果芸香碱等,滴后必须用手指或棉球压住睛明穴下方,即泪囊区1~2分钟,以防药液通过泪窍流入鼻腔,被黏膜吸收引起中毒。

(2) 涂眼药膏法

一般用软管药膏,同时将药膏挤出少许,置于眼睑皮肤患处或轻轻涂在下穹隆部结膜囊内,令患者闭目。如用玻璃棒上药,则当患者闭目时,将玻璃棒横向徐徐自眦角方向抽出。

切勿使玻璃棒擦伤黑睛,并注意玻璃棒头部有无破损,如有或不光滑应予更换。

(3) 点眼药粉法

将药物制成极为细腻的粉末后应用。用时以小玻璃棒头部沾湿,再蘸药粉约一粒芝麻大小,医生用手指分开胞睑,一般将药物轻轻放置于大眦角处,令患者闭目,以有清凉感为度。点毕,患者以手按鱼尾穴数次,以助气血流行,闭目数分钟后,渐渐放开即可,每日2次或遵医嘱。

点药时,患者应处避风处,取坐位或仰卧位。每次用药不可过多,初次点药,量更宜少些,以使患者适应,不致惧怕。同时,要注意玻璃棒头部是否光滑,有棱尖者应予更换,以免刺伤眼珠。点眼时还应注意玻璃棒头不能触及黑睛,尤其黑睛有新翳者,更应慎重。

12.2.1.2 熏洗法

熏洗法,远古有之。本法是将药物煎成汤液,乘蒸气升腾之际,就势熏冲患眼,通过不同的药物直接作用于眼部,以达到疏风清热、疏通经络、解毒消肿效果的一种外治法。本法包括熏法和洗法,二者常结合进行,先熏后洗。适用于胞睑红肿,畏光涩痛,眵泪较多的外障眼病。如为胞睑疾病,可闭目熏冲;如属眼球疾病,则睁眼且频频瞬目,使药力均匀达于病所。

洗眼时,可用消毒纱布或棉球渍药液不断淋洗眼部。有条件时,也可将药液置眼浴杯内眼浴。

熏眼蒸气温度要适中,以免烫伤眼部。洗剂必须过滤干净,以防药渣入眼。同时一切器皿、纱布、棉球及手指必须消毒,尤其是黑睛有陷翳者,用洗法时更需慎重。

眼部有新鲜出血或患有恶疮者,忌用本法。

12.2.1.3 中药超声雾化法

本法是运用超声雾化器为载体,进行熏眼治疗的方法。按传统方法煎取中药汁置温或置凉,取药汁适量,倒入超声雾化器药杯中,开机定时约15或20分钟,喷雾口正对患眼,距离约20cm,每日熏洗眼1~3次。

12.2.1.4 敷法

分热敷、冷敷及药物敷三种。

(1) 热敷

本法能疏通经络、宣通气血,有散瘀消肿止痛之功。适用于外障眼病伴有目赤肿痛者,亦可用于眼外伤24小时后的胞睑赤紫肿痛,及较陈旧的白睛溢血,血灌瞳神者。一般分湿热敷与干热敷两种。以湿热敷较为常用,湿热敷即用消毒毛巾或纱布浸泡于沸水中,取出拧干,待温度适宜后敷于患处。冷却再热,每次约半小时,日2~3次。热敷前可在敷处皮肤上涂薄薄一层凡士林或眼药膏。干热敷即用热水袋等装热水,外包毛巾,敷于患处。

(2) 冷敷

本法具有散热凉血、止血缓痛作用。适用于胞睑外伤后24小时以内的皮下出血肿胀及眼部焮赤肿痛甚者。一般用冷水毛巾或冰块橡皮袋敷之。

(3) 药物敷

此法是选用清热解毒、舒筋活络、活血化瘀、祛风止痒等各种作用不同的药物,洗净捣烂后直接敷于眼睑或附近皮肤的一种外治法。可以用水、茶水、蜜、醋、胆汁等,把捣烂的药调成糊状外敷。适用于各种外障眼病,如针眼、胞生痰核、漏睛疮、暴风客热及外伤等。

敷法所用中药要求新鲜、清洁、无变质、无刺激性、无不良反应。还必须注意防止药物进入眼内损伤眼球。禁用动物类药,如鲜鱼、青蛙等,以免引起眼部寄生虫病。

12.2.2 其他外治法

12.2.2.1 球结膜下注射法

此法是将药液注射在球结膜下的方法。患者取坐位或仰卧位,用1%丁卡因溶液做表面麻醉,医者以左手拇指、食指分开患者上下眼睑,让患者向上注视,右持装有药液的注射器,将针头与角膜缘平行,在角膜缘外4~5mm处,呈45°角刺入球结膜下,注入药液。注射完毕,滴消炎药水并涂眼膏,盖以纱布及眼罩。

12.2.2.2 球后注射法

此法是将药液注射在眼球之后的方法。取坐位或仰卧位,常规消毒下睑及外侧皮肤,嘱患者向鼻上方注视,然后以球后针头(长约3.5~4.5cm)在眶下缘外1/3与中1/3交界处,垂直刺入皮肤,再将针头略斜向鼻上方缓慢推进,深达2.5~3cm时(不要超过3.5cm),抽吸如无回血,即可徐徐注入药液。注射完毕,缓慢抽出针头,用棉球压迫进针处片刻,以防球后出血。

12.2.2.3 冲洗法

分结膜囊冲洗和泪道冲洗法。

(1) 结膜囊冲洗法

该法用于除去结膜囊内的眼眵、异物和化学性物质,以及内眼和外眼手术前准备。如角膜异物取出术、天行赤眼、黑睛疾病,以及有害物质进入结膜囊等。所用冲洗药液要根据病变不同选择相应药液。如酸性物质进入结膜囊,可用等渗碳酸氢钠液冲洗。碱性物质进入结膜囊,用适当温度维生素C液或生理盐水冲洗。

操作:可将冲洗液装入洗眼壶或带冲洗装置的吊瓶内应用。患者取坐位,令头稍向后仰,将受水器紧贴颊部;如患者取卧位,则令头稍偏向患眼一侧,将受水器紧贴耳前皮肤,并可于外耳道塞一棉球,以防冲洗液流入耳内。然后轻轻拉开胞睑,冲洗液渐渐由下睑皮肤移到结膜囊,令患者睁眼并转动眼球,以扩大冲洗范围。眼眵较多或结膜囊异物多者,应翻转上下眼睑,暴露上胞内面及上穹隆部结膜,彻底冲洗之。冲洗毕,用消毒纱布擦干眼外部,并撤去受水器,冲洗时,如一眼为传染性眼病,应先冲洗健眼,后冲洗患眼并注意防止污染之冲洗液溅入健眼。

(2) 泪道冲洗法

该法是以生理盐水或含一定浓度的抗生素溶液冲洗泪道的方法。它多用于探测泪道是否通畅,及内眼或外眼手术前的准备,或用于治疗流泪症、漏睛症等。

操作:用0.5%~1%丁卡因点眼2次,或用蘸有丁卡因溶液的棉签夹在大眦头上、下泪点之间,约2~3分钟后,令患者头向后仰,医者以一手指将下睑轻轻往下牵拉并固定于眶缘部,暴露下泪点。先以冲洗针头垂直插入下泪点约1.5mm。然后向内转90°,成水平位,沿泪小管缓慢向鼻侧推进,直至碰到骨壁,再将针头稍向后退,缓缓注入冲洗液。

12.3 其他疗法

12.3.1 针灸疗法

针灸疗法是针刺法与灸法的总称,眼科应用针灸疗法,是利用针刺所产生的刺激或温热,使经络通畅、气血调和、扶正祛邪，从而起到退赤消肿、收泪止痛、退翳明目等多种作用。由于眼部禁灸，故眼科针灸疗法，主要以毫针疗法为主。

针灸疗法所以在眼科广泛使用，主要是它疗效迅速，有时甚至起到药物不能起到的作用。常用于针眼，暴风客热，黑睛生翳，上睑下垂，胞轮振跳，瞳神紧小，青风内障，绿风内障，圆翳内障，青盲，暴盲，能近怯远等多种眼病。

针灸疗法在眼科虽被广泛使用，但不能代替其他疗法，有时必须与其他疗法相伍为用。另外，还应注意，眼周围组织疏松，血管丰富，故针刺时必须小心。

12.3.2　常用手术疗法

手术治疗是中医眼科外治法的内容之一。我国古代眼科金针拨内障术及现代金针拨内障、后路套出术均为祖国医学做出了贡献。此外，还有钩、割、剐、烙、针等手术法。这些手术适用于药物难以奏效的眼疾，如目疡脓成、倒睫拳毛、眼生赘疣、胬肉攀睛、圆翳内障老定等。由于历史条件的限制，这些手术还未能尽善尽美。中医眼科工作者在整理古代手术的基础上，吸收了西医的消毒、麻醉及一些手术操作方法和器械的长处，对某些手术进行了积极的改进，而且有所发展。现简要介绍如下。

12.3.2.1　钩割法

钩割，即钩起而割除之意。本法适用于胬肉攀睛及其他眼部赘生物。如以钩割胬肉攀睛为例，据《太平圣惠方》及《审视瑶函》所载，手术时，先用锋利之针穿入肉中，将胬肉挽起，方用锄刀逐步向黑睛和白睛分离。动作要轻，分离要干净。然后用刀割除，割毕以火烙，以预防复发。就其主要操作方法而言，与近代手术大体相似，经逐步改进之后，中西医两种手术方法已趋向一致。

12.3.2.2　剐洗法

本法是以锋针或表面粗糙之器物轻刺或轻刮患部，然后用水冲洗的治法。具有祛瘀消滞、散邪泄毒、疏通气血的作用。适用于胞睑内有瘀积或粗糙颗粒的疾病，如椒疮、粟疮等。

12.3.2.3　熨烙法

本法是以特制之烙器或火针熨烙患部的治法。常于钩割或剐洗法后相继使用，有防止病变复发及止血的作用。此外，睑弦赤烂、胞肉胶凝之症日久难愈者，也可用此法。

熨烙胞睑病变时，应用隔热之消毒器物保护健康组织及眼球，尤应防止熨伤黑睛。熨烙不宜温度过高，以免灼伤深部组织。

12.3.2.4　针法

（1）三棱针法

三棱针法是用三棱针刺破皮肤使其出血的治疗方法。又可分为开导法与挑刺法两种。

开导法是用三棱针刺穴位皮肤，放出少量血液的方法，故又可称放血法。此法具有开涩导瘀、通经活络、泄热消肿之功。它也可与内服中药开导法相互为用。常用于治疗实证、热证，如眼部红肿热痛,黑睛新翳,内障中的暴盲,眼底出血,绿风内障等。其常用穴位有迎香、内眦、上星、太阴、耳际、攒竹及指尖等。治疗时,切忌出血后立即压迫止血,应俟微量出血后自止。不宜深刺,以免伤及深部血脉而致出血过多。

挑刺法是用三棱针将一定部位反应点、皮肤红点或穴位部位的皮肤挑破,挤出黏液或血水;或针刺稍深,挑出白色坚韧的细筋,使断之即可。由于在反应点或穴位上造成了一定程度的创伤,起着持久的良性刺激作用,而收治疗疾病之效。用此法可治疗针眼等疾病。

(2) 铍针法

铍针尖如剑锋,两面有刃,可割可刺。适用于割除胬肉及其他眼部赘生物,穿刺或切开脓疱,拨除嵌于黑睛上之异物。

(3) 金针拨障法

年老体弱者患圆翳内障,翳障老定时宜用本法。此为中医眼科治疗圆翳内障的重要手术方法,近代医家在此基础上,吸收了西医手术之长,发展为中西医结合的针拨白内障手术(详见圆翳内障)。

此外,古代对胞生痰核、倒睫拳毛等疾病亦有手术疗法,但现代多采用西医的手术方法。

13 眼病的护理与预防

学习目标

1. 了解护理对防治眼病的重要性
2. 熟悉中医眼科护理常识

眼病的护理与预防，是中医眼科治疗学和保健学的重要组成部分，古代的眼科专著和其他一些医籍中均有散在论述。护理方面，《太平圣惠方》、《秘传眼科龙木论》中记载了煎药、服药方法及饮食注意等护理知识，特别在针拨内障术方面，提出了术前、术后的护理内容，如术前调理身体，术后头枕要安稳，进食宜粥饭，便时勿用力，避免呕逆、咳嗽等，至今仍有临床意义。在预防方面，《内经》提出了"圣人不治已病治未病"的预防思想。《千金要方》列举了生食五辛、接热饮食、饮酒不已、房室无节等多项损目原因，对防止眼病的发生有积极的意义。随着时代的发展，眼病的护理和预防内容也有所增加且日趋完善，现分述如下。

13.1 眼病的护理

13.1.1 辨证施护，认真负责

病区和门诊应建立护理制度，并严格执行。特别是在病区的护理工作中，对心、脑血管及各种休克的急症抢救措施，应高度重视，时刻保持正常运转。辨证施护要运用到护理工作的各个环节中。例如肝阳上亢、阴虚火旺、糖尿病等病证所致的眼底病变患者，应当注意舌脉、血压、心电图及其全身的体征，尔后给予相应的护理，并随时注意观察，发现异常应及时向经治医师汇报，以便采取合理的治疗措施。

13.1.2 对高龄眼病患者的护理

眼病病区住院患者70岁以上者，占有相当的比重，他们不但患有不同的眼病，并且常常伴

有不同程度的心脑血管疾病,良好的精神护理显得特别重要。消除患者对治病和手术的恐惧心理,增强战胜疾病的信心。按照要求观察患者的脉象和血压。对于高龄患者术前要做好充分的思想工作。如术前两天可针刺内关、神门、太阳三个穴位,每天1次,以期适应手术中的紧张、疼痛等不良刺激,避免术中发生意外。

13.1.3 眼部护理

护士在点药前要仔细查对患者的姓名、床号、眼别、药名,以免发生差错,造成不应有的医疗事故。另外,还要做到因病施护,如对于传染性眼病,患者接触过的器物要进行严格消毒。若为一眼患病,而需对双眼进行检查和滴药时,应按先健眼、后患眼的顺序,以免传染健眼。若系暴风客热、天行赤眼等则眼部禁止封盖,以免加重病情。黑睛病变可戴有色眼镜,室内可置帘幔,以避强光刺激,绿风内障则不宜久处暗室。局部用药时,要将用药方法、次数、用后的反应等向患者交代清楚。外敷药物时,勿将药末掉入眼内。对于眼外伤患者,尤其是真睛破损者,除注意伤眼情况外,还应注意健眼情况。术后应遵医嘱护理。对难愈及预后差的眼病患者,应注意思想情绪等情况,劝其心情开朗,树立战胜眼病的信心。

13.1.4 饮食护理

讲究正确的饮食宜忌,可以减轻疾病,辅助药效,促进疾病痊愈。一般来说,凡属实热性质的眼病,应忌食五辛、煎炒炙煿及腥发之物,以免助热生火,加重病情。属虚寒性质的眼病,宜戒食寒凉凝滞之物,以免损伤脾胃,妨碍康复。年老体胖者,宜清淡饮食,少食肥甘之品,以免助湿生痰,变生他证。年幼体虚者,宜多食动物肝、瘦肉、蔬菜等。不可偏嗜,以免生化不足,目失濡养。嗜烟对身体有害无益,应为戒忌。酒类以不饮为宜。

13.1.5 煎服药物的方法

合理煎煮药物,注意服用方法,可以节省药材,提高疗效。凡辛散轻扬类药物,以武火急煎为宜;味厚滋补类药物,以文火久煎为妥。介类、矿石类药物可另包先煎;芳香挥发性药物宜后下。易溶于水者可溶化冲服;贵重、难煎药物,可用磨调,亦可研末兑服。总之,应根据不同药物性质,采用不同煎煮方法。

至于服药时间,多为饭后服。前人认为,病在上者,可借食物之热力,载药上行,直达病所。当今实践,以食后休息片刻为宜,否则食咽方罢,药即入口,食气与药气相搏,反而不能取效。急病重病,以汤剂为主,且可日进一二剂,以便使药力相续。慢性眼病,可用丸散膏丹,逐渐调理。至于汤剂用热服或冷服,宜根据病情而定,一般温服居多。

13.2 眼病的预防

预防即防患于未然。"预防为主"是我国卫生工作的方针,眼病的预防必须注意以下几个方面:

13.2.1　饮食规律，起居有常

饮食有规律，起居有常度，可以增强体质，提高机体免疫力，预防眼病的发生。切不可暴饮暴食或偏嗜，平素少食炙煿及膏粱厚味。已病者要遵从医生告诫的饮食宜忌，以免损伤脾胃，变生眼病或延长病程。生活起居、工作学习、文体活动都应适当安排，要有规律，不正常的活动，不适当的用眼，可使身心视觉受到损害。如久视、生活规律失常、房事不节，可耗血伤精，甚至造成内障，故当慎之。

13.2.2　避免时邪，调和七情

时邪七情为害，是眼病常见的病因。从预防出发，为避免时邪，需顺应四时，适其寒温，锻炼身体，结合气功，以增强体质。如时邪广泛流传，尽快隔离患者，避免接触，是有效的预防措施。对于工厂、机关、学校、幼儿园、托儿所等集体单位，还可选适当的预防性药物及早预防，避免造成流行。

调和七情，切勿喜怒过度，悲哀太甚。因为七情刺激、哭泣悲伤、思虑过度、忿怒暴悖，均可引起眼病。必须七情和畅，愉快乐观，使百脉通调，脏腑安和，方能不病或少病。

13.2.3　讲究卫生，保护视力

加强卫生宣传教育，开展爱国卫生运动，是预防和减少疾病的有效措施。个人要养成良好的卫生习惯，不用脏手帕擦眼，也不要用别人的手帕、毛巾擦眼。与传染性眼病患者接触后，要及时清洁消毒。公共场所要有严格的卫生管理制度，所用的脸盆、毛巾、浴巾要经常消毒。传染性眼病流行时，游泳池应停止开放。医用器械、药品、敷料尤须严格消毒，以免互相传染。

保护视力是眼科保健的主要方面。青少年从小要养成良好的用眼习惯，如读书姿势要端正，距离读物要保持33cm远，乘车及卧床时勿看书，照明要适中，阅读一小时左右可闭目或远眺片刻。此外，每日配合按摩眼周穴位，以疏通经络气血，消除疲劳。如有眼疲劳主证，应及时去医院诊治，切勿乱戴别人的眼镜。

13.2.4　注意安全，防止外伤

眼外伤可以造成视力严重障碍，甚至完全失明。因此，注意安全，防止外伤，也是保护视力的关键性措施。平时要做好预防眼外伤的宣传教育工作，使广大群众了解眼外伤的基本预防知识。各厂矿单位，要注意改进生产设备和增加防护措施，根据不同工种，建立和健全各种保证安全生产的规章制度，并定期检查落实情况。一旦发生眼外伤，必须及时去医院诊治。

此外，紫外线能够对晶状体造成损伤而形成白内障，已被国内外医学界所公认。预防的方法是戴防护眼镜。在电焊或气焊光旁工作或水银灯下从事拍摄的人员，以及操纵光疗的医务工作者都应佩戴防护眼镜，因为这种眼镜能够有效地阻挡紫外线对眼的照射。

14 眼睑病

学习目标

1. 了解眼睑疾病是常见病、多发病,其发病多与脾胃有关
2. 熟悉眼睑疾病的主要病因病机和治疗原则
3. 掌握各病的病名定义,西医病名
4. 重点掌握针眼、沙眼的诊断、病因病机、辨证论治

眼睑又称胞睑、眼胞、睥等,是眼的最外部分,分上下睑,司眼之开合,有保护眼球的功能。在五轮中眼睑属肉轮,内应于脾,因脾与胃相表里,故胞睑疾病,首当责之于脾胃。另外,由于眼睑位置关系,其外因易受六淫之邪侵袭,特别当脾胃功能失调时,内外合邪更易发病。眼睑也易受物理化学性损伤,或受临近组织病变的波及而染病。因此,在临证时,除应注重局部与整体的关系外,还应考虑病因病机,辨清孰重孰轻,才能取得满意效果。如属风热外袭者,当以祛风清热为主,属脾胃湿热上攻者,以清热利湿为主,属风热湿合邪上攻者,当以疏风清热利湿为主。

眼睑疾病属外障眼病的范畴,为临床常见多发病,病程短,一般易治,但若治疗不及时或失治,则易发生他病。

眼睑部的某些病,如沙眼等有传染性,因此,应注意预防和避免传播。

14.1 针 眼

针眼指胞睑生疖肿,形似麦粒,易于溃脓之眼病,又称偷针、土疳、土疡。本病名见于《诸病源候论》。本病类似于西医学的睑腺炎(麦粒肿),系眼睑腺体化脓性炎症,多与金黄色葡萄球菌感染有关。

14.1.1 病因病机

1）风邪外袭，客于胞睑而化热，风热煎灼津液，变生疮疖。
2）过食辛辣炙煿，脾胃积热，循经上攻胞睑，致营卫失调，气血凝滞，局部酿脓。
3）余热未清，热毒蕴伏，或素体虚弱，卫外不固，而易感风邪者，常反复发作。

14.1.2 临床表现

初起时痒感逐渐加剧，睑局部红肿，继之在睑弦或睑内深部形成局限性硬结（图 14-1），有胀痛、压痛感，发生在外眦部者疼痛略显著，外侧白睛亦赤肿。数日后硬结逐渐软化，在睫毛根部或睑内有黄色脓头，积脓一经溃破流出，红肿迅速消退，疼痛亦随之减轻。重症者，可形成多个脓疱，伴有恶寒发热等全身主证，耳前或颌下触及肿核、压痛。若久不溃破，留肿核者，可按胞生痰核处理。

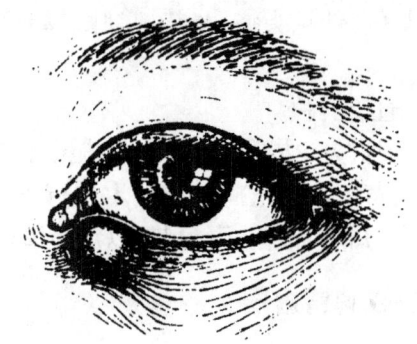

图 14-1 睑腺炎

14.1.3 诊断依据

1）胞睑局部痒肿疼痛。
2）胞睑局部扪及麦粒样硬结，压痛拒按，与皮肤粘连。

14.1.4 辨证论治

对本病的治疗，原则上对未成脓者，应退赤消肿，使其消散，对已成脓者，使其溃脓，并掌握时机及时切开排脓。

> **为什么长"针眼"后不能用手挤压**
>
> 有人认为长了针眼后用手把脓挤出来就好了。千万不敢这样做。因为针眼是眼睑腺体的急性化脓性炎症，位于面部危险区。此区的内眦静脉、面静脉及眼静脉都没有静脉瓣，且眼静脉与面静脉之间彼此有交通支，眼睑与眼眶的血液可以顺眼静脉到达海绵窦，挤压后会使感染扩散，导致眼睑蜂窝织炎，甚至海绵窦脓毒血栓或败血症而危及生命。所以针眼不能用手挤压。

14.1.4.1 风热外袭

主证　针眼初起,痒痛并作,局部硬结,微红微肿,触痛明显。苔薄黄,脉浮数。
治法　疏风清热。
方药　银翘散加减。热偏重者,可去荆芥、豆豉加黄连、黄芩以助清热解毒之效。

14.1.4.2 热毒炽盛

主证　胞睑红肿疼痛,有黄白色脓点,或见白睛壅肿,口干便秘。舌红,苔黄腻,脉数等症。
治法　清热泻火解毒。
方药　泻黄散合清胃散加减。方中石膏、黄连泻火解毒;山栀子清三焦之热;防风助散伏火;生地黄、牡丹皮凉血清热,藿香理气,当归和血,二药合用,调和营血,升麻清热解毒,引药入阳明经。若便秘加大黄、玄明粉,以泻火通腑,口渴欲饮者加天花粉清热生津,助消肿排脓。

14.1.4.3 热毒内陷

主证　胞睑肿痛加剧,伴见头痛,身热,嗜睡。局部皮色暗红不鲜,脓出不畅。舌质绛、苔黄燥,脉洪数。
治法　泻火解毒,通腑消肿。
方药　内疏黄连汤加减。方中黄连、黄芩、栀子,连翘清热泻火解毒;大黄通腑泻热,攻下逐邪;赤芍药、当归配大黄同凉血止痛;槟榔、木香行气导滞;薄荷、桔梗疏风散邪;甘草调和诸药。身热重者酌加石膏、知母、银花、野菊花,以加强清热解毒之力。

14.1.4.4 脾胃伏热或脾胃虚弱

主证　针眼屡发,此愈彼起,或多个发生,但诸症不全,伴面色少华,多见小孩偏食便结。舌质红、苔薄黄、脉细数。
治法　清脾胃伏热。
方药　属脾胃伏热者,宜选用清脾散加减。方中以石膏、栀子、黄芩清脾胃积热为主药;防风、薄荷、升麻助主药发散郁伏之火;赤芍药凉血散血;枳壳、藿香、陈皮、甘草理气和中,振复脾胃气机。诸药合用,共收泻脾胃伏火、调理脾胃气机之功。属脾胃虚弱者,宜选用四君子汤为基础,酌加当归、白芍药、山楂、神曲、麦芽等,健脾益气,和血消滞,配伍解毒排脓之品,使其标本兼顾以奏扶正祛邪之效。

14.1.5 其他疗法

1) 未成脓者,频用冷敷,也可用疏风清热解毒中药,超声雾化熏眼。滴抗生素眼药水或涂眼药膏。

2) 已成脓者,当切开排脓。若脓头在眼睑皮肤者,切口应与睑缘平行,脓头在睑内者,切口应与睑缘垂直。

3) 针刺法,常用穴位:睛明、攒竹、丝竹空、瞳子髎、阳白、鱼腰、四白、承泣、合谷、列缺、外关等,用中等刺激强度。还可选用针挑法。

14 眼睑病

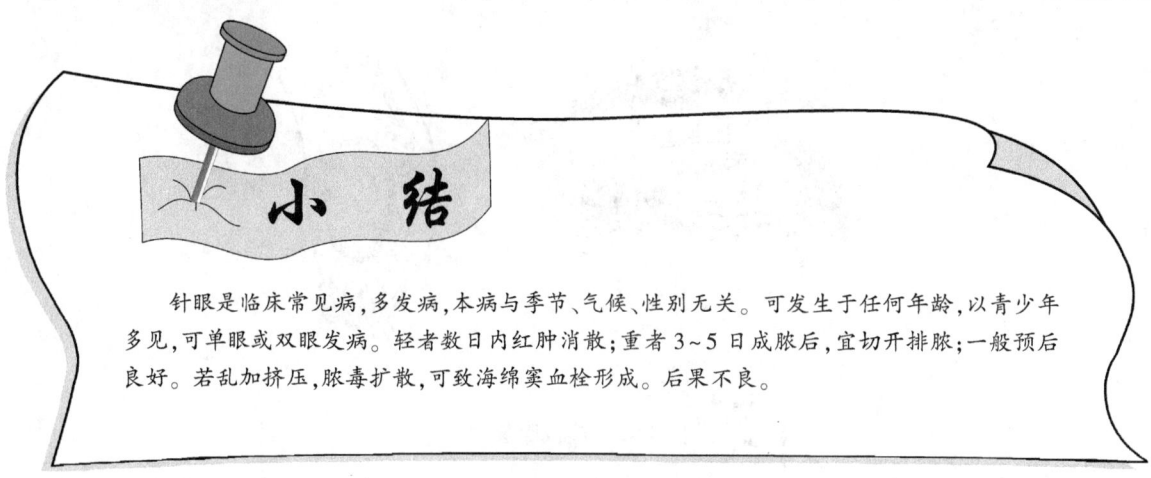

针眼是临床常见病,多发病,本病与季节、气候、性别无关。可发生于任何年龄,以青少年多见,可单眼或双眼发病。轻者数日内红肿消散;重者3~5日成脓后,宜切开排脓;一般预后良好。若乱加挤压,脓毒扩散,可致海绵窦血栓形成。后果不良。

14.2 胞生痰核

胞生痰核是指胞睑生核状硬结,不红不痛的眼病。《证治准绳·七窍门》称脾生痰核。类似于西医学的睑板腺囊肿,又称霰粒肿。

14.2.1 病因病机

1) 脾失健运,聚湿生痰,上阻眼睑脉络与气血混结而发。
2) 恣食炙煿厚味,脾胃蕴积湿热,灼湿生痰,痰热互结,上阻眼睑脉络所致。
3) 睑内针眼,日久不溃,硬结不消,转化而成。

14.2.2 临床表现

病程进展缓慢,胞睑上可触及坚硬肿核,无红痛,表面皮肤隆起(图14-2),但与肿核无粘连,正对硬结的睑内面,呈紫红色或灰红色,若复感外邪,肿核可以发红化脓。可单个出现,也可新旧肿核交替出现,肿核大小不等,大如樱桃,小如绿豆。胞核小者,可自行吸收,或逐渐长大,日久质地变软,自行溃破,排出胶样内容物,并在睑内生肉芽,自觉有摩擦或异物感。

14.2.3 诊断依据

1) 胞睑皮下可触及圆形、大小不等核状硬结,按之不痛,皮肤推之能移,核大者皮肤面稍隆起。
2) 翻转胞睑可见睑内面呈限局性紫红色或灰蓝色。
3) 鉴别诊断:与针眼鉴别。针眼发于睑弦或睑深部,起病急,局限性红肿,焮痛、疖肿中心硬,有压痛,与睑皮肤粘连,化脓后缩小,破溃后自愈。胞生痰核发生于睑深部,起病缓,睑皮色正常,可扪及核状硬结,无压痛,与皮肤不粘连,睑内呈限局性紫红色或灰蓝色。

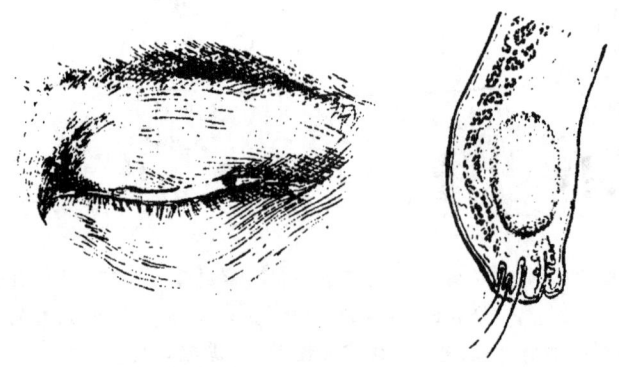

图 14-2 睑板腺囊肿

14.2.4 辨证论治

本病肿核小者,一般无需治疗,可任其自消;大者或已破溃者,宜予手术治疗。

14.2.4.1 痰湿结聚

主证 胞睑内生硬结,隆起,不红不痛,皮肤推之能移,逐渐增大,胞睑有重坠感。苔薄腻,脉滑。

治法 化痰散结。

方药 化坚二陈丸加减。方中二陈汤重在燥湿化痰;白僵蚕化痰散结;黄连、荷叶清热兼祛湿,诸药共奏化痰散结之功。若硬结日久不消者,为痰湿瘀结,加昆布、海藻去甘草,以软坚散结。

14.2.4.2 痰热搏结

主证 痰核处白色微红肿,初硬渐软,按压疼痛,相应睑内面呈紫红色,舌红,苔薄黄腻,脉滑数。

治法 清热化痰散结。

方药 清胃汤加减。方中栀子、生石膏、黄芩、黄连、连翘、甘草清热;荆芥、防风疏散风热,助散郁火;枳壳、苏子、陈皮、行气祛痰散结;当归尾活血通络消滞。诸药合用,共奏清热化痰,消滞散结的作用。

14.2.5 其他疗法

1) 症状初起,可局部湿热敷,促进消散。

2) 胞生痰核手术方法,眼局部常规消毒,表面麻醉及局部浸润麻醉,用睑板腺囊肿镊子夹住囊肿部位的眼睑,并翻转固定,垂直切开睑后膜囊肿中央面,用小刮匙刮除内容物,再将囊壁剪除,然后取除囊肿镊子,并压迫止血五分钟,结膜囊内涂抗生素眼膏,无菌包扎,翌日除去。若囊肿自行破溃,有肉芽形成,先剪除肉芽,再切开,其余步骤同上(图 14-3)。

14 眼睑病

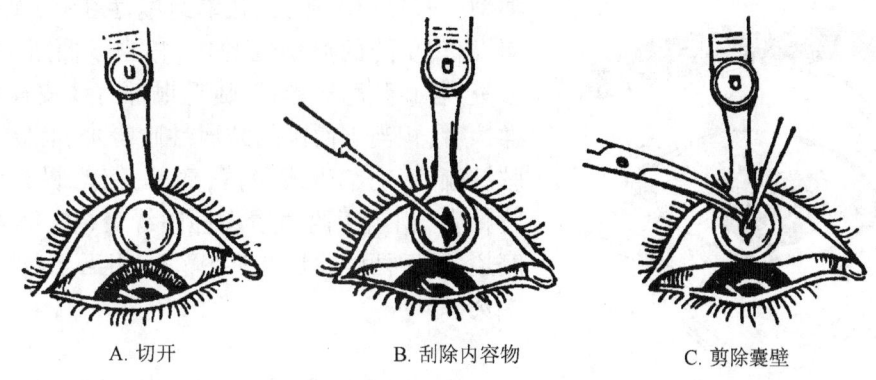

A. 切开　　　　B. 刮除内容物　　　　C. 剪除囊壁

图 14-3　睑板腺囊肿切开刮除术

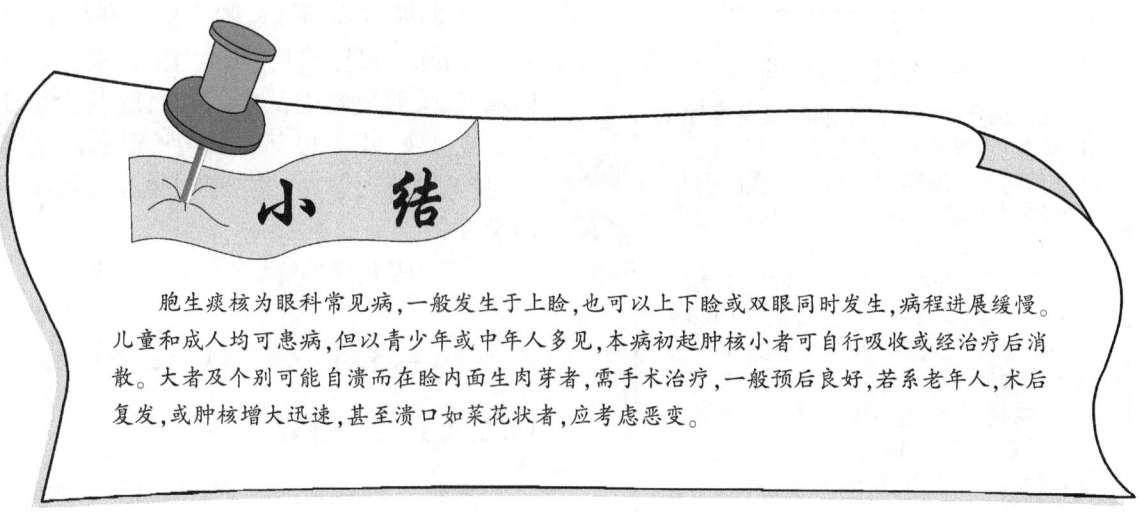

胞生痰核为眼科常见病,一般发生于上睑,也可以上下睑或双眼同时发生,病程进展缓慢。儿童和成人均可患病,但以青少年或中年人多见,本病初起肿核小者可自行吸收或经治疗后消散。大者及个别可能自溃而在睑内面生肉芽者,需手术治疗,一般预后良好,若系老年人,术后复发,或肿核增大迅速,甚至溃口如菜花状者,应考虑恶变。

14.3　睑弦赤烂

睑弦赤烂是睑弦红赤、溃烂、刺痒为特征的眼病。又称目赤烂眦、风弦赤烂、迎风赤烂,俗称烂弦风。发于婴儿者名为胎风赤烂。本病与西医学睑缘炎相似。

14.3.1　病因病机

1) 脾胃蕴热,侵受风邪,风热合邪结于睑弦,伤津化燥。
2) 脾胃湿热,外受风邪,风湿热邪相搏,上攻睑弦。
3) 心火内盛,外感风邪,风火上炎,灼伤睑眦。
4) 沙眼、风赤疮痍等病变,久延不愈,为泪浸渍引起。

14.3.2　临床表现

本病的基本症状是睑弦赤烂,灼热刺痒。但在临床症状,因病变部位不同而又有不同表现

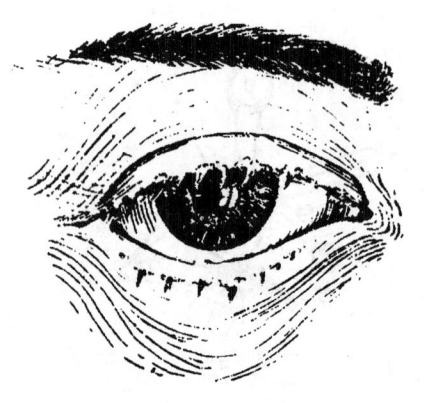

图 14-4 溃疡性睑缘炎

类型。若痒涩不适,睑弦单纯慢性红赤,无溃疡、无鳞屑,出现单纯的典型红肿边,相当于西医的干燥性睑缘炎;若睑弦潮红赤痒,睫毛根部有糠皮样白屑,频喜揉擦者,相当于西医的鳞屑性睑缘炎;有睑弦溃烂、生脓结痂、睫毛乱生或脱落,痛痒并作,畏光流泪,眵多胶粘者,相当于西医溃疡性睑缘炎(图 14-4);有红赤糜烂,限于两眦,且灼热奇痒者,相当于西医的眦部睑缘炎。

14.3.3 诊断依据

1)睑弦红赤,肿胀,睫毛根部有脓胞,结痂皮,清除后可见溃疡、出血、溢脓,睫毛脱落稀疏,日久形成睫毛乱生,秃睫、睑弦肥厚变形。或睑弦、睫毛根部有鳞屑,无溃疡、无脓点,睫毛脱落可复生。亦有红肿糜烂仅限于两眦者。

2)患眼刺痒灼痛,伴有干涩畏光。

14.3.4 辨证论治

14.3.4.1 风热偏盛

主证 睑弦红赤,有鳞屑脱落、刺痒灼痛,干涩不适,舌红、苔薄黄、脉数。

治法 疏风清热止痒。

方药 银翘散加减。本方疏风清热,可加赤芍药清热凉血,加蝉蜕、蕤仁、乌梢蛇等祛风止痒,加天花粉生津润燥。

14.3.4.2 湿热偏盛

主证 睑弦红肿溃烂,垢腻胶粘,或有小出血,睫毛脱落,痒痛兼作,舌红,苔黄腻,脉数。

治法 祛风、清热、除湿。

方药 除湿汤加减。方中荆芥、防风祛风;滑石、车前子、木通、茯苓除湿清热;黄芩、黄连、连翘、甘草清热解毒;枳壳、陈皮调理脾胃气机,以助化湿。

14.3.4.3 心火上炎

主证 内外眦部为主、睑弦红赤,刺痛皲裂,小便短赤。舌红、苔黄腻、脉数。

治法 清热泻火。

方药 导赤散合黄连解毒汤加减。导赤散以清心导热下行;黄连解毒汤以泻火解毒。

睫毛脱落是病吗

长长的睫毛不仅好看,而且具有遮挡风沙,减少过强光线进入眼内等保护作用。

有的人发现自己在洗脸或揉眼时常常有睫毛脱落,怀疑自己得了病,这是怎么回事呢?

原来睫毛是生长在上、下眼睑前缘的短毛,排列约 2~3 行。上睑睫毛约 100~150 根,稍向上弯曲,下睑睫毛约 50~75 根。它的平均寿命约 3~5 个月,和头发一样,经常脱落,经常生长。所以少量的脱落不是病,但如近期内发现大量脱落,又伴有睑缘部湿烂时,宜去医院检查。

14.3.4.4 血虚风燥

主证 睑弦红赤反复发作,皮肤燥裂,或有脱屑,痒涩不舒。舌淡、苔薄黄、脉细。
治法 养血、润燥、祛风。
方药 当归饮子加减。方中当归、白芍药、何首乌养血润燥;黄芪益气补血;川芎使补血而不腻;生地黄,玄参凉血养血。

14.3.5 其他疗法

1) 去除病因和避免一切刺激因素,注意补充营养和坚持进行体育锻炼。
2) 用生理盐水棉签清洗病灶,除去痂皮或脓液,拔除患处已松落的睫毛,以充分暴露病损处。用内服药水煎剂熏洗患处,或外涂抗生素眼膏,眦部睑缘炎合并用0.5%硫酸锌眼药水点眼。

小结

睑弦赤烂是一种病程冗长,顽固难愈的眼病。素有近视、远视或营养不良,睡眠不足,以及不注意眼部卫生者易患。对本病的治疗,除内服药外,外治亦很重要。此外还应注意个人卫生与去除诱因。一般预后良好。若治疗不及时,或长期赤烂不愈者,可导致秃睫,倒睫等后遗症。

14.4 椒 疮

椒疮是指睑内面颗粒累累,色红而坚,状若花椒的眼病。该病名见于《证治准绳·七窍门》。相当于西医学的沙眼,是由沙眼衣原体引起的慢性传染性结膜角膜炎。

14.4.1 病因病机

内有脾胃积热,外感风热邪毒,内热与邪毒相结,上犯胞睑,脉络阻滞,气血失和所致。

14.4.2 临床表现

本病多为急性发病,病人有异物感、畏光、流泪、眵多、黏稠,数周后,急性主证消退,进入慢性期。此时可无任何不适或仅觉眼易疲劳。如此时自愈或治愈,可不留瘢痕;在慢性病程中,复感风热邪毒后,病情加重,黑睛上方生翳,视力减退。严重者晚期有后遗症,如倒睫拳毛,血翳生睛,黑睛星翳,脾内黏轮等严重影响视力,甚至失明。

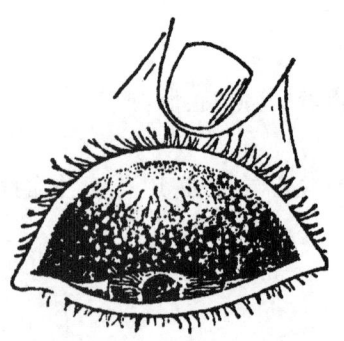

翻转胞睑,急性期睑内红肿,布满细小颗粒、色红而硬,或夹有粟粒状颗粒(图14-5),色黄而软。黑睛赤膜下垂或星点翳。耳前肿核,数周后转为慢性期,慢性期睑内红赤减轻,颗粒减少,网状瘢痕形成,随之颗粒逐渐消失,代之以瘢痕,使睑内变为白色光滑面。

14.4.3 诊断依据

1) 本病始发于上睑内面,尤以两眦为先,椒疮、粟疮相杂而生,表面粗糙,血管模糊,继之睑内面漫布,波及风轮(图14-6)。

图14-5 沙眼滤泡增生

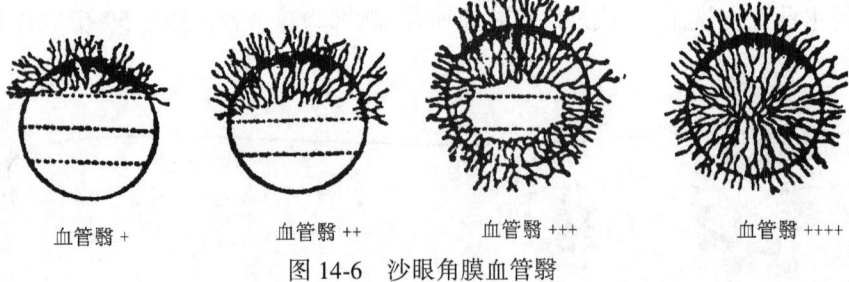

图14-6 沙眼角膜血管翳

2) 黑睛上方赤膜下垂,赤膜前端星翳迭起。
3) 后期,上睑内面出现白条状瘢痕(图14-7)。
4) 起病缓慢,双眼罹患,初起睑内微痒,稍有干涩及少量黏液,病情重者,畏光流泪,沙涩难睁,视物模糊,白睛红赤,眼眵黏稠等。

14.4.4 沙眼分期

沙眼的临床分期见表14-1。

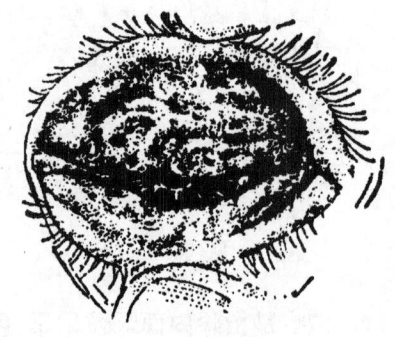

图14-7 沙眼瘢痕

表14-1 沙眼的临床分期

分期	依据	分级	活动性病变占上睑结膜之面积
Ⅰ（进行期）	上穹隆部和上睑结膜有活动性病变(血管模糊、乳头增生、滤泡形成)	轻(+)	<1/3
		中(++)	1/3~2/3
		重(+++)	>2/3
Ⅱ（退行期）	有活动性病变,同时出现瘢痕	轻(+)	<1/3
		中(++)	1/3~2/3
		重(+++)	>2/3
Ⅲ（完全结瘢期）	仅有瘢痕而无活动性病变		

14.4.5 并发症及后遗症

1）睑内翻，倒睫拳毛，沙眼后期睑内瘢痕牵扯及肥厚变形，睑弦内翻，拳毛触刺眼球，畏光流泪，甚至白睛红赤，黑睛生翳，视物模糊。

2）血翳包睛，邪毒侵及黑睛，轻者赤膜如帘，由上垂下，治愈后不影响视力，重者由黑睛四周侵入，致黑睛混赤，成为血翳包睛，患眼涩痛，畏光流泪，视物昏朦。

3）黑睛星翳，赤脉下垂者，在赤丝尽头出现星点云翳。重者可复生花翳白陷或凝脂翳。

4）睥内黏轮，毒邪损及胞睑内面与白睛表层，致使睑内面与白睛粘连。重者阻碍眼球转动。

5）流泪症和漏睛症，邪毒侵及泪窍，使窍道受阻，泪液不得下渗则可溢于睑外，若排泪窍道受邪毒煎熬，日久又可腐败成脓，变生漏睛。

6）眼珠干燥，邪毒久郁，阴液耗损，目失濡养，白睛少津故干涩不舒，频频瞬目。严重者，可干燥变厚似皮肤。黑睛干燥生翳，视物昏朦，甚至盲不见物。

7）上睑下垂，邪毒壅盛，脉络瘀阻，胞睑肿硬变厚，致上胞重坠难举，或病变累及提睑筋肉而无力提举。

眼睛里会长"石头"吗

有些人眼睛不红不肿，但自觉涩痛，去医院检查，被诊断为结膜结石症。这到底是怎么回事呢？

原来呀，是结膜腺管内或结膜上皮凹陷处脱落的上皮细胞和变性的白细胞凝固而成。其质地较硬，有一个或多个状如碎米的黄白色颗粒，境界清楚，多发生于慢性结膜炎患者或老年人。如不突出于结膜面，患者可无任何刺激主证，不必处理。如结石突出于结膜表面，可在表面麻醉下，用异物针或尖刀剔除。

14.4.6 辨证论治

本病为一种慢性传染性眼病，故治疗宜内外兼治。若症轻者，以局部用药为主；症重者，则应内外兼治。对有并发症和后遗症较重者，当以内外兼治或手术治疗。

14.4.6.1 风热客睑

主证 睑内面血管模糊，眦部红赤，颗粒累累、目痒、涩痛、生眵、流泪。舌红，苔薄黄，脉浮数。

治法 疏风散热。

方药 银翘散加减。原方疏散风热之邪，加赤芍药可通络消滞退赤。

14.4.6.2 脾胃热盛

主证 睑内面红赤及颗粒丛生，血管模糊，重坠难开，或有赤脉下垂，痒痛交作，畏光，泪黏眵多，舌红苔黄脉数。

治法 清脾胃，散风邪。

方药　除风清脾饮加减。方中黄连、黄芩、连翘、玄参、知母清脾胃,泻热毒;玄明粉、大黄通腑泻热;荆芥、防风疏散风邪;桔梗、陈皮理气;生地黄合大黄凉血活血消滞。诸药合用,具有泻热清脾、疏风散邪之功效。若兼湿邪者,可加苦参、地肤子、苍术等清热燥湿止痒。

14.4.6.3　血热壅滞

主证　胞睑厚硬,颗粒红坚,或有白色条纹,风轮受侵赤膜下垂,星翳迭起,畏光泪出,涩痛难睁,舌黯红,苔薄黄,脉数有力。

治法　凉血散瘀。

方药　归芍红花散加减。方中当归、赤芍药、红花、大黄凉血散瘀;连翘、栀子、黄芩、甘草清热解毒;防风、白芷疏风散邪。全方共奏凉血散瘀之功。

14.4.7　其他疗法

1）点清热解毒药,如黄连液、黄连西瓜霜眼药水等。或点0.1%利福平眼药水,10%～30%磺胺醋酸钠、0.5%金霉素、0.25%氯霉素眼药水等效果较好,一般需持续用药1～3个月。

2）颗粒累累者,可用海螵蛸棒摩擦法,粟粒累累者可用压榨法治疗。

3）对沙眼后遗症有少数倒睫,可行睫毛电解术,睑内翻转倒睫者,需行手术矫正。

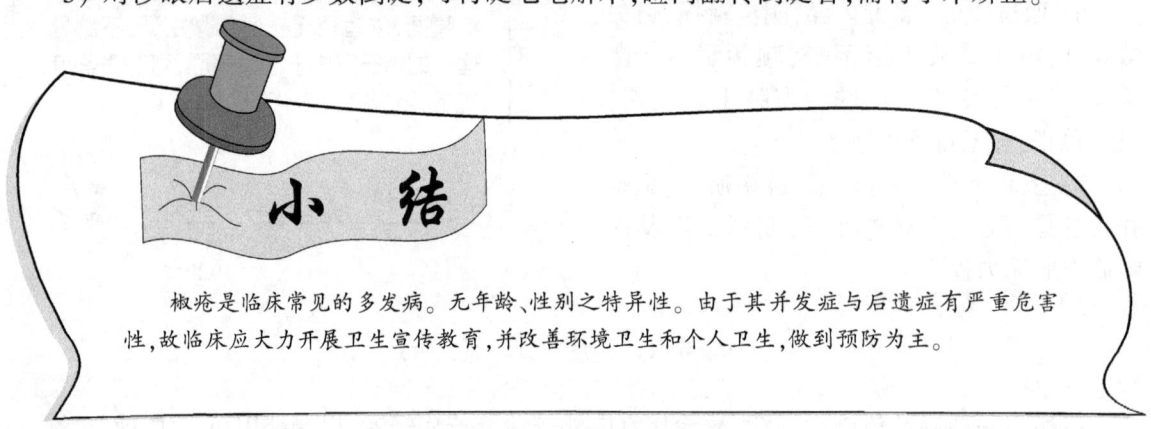

椒疮是临床常见的多发病。无年龄、性别之特异性。由于其并发症与后遗症有严重危害性,故临床应大力开展卫生宣传教育,并改善环境卫生和个人卫生,做到预防为主。

14.5　上胞下垂

上胞下垂指上胞不能自行提起,掩盖部分或全部瞳神而影响视物者,又名侵风,目睑垂缓。本病类似于西医学的上睑下垂,分先天性上睑下垂与后天性上睑下垂。

14.5.1　病因病机

1）先天禀赋不足,睑肌发育不全。

2）脾虚中气不足,筋肉失养,睑肌无力。

3）肝虚血少,风邪客于胞睑,阻滞经络,气血失运、筋肉失养而上睑下垂。

4）也有因外伤、沙眼等所致者。

14.5.2 临床表现

本病属先天性者,患者自幼双眼或单眼上睑下垂,终日不能提举(图14-8),视物时需仰首皱额,以手提上睑方可。日久则额皮皱起,眉毛高耸,轻者遮盖部分瞳神,重者全部瞳神被掩,甚者,造成重度弱视。

属后天性者,发作有慢性和急性之分。起病缓慢者,双眼上睑下垂,晨起或休息后症轻,午后或劳累后加重,重者伴有视一为二、倦怠乏力、吞咽困难等症;发病急者,常见上睑下垂、伴眼球转动受限,瞳神散大,视一为二等。

图14-8　先天性上睑下垂

14.5.3 诊断依据

1) 两眼自然睁开向前平视时,上胞遮盖黑睛上缘超过2mm,甚至遮盖瞳神,影响视力。
2) 若紧压眉弓部,上胞抬举困难。

14.5.4 辨证论治

对本病治疗,属先天性命门火衰者,温补命门,但手术矫治效果颇佳;后天性者,属脾虚中气不足,当升阳益气;属肝虚血少而受风邪者,宜养血祛风。

眼皮为什么会跳动

"右眼跳福,左眼跳祸",指的就是眼皮跳,虽然这种说法没有科学道理,但是为什么眼皮会跳呢?原来睡眠不足或者屈光不正都可引起视疲劳,造成眼轮匝肌抽搐,出现眼皮不自主的间歇性跳动,一般无需治疗,休息后可自动停止,患者也可自行按摩眼睑跳动处。对顽固性跳动者,可以口服镇静剂或针灸治疗,特别顽固牵动面部时,需去医院进行诊治。

14.5.4.1 先天不足

主证　自幼单侧或双侧上睑下垂,常与遗传有关。

治法　固肾健脾。

方药　右归饮加减。方中熟地黄、山药、山萸肉、枸杞子培补肾阴,肉桂、附子温肾阳,补命门之火,且助脾之阳,杜仲强肾益精,炙甘草补中益气,加人参、白术共奏补命门助脾阳之功。

14.5.4.2 脾虚气弱

主证　上睑提举无力,掩及瞳神,晨起或休息后较轻,午后或劳累后加重,每伴神疲肢倦,食欲减退等症。舌淡,苔薄,脉弱。

治法　升阳益气。

方药　补中益气汤。方中黄芪、人参、白术、甘草益气健脾补中,当归补血,陈皮健脾行气,升麻、柴胡升阳举陷,共奏升阳益气之功。

14.5.4.3 风邪袭络

主证 多为单侧上睑下垂，起病突然，多伴有眼球转动失灵，目偏视，视一为二等，面色少华，平素头晕耳鸣，舌淡、脉细。

治法 养血祛风。

方药 养血当归地黄汤加减。原方以当归、川芎、熟地黄、芍药养血活血；藁本、防风、白芷、细辛祛风散邪。若见外风引动内风之象，宜去藁本、细辛，酌加菊花、白蒺藜、僵蚕、钩藤祛风平肝。

14.5.5 其他疗法

1）针刺疗法 攒竹透睛明，鱼腰透丝竹空，太阳透瞳子髎，并配合足三里，三阴交等，每日或隔日一次，十次为一疗程。

2）神经干电刺激疗法，取眶上神经与面神经刺激点（位于耳上迹与眼外角连线中点，即面神经的分支点），眶上神经接负极，面神经接正极。每次20min左右，隔日一次，十次为一疗程，间隔五天，再行第2疗程。多适用于麻痹性者。

3）对先天性上睑下垂，考虑手术，尤其重症，上睑遮盖瞳神宜早期手术，以防引起弱视。

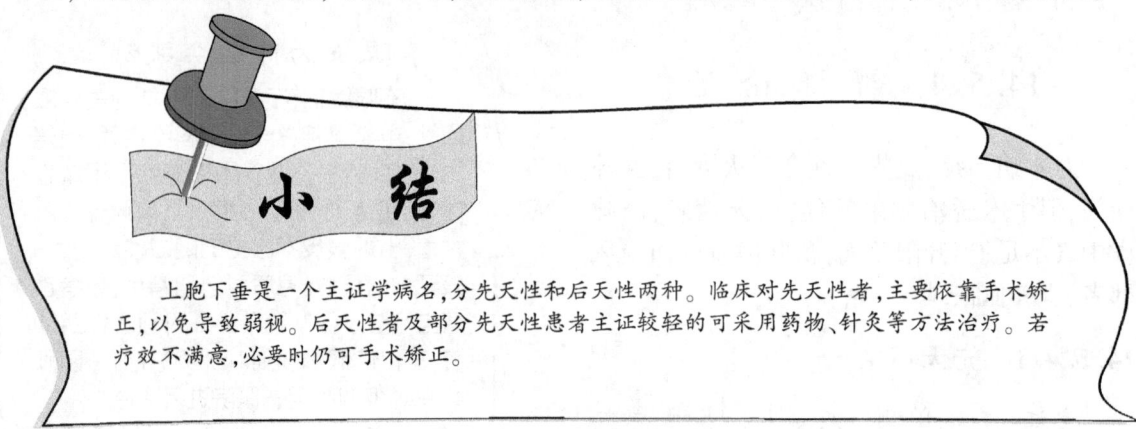

上胞下垂是一个主证学病名，分先天性和后天性两种。临床对先天性者，主要依靠手术矫正，以免导致弱视。后天性者及部分先天性患者主证较轻的可采用药物、针灸等方法治疗。若疗效不满意，必要时仍可手术矫正。

1. 针眼的病因病机和临床表现各是什么？
2. 椒疮有哪些并发症与后遗症？
3. 睑弦赤烂各型特点及治疗。

15 两眦病

学习目标

1. 了解两眦疾病是常见病,其发病多与心和小肠有关
2. 掌握各病名定义及西医病名
3. 掌握漏睛诊断要点、病因病机、辨证论治。熟悉与漏睛疮的关系和漏睛疮的辨证治疗
4. 熟悉胬肉攀睛的诊断、辨证论治

两眦为上、下眼睑内侧和鼻侧的联合处,在内侧者钝圆而大,故称为内眦或大眦,俗称大眼角;外侧者较锐而小,故称为外眦、小眦或锐眦,俗称小眼角。

两眦在五轮学说中为血轮,内应于心,由于心与小肠相表里,故两眦疾病常与心和小肠有关,属常见外障眼病,一般不影响视力,但治疗亦有一定难度,若迁延失治,可导致白睛和黑睛的病变,从而影响视力。此外两眦暴露于外,易受外来风热火邪侵袭,引动心火,火热搏结于眦部,亦可发生眦部疾病。

此外,由于泪窍位属内眦,故有关泪液、泪窍方面的疾病,亦归于两眦病的范畴。

两眦病的治疗方面,如属外邪火毒,当治以清凉疏解,使邪毒消退;如为心火内炽,炽津耗液者,当治以苦寒泻心,则内火自平;如属心经虚火,又当滋阴降火,阴液足则虚火降;若为心脾、心肺、肝肾同病,则应心脾兼顾、心肺俱调、肝肾同治。此外两眦病除药物内服外,还要结合外治如点眼、洗眼、熏眼等法,内外合治,易于奏效。如眦部疮肿已成,或泪窍久闭不通,或有形之物形成且发展迅速者,则须配合手术治疗。

15.1 冷泪症

眼无红肿,亦不因情志刺激而经常有清冷泪液溢出于睑外者,称为冷泪症。

冷泪症相当于西医学的"溢泪",多因眼睑位置异常,泪道系统狭窄、阻塞或排泄功能不全引起。

15.1.1 病因病机

1) 肝血不足,泪窍不密,遇风则邪引泪出。
2) 气血不足或肝肾两虚,不能约束其液,而致冷泪常流。
3) 椒疮邪毒侵及泪窍,导致排泪窍道阻塞,泪不下渗而外溢。

此外,外伤引起气血瘀滞或瘢痕挛缩,以致泪窍狭窄或阻塞,亦可导致冷泪常流。

15.1.2 临床表现

根据本病的发病时期,流泪程度和病情轻重可分为迎风流泪和无时冷泪。

1) 迎风流泪:一般发病早期,患眼无红肿赤痛,平时并不流泪,但遇风则泪出,无风则泪止,在冬季或初春遇冷刺激时加重,泪出汪汪,泪液清稀无热感,称迎风流泪。冲洗泪道时,泪道通畅或狭窄。
2) 无时冷泪:多由迎风流泪日久演变而来。患眼不红不痛,不分春夏秋冬,有风无风,不时泪下,遇风加重。冲洗泪道时,泪道严重狭窄或不通,或有泪窍外翻及位置异常现象。

15.1.3 诊断依据

1) 流泪,且泪液清稀而凉。
2) 按压睛明穴无黏液溢出。
3) 冲洗泪道通畅,或狭窄、不通,或泪窍外翻,但无黏液外溢。

15.1.4 辨证论治

冷泪多虚,治宜补虚为主,迎风流泪或无时流泪而迎风更甚者加祛风止泪药,并可配合针灸。如泪道阻塞不通,则应考虑手术治疗。

15.1.4.1 肝血不足,外感风邪

主证 目无赤痛,平时双眼常感干涩不爽,冷泪绵绵,迎风泪出增剧。面色少华,见风头痛。苔薄脉细无力。

治法 补养肝血,兼祛风邪。

方药 止泪补肝散加减。方中四物汤养血活血;刺蒺藜、防风、木贼祛风止泪;夏枯草清热散结,共奏养血活血,祛风止泪之效。

15.1.4.2 气血不足,收摄失司

主证 目无赤肿,无时泪下,不耐久视。面色苍白,心悸健忘,神疲乏力。或产后失血过

多。舌淡苔薄,脉细弱。

治法 益气养血,收摄止泪。

方药 八珍汤加减。八珍汤由四君子汤和四物汤组成。四君子汤补气健脾,四物汤补血活血,两方合用为气血双补良方。如迎风泪多者,加防风、白芷、蔓荆子以祛风止泪,则能扶正祛邪,收标本同治之功。如冬日泪多,有畏寒肢冷、苔白者,酌加细辛、桂枝以温经祛寒。

15.1.4.3 肝肾两虚,约束无权

主证 眼泪常流,拭之又生,清冷而稀薄,兼头晕耳鸣,腰膝酸软,脉细弱。

治法 养肝益肾,固摄敛泪。

方药 左归饮加减。方中熟地黄滋补肝肾,养血益精为主药;山萸肉、枸杞子助主药补肝肾;山药补脾肾;茯苓健脾渗湿;甘草调和主药。偏于肾阳虚者,加巴戟天、肉苁蓉、桑螵蛸等,以加强补肾阳的作用。

15.1.5 其他疗法

1) 点眼药:可选用八宝眼药,每日3~4次。

2) 熏洗法:用桑叶15g、菊花9g、元明粉30g、桑皮6g、枯矾15g、青盐3g,加水100ml,煎15分钟,先熏后洗,每日2次。或上药煎取液倒入超声雾化器15ml,熏眼,每日2~3次。

3) 手术疗法:泪道高度狭窄或阻塞者,可先行泪道探通术,操作中注意不可造成假道。或采用穿线插管术。或用激光将阻塞部位贯通。

4) 针刺疗法:泪窍受阻流冷泪者,用针刺疗法效果甚佳。方法是取同侧睛明穴,进针0.5~0.8寸①深,以出现酸、麻、胀为度。留针10~15分钟。每日或隔日1次。如泪液较多,可将针用火烧热,待温后再针。亦可用灸法,选用睛明、风池、临泣等穴灸之。

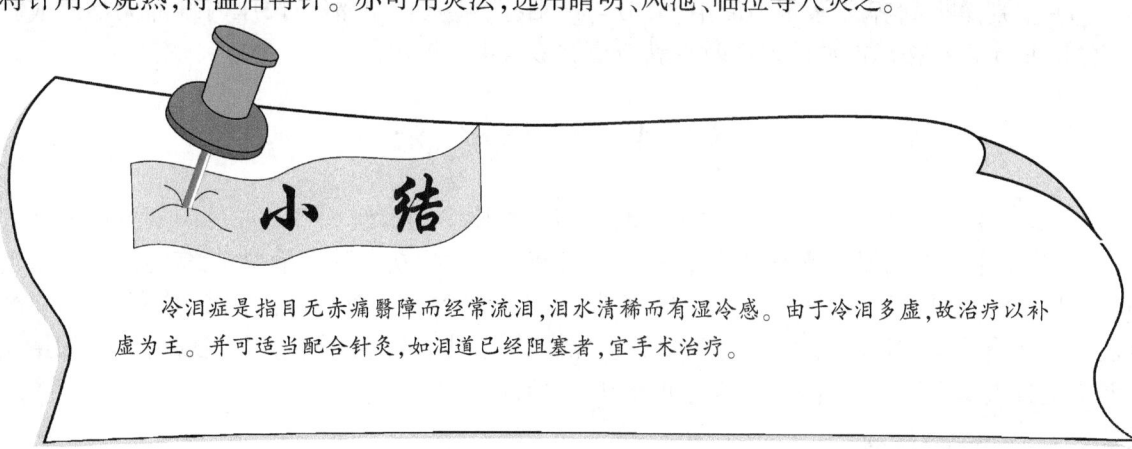

冷泪症是指目无赤痛翳障而经常流泪,泪水清稀而有湿冷感。由于冷泪多虚,故治疗以补虚为主。并可适当配合针灸,如泪道已经阻塞者,宜手术治疗。

---

① 此处为同身寸,后同。

15.2 漏　　睛

本病是以大眦头常有黏液或脓汁自泪窍外漏为临床特征的眼病,故名漏睛。病名见于《证治准绳·七窍门》。本病类似西医学之慢性泪囊炎,认为是沙眼或慢性鼻腔疾病,使鼻泪管阻塞所致。

15.2.1　病因病机

1）素有痰湿,渍于脾胃,痰湿上泛阻络,致气血不行,郁于睑眦,腐而成脓,发为漏睛。
2）心有伏火,脾蕴湿热,循经上攻内眦,积聚成脓,浸渍泪窍。

15.2.2　临床表现

自觉隐涩不舒,但无痛感,不时泪下,眦头常湿,拭之又生。目无明显赤痛,大眦头皮肤色泽正常,或微有红赤,睛明穴下方微有隆起,按之则见黏浊脓汁自泪窍沁沁流出,病程缓慢,日久不愈。冲洗泪道不通,并有黏液或脓汁自泪窍返流。

15.2.3　诊断依据

1）不时流泪,大眦角常有黏液或脓汁积聚。
2）按压睛明穴下方有黏液或脓汁自泪窍挤出。
3）冲洗泪道不通,有黏液或脓液返流。
4）鉴别诊断:本病常表现为流泪,故应与冷泪症相鉴别。冷泪症按压内眦部无黏液或脓液流出,而本病在按压或冲洗泪道时有黏液或脓液自泪窍流出。

15.2.4　辨证论治

本病的主要病理是邪深久伏,积久必溃。病理性质多为邪实。日久亦可因实致虚或虚实夹杂。辨证主要以局部主证为主,结合参考全身情况。发病初期脓汁量少者,多为风热停留泪窍,治以祛风清热为主;眦部红赤,脓稠黏浊者,多为心脾湿热上攻泪窍,治以清热利湿为主;缠绵日久,常有清稀脓汁流出者,多为正虚邪恋,治以扶正祛邪为主。同时要重视外治法,如用点剂、泪道冲洗等方法。对日久不愈者,可考虑手术治疗。

15.2.4.1　风热停留

主证　大眦头皮色如常,或睛明穴下方稍显隆起,按之不痛,但见有少量浊黏泪液自泪窍溢出,或按之而出。自觉隐涩不舒,时而泪出,或时觉有涎水黏睛。

治法 疏风清热,解毒消滞。

方药 白薇丸加减。方中防风、羌活、白蒺藜祛风散邪;白薇清热解毒;石榴皮收涩止泪。全方祛风清热,但清热之力较弱。若热势偏盛可加入银花、连翘。如眦部稍有隆起,压之不痛,头昏眼花,腰膝酸软者,为肝肾不足之象,可加入菊花、枸杞子、补骨脂等。

15.2.4.2 心脾湿热

主证 大眦头微红,稠黏脓液常自泪窍溢出,浸渍睑眦,拭之又生,尿赤、苔黄腻。

治法 清心利湿,解毒排脓。

方药 竹叶泻经汤加减。方中竹叶、黄连清心火;大黄、栀子、黄芩、升麻清脾泻热;泽泻、车前子助竹叶清热利湿,茯苓、甘草配升麻理脾渗湿;柴胡、决明子以加强清火之力;羌活解除膀胱经之风湿;赤芍药祛瘀滞,全方总以泻积热,去湿滞为主。如脓多黏稠,则可去羌活,选加天花粉、乳香、没药以加强清热排脓,祛瘀消滞之作用。

15.2.4.3 正虚邪陷

主证 病情迁延日久,泪下无时,清稀浊液自泪窍沁沁而出,绵绵不已,大眦头不红不肿,按之不痛、头晕乏力,苔薄脉细弱。

治法 扶正祛邪,托里排脓。

方药 治风黄芪汤加减。方中黄芪、人参补正气,托毒外出;地骨皮、知母、大黄清泻热毒;防风祛风邪;茯苓、远志祛湿化湿。全方扶正托毒,但偏于气弱于血。如兼面色无华,舌质淡,可以加入当归养血活血。

新生儿"大眼角"会流脓吗

会的。我们经常见到家长抱着尚未满月或出生才几个月的婴儿来医院看病。原因是发现自己的孩子经常眼泪汪汪,近日又出现"大眼角"流脓,这到底是怎么回事?

这叫新生儿泪囊炎,多为单眼发病。因胎儿期鼻泪管出口处(下鼻道)有一层薄膜组织,正常情况下,此膜于出生后3周可自行破裂。使鼻泪管通畅,泪液下流。少数新生儿如因此膜状物较厚未能自行破裂,泪液长期积留于泪囊并刺激黏膜,继发细菌感染,即发生了本病。另外,鼻泪管部先天性狭窄、鼻中隔畸形者也可导致本病。它同成年人的慢性泪囊炎相似,对眼球的安全构成了严重的威胁,需尽早治疗。

链接

15.2.5 其他疗法

1) 局部用药:用八宝眼药点眼,每日3次。亦可用鱼腥草眼药水,每日4~6次。注意在每次局部用药之前,先挤压出泪窍中黏涎脓液,治疗效果更佳。

2) 泪道冲洗:用黄连水或0.25%氯霉素眼药水冲洗泪道,每日1次。

3) 手术疗法:经治不愈者,年轻人可行泪囊鼻腔吻合术,老年体弱者可行泪囊摘除术,或采用泪道激光成形术。

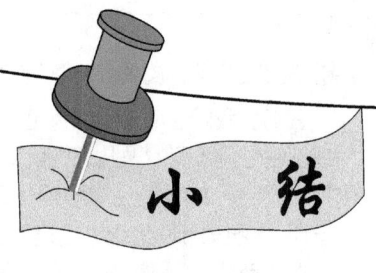

漏睛是一种常见病。成人或老年人最多见，青年及儿童则较少见，且女性多于男性。有一眼独病者，也有两眼同时患病者。多为椒疮的常见合并症，并有可能演变为漏睛疮。由于邪毒长期伏于内眦，脓汁不尽，若行内眼手术或目珠外伤，尤其是黑睛破损，则易被邪毒侵袭而发生凝脂翳，黄液上冲等症，严重危害视力，故又有"不定时炸弹"之称。所以对本病必须注意早期治疗，同时结合泪道冲洗、点眼药水等外治法。日久不愈者，宜施行手术，否则，会对眼球的安全构成严重的威胁。

15.3 漏 睛 疮

漏睛疮是指大眦部附近、睛明穴下方皮肤突发红肿高起，继而破溃出脓的一种眼病。病名见于《医宗金鉴·外科心法要诀》。本病亦可由漏睛演变而来，相当于西医学之急性泪囊炎。

15.3.1 病 因 病 机

1) 心经蕴热，蓄结日久，复感风邪，内外合邪，风热搏结，壅塞经脉，聚于内眦，成疮溃脓。
2) 素食辛辣炙煿，心脾热毒蕴盛，上攻目窍，气血郁滞，营卫失和，经络壅塞，结聚成疮，热盛肉腐，成疮为漏。
3) 气血不足，脉络失养，营卫不调，气机不畅，邪气留恋，则可反复发作，缠绵不愈。

15.3.2 临 床 表 现

本病发病较急，初起大眦部睛明穴下方皮肤红肿高起，灼热疼痛。病情发展则肿核渐大，疼痛拒按，红肿加重，可波及面颊及鼻部漫肿，胞睑红肿难开，泪道冲洗不通。全身兼有恶寒发热，头痛身疼，部分患者耳前及颌下可触及肿核，有明显压痛。数日后红肿局限成脓，破溃成脓后，红肿疼痛即消退，间有溃后疮口难收，脓汁常流出形成瘘管者。如瘘管自行愈合后，仍可再度复发。

15.3.3 诊 断 依 据

1) 发病较急，睛明穴下方红肿高起，疼痛拒按。
2) 常有漏睛病史。
3) 鉴别诊断：本病与漏睛同属大眦泪窍病变，区别在于本病起病急，伴有明显的红肿热痛;而漏睛起病较缓,局部无红肿热痛表现。漏睛疮可由漏睛演变而来。

15.3.4 辨证论治

本病起病急来势猛,必须及时治疗。临床可分为未成脓、成脓和溃脓三阶段。未成脓者以内治为主,促其消散;初起风热壅盛者,治宜祛风清热;热毒炽盛者,治宜清热解毒,祛瘀消肿;如已成脓者,则应切开排脓;若自行破溃,久不收口,频流清稀脓汁者,为气血亏耗,正不胜邪,邪气留恋,治宜扶正祛邪。

15.3.4.1 风热上攻

主证 大眦部睛明穴处红肿疼痛高起,热泪频多,胞睑微肿,白睛红赤,头痛,恶寒发热,苔薄黄、脉浮数。

治法 疏风清热,消肿散结。

方药 驱风散热饮子加减。方中连翘、大黄、山栀子清心泻热;羌活、薄荷、防风、牛蒡子疏风散邪;当归、赤芍药、川芎活血通络,消滞止痛;甘草调和诸药。大便通畅者可去大黄、黄连,为增加消肿散结之功可加白芷、浙贝母、天花粉。

15.3.4.2 热毒炽盛

主证 患处红肿高起,疼痛拒按,红肿可蔓延至面颊及眼睑,耳前、颌下有肿核及压痛。全身可兼有身热口渴,大便秘结,小便赤涩。舌质红,苔黄燥,脉数有力。

治法 清热解毒,消瘀散结。

方药 黄连解毒汤加减。方中以黄连为主清泻心火;兼泻中焦之火,黄芩泻上焦之火;黄柏泻下焦之火;栀子通泻三焦之火,导火下行。再加银花、蒲公英清热解毒;大黄通腑泻热;穿山甲、皂角刺通络祛瘀,消肿止痛,则可增强清热毒、消疮肿之功。

15.3.4.3 正虚邪留

主证 患处时发微红微肿,并微有压痛,但不破溃;或溃后漏口难敛,脓水稀少而不绝,面色㿠白,神疲食少,舌淡苔薄,脉弱无力。

治法 扶正祛邪,托里排脓。

方药 托里消毒散加减。方中黄芪、人参、白术、茯苓、甘草健脾益气;当归、白芍药、川芎养血,以上诸药共奏扶正之功。银花解毒,白芷配桔梗有疏风散邪、消肿排脓之力;疮口难敛,而非不溃所致,故去皂角之攻坚;出脓日久,热盛伤阴,可加天花粉以生肌排脓,养阴生津。

15.3.5 其他疗法

1) 点眼药:1%黄芩素点眼,每日4~6次。或用抗生素眼药水点眼。
2) 外敷:未成脓者,可选用新鲜芙蓉叶、野菊花、马齿苋、白花蛇舌草等一二味洗净捣烂外敷,以清热解毒,促其消散。亦可采用湿热敷。
3) 切开排脓:已成脓者,患处有波动感或黄白脓点,应及时切开排脓。一般选择最薄弱处,切开表皮5~6cm,使脓液排出,放置引流条,待脓尽时,除去引流条,以便切口愈合。

4) 手术治疗:若溃后久不敛口而已成漏者,可考虑行泪囊摘除合并切除瘘管术。病情得到控制者可进行鼻腔泪囊吻合术。

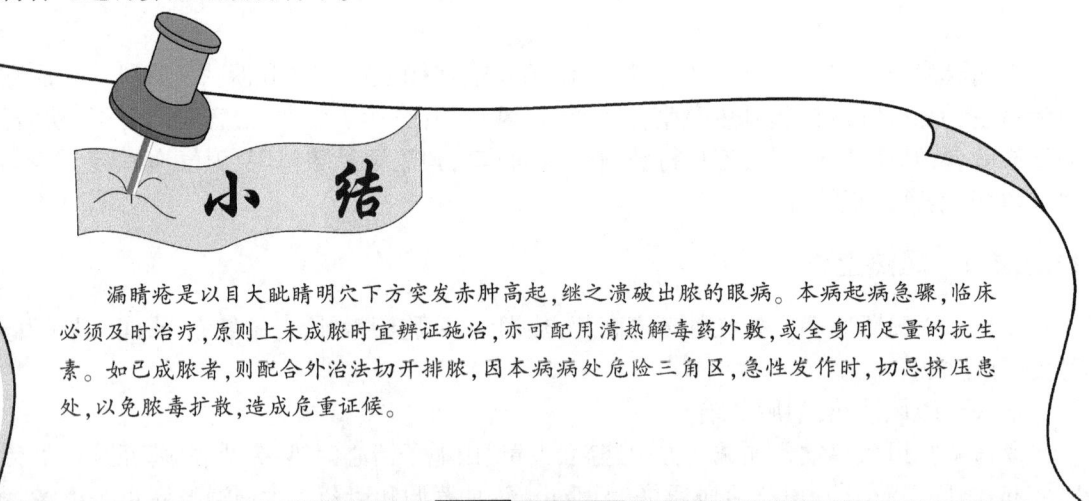

小结

漏睛疮是以目大眦睛明穴下方突发赤肿高起,继之溃破出脓的眼病。本病起病急骤,临床必须及时治疗,原则上未成脓时宜辨证施治,亦可配用清热解毒药外敷,或全身用足量的抗生素。如已成脓者,则配合外治法切开排脓,因本病病处危险三角区,急性发作时,切忌挤压患处,以免脓毒扩散,造成危重证候。

15.4 胬肉攀睛

胬肉攀睛为内眦或外眦部有脂膜胬起如肉,由眦角横贯白睛,攀侵黑睛的慢性外障眼病。病名见于《银海精微》。本病相当于西医学之翼状胬肉。

15.4.1 病因病机

1) 外感风热,客于心肺,内外合邪,壅塞经络,热郁血滞,脉络瘀阻,致使胬肉胀起。
2) 饮食不节,嗜酒无度,生食五辛,恣啖炙煿,使脾胃邪热壅结,熏蒸于目所致。
3) 大眦属心,忧思劳怒,扰动心神,心火盛而刑金,上壅于目所致。
4) 操劳过度,恣情纵欲,耗损心阴,暗夺肾精,使水亏不能济水,虚火上浮,致生胬肉。

15.4.2 临床表现

初起多无自觉症状,或患眼仅有轻度涩痒不适感。检视患眼,可见眦内赤脉如缕,睑裂部白睛上起膜,日渐变厚,并有血丝相伴,红赤高起,而成胬肉,横过白睛,渐向黑睛攀侵。胬肉呈三角形,白睛上宽大部分称体部,攀向黑睛的尖端称头部,黑睛边缘称颈部。若胬肉头尖体厚,红赤显著,伴涩痒流泪者,多发展迅速,可于短期内侵及黑睛中央,遮蔽瞳神而影响视力,称为进行性翼状胬肉;若胬肉头部钝圆,体薄如蝇翅,色白或淡红,多发展缓慢,或始终停留在黑睛边缘,不影响视力,称为静止性翼状胬肉。

15.4.3 诊断依据

1) 眦角白睛生赤膜如肉,略呈三角形,其尖端向黑睛方向攀侵。

2）胬肉上有脉络相伴,或粗或细,或赤或淡。

15.4.4 辨证论治

本病的辨证以局部症状为主,参考全身症状。一般来说,胬肉头尖、体厚色红、泪多眵结者多为实证；胬肉头平、体薄色白、目无不适者多为虚证。实证宜泻,虚火宜清。同时配合外点眼药。如药物无效,发展迅速；且已遮蔽瞳神者,则需采用手术治疗。

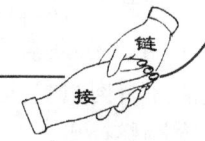

睑裂斑是怎么回事

有些中老年人偶尔发现黑眼珠的内侧或外侧长出一黄色斑块,不知自己得了什么病。

这叫睑裂斑,经常出现在睑裂区近角膜缘的球结膜上皮下,多见于鼻侧,呈三角形,其基底朝向角膜,初期色灰,后逐渐变为黄白色。一般是由于长期紫外线(如电焊等)或光化学性暴露引起的结膜变性性损害。此病变无特殊临床意义。仅在严重影响美观、反复慢性炎症时,可考虑手术切除。

15.4.4.1 心肺风热

主证 胬肉初生,渐见胀起,红赤涩痒,多眵多泪,舌苔薄黄,舌尖红赤。

治法 祛风清热。

方药 栀子胜奇散加减。方中白蒺藜、蝉蜕、谷精草、草决明、菊花、密蒙花、蔓荆子、木贼去风热,退翳膜；荆芥、防风、川芎、羌活祛风散邪,泄其壅滞；栀子、黄芩、甘草清热泻火。夏秋之间,红赤多眵,便结脉洪者,可去密蒙花、羌活,加大黄。

15.4.4.2 脾胃实热

主证 胬肉头尖高起,体厚而大,赤瘀如肉,生长迅速,痒涩不舒,眵多粘结,口渴欲饮,便秘尿赤,舌红苔黄,脉洪数。

治法 泻热通腑。

方药 泻脾除热饮加减。方中大黄、芒硝、黄连、黄芩泻热通腑；车前子、茺蔚子泻热通滞；防风、桔梗疏风散邪,载药上行。体不虚者,本方去黄芪,加玄参、夏枯草泻热散结。胬肉赤瘀如肉,亦可加山楂、槟榔消积散结。

15.4.4.3 心火上炎

主证 胬肉高厚红赤,眦头尤甚,痒涩刺痛,心烦失眠,或口舌生疮,小便赤热,舌尖红,脉数。

治法 清心泻火。

方药 泻心汤合导赤散加减。方中黄连泻心火；黄芩、大黄加强泻热之功；生地黄凉血清热；竹叶、木通泻心火,利小便；甘草泻火解毒。二方合用,共奏泻心火、利小便之功。

15.4.4.4 阴虚火旺

主证 胬肉淡红,时轻时重,涩痒间作,心中烦热,口舌干燥。

治法 滋阴降火。

方药 知柏地黄丸加减。方中地黄滋补肾阴,山萸肉补益肝肾,山药补肾固精,三药合用,共补三阴；茯苓健脾渗湿,牡丹皮清肝泻火,泽泻泻肾利湿,六药合用有补有泻,寓补于泻,补不

恋邪,更加知母、黄柏清相火,使火降阴复,水火既济。若心烦失眠显著者,加麦冬、五味子、酸枣仁等。

15.4.5 其他疗法

15.4.5.1 外用药治疗

1）胬肉红赤,涩痒多眵,点八宝眼药,或红眼药。
2）对胬肉红赤,有进展趋势者,点用消胬灵眼药水。
3）一般可点抗生素眼药水,红赤较重者,可加用0.5%醋酸可的松眼药水。

15.4.5.2 手术治疗

对胬肉发展较快,侵入黑睛2mm以上,有掩及瞳神趋势者,须行手术。因胬肉术后易复发,故手术必须慎重。对于发展缓慢,不会掩及瞳神者,切不可盲目手术。同时手术时务求彻底清除胬肉组织,以减少复发的可能性。常见的手术方法为翼状胬肉埋藏术和翼状胬肉切除结膜瓣移补术。

胬肉攀睛临床多发生于大眦,但也有生于小眦或两眦同时发生者。常见于户外工作者及中老年人,一般男多于女,可单眼或双眼同时发病。治疗上,除辨证施治外,需结合外点眼药。如果药物控制无效,发展迅速有掩及瞳神之势者,必须手术割除,但术后易复发。

1. 冷泪症分几种?其临床特点各是什么?
2. 漏睛对眼球有何危害性?常用的外治法有哪些?
3. 漏睛疮的临床特征是什么?如何进行辨证论治?
4. 漏睛疮如何与漏睛相鉴别?
5. 胬肉攀睛如何辨证?其处理原则是什么?

16 白睛病

学习目标

1. 了解白睛疾病是常见病、多发病，其发病多与肺与大肠有关
2. 熟悉白睛疾病的主要病因病机和治疗原则
3. 重点掌握病名定义、西医病名
4. 掌握暴风客热、天行赤眼、火疳的诊断、病因病机、辨证论治
5. 熟悉天行赤眼暴翳的诊断、辨证论治及预防

白睛又名白眼、白仁。居目珠之外层，其表层透明而脆嫩，里层色白而坚韧，有维护眼球内部组织的作用。

白睛在五轮中属气轮，内应于肺，肺与大肠相表里，故发病多与肺与大肠有关。

白睛病的治则，首当理肺，复其治节，使肺气得以宣发肃降。但脾胃湿热、肝肾亏损、肺阴不足等也是白睛病的病因。临证时应详加辨析，知常达变，及时医治。

白睛疾病，属常见多发的外障眼病，一般不碍视力。若迁延失治，肺金乘克肝木，侵及风轮，将有碍视力。故应及早治疗。

16.1 暴风客热

暴风客热指外感风热，白睛骤然红赤，眵泪俱多的病症。又称"暴风客热外障"。本病名首见于《银海精微》。相当于西医学急性卡他性结膜炎和过敏性结膜炎（图16-1）。

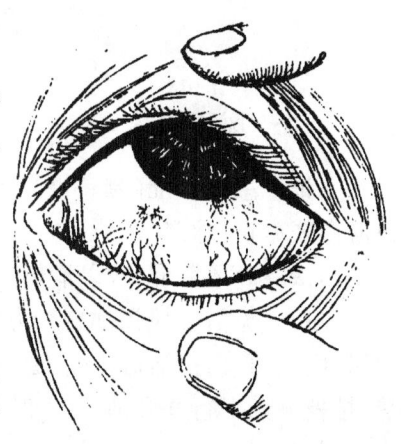

图16-1　急性结膜炎

16.1.1 病因病机

1) 风热之邪上犯白睛。
2) 素有内热或阳盛之体,外感风热,内外合邪,风热相搏,上攻于目,发于白睛。
3) 有明显的过敏史。

16.1.2 临床表现

多突然起病,自觉目内磨涩灼痛,刺痛难忍,畏光难睁,眵泪胶粘。检视眼部,白睛红赤,胞睑红肿,甚则白睛赤肿隆起,高于黑睛,睑内面红赤,粟粒丛生,严重者可见附有伪膜,易于擦去,但又复生。部分患者可伴有恶寒发热、头痛流涕等。

16.1.3 诊断依据

1) 突然发病,白睛红赤,甚至赤肿高起,眵多黄稠而黏,如为过敏,眵多稀薄,色白。
2) 睑内红赤,有时可见乳白色伪膜,擦之易去,去后复生。

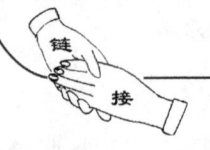

为什么游泳后要滴眼药水

夏天,游泳是人们都喜欢的一项体育和娱乐活动,但是红眼病时常成为游泳的一个孪生兄弟。

为什么呢?这是由于在游泳池中,虽然经过漂白粉的消毒,池水中仍含有大量的细菌、衣原体和浮游生物,在游泳时,水将不可避免地进入眼睛,如果游泳完后,不滴眼药水就可能导致结膜炎的发生。

所以,在游泳完后一般滴用广谱抗生素眼药水和抗病毒眼药水。

3) 患眼碜涩灼热刺痛,畏光流泪。
4) 或有明显的过敏史。如对化妆品、药物及其他过敏等,或有与本病患者的接触史。

16.1.4 辨证论治

16.1.4.1 风重于热

主证 患眼痒涩碜痛,畏光多泪,眵黄,胞睑肿胀,白睛红赤,兼见头痛鼻塞,恶风发热,舌苔薄白或微黄,脉浮。

治法 疏风散邪,兼以清热。

方药 羌活胜风汤加减。方中以祛风药为君,柴胡、荆芥、防风、前胡、羌活、独活、薄荷驱散风邪;川芎、白芷活血止痛,通利气机;白术、甘草、枳壳调脾胃以助升发之气;黄芩清上焦之热;桔梗载药上行并开肺气。如风邪不盛,可去羌活、独活;眵多加千里光12g、黄连6g;如目痒难忍,加用蝉蜕以增加疏风之力。

16.1.4.2 热重于风

主证 白睛红赤较重,白睛浮肿,胞睑红肿,眵多胶结,目中灼热疼痛,热泪如汤,兼见口渴溺黄,甚则大便秘结,舌红苔黄,脉数。

治法 清热泻火,兼散风邪。

方药 泻肺饮加减。方中石膏、黄芩、桑白皮清肺泻热;栀子、连翘、木通、甘草清心导赤,使热从小便而解;羌活、防风、荆芥、白芷祛风散邪;赤芍药活血止痛;枳壳行气导滞。便秘重者加大黄、芒硝通腑泻热;眵黄如脓者加蒲公英、黄连;口渴较重者,加天花粉、石膏。

16.1.4.3 风热并重

主证 白睛赤肿,目痛而痒,恶热畏光,眵结泪多,伴有恶寒发热,头痛鼻塞,便秘溲赤,口渴引饮,舌红、苔黄,脉浮数。

治法 祛风清热,表里双解。

方药 防风通圣散加减。方中荆芥、防风、薄荷、麻黄疏风解表,使风邪从汗而解;大黄、芒硝、滑石通二便,泻里热;栀子、黄芩、连翘、石膏、桔梗清热泻火,解肺胃之热;当归、白芍、川芎养血活血;白术健脾燥湿;甘草调和诸药、和中缓急。全方祛风而不伤表,泻热而不伤里,从而收到疏风解表、泻热通便之功。如无恶寒,可去麻黄;便秘不甚者,可去大黄、芒硝。

16.1.5 其他疗法

1) 点眼治疗:黄芩苷眼药水、千里光眼药水滴眼。也可选抗生素眼药水,如有假膜,用棉签拭去再滴。睡前涂0.5%红霉素眼膏。症状消失后继续滴药1~2周。

2) 洗眼治疗:千里光、蒲公英、银花各12g,防风10g,煎水,外洗患眼,每次10分钟,每日2~3次。

3) 针刺治疗

体针: 针刺睛明、太阳、合谷、风池,每日一次。

耳针: 取肝、眼、肺留针20~30分钟,可间断捻转,每日1次或隔日1次。

4) 超声雾化熏眼治疗:上述内服药第三煎液,适量用于中药超声雾化熏眼,每日2次,每次15分钟。

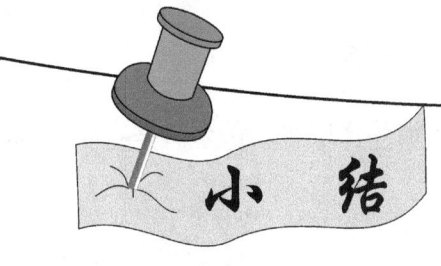
小结

暴风客热起病急骤,但病程较短。多见于夏秋季节,双眼可同时或先后发病。具有一定的传染性,但一般不引起广泛流行。临床在内外兼治的同时,应注重预防。一般不影响视力。如治疗及时,多经1~2周可以痊愈。若失治、误治,则病程迁延,转为慢性。

16.2 天行赤眼

天行赤眼是以白睛暴发红赤肿胀,尔我相传,能迅速传染,引起广泛流行的病症。又称"天行赤目"、"天行暴赤"等名,俗称"火眼"或"红眼"。本名首见于《银海精微》。本病与西医学的"流行性出血性结膜炎"相似,由肠道病毒感染所致。

16.2.1 病因病机

多因疫疠之气上犯白睛,或因肺胃积热、相召疫疠之气,内外合邪,上攻于目,发于白睛。病者眵泪经手、物互传所致也是一个常见原因。

16.2.2 临床表现

发病迅速,一眼发病,另眼相随而发或双眼同时发病。自觉目内沙涩灼热,疼痛畏光,泪涕交流,眼眵清稀或呈水样。检视眼部,白睛骤然红赤臃肿,并伴有较重的片状溢血;胞睑红肿,重则开睑困难;黑睛或可见散在的细小点状星翳。伴有恶寒发热、头痛、咽痛等症。耳前颌下可扪及黄豆或拇指大小肿核。

16.2.3 诊断依据

1) 起病迅速,邻里相传,易成流行。
2) 自觉眼内碜涩疼痛、灼热刺痒,眼眵清稀或呈水样,畏光流泪。
3) 胞睑红肿,白睛赤肿,可见点、片状出血斑,甚至出血遍及整个白睛,黑睛偶尔可见点状星翳。
4) 耳前颌下可扪及肿核。

16.2.4 辨证论治

本病系感受疫疠之气所致,因疫热之气乃阳邪,故清热之中宜加泻火解毒之品;若兼有白睛溢血,宜加凉血止血之品;黑睛生翳宜加退翳之品。

16.2.4.1 初感疠气

主证 患眼突然碜涩疼痛,灼热刺痒,畏光流泪,眼眵清稀,或呈水样。检视眼部:胞睑红肿,白睛红赤肿胀,其下可见点、片状出血,耳前颌下可扪及肿核。伴头痛、发热。

治法 疏风清热,驱邪散瘀。

方药 驱风散热饮子加味。方中防风、羌活、薄荷疏风散邪;连翘、栀子、甘草清热解毒;大黄、赤芍药、川芎、当归尾凉血散瘀;加银花以增加清热之力。加蝉蜕、木贼退翳明目。若耳前肿核触痛加夏枯草、柴胡;下睑颗粒累累加石膏。

16 白睛病

亦可用银翘散加减。

16.2.4.2 肺胃积热

主证 患眼灼热疼痛,胞睑红肿,白睛赤丝鲜红密布,眵泪胶粘,伴有口渴引饮,烦躁头痛,便秘溲赤,舌红,苔黄,脉数。

治法 清热泻火,解毒散邪。

方药 普济消毒饮加减。方中黄连、黄芩清肺胃之热;牛蒡子、连翘、薄荷、僵蚕辛凉疏风散热;佐以玄参、马勃、板蓝根增强清热之力;升麻、柴胡增加疏散风热之功。若白睛红赤臃肿较甚者加生地黄、赤芍药;若小便短赤者加栀子、木通;口渴明显者加石膏、知母。

16.2.4.3 疫热伤络

主证 眼部主证悉俱,兼见白睛片状出血,甚则出血遍及白睛。

治法 清热凉血,解毒散邪。

方药 泻肺饮去羌活,加银花、连翘以增加解毒散邪之力;加生地黄、牡丹皮、紫草以增加凉血散瘀之功。

> **得了"红眼病"为什么禁包盖**
>
> 有些患者得了"红眼病"后,眼睛磨涩、刺痛、畏光难睁,于是用纱布包盖起来。这是完全错误的。
>
> 因为,得了"红眼病"后,眼内分泌物很多,分泌物中又含有大量细菌、病毒,一旦包扎起来,就会影响分泌物排除,也影响滴眼药水的次数,不利于治疗。除此之外,眼睛被包盖后,结膜囊中温度会升高,也会促进细菌生长,加重病情。
>
> 因此,得了红眼病后绝对禁包盖,也不能热敷。

16.2.5 其他疗法

16.2.5.1 点眼治疗

可用鱼腥草眼药水、黄芩苷眼药水滴眼。亦可选抗病毒眼药水,配合抗生素眼药水滴眼。

16.2.5.2 洗眼法

1) 用大青叶、金银花、蒲公英、菊花、千里光煎水,纱布滤过,洗眼,每次10分钟,每日2次。

2) 用白茅根、菊花水煎,纱布滤过,洗眼,每次10分钟,每日2次。

16.2.5.3 针灸疗法

1) 体针:选太阳、四白、曲池、合谷。每日1次,每次留针20分钟。亦用泻法。

2) 耳针:取穴眼、耳尖、神门。每日1次,每次留针15~20分钟,每5分钟捻转针1次。

16.2.5.4 超声雾化法

上述内服中药第3煎,适量用于中药超声雾化熏眼,每日2次,每次15分钟。

16.2.5.5 放血疗法

部位选耳后静脉、角孙、太阳、耳尖,任选一处,皮肤经消毒后,用三棱针点刺,挤出血 2~3 滴,每日 1 次。

16.2.6 护理及预防

1) 一旦发现病人,必须注意隔离,对患者用过的毛巾、手帕、脸盆等用具,要进行消毒。医生检查后要洗手,眼部禁忌封盖。如一家人均患病,应分开使用药物。

2) 未感染人群可滴用黄芩苷眼药水、鱼腥草眼药水等预防,或用菊花、大青叶煎水代茶饮。

3) 流行季节,游泳池禁止开放,并禁止患者去游泳池游泳。

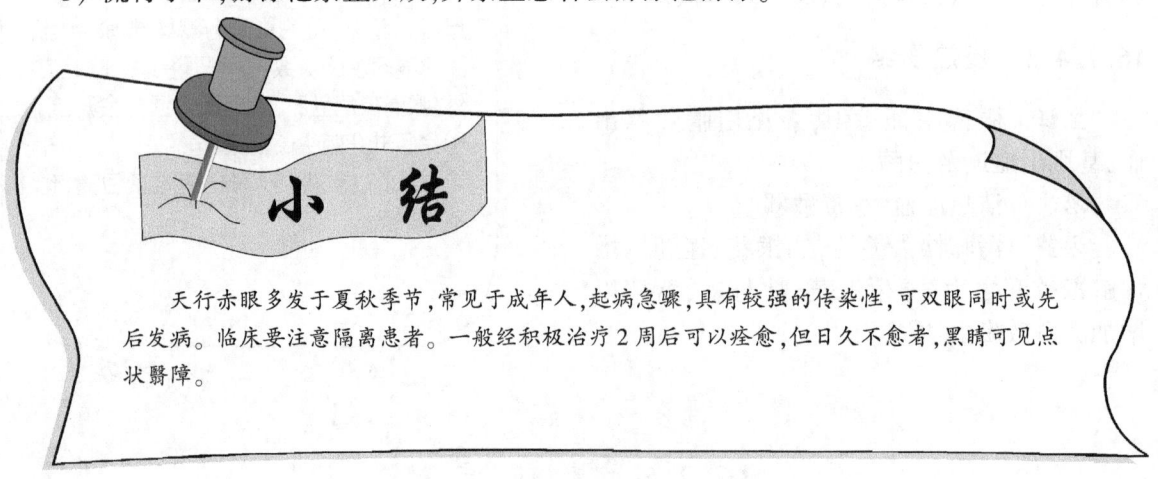

小结

天行赤眼多发于夏秋季节,常见于成年人,起病急骤,具有较强的传染性,可双眼同时或先后发病。临床要注意隔离患者。一般经积极治疗 2 周后可以痊愈,但日久不愈者,黑睛可见点状翳障。

附　天行赤眼暴翳

天行赤眼暴翳是指猝感疫疠之气,白睛红赤肿痛,黑睛骤生星点翳障的病症。又称"暴赤眼后急生星翳外障"、"暴赤生翳"或"赤眼后忽生翳"。该病名首见于《古今大统》。本病相当于西医学中的流行性角膜结膜炎,由腺病毒感染所致。

1. 病因病机

外感疫疠毒邪,内兼肺火亢盛,内外合邪,肺金刑木,黑睛受灼,气血郁滞。

2. 临床表现

发病迅速,白睛混赤浮肿,耳前多伴有肿核,按之疼痛,白睛红赤稍减,黑睛则见星翳簇生,以致视物不清,目涩疼痛,畏光流泪,眵多泪少,胞睑可红肿疼痛。全身倦怠、头痛、发热等。

3. 诊断依据

1) 自觉目内沙涩疼痛,怕日畏光,泪多眵少,视物欠清。

2) 白睛混赤肿胀,眼睑红肿,偶伴少许白睛溢血。

3) 黑睛有针尖大小星翳,散在而不连缀,大多位于黑睛中部。

4) 耳前常有触痛之肿核。

5) 鉴别诊断:本病应与暴风客热、天行赤眼相鉴别。其内容见表 16-1。

表 16-1　暴风客热、天行赤眼、天行赤眼暴翳的鉴别表

病名	暴风客热	天行赤眼	天行赤眼暴翳
病因	风热之邪外袭,客于内热阳盛之人。内外合邪,上攻于目	猝感疫疠之气所致	猝感疫疠毒邪,兼以肺火亢盛,内外合邪,侵犯肝经
传染及流行情况	不引起流行	传染快,易造成流行	同天行赤眼
眵泪	眵黏多泪	泪多　眵稀	泪多　眵稀
白睛病变	白睛浮肿而赤	白睛红赤,可有点、片状出血	白睛混赤,少有溢血
黑睛星翳	少有	日久不愈,可有黑睛生翳	黑睛星翳簇生
预后	一般较好	一般较好	病重者,黑睛可留点状翳障,间有黑睛星翳久不消退者

4. 辨证论治

本病白睛黑睛同时发病,病位在肝、肺。治疗当以祛风清热为主,应配以木贼、蝉蜕、白蒺藜等退翳明目之品。

1) 初感疫气　本病初起,以白睛症状为主,伴有耳前肿核,发热,头痛。治以泻肺利气,兼以退翳。方选泻肺饮加蝉蜕、白蒺藜;若有耳前肿块加夏枯草。

2) 肝胆火炽　黑睛病变较重,而全身伴有口苦咽干、便秘、耳鸣,苔黄,脉弦数有力。可用泻肺饮去羌活加龙胆草、柴胡、白蒺藜等清肝胆实火。

3) 邪热留恋　见于白睛红赤消退,惟黑睛星翳不退,自感视物不清,畏光流泪,泪多无眵。治宜疏风清热退翳。方用拨云退翳丸加减。方中主用蔓荆子、菊花、密蒙花、薄荷、木贼、蝉蜕、白蒺藜等辛凉疏风、退翳明目;川椒辛散,助上药散邪以退翳;黄连、地骨皮、天花粉清余热;当归、川芎养血活血;楮实子补肝明目;甘草调和诸药。全方具有祛邪退翳,扶正明目之功。

5. 其他疗法:同天行赤眼。

16.3　时复症

时复症是以眼部奇痒、白睛红赤,每年至期而发,过期乃愈,呈周期性反复发作的眼病。本病名首见于《证治准绳·七窍门》。本病相当于西医学中"春季结膜炎"。多由过敏所致。属变态反应性结膜炎。

16.3.1　病因病机

1) 风热时邪,上犯于肺,往来流行于睑眦腠理之间。
2) 嗜食辛辣厚味,脾胃湿热,复感风邪,上凌气轮。
3) 肝血不足,虚风内动,上犯白睛,气血不通。

16.3.2　临床表现

双眼奇痒难忍,碜涩不舒,灼热隐痛,或畏光流泪,遇热主证加重,眼眵色白,状如黏丝;检视

眼部:胞睑内面或白睛表层呈污红色,睑内面可见粗大颗粒,状如去皮石榴,亦可见黑睛边缘及其附近白睛表层灰黄色或暗红色胶样隆起。每年定期发作,过期乃愈或减轻,翌年至期再发。

16.3.3 诊断依据

1)双眼奇痒难忍,碜涩不舒,甚则畏光流泪。周期性反复发作。春季发病,夏季加重,秋冬缓解,有自愈趋势。

2)眼部检查:睑结膜型见睑结膜污秽色充血,肥大乳头呈铺路石状排列,不侵犯穹窿结膜。球结膜型,结膜污浊充血,常见于睑裂部,角膜缘成灰黄色胶样隆起,严重者可见角膜点状混浊,甚则角膜溃疡。眵呈白色,黏丝状。

3)鉴别诊断:本病应与椒疮鉴别。

椒疮虽亦有眼部微痒或刺痒,但睑内颗粒细小,色红而坚,状若花椒,伴赤膜下垂或血翳包睛等。有无定期发病特征。而本病之颗粒较大,硬而扁平,排列如铺路石样,双目奇痒,定期发病。

16.3.4 辨证论治

16.3.4.1 风热犯目

主证 目内奇痒,灼热微痛,见风流泪。检视眼部,睑内面遍生颗粒,状如小卵石排列,遇风或遇热诸症加重,舌红,苔微黄,脉浮略数。

> **为什么说眼睛红不一定都是结膜炎**
>
> 人们通常所说的"红眼病",是结膜炎,且临床上遇到的眼睛红大部分都属于结膜炎,这样就容易给人一种误解,以为只要眼红就是得了结膜炎,这是不对的。
>
> 眼睛发红就是"白眼睛"发红,所以凡是引起球结膜及巩膜表层血管充血的病变都会引起眼睛红。除结膜炎外,通常还见于角膜炎、虹膜睫状体炎、巩膜炎、急性闭角型青光眼,角膜和结膜外伤等。临床一定要仔细鉴别。

治法 祛风清热,活血消滞。

方药 驱风一字散加黄芩。方中羌活、川乌、防风、荆芥、薄荷疏散风邪;黄芩清气轮之热;川芎乃血中气药,行气活血消滞。若痒甚加蝉蜕,若白睛臃肿,加车前子。

16.3.4.2 脾胃湿热 兼受风邪

主证 眼内奇痒难忍,碜涩流泪,眼眵胶粘;检视眼部,睑内卵石样颗粒,白睛污红,黑睛与白睛交界处,有黄褐样胶样隆起,舌红,苔黄,脉滑数。

治法 祛风清热,除湿止痒。

方药 防风通圣散加减。方解见暴风客热节。如无恶寒,可去麻黄;便秘不甚者,可去大黄、芒硝;若奇痒难忍者加苦参、蝉蜕;若眵泪俱多,胞睑沉重者加苍术、泽泻、茯苓。

16.3.4.3 肝血不足,虚风内动

主证 目内微痒干涩,时轻时重,时作时止,白睛稍显污红,兼见头晕失眠,爪甲脆而枯薄,

舌淡,苔白,脉弦细。

治法 补血养肝,息风止痒。

方药 四物汤加味。方中四物补血养肝;白芷、防风既可驱内风,又有止痒之力。加僵蚕、白蒺藜、蜈蚣意在养血息风止痒。

16.3.5 其他疗法

1) 点眼法:滴用2%色苷酸钠眼液,或选用0.5%醋酸可的松眼液,或滴用清热解毒的眼药水,如0.5%熊胆眼液。

2) 洗眼法

　A. 菊花10g煎水,再入芒硝10g溶化,纱布滤过后洗眼,日2次。

　B. 龙胆草10g、防风6g、细辛3g、甘草3g,水煎,纱布滤过后洗眼,日2次。

3) 超声雾化熏眼治疗:上述内服药第3煎,25ml用于超声雾化熏眼,每日2次,每次15~20分钟。

4) 耳针治疗:选穴:眼、肾上腺、交感,留针20分钟,每5分钟捻转一次。每日或隔日1次。

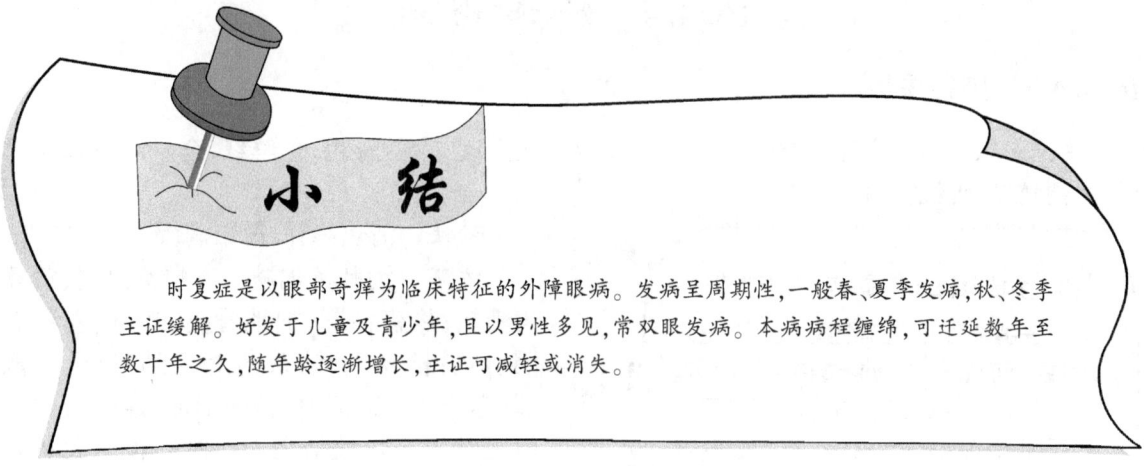

小 结

时复症是以眼部奇痒为临床特征的外障眼病。发病呈周期性,一般春、夏季发病,秋、冬季主证缓解。好发于儿童及青少年,且以男性多见,常双眼发病。本病病程缠绵,可迁延数年至数十年之久,随年龄逐渐增长,主证可减轻或消失。

16.4 金疳

金疳是白睛表层出现灰白色小泡,形如玉粒,周围绕以赤脉的病症。因病位在白睛,在五轮中属肺,肺属金,故名"金疳"。又称"金疳玉粒"。本病名首见于《证治准绳·七窍门》。本病相当于西医学中的泡性结膜炎,由微生物导致的迟发性变态反应,常与结核杆菌有关。

16.4.1 病因病机

1) 肺经燥热,肺失宣降,致气血郁滞。

2) 肺阴不足,虚火上炎,郁滞白睛,聚结成疳。

3) 先天禀赋不足,脾胃失调,肺失所养,气化不利,而致气血郁滞。

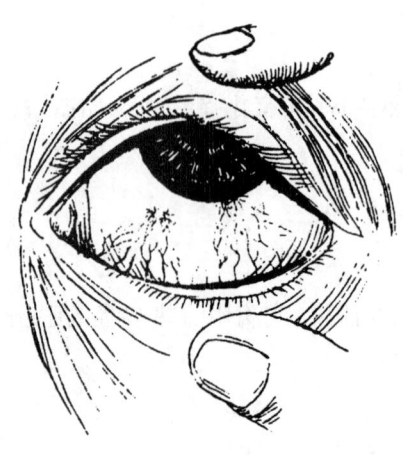

图 16-2 泡性结膜炎

16.4.2 临床表现

患眼隐涩不舒,微痛畏光或磣涩灼热,眵泪不多。检视眼部:白睛表层出现灰白色小颗粒,周围绕以赤丝血脉,部位不定,推之可移,压之微痛。颗粒可于顶部破溃,形成凹陷,愈合不留痕迹。一般颗粒多为1个,重者可多至2个以上(图16-2)。

16.4.3 诊断依据

1)白睛表层见灰白色小泡或灰黄色颗粒隆起,顶端形成小凹,颗粒周围可见赤脉环绕。
2)畏光、磣涩不适,轻度不等或畏光流泪。眵泪不多。

16.4.4 辨证论治

16.4.4.1 肺经燥热

主证 患眼涩痛畏光,泪热有眵,白睛颗粒小泡隆起,赤脉较粗,色鲜红,全身兼有口渴鼻干,大便秘结,舌红,苔黄,脉数。

治法 清热泻肺,散结润燥。

方药 泻肺汤加减。方中桑白皮、黄芩泻肺热;热盛伤阴,加地骨皮、知母、麦冬养阴清热;桔梗入肺,载药上行;加防风可散邪;赤芍药凉血活血、祛瘀消滞;连翘可助桑白皮以增清热散结之力。便秘者加大黄以泻腑通便;若小泡位于黑睛边缘加夏枯草、白蒺藜;若小泡经久不消加昆布、海藻。

16.4.4.2 肺阴不足

主证 目涩不舒,微痛畏光,眵泪不多,白睛表层小泡扁平,周围赤脉纤细,颜色较淡或红赤不显,反复发作。兼见口干咽燥,五心烦热,盗汗,舌红少苔,脉细数。

治法 养阴润肺,清热散结。

方药 养阴清肺汤加减。方中生地黄、玄参、白芍药养阴清肺润燥;牡丹皮助生地黄、

> **"白睛溢血"是怎么回事**
>
> "白睛溢血"就是指结膜下出血,是因球结膜下血破裂或其渗透性增加所致。由于球结膜下组织疏松,故出血后常呈片状,怪吓人的。通常因剧烈咳嗽、呕吐或外伤、高血压、动脉硬化、血液病等引起。多发生于单眼、无自觉症状。出血初期色鲜红,随后逐渐变为棕色。一般7~12天内自行吸收。
>
> 如果得了此病,首先要消除顾虑。积极寻找出血原因,针对病因进行治疗。一般出血早期可局部冷敷,2日后改为热敷,以促其吸收。

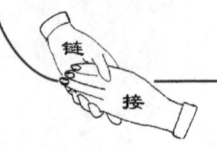

玄参凉血解毒且有助贝母清热散结之力;薄荷宣肺利咽,清散肺热;甘草调和诸药。加夏枯草、连翘以增清热解毒散结之力。

16.4.4.3 肺脾两虚

主证　目内干涩不适,白睛颗粒细小,其周围赤脉淡红,且日久难愈或易反复发作,兼见身倦乏力,便溏不爽,食欲不振,腹胀不舒,舌淡苔薄白,脉细无力。

治法　脾肺双补,兼以散结。

方药　六君子汤加味。方中四君子汤补气健脾;陈皮、半夏健脾燥湿;生姜、大枣辅以补中健脾;土生金,故肺乃脾之子,补土即可生金;可加防风、桑白皮、赤芍药取其消积滞、缓目赤,止目痛之功。

16.4.5 其他疗法

1) 点眼治疗:千里光眼药水或0.025%地塞米松眼药水,点眼,每日6~8次。
2) 洗眼治疗:红花、忍冬藤、丝瓜络,水煎,洗患眼,每日2~3次,每次15分钟。
3) 超声雾化治疗:上述内服药第3煎,取25ml,超声雾化熏眼,日2次,每次15分钟。
4) 针刺治疗:选穴:睛明、攒竹、临泣、风池、合谷、太阳等。

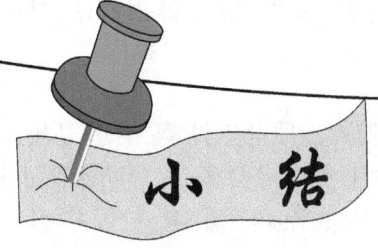

金疳是指白睛表层生有细小水泡,周围绕以赤脉的眼病。本病小儿及成人皆可发病,多发于单眼,亦有双眼同时或先后发病者。一般预后良好。但本病易复发,如反复发作者,在发作经治痊愈后,需结合全身情况给予恰当的药物,且应坚持服药,以减少复发。

1. 暴风客热的外治要点是什么?
2. 试述天行赤眼的辨证论治及外治法。

17 黑睛疾病

学习目标

1. 了解黑睛病是常见病、多发病、容易影响视力。
2. 掌握白睛红赤、抱轮红赤、白睛混赤的鉴别
3. 掌握各病名定义、西医病名
4. 掌握聚星障、凝脂翳的诊断、病因病机、辨证论治、转归预后

黑睛,又名黑珠、黑仁、乌珠、乌睛等,即现称之角膜。其质晶莹清澈,有包卫涵养瞳神的作用,也是保证神光发越的组织之一。黑睛疾病的特点:①发病机会多,因黑睛暴露于外,直接与外界接触,不仅易被邪毒侵袭,且易被外物损伤,还可因他轮病变影响,故发病率高。②恢复慢,因黑睛本身无血络,营养供应相对较少,其抵抗力也相对较低,一旦发生病变,一般需要较长时间才能痊愈。③自觉症状剧烈,常因风热壅阻,邪毒炽盛,气血阻滞而出现剧烈的目珠疼痛、畏光流泪、眼睑难睁等症。④影响视力,黑睛一旦发生病变,即失去晶莹清澈之性,同时视力受到不同程度的障碍。

黑睛疾病在早、中期,常出现抱轮红赤。临证需与白睛红赤鉴别。抱轮红赤是环绕黑睛周围发红,颜色紫暗,其血络位于深层,呈放射状,推之不能移动。白睛红赤起自白睛周边,颜色鲜红,其血络位于浅层,呈树枝状,推之可以移动。若两者同时存在,则谓之白睛混赤。黑睛疾病的发展过程与转归,一般说来,病情初起,黑睛上仅出现星翳。若治疗及时,一般可以痊愈,甚至不留瘢痕翳障。若治疗不及时,或正气弱、邪气强,则病情继续进展,翳障向四周扩大和向深层发展,出现溃陷深大的翳障,愈后可留较厚的瘢痕翳障。严重者则变证丛生,但大致可归纳为以下几方面:①病变波及黄仁,出现黄液上冲、瞳神紧小、干缺等症。②病变侵蚀黑睛,可致黑睛溃破,黄仁脱出,形成蟹睛等症。③黑睛溃漏,漏口不能修复,形成正漏。④邪毒乘黑睛溃破之处侵入球内,波及整个眼球而化脓,终为眼球萎缩。

黑眼在五轮学说中属于风轮,内应于肝,肝与胆相表里,故黑睛疾病常与肝胆病机相关,辨

证时也常从肝胆病机着手,如病情初起,翳障浮嫩,多为肝胆风热;翳障色黄,溃陷深大,为肝胆实火;翳障时隐时现,反复不愈,常为肝阴不足等。当然也有涉及其他脏腑者,如兼黄液上冲之阳明热炽;翳陷日久不复之气血不足等。临床必须从整体观念认识,不能专责之于肝胆。

治疗黑睛病变,必须根据不同症情采用不同方法处理。在病变早期消除翳障,祛风清热是常用治法。病至严重阶段,控制发展,防止转变,促使早期愈合,防止和减少并发症,泻火解毒、清肝泻火是常用治法。病至后期,缩小和减薄瘢痕翳障,退翳明目为最常用的治法。外治必须结合滴眼、点眼、熏洗、热敷等方法,以提高疗效。

17.1 聚星障

聚星障是黑睛骤生多个细小星翳的眼病。首见于《证治准绳·七窍门》。多在感冒后发生,常单眼发病,也可双眼同时或先后发生。类似于西医之单纯疱疹病毒性角膜炎。

17.1.1 病因病机

1) 外感风热,上犯于目,形成肝经风热。
2) 外邪入里化热,或肝经伏火,以致肝胆火炽,上炎于目。
3) 素食煎炒,酿成脾胃湿热,湿热蕴伏,熏灼黑睛。
4) 素体阴虚,或热病后伤津耗液,以致阴津亏乏,又兼外感风邪引起。

17.1.2 临床表现

本病有些是在感冒发热基本好转或痊愈后出现。轻者眼内沙涩不适,伴轻微疼痛及畏光流泪等症;重者疼痛灼热,畏光流泪明显,但大多无眵。检查眼部,可见眼睑难睁,抱轮红赤或红赤不显,黑睛骤起翳障,状如针尖或秤星大小,色灰白,少则数颗,多则数十颗,或齐起,或先后渐次而生,继则相互融合如树枝状(图17-1)。

如用荧光素染色检查,则更为清晰可见。若病变向深部和周围发展,则边缘不整齐,呈凸凹之地图状(图17-2)。治不及时,可出现瞳神紧小等症。

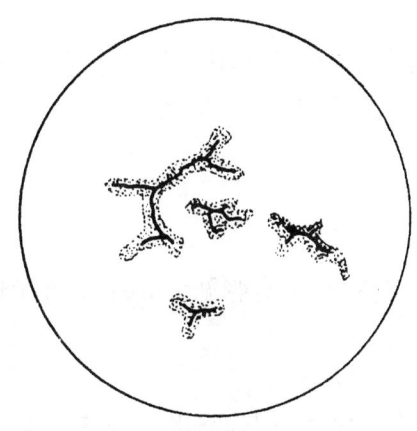

图 17-1 聚星障(树枝状)

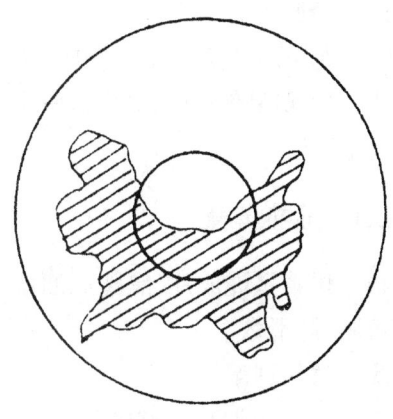

图 17-2 聚星障(地图状)

17.1.3 诊断依据

1) 常有感冒发热史,劳累后发病。
2) 黑睛病变早期有多个针尖或秤星大小之星翳,继则相互融合如树枝状或地图状,荧光素着色明显。病变区知觉减退。
3) 伴有不同程度抱轮红。
4) 自觉沙涩疼痛,畏光流泪,视力减退。

17.1.4 辨证论治

17.1.4.1 肝经风热

主证 黑睛骤生星翳,畏光碜涩,流泪,抱轮红赤,兼有发热、鼻塞、咽干疼痛,舌红苔薄黄,脉浮数。

治法 疏风清热。

方药 羌活胜风汤去白术、独活、枳壳加板蓝根。方中羌活、防风、荆芥、川芎、白芷、桔梗、柴胡、前胡、薄荷驱风散邪、清利头目;黄芩、板蓝根清热解毒、退翳明目;甘草调和诸药。

17.1.4.2 肝火炽盛

主证 黑睛星翳扩大连缀呈条、呈片,白睛混赤,目刺痛,畏光不欲睁,热泪如汤。头痛溲黄,口干口苦,舌红苔薄黄,脉弦数。

> **单纯疱疹病毒**
> 单纯疱疹性角膜炎是由单纯疱疹病毒 I 型所致,它是一种较大的 DNA 病毒,存在比较广泛,对神经组织和来源于外胚叶的上皮细胞有亲合力。六个月以上的婴儿由于从母体内获得的丙种球蛋白日益减少,对疱疹病毒没有免疫力,当眼、唇、口腔黏膜和皮肤等处上皮受到损害时,该病毒即可进入基底细胞内,单纯疱疹病毒进入人体上皮细胞后,仅有 10% 的人产生临床症状,多数人不引起细胞学的改变,呈"共生"现象,我们将其称为原发感染,多见于 6 个月至 5 岁的小儿,血清中无中和抗体者。
> 此病毒侵入人体后,多潜伏在神经节的部位,特别是三叉神经节,此时感染个体血中已有中和抗体,当个体在各种非特异性的刺激,如感冒、发热、紫外线照射、外伤、变态反应、月经来潮、情绪激动,皮质激素治疗等诱因的作用下,可激活病毒感染,尤其是局部滴用皮质激素,更易诱发产生眼部症状。

治法 清肝泻火。

方药 龙胆泻肝汤加减。方中龙胆草、栀子、黄芩、柴胡清泄肝胆实热;泽泻、木通、车前子清利小便;肝胆火炽易伤肝阴,又虑方中多为苦寒之品,苦能化燥伤阴,故配生地黄、当归滋阴养血,使邪去而不伤正。

17.1.4.3 湿热蕴蒸

主证 黑睛星翳成片,黑睛混浊增厚,畏光流泪,缠绵难愈,全身兼见头重胸闷,溲黄便溏,舌红苔黄腻,脉滑数。

治法 清热利湿。

方药 三仁汤加减。方中杏仁、薏苡仁、白蔻仁开上宣中利下,芳香化湿;半夏、厚朴苦温燥湿;通草、竹叶、滑石清利湿热,诸药合为化湿清热之剂。黑睛腐溃、肿胀红赤显著者,可选加

茵陈、栀子、黄芩、黄连以清湿热。

17.1.4.4 阴虚火旺

主证 黑睛星翳渐收,趋向平复,眼干涩不爽,视物不清,或有反复,迁延不愈,口干唇燥,心烦少眠,五心烦热,溲黄,舌红苔薄,脉细数。

治法 滋阴降火。

方药 加减地黄丸去枳壳、杏仁。方中生地黄、熟地黄滋养肾水;当归柔润养血;牛膝性善下行,与二地黄合用,以降上炎虚火;羌活、防风祛风退翳。若气阴不足者,加党参、麦冬以益气生津;若虚火甚者,加知母、黄柏滋阴降火;此外,还可加菊花、蝉蜕等退翳明目之品。

17.1.5 其他疗法

1) 选用清热解毒类中药制剂滴眼,如银黄注射液稀释一倍滴眼,每小时1次。
2) 应用清热解毒药,如蒲公英、菊花、大黄等熏洗后热敷15~30分钟。
3) 病变深大或已引起瞳孔缩小者,必须用1%阿托品眼药水或眼药膏扩瞳。
4) 中药超声雾化治疗:采用上述内服药渣再煎,置温,取适量,每日熏洗眼2~3次,每次15~20分钟。
5) 针灸治疗:可选睛明、四白、攒竹、合谷、足三里、光明、肝俞等穴,每次局部取二穴,远端二穴,交替使用,根据病情虚实,酌情使用补泻手法。
6) 0.1%无环鸟苷眼药水,急性阶段每1~2小时滴眼一次。

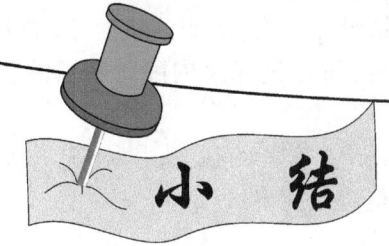

小结

本病临床尚无有效控制复发的药物,因而成为一种世界性的重要致盲原因。对引起诱发的一些非特异刺激,如感冒、发热、疟疾、感情刺激、月经、日晒、应用皮质激素、退翳治疗、外伤,以及劳累、烟、酒等应针对性采取防范性措施。加强身体锻炼,增强体质是预防的根本措施。如有眼部不适,要注意检查眼部,做到早期发现、早期治疗。

患眼病后要及时就医,按时点药服药治疗,要注意眼部清洁卫生。保持七情和畅,劳逸适度,有利于眼病的康复。饮食宜清淡而富有营养,忌食酒、姜、葱、蒜、辣椒等刺激性食品,少食肥甘厚味,以免助火生热,加重病情。少用目力,闭目休息,在强光下可戴防护眼镜。

17.2 凝 脂 翳

凝脂翳是指黑睛生翳,状如凝脂,多伴有黄液上冲的急重眼病首见于《证治准绳·七窍门》。本病任何年龄、任何季节均可发病,但以夏秋收割季节多见,年老体弱而有漏睛者易发病。本病类似西医之化脓性角膜炎。主要指匐行性角膜溃疡铜绿假单孢菌性角膜溃疡。

17.2.1 病因病机

1) 多因黑睛被谷芒、树叶等擦伤,或挑剔异物后,风热邪毒乘伤袭入所致;若素有漏睛者,邪毒已伏,更易乘伤袭入而发病。

2) 风热外邪入里化热,或嗜食辛热炙煿,致肝胆火炽,脏腑热盛,上炎于目,气血壅滞,蓄腐成脓,黑睛溃烂。

3) 其他黑睛病,如聚星障等迁延不愈,复加邪毒,转化而成。

17.2.2 临床表现

初起症见患眼疼痛,流泪畏光,睛睑难睁,眵多黄稠,视力减退。检视眼部,抱轮红赤,黑睛生翳,上覆薄脂,色白或微黄,边缘不清。若能及时治疗,愈后留薄翳而愈。若治不及时,正不胜邪,病变迅速向四周及深层发展。症见头目剧痛,强烈畏光,热泪如泉,视力剧降。眼睑红肿,白睛混赤臃肿,黑睛腐溃,状如凝脂,肥厚浮嫩,善变速长。若热毒内攻,则于黑睛后黄仁前出现黄液上冲,恰似指甲根的半月白岩(图17-3),上界多呈水平,黄液渐多渐升,可遮掩整个瞳神。虽经治疗,但愈后必留较厚的瘢痕翳障。若病情继续发展,则变证丛生,黑睛溃破,黄仁脱出(图17-4),形成蟹睛。愈后留下斑脂翳,神水瘀滞,可继发绿风内障。若黑睛溃漏,邪毒入眼,眼内化脓,眼球萎陷而失明。

另有铜绿假单胞菌引起者,初起眵泪凝脂即成黄绿色,病势凶猛,头目剧痛,白睛赤肿,黑睛凝脂大片,黄液遮满瞳神,可于二三日全毁黑睛,甚至黄仁绽出。

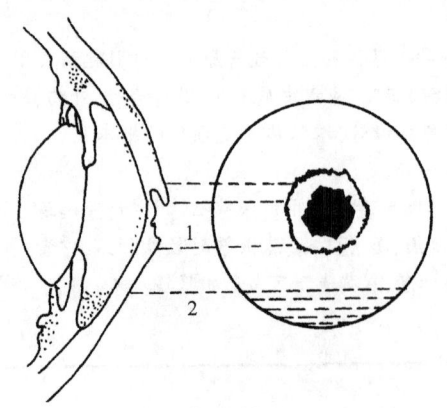

图 17-3 凝脂翳并黄液上冲
1. 凝脂翳;2. 黄液上冲

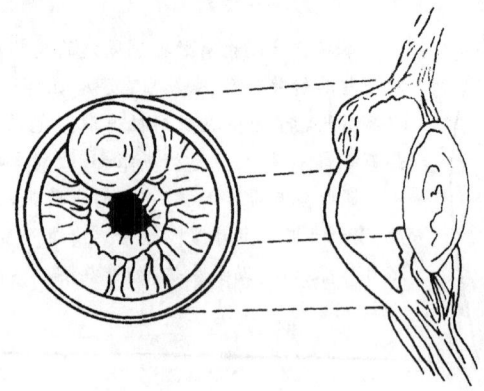

图 17-4 蟹睛

17.2.3 诊断依据

1) 常于黑睛浅层外伤或黑睛异物取出术后发病。
2) 常有漏睛病史。
3) 外伤处生翳,边缘不清,溃陷扩大,表面浮嫩如凝脂,伴有黄液上冲,甚则黑睛溃破,黄仁绽出,形成蟹睛。
4) 凝脂、眵泪呈黄绿色,病势尤凶,黑睛迅速溃烂,重度黄液上冲。
5) 眼睑肿胀难睁,抱轮红赤或白睛混赤。
6) 自觉头目剧痛,畏光流泪,视力下降。
7) 做细菌培养有助诊断。
8) 鉴别诊断:本病早期需与聚星障相鉴别(表17-1)。

表 17-1 凝脂翳早期与聚星障鉴别

病名	凝脂翳早期	聚星障
诱因	黑睛浅层外伤	感冒、高烧
知觉	变化不明显	病变区知觉减退
眵泪	眵泪呈脓性	泪多眵少或无眵
翳形	初起为单个星状翳,色灰白,边缘不清,表面污浊	初起为多个针尖样微细星翳,继则融合如树枝状或地图状

17.2.4 辨证论治

本病起病急,来势猛,发展快,变化多。在早、中期,以实证为主,总以祛邪为先。后期虚实兼夹,治以补虚泻实、退翳明目。外治在早期亦宜清热解毒,后期宜退翳明目。此外,结合针刺、热敷可提高疗效。

17.2.4.1 肝经风热

主证 黑睛翳障成片,边缘不清,略隆起,色灰,周围黑睛晦浊,抱轮红赤,畏光流泪,眼痛头痛,视力下降,恶风发热,咽干痛,舌红苔薄黄,脉浮数或弦数。

治法 祛风清热。

方药 新制柴连汤加减。方中柴胡、蔓荆子、荆芥、防风祛风散邪止痛;黄芩、黄连、栀子、龙胆草清肝泻火退赤;赤芍配木通清热活血,退赤止痛;甘草清热和中。诸药配合,呈祛风散邪、清肝泻火、退赤止痛之效。若加银花、千里光等,可增强清热解毒之功。

17.2.4.2 肝胆火炽

主证 黑睛翳障成片而陷下,色如凝脂,胞睑红肿,白睛混赤,神水混浊,瞳神紧小,强烈畏光,热泪如汤,眼痛不敢睁开,口苦咽干,小便黄赤,舌红苔黄,脉弦数或滑数。

治法 清肝泻火。

方药 龙胆泻肝汤加生石膏、蒲公英。本方为清泻肝胆的著名有效方剂,加生石膏清胃降火,蒲公英清热解毒,以增强本方的作用。

17.2.4.3 阳明腑实

主证 凝脂深大,白睛混赤,黄液上冲,眼痛头痛,热泪如汤,面赤身热,大便秘结,小便短赤,口干烦渴,舌红苔黄腻,脉弦滑或数。

治法 泻火解毒。

方药 四顺清凉饮子加减。方中龙胆草、柴胡清泻肝胆之火;黄芩、桑白皮清肺火;黄连清心火;生地黄、赤芍清血热;辅以当归、川芎行气活血,消血分壅滞;羌活、防风、木贼祛风退翳;再用车前子清利小便,枳壳、大黄通利大便,使邪热火毒从二便出。加芒硝通腑泻便,加银花、蒲公英、千里光等增强解毒之功。

17.2.4.4 正虚邪留

主证 凝脂日久溃陷不敛,轻度抱轮红赤,眼痛畏光较轻,舌淡脉弱或舌红脉细数。

治法 扶正祛邪。

方药 偏于气虚者用托里消毒散去皂角刺、陈皮、桔梗。方内八珍汤具补气养血、扶正托邪之功;黄芪生用能补气托毒;银花、连翘、白芷清热解毒以祛邪。还可加刺蒺藜、木贼草以祛风退翳。偏于阴虚者用海藏地黄散去大黄、犀角(以水牛角代替)、沙苑蒺藜。方内熟地黄、生地黄、玄参增液滋阴;黄连、木通清心导热;羌活、防风、白蒺藜、谷精草、木贼、蝉蜕祛风退翳明目;目得血而能视,故用当归养血活血。合之为滋阴祛邪之方。

17.2.5 其他疗法

1)可用清热解毒类中药制剂滴眼,或用抗生素眼药水滴眼,每半小时滴1次,病情控制后改为每日4~6次。睡前涂抗生素眼膏。病至后期,遗留瘢痕翳障者,用退云散点眼,以退翳明目。

2)必须滴用1%阿托品液散瞳,以防瞳神干缺。

3)球结膜下注射庆大霉素2万U,每日或隔日一次。若为铜绿假单胞菌所致者,首选多黏菌素B 17~25万U做球结膜下注射。

4)用金银花、蒲公英、大青叶、野菊花、千里光、黄连、防风、荆芥等清热散风药煎水,澄清过滤,乘微温淋洗眼部,对眵多者更适宜。或运用超声雾化熏眼亦可。

5)用内服药渣再次煎水,毛巾浸泡后湿热敷眼部。

6)针刺治疗:取合谷、曲池、太阳、攒竹、太冲、丝竹空、肝俞,每次取2~3穴,每日1次,用泻法。

7)凡是溃疡已经穿孔的病例,可将抗生素眼膏和阿托品眼膏涂入结膜囊内,绷带加压包扎。对行将穿孔的病例,在消炎控制下,可试行治疗性角膜移植术。

小结

本病发展快，变证多。治疗及时，措施有力，愈后留有菲薄翳障，对视力有一定影响。若病情重，病位深，且有黄液上冲者，愈后常留较厚的瘢痕，严重影响视力。若治不及时，或邪毒力强烈，黑睛溃破，黄仁绽出，形成蟹睛，愈后留有斑脂翳，可继发青风内障，视力丧失。若为铜绿假单胞菌所致者，病情险恶，预后尤差，可于二三日内腐溃穿孔，眼内化脓，眼球萎陷而失明。

17.3 花翳白陷

花翳白陷是指黑睛骤生翳障，四周高起，中间低陷，形如花瓣的眼病。见于《秘传眼科龙木论》。多见于壮年或老年人，常为单眼发病，也可双眼先后发病。类似于西医之蚕食性角膜溃疡。病因不明，可能是一种自身免疫性疾病。

17.3.1 病因病机

1) 素有肝经伏火，又感风邪，形成肺肝风热，上攻于目。
2) 脾失健运，肝失疏泄，木郁生火，火灼津液成痰，痰火上承，蕴蒸目窍。
3) 素体阳虚，寒伤厥阴，循经上侵目窍。

17.3.2 临床表现

自觉患眼疼痛剧烈，眼睑肿胀，畏光流泪，视力障碍。抱轮红赤或白睛混赤。黑睛四周边际，遽起白翳，渐渐厚阔，表面溃陷，而黑睛中部尚清（图17-5），瞳神可见，看去四周高，中间低，整个形状貌似花瓣。但翳障可逐渐发展，甚则遮满瞳神。一般不溃破，愈后遗留瘢痕翳障，影响视力。

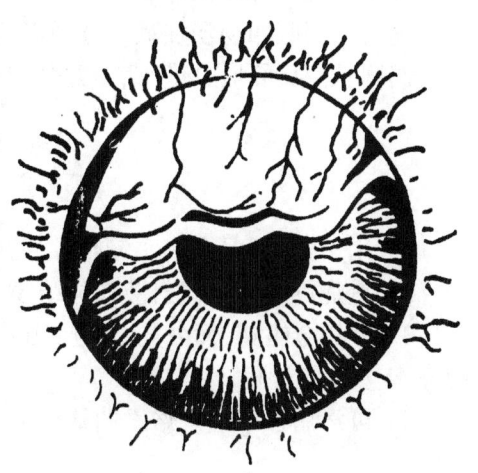

图17-5 蚕食性角膜溃疡

17.3.3 诊断依据

1) 黑睛周边，轮白之际，骤起花翳，渐渐厚阔，向中央发展，逐渐遮掩瞳神。

2）胞睑肿胀，白睛混赤或抱轮红赤。

3）眼剧痛难忍，伴畏光流泪，视力下降。

17.3.4 辨证论治

17.3.4.1 肺肝风热

主证 黑睛周边骤起花翳，白睛混赤，畏光流泪，眼痛难忍，口苦咽干，舌红苔黄或薄黄，脉数或浮数。

治法 祛风清热。

方药 加味修肝散加减。方中羌活、防风、麻黄、菊花、木贼、刺蒺藜、桑螵蛸、荆芥、薄荷辛散风邪，退翳除障；栀子、黄芩、连翘、大黄清热泻火解毒；当归、赤芍、川芎活血行滞止痛，诸药配合，为祛风与清热并重的方剂。

17.3.4.2 痰火蕴蒸

主证 花翳向黑睛中部蔓延，边缘如蚕食状，白睛混赤，疼痛剧烈，或兼胸闷不舒，咳嗽痰黄；舌红，苔滑腻，脉滑数。

治法 清火化痰。

方药 治金煎加减。方中枳壳、杏仁、旋覆花、葶苈子行气消痰，下气降逆；玄参、桑白皮、黄连、黄芩清热降火，明目止痛；防风、菊花祛风散热，清利头目。合之为清火化痰的方剂。

17.3.4.3 肝寒目虚

主证 花翳逐渐进展，目赤肿胀，四肢厥冷，脉细欲绝，舌淡无苔或白滑苔。

治法 温肝补阳散寒。

方药 当归四逆汤加减。方中当归、白芍补血养血；桂枝、生姜、细辛温经散寒；甘草、大枣益气健脾；通草通利血脉。诸药配合，共奏温肝补阳散寒之功。

17.3.5 其他治疗

1）用1%阿托品眼药水滴眼，以防瞳神干缺。

2）重症可用银黄注射液作球结膜下注射，每次0.5ml，每次或隔日一次。

3）外用金银花、蒲公英、黄连、当归尾、防风煎水过滤洗眼，亦可水煎后做湿热敷。或运用超声雾化器熏洗眼。

4）可运用在中医割烙术的基础上加以改进的角巩膜割烙术进行治疗。

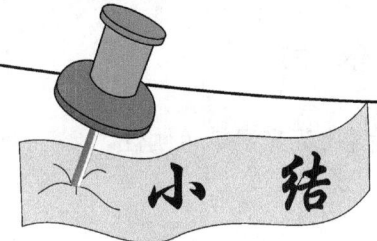

本病顽固难愈,眼痛加重常常难以入睡。临床上有分良性与恶性型者。良性型,较轻,多见于老年患者,常单眼发病,药物或手术容易治愈。恶性型,症重,病情发展迅速,浸润的范围较大,多发生于年轻患者,常双眼发病,角膜的穿孔率可高达1/3。药物或手术治疗困难,常常有复发趋向,预后较差。

17.4 混睛障

混睛障是指黑睛深层呈现一片灰白翳障,混浊不清,漫掩黑睛,障碍视力的眼病,见于《审视瑶函》。相当于西医之角膜实质炎。多属于免疫反应,常与先天梅毒、结核、单孢病毒有关。

17.4.1 病因病机

1) 肝经风热,黑睛受犯,气血不和。
2) 肝胆热毒,上炎于目,蒸灼津液,瘀血凝滞。
3) 邪毒久伏,耗损阴液,肺肾阴虚,虚火上炎。
4) 年幼体虚,脾虚气弱,清气不升。

17.4.2 临床表现

初起怕热畏光流泪,眼球疼痛,视力下降,甚至严重下降,不辨人物。查眼睑难睁,抱轮暗红,或白睛混赤,黑睛深层混浊如圆盘状,或呈弥漫状;或混浊自中央开始,或从周边开始,逐渐蔓延至整个黑睛,呈现一片赤白混杂的翳障(图17-6)。病经数月,翳障逐渐吸收或变薄,而遗留厚薄不等的瘢痕翳障者,影响视力。病变过程中,初起即可致瞳神缩小或干缺,需加注意,以免处理不当,导致失明。先天梅毒引起者,发病年龄多在5～20岁,双眼同时或先后发病,并有先天梅毒的其他体征,如鞍鼻、赫金森齿、重听或耳聋。结核性基质性角膜炎较少见,病变多局限于下侧,不蔓延整个黑睛,初期呈结节状。

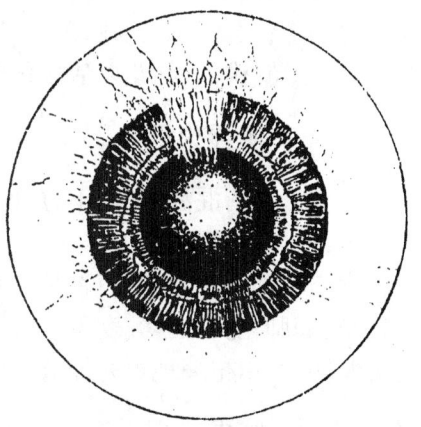

图17-6 混睛障

17.4.3　诊断依据

1) 黑睛深层呈灰白色混浊,肿胀增厚,但表层多完整,荧光素染色阴性。
2) 毛刷状赤脉从黑睛周边向中心伸入。
3) 病变早期即可出现瞳神紧小,可致瞳神干缺。
4) 抱轮红赤或白睛混赤,眼睑难睁。
5) 自觉眼痛,畏光流泪,视力减退。
6) 梅毒血清反应、胸透、OT试验等检查有助诊断。

17.4.4　辨证论治

17.4.4.1　肝经风热

主证　黑睛混浊,抱轮红赤,畏光流泪,头目疼痛,舌红,苔薄黄,脉浮数。

治法　祛风清热。

方药　羌活胜风汤加减。方中羌活、防风、独活、白芷、前胡、荆芥、桔梗、薄荷、柴胡、川芎辛散轻扬,善治外风,以清头目;黄芩清热,且能抑制羌、防辛温之性;白术、枳壳调理胃气。《原机启微》认为:"夫窍不利者,皆脾胃不足之证。"故用白术、枳壳健脾和胃,若体健胃不虚者亦可去之。全方以祛风为主,清热为辅。若嫌清热力弱,可加银花、连翘、栀子;若系先天梅毒所致者,宜重加土茯苓驱梅解毒。

17.4.4.2　肝胆热毒

主证　黑睛混浊,赤脉贯布,抱轮暗赤,刺痛流泪,便秘溺赤,口苦苔黄,脉数。

治法　泻肝解毒。

方药　银花解毒汤加减。方中龙胆草清泻肝胆;黄芩、桑白皮、花粉清热泻火;银花、蒲公英清热解毒;大黄、枳壳通腑泻下以清热;蔓荆子疏风散热;合之为泻肝解毒之剂。瘀滞甚者加当归尾、赤芍、桃仁、红花以活血化瘀。若大便数日不解,可加玄明粉,以助大黄通腑泻下。

17.4.4.3　阴虚火旺

主证　黑睛混浊,迁延不愈,抱轮微红,干涩隐痛,口干咽燥,舌红少津,脉细数。

治法　滋阴降火。

方药　肺阴不足者,宜滋阴润肺,用百合固金汤加减。方中百合、生地黄、熟地黄、贝母滋阴清热,润肺化痰;玄参、麦冬、桔梗、甘草滋阴生津,降火利咽;当归、白芍质润养血,滋阴柔肝。若肝肾阴亏,用杞菊地黄丸加减。

17.4.4.4　脾虚气弱

主证　黑睛混浊增厚,抱轮微红,四肢乏力,纳呆便溏,舌质淡,边有齿印,苔薄白,脉细。

治法　补脾益气。

方药　参苓白术散加减。方中党参、茯苓、白术、扁豆、淮山药、莲子肉、薏苡仁、大枣健脾益

17 黑睛疾病

气;砂仁、陈皮醒脾开胃行气;甘草和中健脾。若系梅毒引起者,在辨证论治的基础上重加茯苓。

17.4.5 其他疗法

1) 病变早期,即需用1%阿托品液滴眼扩瞳,以防瞳神干缺。
2) 用退云散、西黄散点眼,以消翳退障。
3) 内服药渣煎水过滤做湿热敷,或运用超声雾化熏洗眼。
4) 滴0.5%可的松或0.05%地塞米松眼药水。炎症较重,可结膜下注射泼尼松龙0.3ml,每周1~2次。或地塞米松2mg、丙种球蛋白0.8ml球结膜下注射。
5) 针对病因治疗,如抗梅毒、抗结核等。

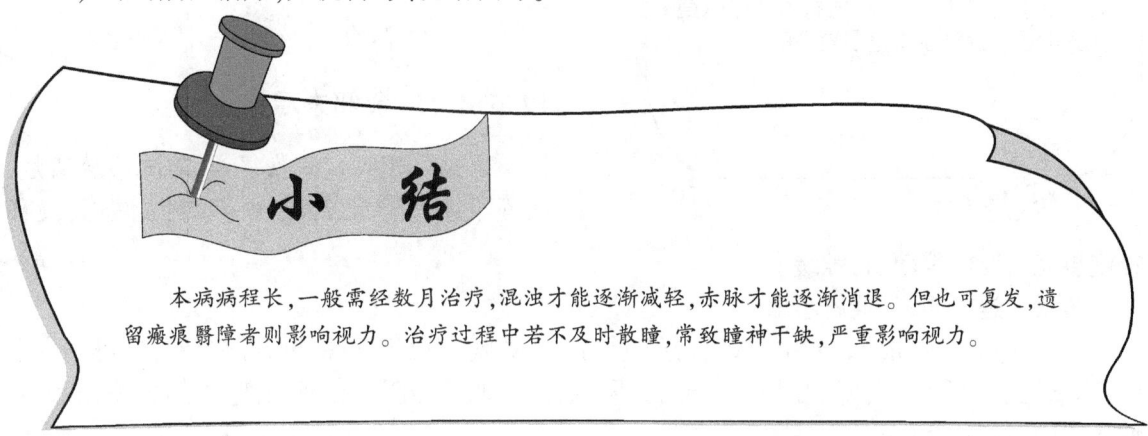

本病病程长,一般需经数月治疗,混浊才能逐渐减轻,赤脉才能逐渐消退。但也可复发,遗留瘢痕翳障者则影响视力。治疗过程中若不及时散瞳,常致瞳神干缺,严重影响视力。

17.5 宿 翳

宿翳是指黑睛疾病痊愈后遗留之瘢痕翳障。见于《目经大成》。本病命名繁多,然其要者,不外冰瑕翳、云翳、厚翳、斑脂翳四种。相当于西医之角膜瘢痕。

17.5.1 病因病机

宿翳系凝脂翳、花翳白陷、聚星障、混睛障等黑睛疾病或外伤痊愈后遗留的瘢痕翳障。翳障的形成,常有津液受灼、气血失调的病机。早期可有余邪未尽的表现。

17.5.2 临床表现

黑睛上有白色翳障,形状不一,厚薄不等,部位不定,但表面光滑,边缘清楚,眼无赤痛,荧光素着色阴性。位于黑睛周边未遮瞳孔者,视力影响不大;位于黑睛中部遮掩瞳孔者,可严重影响视力。若翳菲薄,如冰上之瑕,必须在集光下方能察见者,为冰瑕翳;若翳稍厚,如蝉翅、似浮云,自然光线下可见者,为云翳(薄翳);若翳更厚,色白如瓷,一望则知者,为厚翳;若翳与黄仁黏着,其色白中带黑,或有细小赤脉牵绊,瞳神欹侧不圆者,为斑脂翳。其分别与西医学的角

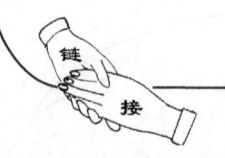

角膜能移植吗

角膜炎、角膜溃疡或其他病变后会留下瘢痕,使本来完全透明的角膜变成不透明的角膜,严重影响人的视力。能不能换一个透明角膜? 能! 回答是肯定的,这就是角膜移植,角膜移植是用人类透明的角膜材料替换有瘢痕或有病变的角膜。那么角膜材料从哪来的呢? 它是在无菌条件下从新鲜尸体上取下的健康角膜,经过科学处理保存下来的。如果手术顺利,角膜植片成活透明,约2周后病人就可以重见光明了。当然手术是很复杂的。

膜薄翳、角膜斑翳、角膜白斑、粘连性角膜白斑相当。

17.5.3　诊断依据

1) 有黑睛疾病史。
2) 黑睛遗留形状不一、厚薄不等的白色瘢痕,无红赤疼痛。
3) 2%荧光素染色检查阴性。

17.5.4　辨证论治

17.5.4.1　余邪未尽

主证　黑睛疾病恢复期,翳障边缘清楚,表面干净光滑,眼红眼痛等症明显减退,仅有轻度畏光,舌红,苔薄白,脉缓。

治法　退翳明目,清解余邪。

方药　消翳汤加减。方中木贼、密蒙花、羌活、防风、荆芥既可祛风升散余邪,又可升发退翳;当归尾、赤芍活血行滞;蔓荆子、柴胡祛风疏肝;生地黄养阴。若有余热,可加黄芩;若赤脉伸入翳中者,可加红花。

17.5.4.2　阴虚津伤

主证　黑睛病后期,遗留形状不一、厚薄不等的瘢痕翳障,眼内干涩,舌质红,苔薄白,脉细。

治法　滋阴退翳。

方药　滋阴退翳汤加减。方中玄参、麦冬、生地黄、知母滋阴养津;白蒺藜、木贼、菊花、蝉蜕、青葙子退翳除障;菟丝子补益肝肾,甘草协和诸药。还可加丹参、赤芍活血化瘀,以缩小和减薄瘢痕翳障。

17.5.4.3　气血凝定

主证　宿翳日久,翳老障定,赤脉伸入翳中,形如毛刷,视力减退,舌红苔薄白,脉缓。

治法　活血化瘀,退翳明目。

方药　桃红四物汤加减。方中桃仁、红花活血化瘀;四物汤养血和血,目以血为本,养血和血即可明目。还可加蝉蜕、木贼草、谷精草、密蒙花等退翳明目之品。亦可用开明丸、拨云退翳丸等丸剂内服,逐渐调理,缓以图功。

17.5.5　其他疗法

1) 可用退云散、八宝眼药水点眼。
2) 针刺疗法:以睛明、承泣、光明为主穴,太阳、合谷、翳明为配穴,每次主配穴各一,交替轮取,日一次。

3) 埋线疗法:以球结膜下埋线为主,先常规消毒,表面麻醉和局部麻醉后,用 0 号丝线或 1~1 号羊肠线埋入球结膜下,环绕角膜一周,离角膜 2~3mm 远,线头不结扎,也不可外露,紧贴结膜剪断,涂以消炎眼膏,眼垫封盖 1~2 天。多用于凝脂翳引起的宿翳。聚星障引起者一般不用。

4) 盐酸乙基吗啡滴眼液:自 0.5% 开始,渐增至 1%、2%、3%、5%、10%,用过 10% 后,用黄氧化汞眼膏点眼,再从 1% 开始,渐增至 2%、3%,用完 3% 后,又从 0.5% 的盐酸乙基吗啡开始,如此循环应用,坚持六个月至一年,可消退部分瘢痕翳障。但对聚星障引起者一般不用,以免引起复发。

5) 位于黑睛中央的厚翳,可考虑做角膜移植手术。

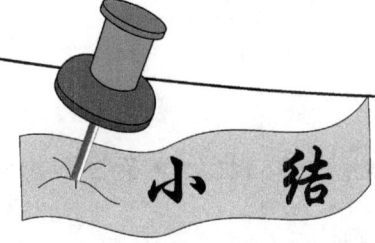

新患日浅者,耐心调治,内外结合,可望收效。年深日久者,障老翳定,气血凝结,服药难以奏效,做角膜移植手术对明显改善视力有很大的帮助。

思考题

1. 常用于治疗黑睛疾病的清热解毒类中药滴眼剂有哪些?
2. 聚星障、凝脂翳的诊断依据和转归预后是什么?它们的中医治疗进展又如何?
3. 试述湿翳与凝脂翳的鉴别诊断。
4. 黑睛病常用的外治方法是什么?
5. 试述花翳白陷的病因病机及诊断依据。

瞳神病

学习目标

1. 熟悉瞳神疾病的重要性、病因病机的复杂性和影响视力的严重性
2. 掌握绿风内障的诊断、病因病机、辨证论治、抢救治疗、掌握缩瞳药物的使用及其作用原理
3. 绿风内障、瞳神紧小、天行赤眼疾病的鉴别
4. 掌握圆翳内障、云雾移睛的诊断要点、病因病机、辨证论治
5. 掌握络阻暴盲、络损暴盲的临床表现、诊治要点
6. 熟悉青风内障、视瞻有色、高风内障、青盲的病因病机、诊治要点

　　瞳神,古称瞳子,或称眸子。又名瞳仁、瞳人、金井等。有广义和狭义之分。狭义之瞳神仅指位于黑睛后方,黄仁中央可以展缩之圆孔,即瞳孔。而广义之瞳神乃指瞳神以及其后的全部眼内组织。

　　本章所述为广义的瞳神疾病,统归内障范畴,属于常见眼病。瞳神的组织结构精细、复杂,为眼产生视觉的重要部分。随其病变的部位不同,引起的眼部症状各异,病后对视力的影响也较外障眼病相对严重。由于瞳神有广义、狭义之分,故瞳神疾病大致可分为两类:一类属外表可察见的改变,如瞳神的散大、缩小、变形或变色等;一类属眼外观端好,仅表现为视力和视觉上的变化,如视物模糊,视力下降,或视物变形、变色,或自觉眼前有金光闪烁,黑影飘动,夜视罔见等。严重者,可失明。临证时需配合必要的仪器检查,方可进一步明确眼内病变的具体部位和性质。

　　瞳神在五轮之中由肾所主,为水轮。因肝肾同源,故发病常责于肝肾。但是由于瞳神病包括的部位较广,病因病机又十分复杂,因此,除肝肾外与其他脏腑亦密切相关。

18 瞳神病

瞳神疾病在内常由脏腑失调所致,在外则多因感受邪气而起。先天禀赋不足或衰老也可导致内障眼病。其证有虚有实,虚证主要由脏腑内损,气血不足,真元耗损,精气不能上荣于目所致;实证多因风热攻目,痰湿内聚,气郁血瘀,目窍不利而起。至于临床常见之由阴虚火旺、肝阳化风、脾虚湿停、气虚血滞等引起的眼病,又属虚实夹杂证,此外黑睛病变,邪气深入,及头部外伤,以致气血失和等,也常引起瞳神疾病。

治疗方面,内治虚证一般多从补肝肾、养阴血、益精气方面入手;实证常用清热泻火、利湿祛痰、疏肝理气、凉血止血、活血化瘀、软坚散结等法;虚实夹杂证需补虚泻实,以滋阴降火、滋阴潜阳、健脾利湿、益气活血等法运用较多,此外,不少瞳神疾病,尚需根据病情,配合局部用药、针灸、手术等法综合治疗,对于某些眼科急症,中西医结合治疗也是必要的。

18.1 瞳神紧小

本病指瞳神失去正常之展缩功能,持续缩小,甚至缩小如针孔,并伴有抱轮红赤、黑睛后沉着物、神水混浊,视力下降的眼病。《原机启微》称为"强阳搏实阴之病"。若瞳神失去正圆,边缘参差不齐,如虫蚀样,黄仁干枯不荣,则称瞳神干缺。关于本病之记载最早《秘传眼科龙木论》仅有瞳神干缺,至《证治准绳》始有瞳神紧小之论述。该病多单眼发病,间有双眼发病者,其病因复杂,变化较多,容易反复发作。本病类似西医学之急性虹膜睫状体炎,瞳神干缺相当于慢性虹膜睫状体炎。若伴有口舌溃烂、二阴溃烂者,类似西医之白塞(Behcet)综合征。目前认为本病与机体的免疫功能紊乱有关。

18.1.1 病因病机

1) 肝经风热或肝胆火邪攻目。
2) 外感风湿,郁久化热;或素体阳盛于内,上犯清窍。
3) 劳伤肝肾或病久伤阴,虚火上炎。内蕴热邪,复感风湿,风湿与热搏结。
4) 脾肾阳虚,命门火衰,不能温煦瞳神。

以上诸种因素皆可导致邪热灼伤黄仁,以致黄仁肿胀,展而不缩,瞳神紧小;火盛水衰,阴精耗涩,瞳神失去濡养而干缺不圆。

此外,火疳、花翳白陷、凝脂翳及眼部外伤等,亦常引起本病。

18.1.2 临床表现

18.1.2.1 急性者

起病即有畏光流泪,眼球坠痛而拒按,痛连眉骨、颞部,视物模糊或视力急降,或自觉眼前有黑点、黑丝飘动等症。

检视眼部,可见白睛抱轮红赤,黄仁色暗,纹理模糊,瞳神缩小,展缩失灵。瞳神边缘易与其后之晶珠粘着,以致瞳神偏缺不圆(图18-1)。若用集合光线斜照或裂隙灯显微镜检查,可见黑睛后壁有灰白色尘状或点状沉着,沉着物多时呈三角形排列(图18-2)。神水变混,细光束斜照可见黑睛与黄仁之间(前房内)有一光带。严重者,白睛混赤,并可伴有黄液上冲,或血灌瞳神。

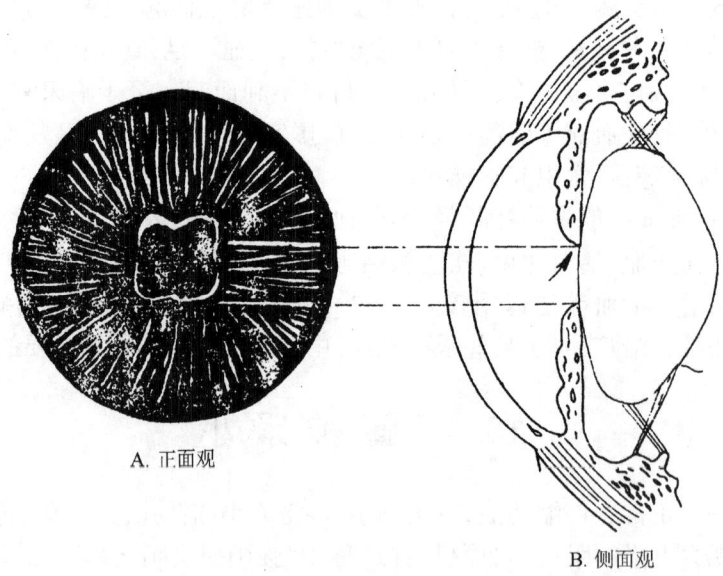

图 18-1　瞳神干缺

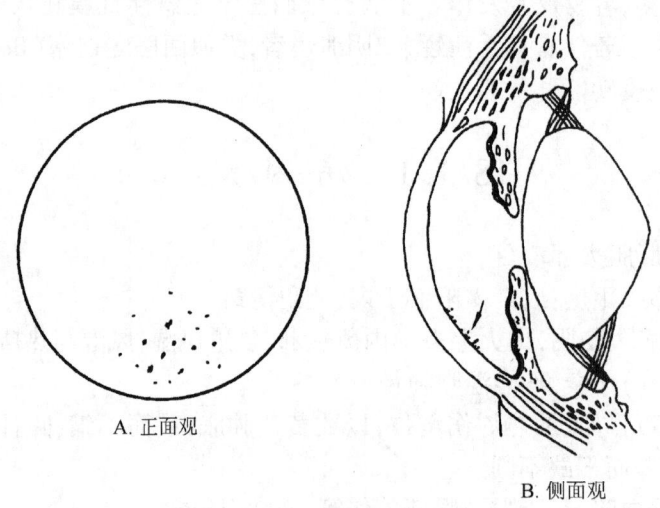

图 18-2　黑睛后壁沉着物

18.1.2.2　慢性者

其见症与急性发作基本相似,而病势多较轻缓。检眼镜下可见神膏混浊,故自觉眼前有较多黑花飘动。病情发展缓慢,容易反复发作,常致瞳神干缺。若瞳神边缘完全与晶珠粘连,称瞳神闭锁;若瞳神区晶珠表面结成灰白色膜障,称瞳神膜闭,两者皆可阻断神水由瞳神后方向前流出,以致神水瘀积于内,压迫黄仁向前隆起,眼压增高,继发绿风内障(图 18-3)。由于神水的变化,晶珠失养,日久可形成圆翳内障,终致盲不见物。

此外,病情严重或迁延日久者,还可导致神水枯竭,眼球萎软而失明。

18 瞳神病

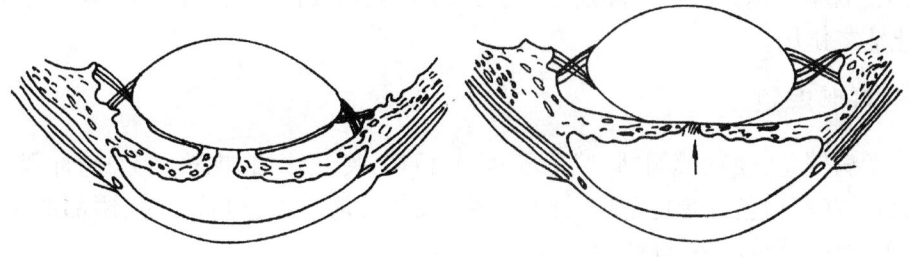

图 18-3 瞳神膜闭与黄仁膨隆

18.1.3 诊断依据

1) 畏光流泪,目珠坠痛,视力减退,或见眼前有似蚊蝇飞舞。

2) 抱轮红赤,黑睛后壁有灰白色尘状或点状沉着物,神水混浊,瞳神紧小,展缩失灵,黄仁纹理不清,甚或黄液上冲,血灌瞳神;或黄仁与晶珠粘连,形成瞳神干缺,瞳神闭锁或膜闭,闭锁与膜闭可继发绿风内障。

3) 可有目珠破损或黑睛疾病史,或有结核、梅毒、风湿等病史。

18.1.4 辨证论治

急性发作者,以实证常见,多因外感风、湿、热邪或内有肝胆郁热而起,病情多较急重。慢性者,多属虚实夹杂,病由肝肾阴亏,火旺于上;或病久伤阴,邪热未除,转化而来;或由阴病及阳,致使脾肾阳虚。其病程常较缠绵。临证时,应结合全身情况进行整体辨证。在开始内治的同时,必须重视局部用药,及时充分散瞳,以防瞳神干缺等并发症而影响视力恢复。

18.1.4.1 肝经风热

主证 起病较急,眼球坠痛,视物模糊,畏光流泪,抱轮红赤,瞳神紧小,黑睛后壁有灰白色点状沉着物,神水混浊,黄仁晦暗,纹理不清。全身可兼有头额疼痛,发热;口干舌红,舌苔薄白或薄黄,脉浮数。

治法 祛风清热。

方药 新制柴连汤加减。方中柴胡、蔓荆子、荆芥、防风祛风散邪止痛;黄连、黄芩、栀子、龙胆草清肝泻火退赤;赤芍配木通清热凉血,退赤止痛;甘草清热和中。诸药合用,以祛风散

葡萄膜炎的危害

虹膜、睫状体、脉络膜发生炎性病变而引起眼球剧烈疼痛、头痛、恶心、呕吐及视物模糊,称为葡萄膜炎或色素膜炎。前部葡萄膜组织发炎时,患者感到眼痛。疼痛是由于睫状肌的收缩,以及充血的虹膜和睫状体组织的神经纤维受到刺激所引起。葡萄膜炎是眼病中一种而危害较大而又难治的眼病,而且容易反复发作,久治不愈,如治疗不及时,常常引起严重的并发症,如继发性青光眼、并发性白内障、黄斑变性、视网膜脱离、视神经萎缩等,长期的慢性葡萄膜炎,睫状体功能损害,房水产生减少,眼压降低,造成慢性眼球萎缩,丧失视力。总之,葡萄膜炎是一种后果十分严重的眼病,应当早期发现,彻底治疗,防止复发。

邪、清肝泻火、退赤止痛。若目中赤痛较甚,可选加生地黄、牡丹皮、丹参、茺蔚子凉血活血,以增强退赤止痛之作用。

18.1.4.2 肝胆湿热

主证 发病较急,视物模糊,眼球坠胀,疼痛拒按,畏光流泪,抱轮红赤,瞳神紧小,黄仁纹理不清,黑睛后壁灰白色沉着物密集,神水混浊,或伴黄液上冲,口舌生疮,阴部溃疡,口干苦,溺赤便结,舌质红,苔黄而糙,脉弦数。

治法 清泻肝胆。

方药 龙胆泻肝汤加减。本方重在直折肝胆实火,清利三焦湿热。若眼赤痛较甚或有血灌瞳神,可选加牡丹皮、赤芍、生蒲黄、侧柏叶以凉血止血活血;口渴便秘,黄液上冲,可加生石膏、大黄以清阳明经之火;神水混浊较甚者,可加青黛、芦荟。本方多苦寒之品,易伤脾胃,中病即止,不宜久服。

18.1.4.3 风湿夹热

主证 发病或急或缓,视力减退,或眼前有黑花飘动,瞳神紧小或干缺不圆,抱轮红赤持久不退,或反复发作,黑睛后壁有灰白色沉着物,神水混浊,黄仁纹理不清,或瞳神有白膜黏着。骨节酸楚,或小便不利,或短涩灼痛,苔黄腻,脉滑数。

治法 祛风除湿清热。

方药 抑阳酒连散加减。方中以独活、羌活、防己、白芷、防风、蔓荆子祛风除湿;黄连、黄芩、栀子、黄柏、寒水石清热泻火;生地黄、知母滋阴抑阳;甘草和中,调和诸药,共奏清热抑阳、祛风除湿之功。若风湿偏盛,热邪不重,脘闷苔腻者,宜减知母、黄柏、寒水石等寒凉泻火药物,酌加厚朴、白蔻仁、茯苓、薏苡仁等宽中利湿。

18.1.4.4 阴虚火旺

主证 多见于慢性期,眼睛干涩昏花,赤痛时轻时重,瞳神紧小或干缺不圆。全身兼有口干咽燥,口舌生疮,心烦失眠,舌红苔薄,脉细数。

治法 滋阴降火。

方药 滋阴降火汤加减。方中以当归、川芎、生熟地黄、白芍滋阴清热凉血;知母、黄柏、麦冬、黄芩滋阴清热降火;柴胡引诸药入肝胆以清肝胆之火;甘草清热泻火,调和诸药,共奏滋阴降火之功。

18.1.4.5 脾肾阳虚

主证 多见于慢性期。白睛红赤不甚,瞳神紧小或干缺,黄仁晦暗,视物昏花,黑睛后壁或有棕灰色沉着物。全身兼见四肢不温,形寒怯冷,口泛清涎。或长期应用皮质激素,体胖乏力,动辄心悸气短。舌淡苔薄,脉细。

治法 温中扶阳。

方药 附子理中汤加减。方中人参补中益气,养心健脾;白术健脾燥湿;炙甘草和中健脾;附子大热,温肾助阳,与干姜同用,有温肾通心助阳之功,以祛除中下焦之寒气,寒邪去,阳气生,则诸证悉愈。若阳虚甚者,可加肉桂,其温补之力更强。

18 瞳神病

18.1.5 其他疗法

1) 扩瞳治疗:发病之初即应迅速充分扩瞳,既可防止瞳神干缺及由此而引起的一系列并发症,又有助于缓解眼部疼痛。以1%阿托品液或其眼膏,每日点眼1~3次(阿托品液滴后应压迫内眦部3~5分钟)。如瞳神扩大不充分,可用散瞳合剂(1%硫酸阿托品液,4%可卡因液和0.1%盐酸肾上腺素液各等份)0.1~0.3ml,球结膜下注射。有严重心血管疾病患者忌用。

2) 激素治疗:患眼滴可的松或氢化可的松或地塞米松眼药水,每日3~4次,应与抗生素眼药水一并使用。

3) 局部热敷:以促进气血流通,退赤止痛。

4) 针灸治疗:针刺睛明、攒竹、瞳子髎、丝竹空、肝俞、足三里、合谷,每次取局部2穴,远端配1~2穴。耳针可取耳尖、神门、眼等穴。

5) 中药超声雾化熏眼治疗:用上述内服中药药渣再煎,置温,适量倒入超声雾化器药杯中,开机定时15~20分钟,每日熏洗眼约1~3次。

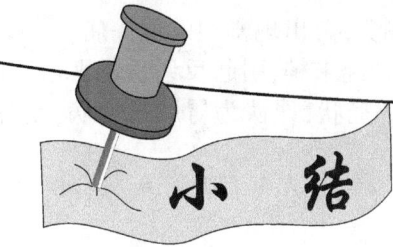

本病发病之初即应迅速充分扩瞳,既可防止瞳神干缺及由此而引起的一系列并发症,又有助于缓解眼部疼痛。一般经及时1~3个月左右的治疗,不复发者,预后良好,若病转迁延或反复发作,最终可出现各种并发症,如继发绿风内障、晶珠混浊,甚至眼球萎陷、失明。

18.2 绿风内障

在继发性青光眼中又分为开角和闭角青光眼。而在先天性青光眼中又分婴幼儿型青光眼、青少年型青光眼和发育性青光眼三种。

绿风内障是以眼珠变硬,瞳神散大,瞳色淡绿,视力严重减退为主要特征的眼病。唐代,《外台秘要》所载"绿翳青盲"颇类本病,并认为是由"内肝管缺,眼孔不通"所致。至于绿风内障的病名,至《太平圣惠方》才有记载,本病患者多在40岁以上,女性尤多。可一眼先患,亦可双眼同病。发病有急、有缓。不过无论病势缓急,其危害相同,应及早诊治。否则迁延失治,盲无所见,则属不治之症。相当西医之急性闭角型青光眼。

出现虹视怎么办

在雨后或喷水池边很多人都可以看到彩虹,若没有下雨眼睛看灯泡时,可以看到围绕灯泡呈圆形的彩环,这就是虹视。虹视是由于角膜上皮水肿对光线产生类似三棱镜的折射而产生的,常见于青光眼在眼压升高时,角膜水肿造成的,所以一旦出现了虹视,首先应怀疑是青光眼应及时去医院就诊。

18.2.1 病因病机

1) 七情内伤,肝失疏泄,肝郁气滞,郁而化火,火炎于目。
2) 肝胆火邪亢盛,热极生风,风火攻目。
3) 肝胃虚寒,饮邪上犯。

以上均可导致经脉不利,神水瘀积,瞳神散大,酿成本病。

18.2.2 临床表现

18.2.2.1 自觉症状

1) 视力急剧下降:视力常减退到指数或手动,甚至仅有光感。
2) 虹视:由于角膜(黑睛)上皮水肿,进入眼内的光线产生分光作用,在看灯火时,其周围有彩色光晕,如雨后天空的彩虹一样,故称为虹视。
3) 疼痛:眼球高度胀痛,并沿三叉神经放射至同侧头部,出现剧烈的偏头痛。
4) 恶心呕吐:由于剧烈的头痛及高眼压压迫感觉神经末梢,引起反射性的恶心呕吐,甚至全身不适。此症状有时反应甚重,以致易使人忽略眼部症状,误认为胃肠道疾病,或急性传染病,而延误了治疗时机,造成不易挽回的视力损害。

18.2.2.2 他觉症状

1) 眼压增高:眼压多升至8kPa(60mmHg)以上,故眼球坚硬如石。
2) 瞳孔(瞳神)散大,对光反应消失。
3) 睫状充血(抱轮红赤)。由于眼压增高,眼球血管受压,血液回流障碍,引起瘀滞及血管扩张所致。
4) 角膜(黑睛)水肿。角膜因高度水肿呈雾状混浊,失去光泽,如呵气状。
5) 眼睑(胞睑)肿胀,球结膜水肿,程度轻重不一。
6) 前房变浅,房角关闭。由于眼内压增高,玻璃体(神膏)和晶状体(晶珠)水肿,将虹膜(黄仁)推向前而使前房变浅,房角关闭;亦因后房房水向瞳孔流出不畅,后房压力增高,将虹膜向房角方向推挤所致。

在急性发作期间,眼底往往不易窥见。

18.2.2.3 疾病经过

急性发作后,少数严重病例在一两天内可以完全失明,多数初次发作的患者症状持续几天或十几天,以后诸症逐渐缓解,直至消失,视力逐渐恢复至原来程度。经过一个长短不一的时期以后,常又急性发作。有些经多次反复发作而转入慢性阶段,由于眼压持续偏高,瞳神(瞳孔)散大不收,视物日渐昏矇终至失明。

18.2.3 诊断依据

1) 患者瞳神大,隐隐呈淡绿色,黑睛气色混浊,呈呵气状,抱轮红赤。

2) 发病急骤,视力锐减,头眼剧烈疼痛,恶心呕吐。
3) 眼压增高可高至 6.7~10.7kPa(50~80mmHg),前房浅,房角关闭。
4) 鉴别诊断:绿风内障症状与瞳神紧小、天行赤眼有许多相似之处,容易造成误诊,必须注意鉴别(表18-1)。

表 18-1　三种白睛暴赤眼病鉴别

鉴别要点	绿风内障	瞳神紧小	天行赤眼
疼痛	眼球胀痛剧烈	眼部钝痛	灼热异物感
视力	骤降及虹视	减退	正常
白睛	抱轮红赤或混赤	抱轮红赤	红赤
黑睛	雾状混浊	角膜后沉着物	偶见星翳
前房	前房浅	前房正常或深,神水混浊	正常
瞳神	散大,收缩失灵	紧小,开大失灵	正常
眼压	增高	正常或稍低	正常
眵泪	一般不多	流泪	热泪频流,眵多胶结
全身情况	重者伴恶心、呕吐及患侧头痛如劈	偶有不适或头痛	无不适

18.2.4　辨证论治

18.2.4.1　肝郁气滞

主证　头目胀痛,黑矇,黑睛雾浊如呵气,瞳神散大,观灯火有虹晕,眼压增高。全身症有情志不舒,胸闷嗳气,食少纳呆,呕吐泛恶,口苦,舌红苔黄,脉弦数等。

治法　清热疏肝,降逆和胃。

方药　丹栀逍遥散加减。方中以柴胡为主药疏肝解郁;牡丹皮、栀子清肝泻火;当归、白芍养血柔肝;白术、茯苓、甘草、生姜理脾和胃止呕;薄荷辅助主药,疏散条达肝气。酌加黄连清肝胃之火,以降其逆;少佐吴茱萸,辛温开郁,降气止呕。

18.2.4.2　风火攻目

主证　黑睛混浊如呵气,瞳神散大,隐隐绿色,头痛如劈,目胀欲裂,眼压增高,视力锐减,烦躁口干。舌红苔薄黄,脉弦数。

治法　清热泻火,凉肝息风。

方药　绿风羚羊饮或羚羊钩藤汤加减。前方是以清热泻火为重,方中用羚羊角清热明目、平肝息风为主药(羊角代用);黄芩、玄参、知母重在清热泻火;大黄凉血活血,泄热通腑;车前子、茯苓清热利水,导热由小便出;防风助主药搜肝风,散伏火;桔梗清热利窍;细辛开窍明目,治头风痛。诸药组方,共呈清热泻火、凉肝息风、利窍明目之功。呕吐甚者,酌加竹茹、法半夏之类降逆止呕。

对于热极动风、阴血已伤之证,则宜以凉肝息风为主,用羚羊钩藤汤加减。方中羚羊角(羊角代用)、钩藤、桑叶、菊花清热平肝息风;生地黄、白芍滋阴凉血养阴;贝母、竹茹、甘草清热化痰,茯苓宁心安神。若加石决明、牛膝、细辛用于本证则更增开窍明月,通络行滞作用。

18.2.4.3　饮邪上犯

主证　眼压增高,瞳神散大,气色混浊,头痛眼胀,干呕吐涎沫,食少神疲,四厥冷。舌淡苔薄,脉细弦。

治法　温肝暖胃,降逆止痛。

方药　吴茱萸汤加减。《审视瑶函》吴茱萸汤是以《伤寒论》方为基础加减而成。方中仍用吴茱萸为主药,温肝暖胃,降上逆之阴邪,止阳明之呕吐及厥阴之头痛。配生姜、法半夏、陈皮温脾胃,涤痰饮,降呕逆;川芎、白芷散寒邪,止头痛;人参、茯苓、炙甘草补脾胃。诸药合用,可收温肝暖胃、降逆止呕、散寒止痛的功效。

此外,若痰火动风,可选将军定痛丸以降火逐痰、平肝息风。若转入慢性阶段,尚可参照青风内障辨证论治。

18.2.5　其他疗法

缩瞳剂为首要的药物。使瞳神缩小以减少前房的粘连和阻塞,同时使滤帘间隙增宽,增加房水排出,使眼压下降。

1) 槟榔滴眼液,症重时每 15~30 分钟滴眼一次。症状缓解后,每日滴 3~5 次。

2) 1%~2%毛果芸香碱液,能开放已闭塞的房角,改善房水循环,而使眼压下降。每 3~5 分钟滴眼一次,症状缓解后,可视病情改为 1~2 小时一次,或每日 2~4 次。注意频点高浓度毛果芸香碱有中毒的可能性,滴药后应压迫泪囊。

3) 体针:常用穴为睛明、攒竹、瞳子髎、阳白、四白、太阳、风池、翳明、合谷、外关等。恶心呕吐时可配内关、足三里。每次局部取 2 穴,远端取 2 穴。

4) 耳针:可取耳尖、目、眼等穴。

5) 碳酸酐酶抑制剂能减少房水生成,因而使眼压下降。常用药物乙酰唑胺(acetazolamidum),首次服 500mg,以后 250mg 每 6 小时一次。同时服 10%氯化钾 10ml 每日 3 次,防止不良反应。

6) 高渗脱水剂,可使血液渗透压增高,减少眼球内液体而使眼压降低。常用 20%甘露醇 250ml 静脉滴注,20~30 分钟滴完;或 50%葡萄糖 100ml 一次静脉注入。或 50%甘油 100ml 顿服。但不宜长期使用。

7) 手术治疗:眼压下降后及时选择适当手术,如选施周边虹膜切除术或滤过手术。

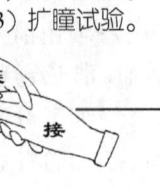

青光眼的激发试验有哪些
1. 宽角型青光眼的激发试验
1) 饮水试验。
2) 妥拉苏林试验。
2. 窄角型青光眼激发试验
1) 暗室试验。
2) 阅读试验。
3) 扩瞳试验。

18 瞳神病

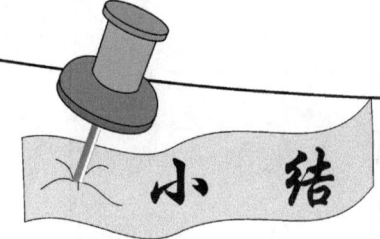

本病病因比较复杂,目前尚难从根本上防止发病。故应从早期诊断和早期治疗方面努力,力求减低对视功能的损害,避免致盲的严重后果。通常采取的措施有:

1. 进行本病有关知识的宣传,在30岁以上成人中普查,以发现早期病例。
2. 凡有如下可疑本病的患者,应做进一步检查。
1) 主诉一过性虹视、雾视现象,并伴有头痛,但不能用其他原因解释者。
2) 不能解释的视疲劳,不明原因的视力下降,特别是戴镜或频换眼镜仍感不适者。
3) 家族中有本病患者,而本人兼有不明原因的视力下降或其他可疑症状者。
4) 一眼已患本病者之"健眼",视盘或视野有可疑变化者。
5) 24h内眼压波动幅度大于8mmHg或眼压高于24mmHg者。

18.3 圆翳内障

本病是指老年晶珠混浊,视力渐降,最终瞳神内呈圆形银白色翳障而高度视力障碍的眼病,病名见于《秘传眼科龙木论》。多发于50岁以上的老年人。呈双侧性,两眼的发生发展并不一致,先后快慢可相差数月或数年。历代眼科文献所载与本病类同者有浮翳、沉翳、滑翳、枣花翳、黄心白翳、如银内障等。其名虽异,实际均指睛珠混浊,只是病变之阶段、程度、部位、颜色有所差别而已。本病翳定障老时,经手术治疗可以恢复一定视力。相当于西医之老年性白内障。

18.3.1 病因病机

本病多因年老体衰,肝肾阴虚,脾肾阳虚,气血不足,脾虚湿热,精气不能上荣于目所致。

18.3.2 临床表现

本病初起,自觉视物微昏,或眼前有位置固定之点状、条状或圆盘状阴影;或视近尚清,视远昏矇;或明处视昏,暗处视清;或视灯火、明月如有数个。昏矇日进,则渐至不辨人物,只见手动,甚至仅存光感。

检视瞳神,圆整无缺,展缩自如。初起,若晶珠出现于边缘,状如枣花、锯齿,视力多无明显影响(图18-4A)。继则晶珠灰白肿胀,如油脂浮于水面,电筒侧照,可见黄仁之阴影呈新月形投射于晶珠表面(图18-4B)。最终晶珠全混,色白圆整,电筒侧照,可见阴影消失(图18-4C)。此时翳定障老,正宜手术治疗。否则,日久晶珠缩小,翳如冰棱而下沉(图18-4D)。若晶珠混浊从核心开始,渐向周围扩散,其色多为棕黄、棕红或棕黑色。

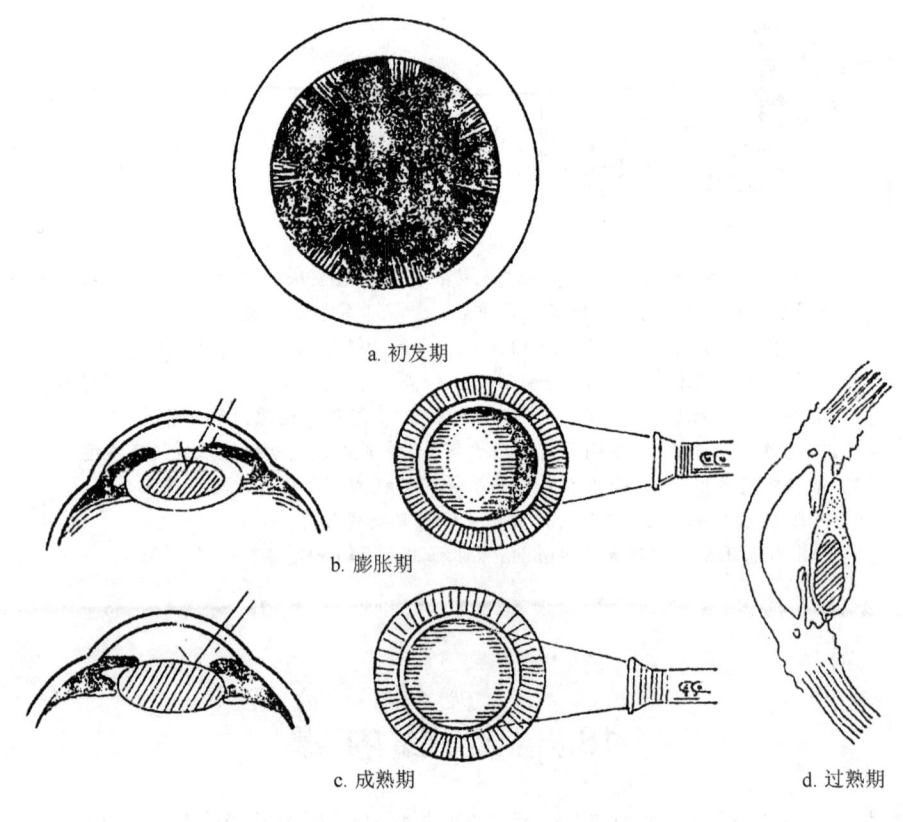

图 18-4　圆翳内障

18.3.3　诊断依据

1）视力模糊,逐渐加重,渐至不辨人物,仅存光感。无眼红、眼痛、流泪等症。
2）裂隙灯显微镜检查见晶状体混浊。皮质性老年性白内障分四期。
初发期:皮质中出现水隙,空泡和板层分离,周边部皮质首先可见楔状混浊,逐渐向中央进展。
膨胀期:晶状体混浊加重,饱满,前房变浅。
成熟期:晶状体全部混浊,虹膜投影阴性,前房恢复正常。
过熟期:晶状体皮质混浊呈液化状乳白色,核下沉,前房加深。
老年性核性白内障,混浊从核开始,呈棕色混浊,向周围发展,早期即明显影响视力。

18.3.4　辨证论治

18.3.4.1　肝肾阴虚

主证　晶状混浊,视物昏矇,头晕耳鸣,腰膝酸软。舌红,苔薄,脉细。
治法　滋补肝肾。
方药　杞菊地黄丸加减。杞菊地黄丸滋补肝肾,益精明目。用于精血亏甚者,宜加菟丝子、楮实子、当归、白芍。

18.3.4.2 脾肾阳虚

主证 晶珠混浊,眼症同前,视物昏矇,形寒肢冷,面色㿠白,喜热恶冷。大便溏薄,小便清长。舌质淡,苔薄,脉沉细。

治法 温补脾肾。

方药 补中益气汤加味。该方重在补脾益气升阳,再加附子、肉桂以温补肾阳。醒脾散结、通脉利窍可加神曲、三七。诸药合用共奏温补脾肾、通脉散结之功。

18.3.4.3 气血不足

主证 晶状混浊,视物昏花,不耐久视,眉棱骨酸痛,神疲懒言,肢软乏力,舌淡少苔,脉细。

治法 益气补血。

方药 八珍汤加减。原方方中,芎、归、芍、地以补血,参、苓、术、草补气。八药合用,故能收气血双补之功。若心虚惊悸,头晕少寐,则可加五味子、远志,以养心宁神。为了防止过补伤胃,可加枳壳以利气和胃。

18.3.4.4 脾虚湿热

主证 晶珠混浊,干涩昏花,口干不欲饮,苔黄腻,脉滑数。

治法 健脾除热,宽中利湿。

方药 三仁汤加减。原方以厚朴、白蔻仁芳香化湿运脾;杏仁、半夏苦辛宣肺和胃;滑石、薏苡仁、通草淡渗清热除湿。方中可酌加茯苓、白术、黄连、木瓜、大腹皮等以增健脾清热除湿之力。

除上述分证证治外,临床上常根据病情选用成药,以坚持治疗,提高疗效。如目昏兼头晕耳鸣、心悸失眠等症,为心肾失调、水火不交,可常服磁朱丸以交通心肾、镇心明目。属元气已伤,肝肾精血两亏,兼阳亢动风者,可常服石斛夜光丸益气填精、滋阴平肝明目。

片剂有障眼明,每次3~5片,每日3次,口服。可根据全身脉症选用之。

18.3.5 其他疗法

1) 障翳散点大眦角或下睑缘内,日点3次。
2) 法可林、卡他林眼药水点眼,日点4次。
3) 中药超声雾化法:上述内服中药汤剂药渣再煎,取适量煎剂液置温,倒入药杯,每次15分钟,每日2次熏洗眼。眼对喷雾口距离约20cm。
4) 针刺疗法:本法仍只适用于早期患者,且宜与内服外点药物配合使用。常用穴为睛明、球后、攒竹、鱼腰、臂臑、合谷、足三里、三阴交。每日或隔日1次,每次2~3穴,8~10次为一个疗程。
5) 手术疗法:晶珠全混,翳定障老,若瞳展缩如常,光定位及色觉良好者,可行手术治疗。术前要掌握好手术的适应证,以保证手术后效果。对适应证的选择,必须做以下各种检查。

视功能检查:包括光感、光定位、色觉检查均必须正常。色觉检查是在暗室内将红、蓝、绿色玻璃分别置于患者被检眼前,另一眼遮蔽,用烛光投照玻片上,让患者辨认颜色,此三项检查异常时,表明视网膜、视神经或脉络膜有病变。

眼部检查:测量眼压是否正常,冲洗泪道是否通畅,有无黏脓液,防止手术后发生眼内感染或其他并发病。

全身检查:测量血压,高于正常时,术前应先服降压药。查小便有无糖尿病以防术后并发病。

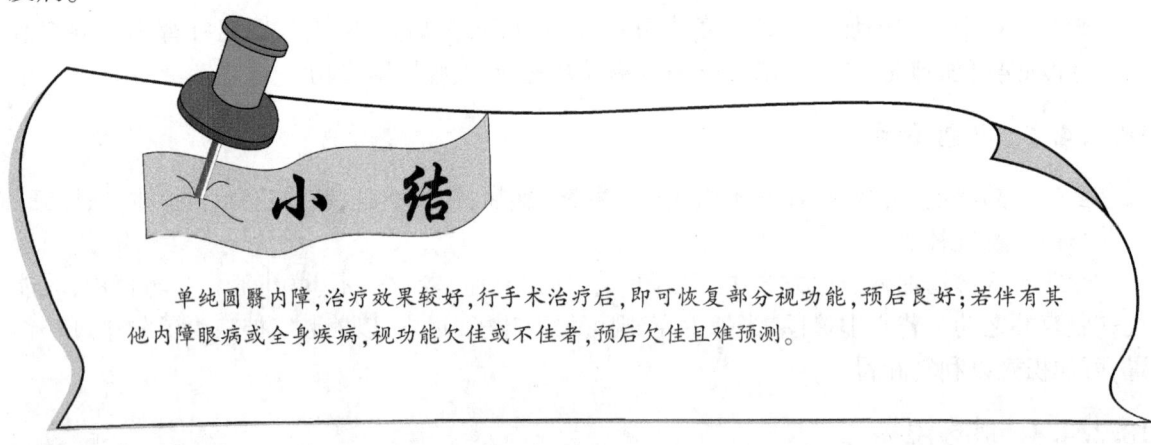

单纯圆翳内障,治疗效果较好,行手术治疗后,即可恢复部分视功能,预后良好;若伴有其他内障眼病或全身疾病,视功能欠佳或不佳者,预后欠佳且难预测。

附　惊震内障

惊震内障是指头眼部挫伤或眼部锐器伤,损及晶珠。以致晶珠混浊的眼病。相当于西医学之外伤性白内障。

初起多因眼部血络受伤,瘀血停留,郁而化热,故常见灼热疼痛、畏光流泪等症。若晶珠破损,神水侵犯,则迅即开始混浊,甚至数日后晶珠全混,影响视力。治疗初起宜清肝泄热、活血化瘀,服石决明散加减。若证情复杂,当参照眼外伤治疗。

若继发绿风内障,宜手术处理。红赤已退,仅留内障者,内治可参照圆翳内障处理。若翳定障老,服药无效,而光感色觉良好者,半年至一年后可行手术治疗。

手术方法及选择:

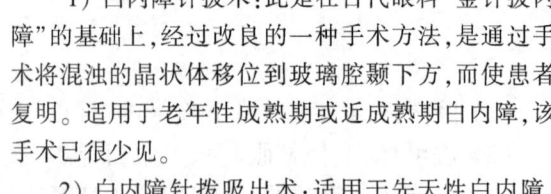

白内障摘除术后为什么要安装人工晶体

摘除白内障后,眼球内就丧失了晶体这一必不可少的调节装置。而配戴眼镜(框架式)及角膜接触镜又有很多缺点和不足,所以最理想的方法就是安装人工晶体以"假"替"真",就能使视力及视野恢复到正常。

1) 白内障针拨术:此是在古代眼科"金针拨内障"的基础上,经过改良的一种手术方法,是通过手术将混浊的晶状体移位到玻璃腔颞下方,而使患者复明。适用于老年性成熟期或近成熟期白内障,该手术已很少见。

2) 白内障针拨吸出术:适用于先天性白内障,并发性白内障及外伤性白内障。

3) 白内障截囊吸出术:除老年性白内障外,凡囊膜完整核未硬化的白内障均可适用。此方法简便安全,并发病少,应用较广。在简单的设备条件下均可开展。

4) 白内障囊内摘除术:切开角巩膜缘后,用无齿晶状体镊、吸盘或冷凝摘除器将整个晶状体完整地摘除。适用于老年性白内障或并发性白内障。

5) 白内障囊外摘出术:切开角巩缘后,用有齿晶状体囊镊将前囊膜撕破夹出,然后娩出晶状体皮质及核。遗留下后囊膜。较白内障囊内摘除术为安全。适用于体弱、年迈的老年性或外伤性白内障。

6) 人工晶状体植入术:目前使用的有前房型及后房型人工晶状体,大多数是在白内障摘除后即时植入人工晶状体,也有少数在白内障摘除以后(一般半年以上)植入,其中常规白内障囊外摘出术后即时植入改良型J袢或C袢后房型人工晶体为最广泛采用的方法。

18.4 云雾移睛

本病指眼外观端好,自觉眼前有蚊蝇或云雾样黑影飞舞飘移,甚者视物昏矇、混浊不清的眼病。《银海精微》称蝇翅黑花。《证治准绳》始称云雾移睛。相当西医之玻璃体混浊。常由葡萄膜、视网膜的炎症、出血,以及玻璃体变性等引起。

18.4.1 病因病机

1) 湿热郁蒸或痰湿内蕴,浊气上泛。
2) 肝气郁结,气滞血瘀。
3) 肝肾亏损,精血不足,目窍失养。

以上因素皆可导致神膏不清,自觉眼前黑影飞舞飘移。

18.4.2 临床表现

有眼内炎症病史者,自觉眼前黑影茫茫,或如蛛丝飘浮,或似蚊蝇飞舞等,随睛而动止。视力可有不同程度减退。检眼镜下可见玻璃体内有尘埃状、丝状或网状混浊物飘动。

有眼内出血病史,常感眼前黑影如浮云移动,或如旌旗飘拂。检眼镜下可见玻璃体内呈厚薄不等的片状、絮状、团块状之弥漫性混浊,并可见到视网膜出血性病变。

玻璃体变性混浊者,玻璃体内有丝状、膜状混浊或白色雪花样点状物飘荡,或闪辉样结晶体的沉积。若玻璃体液化,则动眼时可见其动荡加剧。

18.4.3 诊断依据

1) 自视眼前有黑影,形状不一,或浓或淡,眼珠转动时呈无规律之运动。
2) 轻者不影响视力,重者影响视力。
3) 检眼镜彻照法检查,令被检眼上下、左右转动时,可见有黑色或半透明之点状、条状、块状混浊飘动。
4) 裂隙灯显微镜加前置镜检查,可观察混浊物的位置及性状,简述如下:①弥漫性棕黄色点状、间有暗红色凝块或条索者为积血性混浊。②淡黄色点状、白色絮状、白色雪球样混浊,并伴有葡萄膜炎症(如瞳神干缺、瞳神紧小和某些内障病)者,为炎性混浊。③玻璃体活动度增加,其间有黑色的光学空间,混浊呈半透明膜状者为玻璃体变性混浊。
5) 必要时做眼超声检查及眼电生理检查,有助了解玻璃体混浊的性质及视网膜状况。

> **出现了飞蚊症怎么办**
>
> 生理性的飞蚊症即使不消失也不可怕，它如同长了白头发，无法治疗，也无需治疗。飞蚊症可以视为一种症状，从症状学的角度讲生理性的飞蚊症与病理性的玻璃体混浊有时并无明确界限，只是在起因、表现与混浊程度上有所不同。作为病理状态的玻璃体混浊，眼前飘动的黑影多数不透明，轮廓比较清楚，有明显的视物模糊症状，常随眼病而突然出现，且不断变化，可加重或逐渐消失。许多重要的眼底病是由于有了玻璃体混浊而引起患者注意才就诊的，对此，患者就要及时到医院检查，明确诊断予以治疗。

6）鉴别诊断：云雾移睛症轻者尚需与生理性飞蚊症相鉴别。生理性飞蚊症，是由于玻璃体中胚胎残余细胞行经视网膜血管时，其影投射在视细胞层所致。对视力无影响，自觉眼前有黑点、黑条或蛛网状丝飘动，由于残余细胞很小，用检眼镜不能查见混浊物，不属眼病。

18.4.4　辨证论治

18.4.4.1　湿热蕴结

主证　自觉眼前黑影浮动，检查神膏有尘状、絮状、团状混浊，视物昏矇，胸闷纳呆，口苦心烦，头重，舌红苔黄腻，脉滑数。

治法　宣化畅中，清热利湿。

方药　三仁汤加减。本方用于热邪较重者，酌加黄芩、栀子、车前子。也可用《审视瑶函》猪苓汤加减。

18.4.4.2　气滞血瘀

主证　自觉眼前黑花，呈点状、块状红色混浊，视力突降。情志不舒，胸闷胁胀，口苦，舌有瘀斑或紫绛，苔黄脉弦涩。

治法　疏肝理气，化瘀止血。

方药　丹栀逍遥散或血府逐瘀汤加减。本证出血不久者，宜以前方酌加生蒲黄、三七、郁金等清热疏肝，止血活血。出血已止而眼前黑花较多者，宜用血府逐瘀汤，方中柴胡、枳壳、桔梗疏肝行气；当归、川芎、赤芍、桃仁、红花、牛膝活血祛瘀；生地黄配当归，养血润燥；甘草和中。诸药相配，理气活血化瘀。若用于瘀久不散者，酌加三棱、莪术、牡蛎、鳖甲之类破血散结；用于瘀久化热者，宜加黄连、山栀子以清肝热；用于久瘀伤正者，选加黄芪、党参或枸杞子、菟丝子之类扶正祛瘀。

18.4.4.3　肝肾亏损

主证　眼前黑花飘动，时隐时现，如环状、半环状，或有闪光感，逐渐进展，或伴能近怯远，视物昏矇，眼干涩，易疲劳，舌红苔薄，脉细。

治法　补益肝肾。

方药　明目地黄丸加减。原方以六味地黄丸为滋养肝肾之基础，更增熟地黄、当归、五味子益精养血；柴胡升散，疏肝解郁。全方补中有泻，升降得宜，共呈补养肝肾、益精明目的作用。若玻璃体混浊较重，酌加牛膝、丹参，取其祛瘀生新。若脾运不健，酌加陈皮、砂仁芳香醒脾。

18.4.5 其他疗法

1）局部可用丹参、三七、红花之类注射液作电离子导入。每日 1 次，10 次为一个疗程。
2）中药超声雾化法：上述内服中药渣再煎，适量倒入超声雾化器药杯中，开机，每次 15 分钟，每日 1~3 次，喷雾口对患眼约 20cm 熏洗眼。

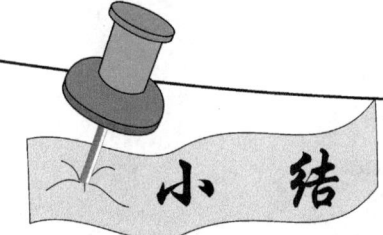

本病若迁延日久，或其混浊不易吸收，最终被机化形成致密的富有新生血管的纤维性膜遮蔽或收缩，并严重影响视力或导致视网膜脱离，甚至最终眼球萎缩而失明。对于出血引起的混浊，如果治疗期间，用药峻猛或手术不慎可能引起新的出血。及时正确治疗亦有明显控制症情及恢复痊愈者。对出血者，相对老年人恢复较慢；青少年则吸收较快，恢复亦较满意。

18.5 络阻暴盲

络阻暴盲是指患眼外观正常，突然单眼或双眼视力急剧下降，甚至失明的严重内障眼病。本病以暴盲为名首见于《证治准绳·七窍门》。本病以中老年人多见，多数患者伴有高血压等心脑血管疾病。相当于西医之视网膜动脉阻塞。

18.5.1 病因病机

1）忿怒暴悖，气机逆乱，气血上壅，血络瘀阻。
2）年老阴亏，肝肾不足，肝阳上亢，气血并逆，瘀滞脉络。
3）心气亏虚，血动乏力，血行滞缓，脉道瘀滞。

18.5.2 临床表现

其临床表现因阻塞的部位和程度的不同而有别。而大多数为主干阻塞。眼无他病，外观端好，视力骤丧，甚至无光感，瞳仁散大。若某一分枝阻塞，则出现相应视野缺损。如出现动脉痉挛，病人可有一过性黑矇，数秒即可自行缓解。检眼镜检查可见，视网膜动脉显著变细，血柱可呈节段状，静脉亦相应变细。视网膜内层因缺血缺氧，后极部网膜呈灰白色水肿混浊，黄斑区因水肿不明显，可透见其深面的脉络膜红色背景，与周围灰白水肿混浊区成鲜明对比，出现黄斑樱桃红点。少数病人有睫状视网膜动脉存在，可残留部分中心视力。如系不完全性主干阻塞,则视功能损害程度轻些,眼底改变也较轻。

18.5.3 诊断依据

1) 中老年人发病,突然视力下降或丧失。
2) 视网膜动脉极细,血柱呈节段状。
3) 视网膜后极部广泛性灰白水肿混浊。
4) 黄斑樱桃红点。
5) 眼底荧光血管造影有助于诊断。

18.5.4 辨证论治

18.5.4.1 气血瘀阻

主证 外眼端好,骤然盲无所见,兼情志抑郁,胸胁胀满,头痛眼胀,或病发于暴怒之后,舌有瘀点,脉弦或涩。

治法 行气活血,通窍明目。

方药 通窍活血汤加减。方中桃仁、红花、赤芍、川芎活血化瘀;生姜、大枣调和营卫,黄酒、老葱散达升腾,通利血脉,且使活血化瘀之药力上达。麝香活血,通络开窍。头昏者加天麻、牛膝以平肝引血下行;若网膜水肿明显,加车前子、薏苡仁以利水;失眠加夜交藤、酸枣仁以宁神。

18.5.4.2 肝阳上亢

主证 年老体衰,暴怒之后,头痛眼胀或眩晕时作,多伴高血压史,急躁易怒,面赤烘热,口苦咽干,脉弦细或数。

治法 滋阴潜阳,活血通络。

方药 镇肝息风汤加减。方中怀牛膝归肝肾之经,重用以引血下行;代赭石、龙骨、牡蛎降逆潜阳、镇息肝风;龟甲、玄参、天冬、白芍滋养阴液,以制阳亢;茵陈、川楝子、生麦芽以清泄肝阳之有余,条达肝气之郁滞;甘草调和诸药。失眠多梦加夜交藤、珍珠母镇静安神;五心烦热者,加知母、黄柏、地骨皮降虚火;视网膜水肿混浊明显者,加车前子、益母草利水。

18.5.4.3 气虚血瘀

主证 眼底脉络闭阻,视乳头色淡白,动脉细而色淡红,视网膜灰白。或伴短气乏力,面色萎黄,倦怠懒言,舌淡有瘀斑,脉涩或结代。

治法 补气养血,化瘀通脉。

方药 补阳还五汤加减。方中重用生黄芪取其大补脾胃之元气,使气旺以促血行,祛瘀而不伤正;当归尾、川芎、赤芍、桃仁、红花活血祛瘀;地龙通经活络。病久而视力不提高者,宜加枸杞子、楮实子、菟丝子、女贞子等益肾明目;久病多郁,伴情志抑郁者,加柴胡、白芍、青皮、郁金以疏肝解郁。

18.5.5 其他疗法

抢救措施如下：

1) 亚硝酸异戊脂 0.2ml 吸入，每隔 1~2 小时再吸一次，连用 2~3 次。舌下含化三硝基甘油脂片，每次 0.3~0.6mg，每日 2~3 次。
2) 球后注射盐酸妥拉苏林 12.5mg 或阿托品 1mg。
3) 针刺睛明、曲池、承泣、风池、肾俞等穴，每次针 3 穴，每天 1 次。
4) 人参 30g、苏木 10g 煎水频饮。
5) 间歇性按摩眼球，以降低眼压。

经紧急处理之后，继续针灸治疗，可坚持 1~3 个月；丹参注射液 40ml 加入右旋糖酐 500ml，静脉滴注，每日一次，用 10~20 次。

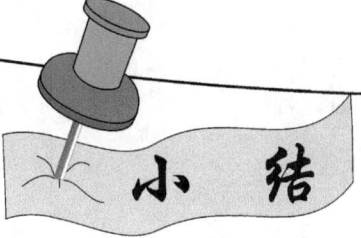

本病重在急救，抢救应争分夺秒，在内治的同时配合外治，中西医结合应属必要。通常只在动脉不全阻塞时，治疗或有希望，在全阻塞时，恢复视力几不可能，预后差。血管痉挛和不完全阻塞者，预后较好。视网膜动脉中央阻塞的患者，其治疗后视力多数在 0.2 以下。有视网膜睫状动脉供应黄斑者，预后较好，多数病人可达 0.4 以上。动脉全阻塞的病人仍需继续观察，因少数病人有可能发生血管功能不全性青光眼。

18.6 络损暴盲

络损暴盲是指因眼底脉络受损出血致视力突然下降的眼病。该病以暴盲为名首载于《证治准绳·七窍门》。可单眼或双眼发病。类似于西医学之视网膜静脉阻塞、视网膜血管炎等。

18.6.1 病因病机

1) 情志内伤，肝失条达，气滞血瘀而脉阻。
2) 肝肾亏虚，水不涵木，肝阳上亢，气血上逆，血脉不畅，不循常道而外溢。
3) 嗜好烟酒，恣食肥甘，痰湿内生，痰凝滞血，血脉瘀滞，上壅目窍。

18.6.2 临床表现

本病主要以视力下降和眼内出血为主。但其症状与病种、病程及发病部位有直接的关系。

如属视网膜静脉阻塞者,视力可突然下降。眼底可见自视乳头发出的静脉扩张迂曲,动脉变细,网膜血管常被淹没在大片广泛的视网膜出血中,仅可见部分节段。火焰状出血斑遍布眼底各处,尤以后极部为多,视乳头亦轻度水肿,表面也被出血遮盖。视网膜水肿,并出现黄白色类脂质变性和出血相混杂。黄斑受累水肿后渐发生囊样变性。视网膜血管炎则多见周边部小血管出血及新生血管,静脉旁出现白鞘或机化膜。眼底出血量多并进入玻璃体者,眼底无法窥清。

18.6.3 诊断依据

1) 眼外观端好,视力突然减退。
2) 中老年人发病,有高血压等病史。
3) 有上述典型之眼底表现。
4) 荧光素眼底血管造影,对诊断有重要的帮助。

18.6.4 辨证论治

18.6.4.1 气滞血瘀

主证　外眼端好,视力急降,眼胀头痛,胸胁胀痛;或情志抑郁,食少嗳气,或忿怒暴悖,烦躁失眠;或乳房胀痛,月经不调。舌尖边红,苔薄白,脉弦或涩。

治法　理气解郁,化瘀止血。

方药　血府逐瘀汤加减。方中柴胡、枳壳、桔梗疏肝行气;当归、川芎、赤芍、桃仁、红花、牛膝活血祛瘀;生地黄配当归,养血润燥;甘草和中。诸药相配理气活血化瘀。出血量多而较鲜者,加牡丹皮、白茅根凉血止血;失眠多梦者,加珍珠母、夜交藤镇静安神;水肿较甚者,加车前子、猪苓利水。

18.6.4.2 肝阳上亢

主证　视物模糊,眩晕耳鸣,面时潮红,急躁易怒,口苦苔黄或舌红少苔,脉弦或弦细等。

治法　平肝潜阳,化瘀止血。

方药　天麻钩藤饮加减。方中以天麻、钩藤、石决明为主,平肝潜阳;黄芩、山栀清肝火;牛膝、益母草活血通络,引血下行;杜仲、桑寄生补肝肾;夜交藤、茯神安神宁心。腰膝酸软者,加枸杞子、何首乌、白芍滋阴潜阳;纳食不佳者,加神曲、陈皮理气醒脾。

18.6.4.3 痰瘀郁滞

主证　视物模糊,头重眩晕,形体肥胖,嗜食肥甘,胸闷脘胀。眼底水肿明显,渗出质多,或有黄斑囊样水肿。舌白苔腻或舌有瘀点,脉弦或滑。

治法　化痰利湿,活血通脉。

方药　二陈汤合桃红四物汤加减。方中以二陈汤半夏、陈皮、白茯苓、甘草燥湿化痰,理气和中,桃仁、红花、赤芍、当归、川芎行气活血祛瘀;地黄生用凉血清热。若大便秘结者,加大黄、

18 瞳神病

决明子泻下通便；大便溏泻者，加白术、神曲健脾祛湿。

18.6.5 其他疗法

1) 尿激酶：用5000U，溶于生理盐水500ml，静脉滴注，每日1次，5~10次为一个疗程。或用尿激酶100U，溶于0.5ml生理盐水中，做球后注射，每日1次，10次为一个疗程。
2) 右旋糖酐500ml，静脉滴注，每日1次，7~10次为一个疗程。
3) 口服芸香苷，维生素C，碘剂等。
4) 血栓通120mg，加入50%葡萄糖40ml，静脉注射，每日1次，10次为一个疗程。
5) 针刺球后、睛明、承泣、太阳等。

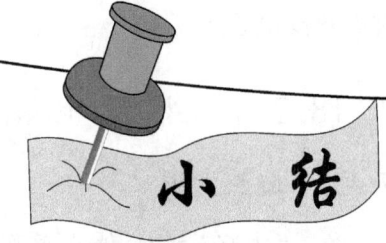

本病属眼科急症，但治疗疗程较长，短时内较难收功，内外同治，促进瘀血吸收，中央静脉阻塞治疗疗程长久，可达一年或三年左右，多数病人不能恢复视力，故预后较差。视力的恢复决定于阻塞的病因、部位、程度、药物治疗、全身情况以及侧支循环的建立。少数病人反复出血，或出现新生血管性青光眼导致失明。亦有经耐心治疗而控制症情向恶化发展者，可以恢复部分视功能，或少数治疗效果较满意。

18.7 视瞻有色

视瞻有色是指眼外观端好，惟觉视物昏朦不清，眼前中央有一团灰色或棕黄色阴影遮挡，或视物变形的内障眼病。又名"视直如曲"、"视大为小"等。本病名首见于《证治准绳·七窍门》。类似于西医学之中心性浆液性脉络膜视网膜病变。多见于20~45岁的青壮年男性，多为单眼发病。

18.7.1 病因病机

1) 脾失健运，水湿内蕴，内蕴日久，水湿夹热交作，湿热上犯目窍。
2) 郁怒伤肝，肝郁气滞，气滞血瘀，上扰于目，神光受遏。
3) 肝肾阴亏，阴虚火旺，火性上炎，上犯于目，目失所养，神光逆乱。

18.7.2 临床表现

患眼正前方有黑灰色阴影，色调常变为暗淡，尤以红色明显。眼底查黄斑部中心凹反光减弱或消失。黄斑部及其周围有水肿或积液而隆起,其范围大小不等,水肿区呈圆形或不规则圆形,表面稍不平。急性期过后水肿区出现黄白色细点,日久自行吸收消退,黄斑中心凹反光可能再度出现,但有的中心凹反光点恢复不完全,并出现弥散的色素紊乱,该情况将影响中心视力。

18.7.3　诊断依据

1) 青壮年男性发病,易于复发。
2) 视力减退,但不低于0.2,眼前暗影。
3) 眼底周围反光轮,中心凹反光消失。
4) 眼底荧光素造影有荧光素渗漏。视物变形。有点状渗出质。

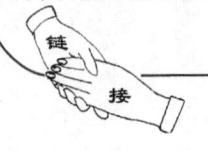

引起视物变形的原因有哪些

正常人看东西时,反映出的是物体固有的形态特征,是直线就是直线,物体有多大,看到的就有多大,如把直线看成是歪的或把物体看的比实际上的大或小等现象医学上称之为视物变形,引起视物变形的疾病有中心性视网膜的病变(中浆)、黄斑变性、黄斑出血、视网膜脱离、视网膜血管病、脉络膜的肿瘤等。

18.7.4　辨证论治

18.7.4.1　湿热上犯

主证　"中浆"表现,伴头重胸闷,纳谷不香,口渴不饮,舌胖边有齿痕,苔黄腻,脉弦滑。

治法　健脾清热,利水明目。

方药　三仁汤加减。本方重在健脾利水,如白蔻仁、薏苡仁、滑石、厚朴、通草均为健脾利水,化湿之品;半夏兼顾祛痰浊。本方清热之品不足,可适当选加黄芩、山栀子,则与治法合度。心烦失眠者,加石菖蒲、远志、黄连以清心宁神;精神忧郁者,加柴胡、白芍、合欢花疏肝解郁。

18.7.4.2　气滞血瘀

主证　"中浆"表现,渗出尚少,伴头痛、胸闷,烦躁少寐。脉弦细涩,舌边有瘀点,苔薄白。

治法　疏肝理气,活血化瘀。

方药　逍遥散加减。方中柴胡、白芍、薄荷疏肝理气;茯苓、白术、甘草、生姜温中健脾,利水化湿;酌加香附、郁金可增强理气活血之功。若出现神光自现,黄斑水肿扩大,属瘀热交作,应加牡丹皮、山栀子、赤芍、白茅根清热凉血活血之品。

18.7.4.3　阴虚火旺

主证　"中浆"急性期过后,或反复发作日久,黄斑兼色素紊乱。伴头晕耳鸣,腰膝酸软,口苦咽干,舌质红,苔薄黄,脉细数。

治法　滋阴降火。

方药　知柏地黄汤加减。方中熟地黄、山萸肉滋补肝肾,山药、茯苓、泽泻健脾利水;牡丹皮、知母、黄柏泻相火。渗出质多者,加山楂、昆布、海藻以软坚散结。

18.7.5 其他疗法

1) 针刺治疗:主穴:瞳子髎、攒竹、球后、睛明;配穴:合谷、足光明、足三里、肝俞。每次选主穴2个,配穴1个。

2) 激光光凝:适应于有明显荧光渗漏,渗漏点位于视乳头黄斑纤维束以外,浆液性脱离严重者;有面积较大,伴有直径1PD以上的色素上皮层脱离者;病程3个月以上,仍见到荧光渗漏,并有持续存在的浆液性脱离者。光凝后约1周左右,神经上皮层浆液性脱离开始消退,2~3周内完全消失。

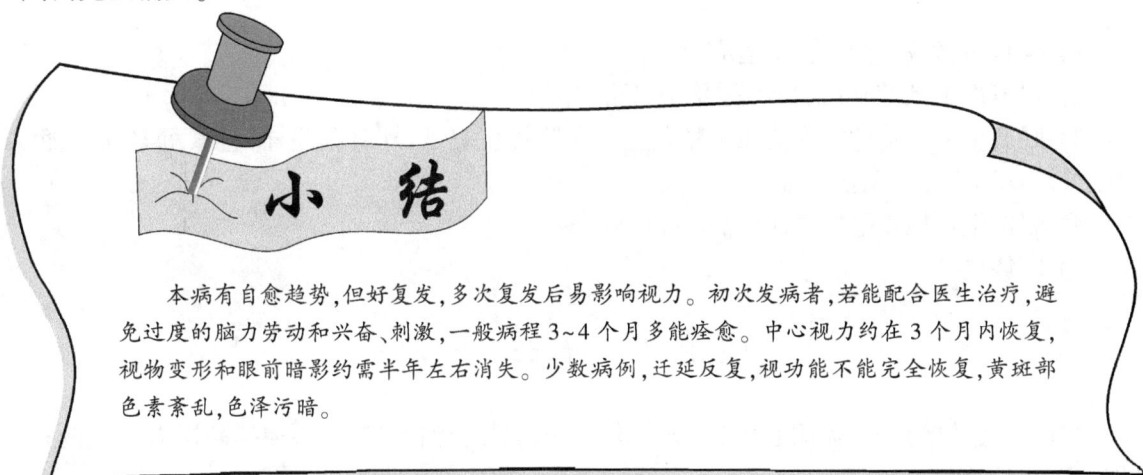

本病有自愈趋势,但好复发,多次复发后易影响视力。初次发病者,若能配合医生治疗,避免过度的脑力劳动和兴奋、刺激,一般病程3~4个月多能痊愈。中心视力约在3个月内恢复,视物变形和眼前暗影约需半年左右消失。少数病例,迁延反复,视功能不能完全恢复,黄斑部色素紊乱,色泽污暗。

18.8 高风内障

高风内障是以夜盲和视野日渐缩窄为临床特征的眼病。病名首见于《证治准绳·七窍门》。又名高风雀目。本病具有遗传倾向,多从青少年时期开始发病,一般双眼罹患,病程漫长。相当于西医学之视网膜色素变性。

18.8.1 病因病机

1) 禀赋不足,命门火衰。
2) 肝肾亏损,精血不足。
3) 脾胃虚弱,清阳不升。

以上诸种不足,均可使脉道不得充盈,血流滞涩,目失所养,以致神光衰微,夜不见物,视野缩窄。

18.8.2 临床表现

本病初起,入暮或暗处视物不清,行动困难,但在明处视物如常。日久,由于视野缩小,行走时,不停转头,身旁之物,经常碰撞,行动极度不便,最终失明。

检查:初起眼球外观无异常,日久瞳神气色可有改变。眼底视盘呈蜡黄色,血管明显变细,视网膜呈青石板状,赤道部网膜可见鸡爪样黑色素沉着,日久,渐向后极和周边发展。亦有白点状、椒盐状改变者,这些患者,发病之初,病变即分布于后极部,并常累及黄斑。本病少数病例除视盘和血管改变外,眼底可无色素。

其他检查:视野常呈向心性缩小。视网膜电流图显示 a 波、b 波振幅降低,波峰延长,甚至呈熄灭型。

18.8.3 诊断依据

1) 夜盲,暗处视物不清,暗适应差。
2) 视野缩小,后期可见管状视野,甚至消失。
3) 眼底可见视盘色泽变淡或呈蜡黄色。网膜可见鸡爪样(骨细胞样)色素沉着,或白色点状改变。视网膜血管明显变细。
4) 眼电生理检查呈异常改变。
5) 家族史。

18.8.4 辨证论治

目前尚无特效疗法,需耐心用药,缓以图功,采取综合治疗措施,可望提高视力或减慢失明的进程。

18.8.4.1 肾阳不足

主证 眼症如上,形寒肢冷,腰膝酸软,舌淡脉沉。

治法 温补肾阳。

方药 右归丸加减。原方温补肾阳、益精养血,用于本证,宜加川芎、牛膝,以助肉桂、当归温阳活血通络。

18.8.4.2 肝肾阴虚

主证 眼部主证具备,且眼内干涩不适,头晕耳鸣,失眠多梦,舌红少苔,脉细数。

治法 滋养肝肾。

方药 明目地黄丸加减。原方滋养肝肾、益精明目,用于眼底血管变细或色素堆积,视网膜颜色污秽者,宜加丹参、牛膝、夜明砂、毛冬青之类活血化瘀,通络消滞。虚热重者,酌加知母、黄柏。

18.8.4.3 脾气虚弱

主证 眼部主证具备,面白神疲,食少乏力,舌淡苔白,脉弱。

治法 补脾益气。

方药 补中益气汤加减。本方主要作用为补中益气升阳。因脉道不利,故选加丹参、三

18 瞳神病

七、川芎活血通络。兼夜间尿频多,小便余沥不尽,腰膝酸软者,为肾元不足,加菟丝子、楮实子、补骨脂、覆盆子等。

18.8.5 其他疗法

(1) 针灸疗法
1) 体针:常用穴位如睛明、球后、太阳、风池、肝俞、肾俞、三阴交、脾俞、足三里等。每次眼周取 1~2 穴,远端取 2~3 穴,每日针 1 次。
2) 穴位注射:用复方丹参液做穴位注射,取穴见上述。
3) 梅花针:采用眼周穴位及头部穴位,用梅花针叩打,每次 30 分钟,隔日一次。
(2) 推拿按摩
本法可以调和气血,益精明目。
(3) 支持疗法
可口服维生素 A、B_1、E,组织疗法包括胎盘组织液注射、胎盘或垂体皮下包埋。
(4) 活血法
亦可用血栓通、复方丹参液等活血。

小结

本病为慢性进行性视功能损害的严重眼病,目前尚无特效疗法,需耐心用药,缓以图功,采取综合治疗措施,可望提高视力或减慢失明的进程。

本病晚期往往致盲。但中心视力常可维持很长时期,多因管状视野而影响生活和工作。还常并发白内障、玻璃体混浊及视神经萎缩。发病年龄愈小,病情也愈严重,至中年几乎可失明。坚持治疗者,有些尚能提高视功能状况。

18.9 目系暴盲

本病是指目系外感六淫,情志内伤或外伤等致患眼倏然盲而不见的眼病。以视力障碍、视野缺损为主要临床特点。本病好发于 40 岁以下的青壮年及儿童,老年人发病者极少,约 60% 的病人可累及双眼。病势比较急重,对视功能威胁很大。本病类似西医的急性视神经炎等视神经病。

18.9.1 病因病机

1) 七情内伤,肝火内盛,或六淫外袭,化火循肝经上扰目窍,灼伤目系,而致失明。

2) 肝郁气滞,气滞血瘀,脉络阻塞,目失涵养,气滞日久,郁而化火,瘀热交作,脉络滞积,玄府郁闭。

3) 热毒外感,内传营血,热乱神明,玄府郁闭。

18.9.2 临床表现

(1) 视神经乳头炎

视神经乳头炎多数系双眼(少数也可为单眼)突然发生视力模糊,一两天内视力严重障碍,甚至全无光觉。部分病人伴有转动眼球时疼痛或眼球深部疼痛,这可能是因视神经的肿胀所致。双眼失明者,双瞳孔散大,光反射消失。视力很差者,瞳孔虽不散大,但对光反射不能持久。尚存视力者,做视野检查,可查到中心暗点、傍中心暗点、象限性缺损或向心性缩小等视野缺损现象,其中红、绿视标较敏感。VEP峰潜时延长,峰值低。检眼镜检查:视乳头充血肿胀,隆起度不超过两至三个 D,边界模糊,部分病例在乳头周围视网膜有水肿混浊及出血与渗出,病变波及黄斑部者,称视神经视网膜炎。眼底荧光造影,早期静脉期乳头面有荧光渗漏,边缘模糊,静脉期呈强荧光。

(2) 球后视神经炎

球后视神经炎依其炎症损害部位的不同,分为三类,即轴性视神经炎、视神经周围炎、横断性视神经炎,以后者对视力损害最为严重。根据发病的缓急,又分为急性球后视神经炎、慢性球后视神经炎,而后者的诊断和治疗难度更大。

1) 急性球后视神经炎:多为双眼或单眼视力迅速减退,一般常在数小时或一两天内发生严重的视力障碍,重者可以完全没有光觉。眼球后部和眼球转动时疼痛。瞳孔改变与视盘炎相似。因炎症损害的是球后段,故眼底检查正常,若炎症损害接近球内段者,可有视乳头轻度充血。因此,可形象地描述球后视神经炎是"病人看不见,医生查不出"。视野损害情况,全盲者则无法查出,多为横断性视神经炎;轴性视神经炎者,为大的中心暗点或哑铃状暗点;视神经周围炎者,为视野向心性缩小。多有色觉障碍。

2) 慢性球后视神经炎:常为双眼视力逐渐减退,病人觉视力朦胧,或视物不清,病程进展缓慢,视力有中等程度障碍。眼底检查多正常,病久者可有视乳头颞侧淡白。周边视野正常,中心视野可能查出相对性或绝对性中心暗点,也可能有旁中心暗点,或有与生理盲点相连的哑铃状暗点。

视神经疾病诊断较难,病因诊断更难,因与中枢神经系统关系十分密切,诊断时除常规检查分析视力、视野等改变外,更应详查病史,结合视诱发电位、眼底荧光血管造影,更不可忽视头颅、眼眶的 X 线、CT、磁共振等检测手段,以排除颅内病变。

18.9.3 诊断依据

1) 远近视力减退,排除屈光不正或镜片不能矫正。
2) 急性者有瞳孔改变。
3) 视野检查有中心暗点等损害。
4) 视神经盘炎者,眼底有相应改变;球后视神经炎者,内外眼检查无障碍视力的其他病变。

5）视诱发电位检查有改变。

6）X线或CT检查，排除颅内占位性病变。

7）鉴别诊断：视神经乳头炎应与前部缺血性视神经病变相鉴别，后者多见于中老年人，视野改变为水平偏盲或与生理盲点相连的象限性缺损，多为双眼先后发病，这些特点与视神经盘炎有别。

球后视神经炎的诊断和鉴别较难，首先必须排除导致视力减退的其他眼病，如屈光不正、弱视、角膜云翳、眼底改变不典型的黄斑病变、癔病性黑矇、伪盲等。必须检影验光、仔细查眼底，尤其是视野检查很重要。视诱发电位检查能鉴别伪盲、癔病性黑矇与球后视神经炎的混淆。眼底荧光造影可排除黄斑病变。CT检查可排除颅内占位性病变。

18.9.4 辨 证 论 治

18.9.4.1 肝经火盛

主证 起病急，病初起，视物不清，甚或失明。有眼球深部痛或转动时疼痛，眼底有乳头充血肿胀或是眼底无改变。或伴烦躁易怒，口苦口干，舌红苔黄，脉弦数。

治法 清肝泻火。

方药 龙胆泻肝汤加减。本方龙胆草、山栀子、黄芩清泻肝胆实火；柴胡引经；车前子、泽泻、木通利水泻火；生地黄滋阴凉血，且有增水行舟之效，合当归相得益彰，以防灼津成瘀之妙；甘草调和诸药。头目胀痛者，加钩藤、磁石、川芎平肝潜阳止痛；烦躁失眠者，加黄连、夜交藤清心宁神。

18.9.4.2 肝郁气滞

主证 视糊猝然，或仅睹三光。平素情志抑郁，头晕目眩，胸胁疼痛。眼球转动作痛，或有前额隐痛。舌质紫暗，苔薄、脉弦紧。眼底检查，视盘充血、水肿、边界模糊，视盘周围视网膜有轻度水肿，或有少量出血，静脉轻度怒张。也有眼底视盘正常，惟转动眼球时，有牵拉疼痛，经做平面视野，见视野向心性缩小，或有中心暗点，或暗点与生理盲点相连，呈哑铃状者。

治法 疏肝活血，泄火通窍。

方药 丹栀逍遥散加减。原方清热疏肝，理脾和营，若加香附、郁金、川芎，则可增强行气活血通络的作用。郁热不重者，方中酌减牡丹皮、山栀子；病程较久，视物不明，加枸杞子、女贞子、桑椹子滋阴明目；视乳头颞侧色淡者，加黄芪、党参、苏木益气活血。

18.9.4.3 邪热瘀滞

主证 外感温毒、疫疠之邪，高热神昏，或伴有头目作痛，身有瘀点。经抢救，神志清醒，视物猝见不明，甚有不睹三光。查眼底，视盘水肿，边界模糊，充血已见消退后，颜色偏淡；或眼底未见

异常,但用眼电生理作辅助检查,可做出明确诊断。如果是双眼性丧明,应考虑视中枢病变。

治法 清热解毒,活血祛瘀。

方药 清营汤加减。高热、大病以后,神志已清,但身热未净,故拟清营汤加减治疗,但其活血通窍力逊,故加丹参、川芎、石菖蒲。一般壮热食气,气也虚损,故应加生黄芪。病至后期,乳头色淡者,易人参养荣汤加减,以补益气血,并加枸杞子、红花、升麻补肾活血升阳气。若病情好转,可用明目地黄丸常服。

18.9.5 其他疗法

1) 应用激素:地塞米松 10~15mg,或氢化可的松 100~300mg,溶于5%葡萄糖 500ml,静脉滴注,每日1次。5日之后逐渐减量,或改口服泼尼松,亦可配合地塞米松 500mg 球后注射,隔日1次。

2) 支持疗法:补充维生素B类及能量剂。

3) 病因治疗:寻找病因,对因治疗。对视神经盘炎而言,约有近半数的病例,用目前的现代检查方法,还不能查出病因。其他可引起者如脑膜炎、肺炎、流行性感冒、猩红热、败血症、病毒感染、铅或其他药物中毒、眼眶蜂窝织炎、葡萄膜炎、结核、梅毒以及哺乳、贫血、视神经脊髓炎等病。而对球后视神经炎则更是因其发病原因均较复杂,绝大多数病例临床上查不出明显病因。然而仍应积极寻找病因,对病因进行治疗。

4) 针刺治疗:常用穴位:睛明、太阳、球后、风池、合谷、足三里、攒竹、三阴交、肝俞、肾俞等,每次选用眼周穴位与远端穴位各2个。亦可行穴位注射。

5) 中药雾化法治疗:上述内服药渣再煎,取适量药液,做中药超声雾化熏眼治疗,每次15~20分钟,每日1~3次。

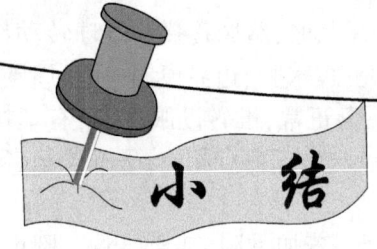

对视神经乳头炎而言,治疗常可收到较好的效果。不少病人在发病后2~6周,即使未给任何治疗,也可以自行缓解,视力可完全恢复正常。对球后视神经炎,多数病人经过治疗后,视神经炎常可很快痊愈,视力明显进步或完全恢复正常。而不少多发性硬化病人,不经任何治疗,视力常在数周后自行恢复。因此,在估计疗效时,应该非常慎重。不少国外学者认为不论任何药物对视神经炎的所谓"疗效"均系其疾病本身的自然缓解过程,而不是药物的作用,因为经过较多病例的较长时间观察,视神经炎病人的治疗组与未治疗组视力的预后是相同的。球后视神经炎一般预后也较好。但也有不少视神经炎病人经过各种治疗,视力仍无进步,终因视神经萎缩而失明。

18.10 青　　盲

青盲是指眼外观端好,视盘色淡,视力渐降至盲无所见的眼病。本病名首见于《神农本草经》。本病类似于西医学之视神经萎缩。本病多由高风内障、暴盲、眼外伤等失治或演变而来。

18.10.1　病因病机

1）肝郁气滞,脉络阻塞,玄府闭郁,精气不能上行于目,故使目视不明。
2）忿怒暴悖,痰动火升,随气上扰,玄府郁遏,神光不得发越。
3）脾肾阳虚,水谷不化,精血不足,不能归明于目。
4）肝肾阴亏,精血不足,清窍失养,神光衰竭。若阴虚火旺,内耗精血,则神光衰竭更甚。
5）气血亏损,玄府空虚,目失所养。
6）眼外伤或脑部肿物,皆可导致脉络阻塞,精血上荣失畅,目失涵养。

18.10.2　临床表现

无论何类视神经萎缩,必有视力和视野不同程度的改变和色觉障碍。视乳头颜色淡,淡黄色或苍白色。这些改变取决于神经纤维束受累的范围。单凭视乳头的色调,有时不能确诊为视神经萎缩。

原发性视神经萎缩在检眼镜下显示视乳头境界清楚,色灰白,视乳头凹陷较正常者略大,称萎缩性凹陷,并可见表面灰色的筛板孔。视网膜血管变细,毛细血管消失。

继发性视神经萎缩显示视乳头色灰白或淡黄,境界模糊,生理凹陷消失,由结缔组织和神经胶质所填充,筛板孔更不可见,血管变细,有时动脉带有白鞘。

18.10.3　诊断依据

1）视力障碍,严重者可致无光感。
2）视野缺损,向心性缩小为多,亦可有中心暗点,鼻侧缺损,颞侧岛状视野,管状视野,双颞侧偏盲,象限盲等。
3）暗适应障碍或色觉障碍。
4）眼底可见视乳头苍白或灰白或蜡黄。
5）宜做CT、X线等检测,以排除颅内占位性病变,尤其是原发性视神经萎更应考虑颅内占位性病变。

18.10.4　辨证论治

18.10.4.1　肝郁气滞

主证　视物模糊,视乳头色苍白,或灰白,边界模糊,筛板不清,静脉有鞘伴行。伴胸胁胀痛,情志不舒,舌边有瘀点,苔薄白,脉弦。

治法　疏肝理气,活血祛瘀。

方药　逍遥散加莪术、川芎、郁金、五灵脂等。逍遥散重在舒肝理气,加后几味药意在行气活血明目。若肝郁化火,瘀热交作,则取丹栀逍遥散加丹参、玉竹等治之。

18.10.4.2　痰热上扰

主证　眼部症状同前,眼底可见增生性机化组织。伴口苦痰稠、胸闷烦躁、头眩而重、苔黄腻,脉弦滑。

治法　清化痰浊,佐以开窍。

方药　涤痰汤加减。方中半夏、茯苓、甘草、胆南星清化痰浊;人参健脾益气;石菖蒲开窍;枳实逐腑泻热。可加川黄连、山栀子等以增强清化痰浊之功效,防止痰热交作。

18.10.4.3　脾肾阳虚

主证　目视昏矇,神光自现,眼底所见同以上两型。伴形寒肢冷、大便溏薄、阳痿早泄、经来量少色淡,苔薄白,脉沉细。

治法　温补肾阳。

方药　肾气丸加减。本方乃温补脾肾,但温中力逊,故可加吴茱萸、人参、白术等,增强温中健脾的作用。

18.10.4.4　气血亏损

主证　视物昏矇,目内闪光感,目干涩不适,眼底所见如前述。伴头晕心悸、失眠健忘、面色少华、神疲肢软、月经后期、量少色淡、舌质淡,苔薄白,脉沉细。

治法　补益气血,宁神开窍。

方药　人参养荣汤加减。方中人参、白术、黄芪、茯苓、炙甘草、当归、白芍、熟地黄以补气养血;远志、大枣等养心宁神。可加用石菖蒲以通络开窍。

外伤或占位性病变而致本病者,皆属瘀证。一般可用通窍活血汤治之。但颅内肿物应先行外科诊治,而后方可服用此方。

18.10.5　其他疗法

1) 寻找病因,积极治疗原发病。

2) 补充维生素B类及能量剂等。

3) 用复方丹参注射液或川芎嗪注射液等加入5%葡萄糖静脉滴注。

4) 针灸治疗:常用穴位有睛明、球后、攒竹、肝俞、肾俞、足三里、三阴交等穴。每次取局部穴1~2个,配合2~3个远端穴,每日1次,10天为一个疗程。

5) 中药雾化熏洗眼治疗:以传统中医眼科熏洗法或中药超声雾化法治疗,上述内服药渣再煎,取适量,每次熏洗眼15分钟,每日1~3次。

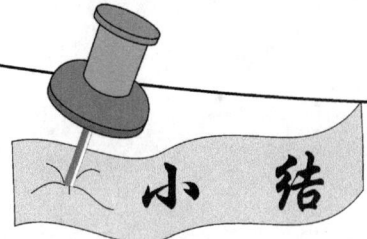

　　视神经萎缩系视神经严重损害的最终结局,一般视力预后均很差,病人最后多以失明而告终。少部分病例经两三年左右的长时间中药和针灸等治疗,竟有恢复满意视力者,但苍白的视乳头不易改变。颅内占位性病变者,如垂体肿瘤压迫视交叉引起的下行性视神经萎缩者,绝大多数病人手术切除垂体肿瘤后,视力多可有惊人的恢复。原发性视神经萎缩除垂体肿瘤所致或因外伤能有效及时手术处理者,其他原因引起的视神经萎缩,继发性及上行性视神经萎缩,西医学认为无治疗或无特殊治疗,治疗效果则很差。

1. 首次详述金针拨内障法的眼科医籍是什么?
2. 瞳神紧小为什么可以引起继发性青光眼?
3. 哪些青光眼疑似症的患者需做进一步检查?
4. 络阻暴盲与络损暴盲在临床表现上有何不同?
5. 视神经盘炎与球后视神经炎哪个更严重些?

19 眼外伤

 学习目标

1. 了解眼外伤的危害性及防治的重要性
2. 重点掌握异物入目、化学性眼外伤、电光性眼炎的诊断、处理原则及急救
3. 了解撞击伤目、真睛破损的诊治要点

眼外伤是指眼球及眼部组织受到意外损伤而言,包括范围很广泛,所有能导致视器官功能破坏的外在因素都可归纳在眼外伤的范畴之内。就狭义来说,眼外伤大致分为机械性与非机械性两大类。随着现代工业的发展,眼外伤的发生率亦日益增多。其临床表现的轻重及预后的好坏,与致伤因素、部位、程度及当时的处理情况等因素密切相关。根据眼的生理及病理特点,眼外伤的特点可概括为以下几个方面:

1) 眼居高位,暴露于外,若忽视预防或回避不及,容易外伤。

2) 眼珠构造精细,组织脆弱娇嫩,受伤后不易修复,甚至造成永久性损害。有些组织修复后又不能恢复原来的形态和功能。如角膜瘢痕、晶体混浊等,造成视力障碍。

3) 眼球内脉络细微丰富,外伤眼目,易耗气伤血。血伤则多出现出血而瘀滞,如血灌瞳神等;气伤则气机壅滞,血行不通,功能障碍,如视网膜震荡等。

4) 致伤物或伤口易被污染,特别是无血络分布的黑睛、神膏,抵抗力弱,易受风毒侵袭,而出现严重证候,导致眼球严重损害。

5) 一眼受伤后,不仅受伤眼本身可造成严重破坏,而且还常常影响健眼,发生交感性眼炎,如不及时诊疗,可导致双目失明。

基于眼外伤的上述特点,对眼外伤的积极防治具有重要的意义。临证处理眼外伤患者,要全面询问受伤病史、经过及致伤物的性质,系统检查伤眼情况,注意受伤部位有无穿孔和异物等,然后采取相应的治疗措施。对于病情严重者,应及时采取急救措施。

19 眼外伤

19.1 异物入目

异物入目是指细小异物进入眼中,黏附或嵌在眼睑内面、白睛或黑睛表层而言,中医古籍称之为"眯目"。《太平圣惠方》说:"夫眯目者,是飞扬诸物尘埃之类入于眼中,黏睛不出,遂令疼痛难开也。"常见的异物有沙尘、谷壳、麦芒、煤灰、飞虫、金属碎屑、玻璃碎片、竹木等。其证候表现,根据异物的形状、性质,损伤部位及程度不同,临床表现有轻重之别。病在浅表者,病情较轻。如伤后不加注意或拖延失治,或深层异物处理不当,均可加重眼珠损伤,导致严重的并发症或遗留瘢痕翳障而影响视力。本病相当于结膜异物、角膜异物。

19.1.1 病因病机

多因在工作或生活中,保护不慎或回避不及,以致异物进入眼内,或随风吹入眼内。异物入目后,如处理不及时,可导致眼部红赤刺痛,甚至黑睛生翳,视物不清。

19.1.2 临床表现

异物若在胞睑内面及白睛表面时,立即引起异物感和明显的刺激症状,眼内沙涩或眼肿目赤;若异物在黑睛表层者,则刺痛流泪、畏光难睁,时间较长,可出现白睛混赤,异物周围有边缘不清的灰白色翳障。若是铁屑异物嵌入黑睛表层,可见棕色锈环。异物入目治不及时,邪毒外袭,可变生凝脂翳,甚者脓攻全球出现严重证候。细小异物裸眼不易识别,需用裂隙灯显微镜或放大镜检查确定,必要时借助荧光染色以帮助诊断。

为什么眯眼后不能用手揉眼

在日常生活中,人们常有这样的经历,在路上,在家中或遇到刮风天,不知什么小异物突然就进入眼内,眼睛马上就会有异物感,流泪、磨涩不能睁眼,非常难受,这时常常会不由自主地用手揉眼,结果往往造成角膜损伤。这是为什么呢?原来进入眼内的小异物多为空气中飞舞的小煤渣、沙粒、植物碎片、灰尘以及小昆虫、小玻璃渣等。它们进入眼内,多停留在眼睑内面或角膜表面,如果用手揉眼,异物就可能划伤角膜或进入角膜深层。如继发感染则引起角膜发炎,从而影响视力。

链接

19.1.3 诊断依据

1) 有明显的异物入目史。
2) 患眼沙涩磨痛、畏光流泪。
3) 检查可发现异物。

19.1.4 处理及治疗方法

首先应分清异物的性质、形状及异物存在的部位。治疗方法以及时清除异物,防止感染为原则。取异物的器械及眼药水均应严格消毒,并严格执行无菌操作,防止医源性铜绿假单胞菌感染。操作应轻巧而准确。

1）眼睑内面及黑睛表面异物，首先用生理盐水冲洗，如未被冲出，则在0.5%丁卡因表面麻醉下，以盐水棉签将异物轻轻拭掉。

2）嵌在黑睛表层异物，须采用角膜异物剔除术除之。如异物较多，可先将突出于黑睛表面引起刺激的浅层异物取净。分次取出剩余异物。

3）嵌于黑睛深层的异物，因黑睛深层异物每取一次其瘢痕都比异物稍大，为防止角膜结瘢而影响视力，可在严密观察下暂不取出。

4）异物取出后应涂抗生素眼膏，若为黑睛异物，取出后应内服祛风清热解毒方药，如银翘片等，如已变生凝脂翳，则按凝脂翳辨证论治。

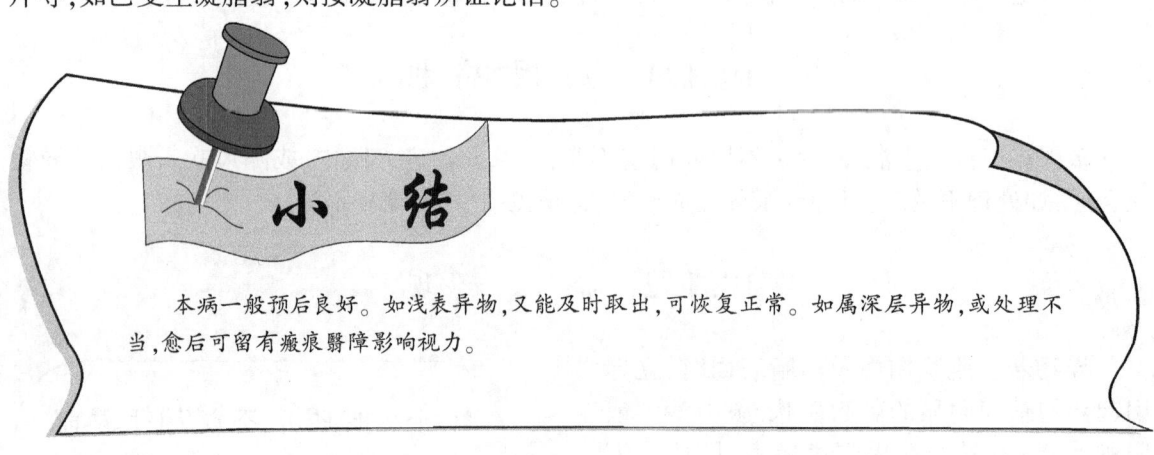

本病一般预后良好。如浅表异物，又能及时取出，可恢复正常。如属深层异物，或处理不当，愈后可留有瘢痕翳障影响视力。

附　角膜异物剔除术

1）适应范围：本法（图19-1）适用于所有附着在角膜表面的各种性质的细小异物，包括用简单的蘸以生理盐水的湿棉签不能拭去的金属异物。

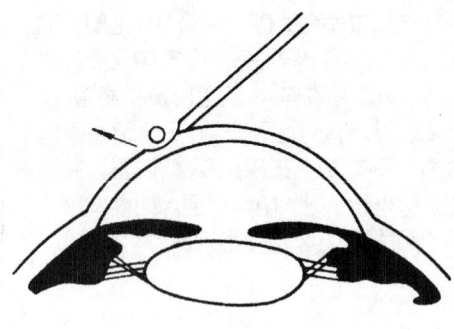

图19-1　角膜异物剔除术

2）操作方法：用生理盐水冲洗结膜囊，滴0.5%丁卡因1～2次做表面麻醉。患者取坐位或仰卧位，头部微向上仰并固定不动，嘱患者张开双目，注视一固定目标。充分暴露角膜表面，使眼球固定，然后用右手持消毒异物针或无菌注射针在倾斜方向插入异物旁侧，轻轻将其挑出。如有铁锈则一并刮除，务求干净，并尽量注意少破坏周围的健康角膜组织，如异物过多或较深，不必强求一次取净，可留待复诊时处理。术毕滴抗生素眼药水，涂抗生素眼膏，包盖术眼，次日必须复查，注意有无异物残留及角膜创面愈合情况。

19.2　撞击伤目

撞击伤目是指眼部受钝力撞击又无穿破伤口而言。由于受力之大小及着力点部位之不同，其症状与预后则有所不同。力小而未伤及眼球者，症状较轻，对视力可无影响或影响较小。力大而伤及眼球者，可导致视力呈永久性损害。另外部分患者，由于强烈震荡，暴力传递挤压或钝力传递作用伤及眼球深部组织者，可使损伤复杂化。中医古籍对眼球外伤的记载较多，而且有多种不同的病名,近代根据眼球是否穿破,分为撞击伤目与真睛破损两大类。本病相当于西医学之机械性非穿孔眼外伤。

19.2.1 病因病机

多因钝性物体如拳头、球类、棍棒、铁块、砖石、皮带等击伤眼部,或高压液体、气体冲击眼部,或通过强烈震荡、暴力传导、钝力传递等作用,伤及眼部组织,如胞睑、白睛、黄仁、晶珠、目系眼带等,造成气血受挫,组织受损。

19.2.2 临床表现

根据撞击眼部之部位、程度不同,表现各异。现按损伤部位的主要临床特征分述如下。

1) 胞睑受伤,胞睑瘀血肿胀,色呈青紫,疼痛难睁。有时出血量多,可越过鼻梁,致对侧眼睑亦青紫肿胀。此外,还可出现上睑下垂等症状(提上睑肌受损)。

2) 白睛受伤,可见白睛瘀血,色似胭脂,量少者,白睛部分红紫瘀血,量多者可布满整个白睛。

3) 黑睛受伤,可见黑睛深层呈条、片状混浊,或在相应之表层有伤痕,伴有畏光、流泪、疼痛难睁等症状。并可见有抱轮红赤。若邪毒乘伤侵袭,可变生凝脂翳等证。

4) 瞳神受伤,根据受伤情况不同,可出现不同症状,如挫伤虹膜睫状体,可出现瞳神紧小或瞳神散大。如果虹膜根部离断,可出现瞳神不正。虹膜撕裂者,瞳孔缘可出现小切迹。若虹膜睫状体的血管破裂,可导致前房出血,即血灌瞳神,出血少则沉积于瞳孔以下,多则漫过瞳孔,日久可致黑睛血染,或继发绿风内障,出现头痛眼胀,恶心呕吐等症。另外,由于睫状体的挫伤,还可出现调节功能的改变,如近视或视近困难等症状。

5) 晶珠受伤,可导致晶珠半脱位或全脱位,或脱于黄仁前,或脱于黄仁后。或晶珠逐渐混浊,成为惊振内障。另外晶珠脱入前房,可以引起房角堵塞,继发绿风内障。

6) 眼底受伤,可致视网膜震荡,视网膜脱离,或视网膜、脉络膜裂伤,或视撞击伤目是指眼部受钝力撞击又无穿破伤口而言。由于受力大小及着力点部位不同,其症状与预后则有所不同。相当于西医之机械性非穿透性眼外伤。神经挫伤。视网膜震荡可引起视力下降、视物变形、视物变色等,眼底表现为后极部网膜水肿,色灰白,边缘不清。如并发黄斑裂孔,表现为黄斑区有二分之一视盘大小的棕红色圆形斑。如果视网膜脱离,可见网膜呈青灰色隆起,视力严重减退。如脉络膜裂伤,常可在后极部见到呈弓形裂痕,凹部朝向视盘,色淡黄,周围有色素及出血包绕。若损伤视网膜或脉络膜血管,可引起玻璃体积血,严重者眼底不能窥见,甚至可导致眼压升高。

7) 眼眶受伤,可导致眶内软组织损伤,眶骨或颅底骨骨折,眼球脱位,眶内出血。眶骨骨折,骨折处常有软组织肿胀,皮下出血等,局部压痛明显,有时可触及骨摩擦音。如骨折与副鼻窦相通,可出现皮下气肿,当病人排鼻涕时,眼睑突然肿胀,触之皮下有气泡感。如伤后眼睑瘀血,伴口鼻耳部出血时,应考虑颅底骨折的可能。X线摄片可证实骨折的存在。

8) 视神经挫伤,多数合并眶骨骨折,同时视力急骤减退。

9) 眼外肌受伤,常为伤及支配该肌活动的神经,临床表现为眼球向某一侧活动受限,目珠偏斜,视一为二。若眼肌断离,可使眼球脱出。

以上伤情可单独出现,亦可数个同时发生,临床必须认真细致检查,以免遗漏。

19.2.3　诊断依据

1) 有明确的撞击伤目史。
2) 有相应的受伤临床表现。
3) 对疑有眼眶或颅底骨折者,可做 X 线摄片或进行 CT 检查。

19.2.4　辨证论治

本病因眼部受外伤所致,气血受伤,组织受损是其关键,初期治宜消肿止血,继则活血化瘀、调理气血,后期以补益肝肾为主。在内治的同时,结合外治,必要时配合手术治疗。

19.2.4.1　络伤出血

主证　胞睑青紫肿胀,垂坠难睁;或白睛溢血,眼球完好,视力如常;或血灌瞳神,视力障碍;或眼底出血,形成盲目等。舌质淡红,苔薄白,脉弦微数。

治法　止血为先,化瘀为后。

方药　十灰散。方中大蓟、小蓟、茜草、侧柏叶、白茅根、栀子凉血止血;棕榈皮收涩止血;荷叶、牡丹皮、大黄既能清热凉血又兼活血化瘀,诸药炒黑存性者,以炭剂能加强止血功效。

19.2.4.2　气滞血瘀

主证　黑睛混浊,或眼底水肿,或其他部位受伤,视力剧减,眼珠刺痛、胀痛等。

治法　行气活血,化瘀止痛。

方药　桃红四物汤加味。桃仁、红花、赤芍、当归、川芎行气活血;生地黄凉血清热,诸药合用,可使气血畅通、瘀消痛止。若黑睛混浊,可加木贼、菊花、蝉蜕等退翳明目;眼底水肿可加泽泻、车前子、茯苓利水消肿;畏光流泪,可加羌活、防风、龙胆草祛风清热;疼痛剧烈可加乳香、没药化瘀止痛;瞳孔散大或瞳孔不正,可加白芍、五味子、香附等顺气酸收之品,以收敛瞳孔。晶体混浊,可合石决明散加减。后期可用补益肝肾之法,以提高视力。

19.2.5　其他疗法

1) 眼睑出血时可用鲜生地黄或生大黄粉捣烂外敷,1~2 日后改用热敷,或用酒调七厘散外搽,但勿使之进入眼内。
2) 血灌瞳神可选用三七、丹参、红花、川芎液局部电离子导入。
3) 黑睛混浊可选用黄芩、千里光等眼药水,或抗生素类眼药水局部滴用。
4) 眼内出血,眼球突出者,可加压包扎或结合冷敷。
5) 眼球刺痛,可用生地黄、红花、芙蓉叶捣烂,鸡蛋清调,隔纱布垫敷眼,有清热消瘀止痛的功效。

6）凡血灌瞳神、眼底出血者,应眼垫封盖双眼,半卧休息。
7）晶珠脱位于黄仁前,血灌瞳神量多,六七日不消者,应手术治疗。
8）合并眶骨骨折、颅底骨折,必须请有关科室会诊处理。

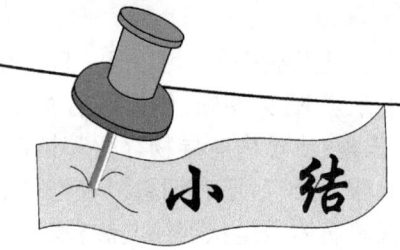

撞击伤目预后的好坏,可因伤之轻重、伤之部位等不同因素而异。初期治宜消肿止血,继则活血化瘀、调理气血,后期以补益肝肾为主。在内治的同时,结合外治,必要时配合手术治疗。撞击仅伤及眼睑,或伤轻而未及眼球者,可对视力无妨,预后一般良好;伤重而及眼球者,预后多数不佳,对视力可造成严重损害。如出现严重并发症者,预后多属不良。

19.3 真睛破损

真睛破损是指外物损伤眼珠而又有穿透伤口而言。多数伴有球内异物,严重者可影响健眼,是一种严重的眼外伤。病情的轻重,与受伤的部位、原因、程度、有无球内感染、有无异物存留有关。本病相当于西医学之眼球穿孔伤。

19.3.1 病因病机

多因锐利物体刺破或金属碎屑及其他边缘锐利的异物向眼球高速行进,穿透眼球壁所致。也有受猛烈的钝力撞击,使眼球破裂者。异物可分为金属性和非金属性,前者又可分为磁性及非磁性眼内异物。致伤眼球物体污秽,易把邪毒带入眼内,这类眼外伤不仅使眼组织受损,而又易感染邪毒,有的甚至影响健眼,导致双目受损以致失明。

19.3.2 临床表现

患者有外伤史。伤眼一般有剧烈疼痛、畏光流泪、视力剧减等症。检查眼球有形状、深浅、部位不一的穿透伤口,有的与眼睑穿透伤同时存在。如白睛穿破,其伤口大者,可见神膏外溢,状如鸡子清,凝在伤口,欲流不流;伤口小者,必须细心诊察,方可察知。如黑睛穿破,神水外溢,黄仁突出,状如蟹睛;如穿破伤口细深而伤及晶珠者,可致晶珠混浊;如穿破伤口大者,神水、神膏、黄仁、晶珠等眼内组织均可脱出,伤口黑白混杂,眼球塌陷变软,终为萎缩失明。

穿破伤是否合并有眼内异物,需根据病史、临床检查、自觉症状等综合分析。X线摄片是诊断常用的方法,若为金属异物较易显影,若为非金属异物,可用无骨摄影法。眼内异物不仅造成机械性损伤,而且可粘染邪毒,若为金属异物还可起化学性变化,进一步破坏眼内组织。

故对眼内异物不可误诊和漏诊。

穿破伤口是邪毒入侵的重要途径,伤后一二日,可出现邪毒亢盛之候,如眼睑肿胀,畏光流泪,疼痛剧烈,创口污秽浮肿,白睛混赤肿胀,神水混浊,黄液上冲,瞳神不辨,甚至邪毒蔓延而出现眼球突出,转动失灵,头痛寒热等严重证候。

影响健眼是真睛破损的严重并发症,即交感性眼炎。其发病率虽不多,但一旦发生即可造成严重后果,必须高度重视。一般说来,穿破伤口在白睛、黑睛交界处,创口嵌有黄仁等组织,创口长期愈合不良;或红赤持续不退,或红赤疼痛反复出现;或球内有异物存留等情况存在时,较易影响健眼。受影响之健眼可出现瞳神紧小,神水混浊,黑睛后壁有细微沉着物,抱轮红赤,畏光流泪,头目疼痛等症;或不出现瞳神紧小,早期即有玻璃体微尘状混浊,脉络膜有散在的细微黄色病灶,继之玻璃体混浊加重,脉络膜病灶加多,视乳头水肿,边界模糊,视网膜渗出等。本病虽然要早期诊断,但应与健眼所出现的交感性刺激症状相鉴别。

如一眼受伤后,健眼仅出现畏光流泪,视力轻度障碍,而检查又无上述变化时,为交感性刺激症状,不能诊断为交感性眼炎。

19.3.3 诊断依据

1) 有明确的眼外伤史。

2) 视力减退,严重者无光感。

3) 白睛、黑睛、黑白睛交界缘有伤口,或有黄仁突出,状如蟹睛。

4) 神水外溢,严重者神膏、黄仁、晶珠及眼内组织均可脱出于伤口外,眼珠塌陷变软。

19.3.4 辨证论治

本病辨证必须分辨伤口的部位、深浅,眼内有无异物,异物的大小、性质,邪毒的轻重,是否影响健眼,然后择取相应治疗措施。一般先处理伤口,然后配合内服药物。外伤易致风邪乘虚而入,故在方剂中常配伍风药。必要时可中西医结合进行抢救。

19.3.4.1 眼珠破损,风邪乘袭

主证 白睛或黑睛破裂,或珠内组织脱出,疼痛剧烈,畏光流泪,视力剧减。

什么叫交感性眼炎

当一只眼受了穿通性的外伤或者做了内眼手术后(例如白内障、青光眼术后)发生慢性或急性葡萄膜炎,没有受伤的好眼睛也发生同样病变,这种双眼的葡萄膜炎称交感性眼炎。受伤眼称为刺激眼,未受伤眼称为交感眼。交感性眼炎的病因至今不明。当前有感染和过敏等学说。得了交感性眼炎后,患者感到眼球及眼眶疼痛,畏光,视力下降,角膜周围出现睫状充血,角膜后壁出现细微沉淀物,房水雾状混浊,虹膜充血、变色、瞳孔缩小,虹膜后粘连,瞳孔闭锁或膜闭,并常常继发青光眼。视网膜和脉络膜也发生病变,玻璃体发生混浊,如果不及时治疗,可能会完全失明。

治法 除风益损。

方药 除风益损汤加味。本方由四物汤加藁本、防风、前胡组成。目以血为本,损则伤血,故以熟地黄、川芎、当归、白芍养血活血;受伤之际风邪袭入,故以藁本、防风、前胡祛风散邪;临证可酌加桃仁、红花活血化瘀;黄芩、黄连清热解毒。若络伤出血较重,可参照撞击伤目治

疗。

19.3.4.2 外邪侵入，热毒炽盛

主证 创口污秽浮肿，白睛红赤，眼睛肿胀，或黄液上冲，或累及健眼。此证是以眼局部辨证为主。

治法 清热解毒，凉血化瘀。

方药 经效散合五味消毒饮加减。方中犀角（水牛角代）、赤芍、当归尾清热凉血化瘀；银花、菊花、蒲公英、紫花地丁、天葵子、连翘、甘草梢清热解毒祛邪；大黄通腑泻热，逐瘀下行；诸药合用则以清热解毒、凉血化瘀著效。若累及健眼出现交感性眼炎症状，可用还阴救苦汤，清泻肝胆，祛风散邪；若出现眼底病变，而呈热炽腑实，肝胆火盛者，用泻脑汤通腑泻下，清肝泻火；无大便闭结者，则改用白虎汤，加板蓝根、大青叶。

19.3.4.3 脓毒侵袭，感伤健眼

主证 伤眼白睛或黑睛破损，红赤难退，或反复发作，迁延难愈，或眼内异物存留，而健眼自觉模糊不清，或视力剧减，畏光流泪，白睛混赤，黑睛后壁有沉着物，神水混浊，瞳神缩小或干缺，神膏混浊，眼底视乳头充血、水肿，视网膜反光增强，或有渗出物等，舌质红，苔薄黄，脉细数。

治法 清热活血，兼补肝肾。

方药 芩连四物汤合六味地黄丸加减。方中以四物汤养血活血；黄芩黄连清热解毒；以六味地黄丸滋补肝肾，从而达清热活血、滋补肝肾的目的。

19.3.5 其他疗法

1) 外治以处理伤口为主。如创口小，对合良好，又无眼内组织脱出者，可不必缝合。如较大的球结膜、角膜、巩膜穿透伤，在局部麻醉下清洁伤口，球结膜采用连续缝合，角膜、巩膜采用层间缝合。如合并有较大的眼睑穿透伤，应仔细分层缝合。如有玻璃体脱出，用剪刀剪除。对于脱出的虹膜，原则上应剪除，但新鲜伤口，虹膜完整，呈囊泡状隆起或虹膜表面有渗出，但无明显感染者，先用硫酸庆大霉素冲洗，然后剥下渗出膜，将虹膜还纳，最后缝合伤口。如脱出物为睫状体，为防止出血，应用抗生素冲洗和除去表面渗出物后，尽可能予以还纳。如有晶状体嵌于伤口，应充分清除。如角膜破碎不便于缝合时，可用结膜瓣封盖。如眼球破损严重，眼内容物脱出较多，视力完全消失，或全眼脓炎无治愈希望者，可考虑眼球摘除术或眼内容物摘除术。如有眼内异物，特别是金属异物，应手术取出；若为非金属异物，原则上也应取出，但若在晶体内，可在晶体混浊后再同异物一并取出。

2) 眼球穿孔伤应常规结膜下注射抗生素。如已感染，则每日结下注射抗生素，结合全身静脉给药，适当加用激素。如有明显化脓感染，应按化脓性眼内炎处理。

3) 伤后24小时内注射破伤风抗毒素。

4) 口服吲哚美辛或肠溶乙酰水杨酸，阿托品散瞳，以减轻虹膜炎症反应。

5) 如发生交感性眼炎，应结合使用激素，从足量开始，待炎症消退后逐渐减量直至停药。

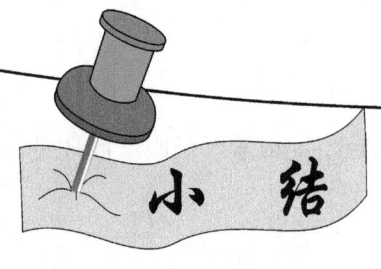

小 结

真睛破损的诊断要点是眼有外伤史,视力减退,严重者无光感。角膜、巩膜或角巩膜缘有穿通伤口,或角膜伤口处虹膜嵌顿或破损,或见白睛溢血,前房变浅或消失,前房有活动炎症。巩膜穿破时前房可能变深。眼内容物脱出,如有虹膜脱出时,瞳孔常变形或偏位。低眼压,裂隙灯检眼镜及X线显示有眼内异物。其处理原则为根据伤势的深浅,损伤的部位,异物的有无,邪毒的轻重,采取相应的措施,一般先处理伤口,然后配合内服药,常用中西医结合进行抢救。

19.4 化学性眼外伤

化学性眼外伤是碱、酸及其他腐蚀物质直接进入结膜囊造成结膜和角膜的损伤。常见的碱性致伤物有石灰、氨水、氢氧化钠、氢氧化钾等;常见的酸性致伤物有硫酸、硝酸、盐酸等。其中以碱性烧伤最为多见。

19.4.1 病因病机

1) 碱性化学烧伤:碱性物质与眼组织接触后,除可与组织蛋白结合外,还有皂化作用,使组织中的类脂质溶解,因而易向深部组织渗透,有扩散趋势,故伤势常较严重。

2) 酸性化学烧伤:由于酸只溶于水,不溶于脂肪,接触眼组织后,可使组织蛋白凝固、变性,形成痂膜,可阻止酸性物质继续向深部渗透和扩散,因此造成的损害相对较轻。但若浓度高,接触时间长,同样可造成眼组织的严重损害。

19.4.2 临床表现

当化学物质进入眼内后,轻者仅见灼热刺痛,畏光流泪,白睛红赤,黑睛混浊等。重者伤眼剧烈疼痛,强烈畏光,热泪如泉,白睛混赤浮肿或坏死,黑睛广泛混浊坏死,甚至穿破。伤及深部(特别是碱性伤)可出现黄液上冲,瞳神紧小或干缺,不仅黑睛浅层,而且深层也均有较多的赤脉伸入,严重影响视力。

酸性烧伤创面边界清楚,创面较浅,不扩大加深,坏死组织容易分离脱落,眼内组织反应也轻。碱性伤创面边界不清,创面较深,且易扩大加深,伤后二三日与受伤当时相比,明显扩大加深,且坏死组织不易分离,眼内组织反应多较严重。

19.4.3 诊断依据

1）有明确的化学外伤吏,伤后常因疼痛流泪,眼睛不开,视力模糊而就诊。
2）轻者仅稍有刺痛、畏光、流泪等刺激症状,结膜轻度充血,角膜透明或仅有上皮脱落。
3）重者除上述症状加重外,视力明显减退,结膜高度充血或苍白坏死。角膜混浊,基质水肿,角膜部分或全部累及。继之出现角膜坏死脱落,甚至穿孔。前房炎症明显,并可见积脓,重症者愈合后视力明显减退。角膜部分或全部为假性胬肉覆盖。部分或全睑球粘连。眼睑可有水肿、溃疡、眼睑缺损或睑外翻。

19.4.4 处理及治疗方法

(1) 冲洗

冲洗强调及时和彻底。

1）化学性眼外伤最重要、最关键的是现场急救处理。现场冲洗可就地取材,利用河水、井水、自来水等,拉开上下睑将眼部置入水中,反复启闭眼睑,注意将穹隆部存在的固体化学物质冲洗干净。冲洗应坚持15分钟左右。

2）送至医院仍需再次用生理盐水冲洗,时间不少于5分钟,冲洗液不少于1000ml。在弄清致伤物质性质前提下,再用中和药液冲洗:碱性烧伤用3%硼酸液,酸性烧伤用2%碳酸氢钠溶液。如对致伤物性质不明,可用石蕊试纸放入结膜囊以了解其酸碱性。

3）如结膜苍白,损伤面积过大,可放射状切开球结膜2~3处,行结膜下冲洗。对坏死组织可同时切除。

(2) 中和药物结膜下注射

酸性烧伤注射20%磺胺嘧啶钠1ml;碱性烧伤注射维生素C 1ml。石灰伤不可用中和冲洗和注射,应先予0.37%依地酸二钠溶液冲洗,接着用1%至2%浓度的依地酸二钠滴眼。

(3) 手术法

严重的碱烧伤,碱性物质迅速渗入前房,引起严重的虹膜炎,可行前房穿刺术,必要时于次日再放一次房水。

(4) 局部点眼

局部可滴用清热解毒类或抗生素眼药水。严重者必须滴用扩瞳剂。

(5) 中药内服

内服药以清热解毒、凉血散瘀、祛风止痛药为主,可选用黄连解毒汤、桃红四物汤加减,后期以退翳明目为主,可选用消翳汤加玄参、麦冬、丹参、红花、石决明。

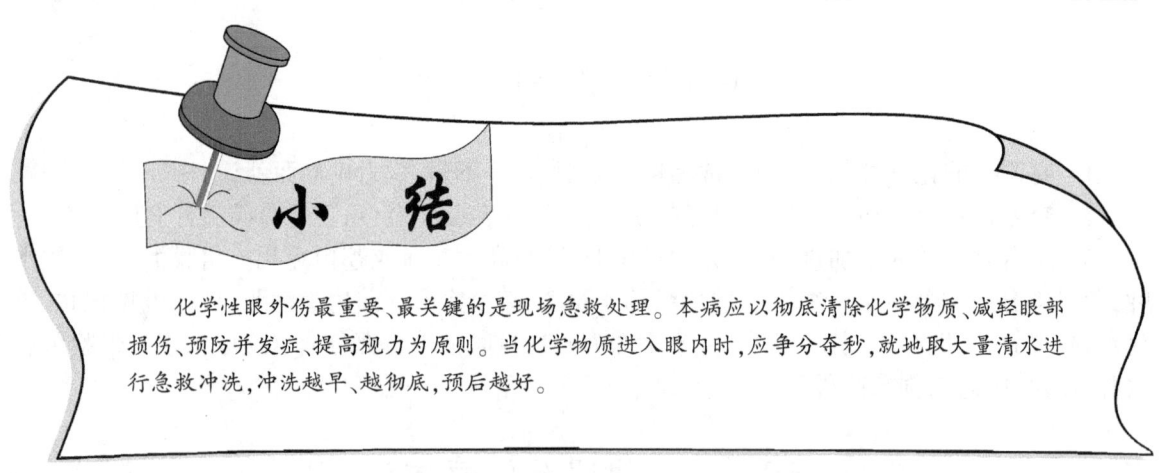

化学性眼外伤最重要、最关键的是现场急救处理。本病应以彻底清除化学物质、减轻眼部损伤、预防并发症、提高视力为原则。当化学物质进入眼内时,应争分夺秒,就地取大量清水进行急救冲洗,冲洗越早、越彻底,预后越好。

19.5 电光性眼炎

电光性眼炎是指紫外线照射后引起的白睛、黑睛浅层损害,又称紫外线眼炎。多见于电焊工人和做紫外线消毒的医务人员。另外,高原积雪地区大气层稀薄,吸收阳光中的紫外线减少,大量紫外线经反射作用照射眼部,可产生雪盲,具有与电光性眼炎同样的病理改变及症状。

19.5.1 病因病机

本病由短波紫外线过度照射所致。电焊、紫外线消毒灯、高压电短路放出的电弧光均含有大量紫外线,由于防护不慎而致伤,亦有在冰川、雪地、海面、沙漠等地工作,受阳光照射后反射的紫外线所伤者。眼部被照后,产生光电性损害,引起白睛、黑睛浅层病变。

19.5.2 临床表现

受紫外线照射后经过一定的潜伏期(最短半小时,最长不超过24小时,大多在6~8小时)后,双眼出现症状。症状的轻重与紫外线的强度及照射时间的长短有关。轻者自觉眼内沙涩不适,灼热疼痛;重者强烈畏光,眼睑极度难睁,泪热如汤,视物模糊,更主要的是疼痛剧烈,难以忍受。检查可见眼睑红肿,或起水泡,或有小出血点,白睛红赤或混赤,黑睛表层微混,但用肉眼难以察觉。用2%荧光素钠液滴眼,可见黑睛呈点状或片状着色,尤以常暴露之黑睛部分最明显。还有少数可见瞳孔紧缩变小。一般于1~2日后痊愈。若长期反复照射,可使睑弦赤烂、白睛涩痛、黑睛混浊等,以致造成视力障碍。

19.5.3 诊断依据

1) 有受紫外线强烈照射的病史。
2) 潜伏期一般6~8小时,不超过24小时。

3）眼部异物感、畏光、流泪、疼痛剧烈。

4）检查可见眼睑痉挛，结膜混合充血、水肿。角膜上皮点状脱落。

19.5.4　处理及治疗方法

1）本病发作时应以止痛为先，0.5%丁卡因点眼1~3次，可立即止疼。但应注意，丁卡因有抑制上皮生长作用，故不可连续滴用。

2）抗生素眼药水点眼以预防感染。角膜上皮剥脱者应涂抗生素眼膏，包扎。

3）用新鲜人乳滴眼有保护黑睛之功。若眼睑有水泡者，可用穿心莲眼膏外涂。也可局部柔按四白穴，或针刺合谷、太阳、睛明等穴。

4）病情重者可内服1~2剂祛风清热剂，如银翘散、驱风散热饮子之类。

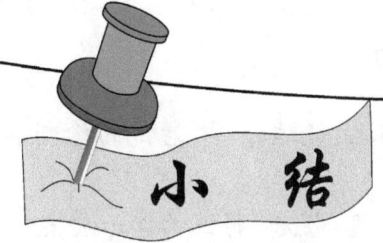

本病发作时应以止痛为先，配合抗生素眼药水点眼以预防感染。本病症状轻者，一般于1~2日后痊愈，预后良好，不影响视力。病情重者可内服清热解毒方剂。若长期反复照射，可造成一定程度的视力障碍。

1. 异物入目的处理原则是什么？
2. 试述撞击伤目的临床表现及辨证论治。
3. 试述真睛破损的诊断要点及处理原则。
4. 酸碱烧伤怎样进行急救处理？
5. 怎样诊断电光性眼炎？怎样急救处理？

20 其他眼病

 学习目标

1. 熟悉疳积上目、能近怯远、能远怯近、老视的诊断和治疗,熟悉近视的预防
2. 了解突起睛高、风牵偏视、散光、弱视的诊治要点

本章所述,系不能按五轮及外伤归类的眼科杂病,以及某些全身性疾病引起的眼部病证。

20.1 突起睛高

风热火毒攻目,眼珠疼痛突起,白睛红赤肿胀的急性眼病,称为突起睛高。病名见于《秘传眼科龙木论》,又名目珠子突出。类似西医之化脓性炎性突眼。

20.1.1 病因病机

多因风热火毒,脏腑积热,上攻于目;或因头面疖肿、丹毒等邻近病灶,毒蔓延至眶内所致。

20.1.2 临床表现

起病较急,眼痛头痛剧烈甚至跳痛难忍,泪热如汤。眼球向前方突起,转动失灵,甚至完全不能转动。白睛表层红赤臃肿,严重者可垂于睑裂之外。眼睑红肿,皮肤紧张发亮,表面隐约可见静脉血管网。若病变侵及视神经,可致视神经炎,眼底可见视乳头充血水肿,视网膜静脉曲张出血等,甚者后期出现视神经萎缩。眼球或眶内灌脓,最终可溃穿组织,脓汁外流。眼珠

溃脓者则珠塌目盲。全身常伴发热、恶心呕吐等,甚至神志昏迷,烦躁谵语。

20.1.3 诊断依据

1) 眼球向前方突起,转动失灵,甚至完全不能转动。
2) 白睛表层红赤壅肿,严重者可垂于睑裂之外。
3) 眼睑红肿,皮肤紧张发亮,表面隐约可见静脉血管网。
4) 因眼球高度突起,可致黑睛暴露而生翳。
5) 若病变侵及视神经,可致视神经炎,眼底可见视乳头充血水肿,视网膜静脉曲张出血等,甚者,后期则出现视神经萎缩。
6) 若眼球或眶内灌脓,最终可溃穿组织,脓汁外流。眼珠溃脓者则珠塌目盲。
7) 眼痛头痛剧烈甚至跳痛难忍,泪热如汤。视力减退或骤减。
8) 全身有不适,甚至神志昏迷、烦躁谵语等。

20.1.4 辨证论治

对本病应详辨病因,掌握治病求本原则,内外治结合,中西医并举,据不同证型分别采取疏风清热解毒、清热解毒、活血消肿进行治疗。

20.1.4.1 风热毒蕴

主证 睛高突起较轻,眼痛头痛不严重,眼睑红肿,白睛浅层红赤明显。畏寒发热,舌红苔薄黄,脉数或浮数。

治法 疏风清热解毒。

方药 荆防败毒散加减。方中荆芥、防风、柴胡、前胡、薄荷以疏风散邪,野菊花、蒲公英、金银花、黄芩以清热解毒,赤芍以活血消肿,甘草调和诸药。若红肿疼痛甚者,加紫花地丁、败酱草以增解毒消肿之功效。

20.1.4.2 热毒壅滞

主证 睛高突起严重,疼痛拒按,甚至跳痛难忍,触之坚硬、发热,舌红苔黄,脉数有力。

治法 清热解毒,活血消肿。

方药 仙方活命饮加减。方中金银花、黄芩、蒲公英以清热解毒;天花粉以清热消肿排脓;赤芍以清热、祛瘀止痛;当归尾以活血消肿;白芷止痛;防风以祛风散结;浙贝母以散结消肿;制乳香、制没药以活血止痛,消肿生肌;甘草调和诸药。兼恶寒者加荆芥、薄荷以疏风清热;口渴烦躁加石膏、黄连以清心除烦;大便不畅加大黄以通腑泻热;若神昏谵语、壮热烦躁者,加川黄连、连翘清心解热;若小便短赤,涩痛,可用八正散以利水通淋。

20.1.5 其他疗法

1) 中药湿敷:用内服药渣煎水做湿热敷。或做中药超声雾化熏洗眼。

2）中药外敷:用葱茿、艾叶适量,捣烂炒热,布包外敷患处。

3）若出现脓头者,切开排脓,上引流条,至脓尽为止。

4）西药治疗:抗生素静脉点滴。高热昏迷者,病情危重,结合内科救治。

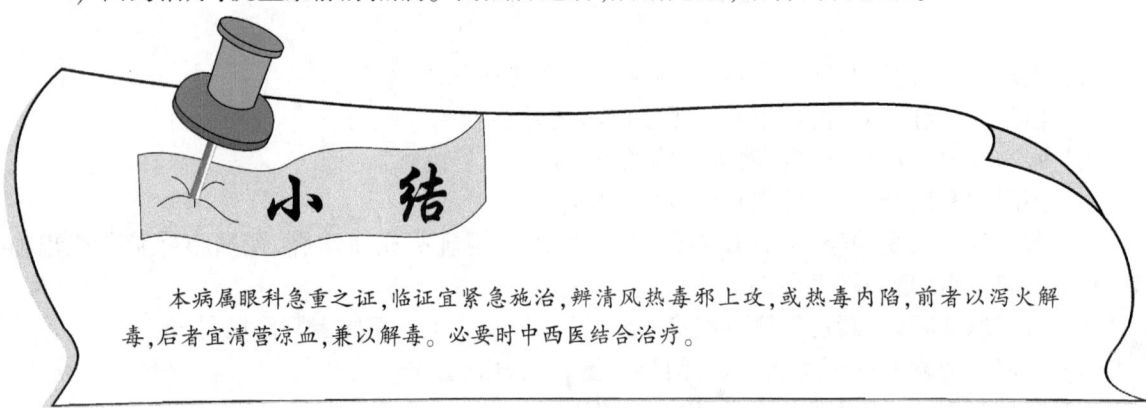

本病属眼科急重之证,临证宜紧急施治,辨清风热毒邪上攻,或热毒内陷,前者以泻火解毒,后者宜清营凉血,兼以解毒。必要时中西医结合治疗。

20.2 风牵偏视

风牵偏视是以眼珠突然偏斜,转动受限,视一为二为临床特征的眼病。《证治准绳》称神珠将反,并将其中眼珠偏斜严重,黑睛几乎不可见者,称为瞳神反背。主要由风中经络所致,相当于西医之麻痹性斜视。

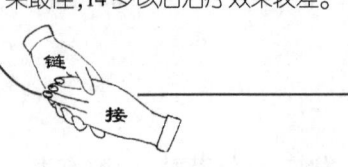

什么叫弱视

弱视是指眼球无器质性病变,而矫正视力达不到正常者。目前,我们把矫正视力≤0.8或双眼视力相差≥2行者定为弱视。本病需早发现、早治疗。通常5~6岁治疗效果最佳,14岁以后治疗效果较差。

20.1.1 病因病机

本病多因气血不足,腠理不固,风邪乘虚袭入,致筋脉弛缓;或因脾胃失调,津液不布,聚湿生痰,风痰阻络所致。也有因颅内占位性病变引起者。

20.2.2 临床表现

本病猝然发病,视一为二,单眼或双眼黑睛偏斜于某方。严重者,偏斜角度颇甚,几乎只见白睛。眼球转动受限,患者视物时头部常向某个方向偏斜。可出现瞳神散大、视物不清等。常伴有头晕、恶心、呕吐、步态不稳等症。遮盖一眼,多可消失。若伴口眼㖞斜,半身不遂,语言不利,甚至猝然昏仆者,属中风。

20.2.3 诊断与鉴别诊断

20.2.3.1 诊断依据

1) 眼球骤然牵偏于一侧,同时向患侧运动时受限,甚至严重受限。
2) 自觉视一为二,视物昏矇,或恶心呕吐,头晕目眩,步履不稳等。
3) 为了减轻或克服视一为二现象,头部往往出现偏斜位。

20.2.3.2 鉴别诊断

本病应与双目睛通相鉴别 双目睛通多起于幼年期,为逐渐发生,眼球运动正常,无复视及代偿头位,第二斜视角与第一斜视角相等,常有屈光不正。

20.2.4 辨证论治

除颅内眶内肿瘤外,本病常因风邪外中经络而发,其发病又多与痰阻、气滞、血瘀等相关。因此,临证时应根据局部与全身病情结合进行整体辨证,目的在于祛邪通络,使气血运行恢复正常。

20.2.4.1 风伤筋脉

主证 骤然眼球偏斜,视一为二,舌质淡红苔薄白,脉缓或浮。
治法 驱散风邪。
方药 化风丹加减。方中羌活、独活、荆芥、防风、薄荷驱风散邪,川芎活血祛风,天麻、钩藤平肝息风,蝉蜕疏风,甘草调和诸药。年老体虚加党参以扶正御邪,夹热邪加黄芩以清热,感冒所致加板蓝根。

20.2.4.2 风痰阻络

主证 眼球偏斜,视一为二,恶心呕吐,头晕目眩,舌淡红苔白稍腻,脉濡缓。
治法 祛风化痰。
方药 正容汤加减。方中僵蚕、胆南星、制白附祛风化痰通络,法半夏祛风止痉,秦艽舒筋活络,全蝎祛风通络,防风祛风散邪,甘草调和诸药。病情日久加白芍、当归以活血通络。合并上睑下垂加党参、黄芪以补中益气。

20.2.5 其他疗法

1) 针灸治疗:以取三阳经穴为主。常用穴:睛明、瞳子髎、承泣、四白、阳白、丝竹空、太阳、攒竹、颊车、地仓、行间、风池,每次选2~4穴,10次为一个疗程,可进行2~3个疗程。
2) 病因治疗:努力寻找病因。
3) 西药治疗:病因一时不能明确时,可口服或肌内注射维生素 B_1、B_{12}、三磷腺苷、肌苷等,以促进神经功能的恢复。
4) 手术治疗:经治疗半年以上不见好转时,可考虑手术矫正。

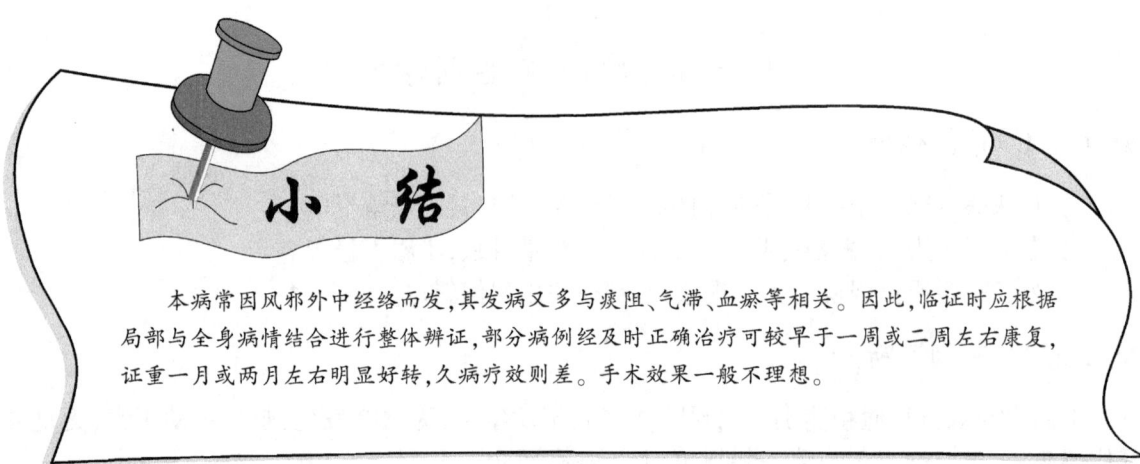

本病常因风邪外中经络而发,其发病又多与痰阻、气滞、血瘀等相关。因此,临证时应根据局部与全身病情结合进行整体辨证,部分病例经及时正确治疗可较早于一周或二周左右康复,证重一月或两月左右明显好转,久病疗效则差。手术效果一般不理想。

20.3 能近怯远

能近怯远是以视近清晰、视远模糊为特征的眼病。始见于青少年。病情发展,可使近视加重,甚至出现一些并发症,严重影响视力。本病名见于《审视瑶函》。《目经大成》始称本病为近视。本病概括了西医学之近视眼。

20.3.1 病因病机

（1）病因

1）先天遗传素质:高度近视有一定的先天遗传倾向。

2）发育因素:婴幼儿时期,眼球较小,常为生理性远视,随年龄增长,眼轴逐渐加长趋向正常,但如青春期发育过度,阴阳失调,常形成近视。

3）青少年学生及从事文字工作、近距离工作者,尤其当照明不良,姿势不正,阅读距离太近、时间过久、字体过小或模糊等,都是引起近视的直接原因。

（2）病机

1）心阳衰弱,阳虚阴盛,目中神光不能发越于远处,故视近尚清,视远模糊。

2）肝肾两亏,目失濡养,以致神光衰微,不能及远而仅能视近。

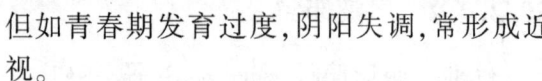

什么叫老视

老视是指随着年龄增加而导致晶状体弹性减退,调节力减弱以致看不清30cm以内的细小物件。属生理性衰退现象,欲称老花眼。多在40~45岁以后发生。需根据工作性质及阅读习惯,选择合适的凸透镜矫正。

此外,气血不足、脾胃虚弱者亦均可加重本症的发展。从阴阳辨证方面讲,本症为阳气不足所致。

20.3.2 临床表现

临床上常将小于3个屈光度的称为低度近视;3~6个屈光度的为中度近视;6个屈光度以上的为高度近视。一般外眼无明显异常,近视力良好,远视减退,视远处目标模糊不清。高度近视眼底有改变者,则远、近视力都减退。可有眼疲劳,但不如远视眼者明显。因辐辏作用减弱,可致共同性外斜视,斜视眼多出现在近视度数较高的一眼。眼球前后径伸长,眼球较大而突出,前房较深,瞳孔稍大。

眼底改变:低度近视一般无眼底改变,中度和高度近视则多有。一般视乳头稍大。视乳头颞侧有一灰白色弧形斑,甚至可环绕整个视乳头周围形成环形斑。这是由于眼轴加长,巩膜扩张,脉络膜从视乳头缘脱开所致。有豹纹状眼底改变,这是因为后极部巩膜扩张,引起 Bruch 膜、色素上皮改变,脉络膜萎缩,脉络膜血管暴露。还可并发黄斑部出血、变性、色素沉着呈黑色圆形斑称 Fuchs 斑,黄斑破孔。视网膜格子样变性、囊样变性、视网膜裂孔和视网膜脱离。玻璃体液化、混浊和后脱离。

20.3.3 诊断依据

1) 视力障碍,远视力减退,近视力正常。
2) 检影验光为近视眼,加适当凹球透镜视力可提高。
3) 因辐辏作用减弱,可致共同性外斜视。
4) 中度和高度近视多有眼底改变。
5) 鉴别诊断:本病应与假性近视相鉴别。假性近视多见于初患本病之青少年,尤以小学及初中学生多见。近视力正常,远视力在短期内下降较快,但休息后又有提高,加凹透镜视力可提高,且度数较低(一般在2个屈光度以内)。用1%阿托品扩瞳麻痹睫状肌后,视力可提高至正常,检影近视度数消失。若睫状肌得到充分麻痹,视力可提高但达不到正常,多夹有真性近视因素(即混合性近视类型)。

20.3.4 辨证论治

本病均应验光配镜,以最低度数最好视力为原则。若系高度近视或病情继续加重者,可参照下述证型论治。

20.3.4.1 心阳不足

主证 视近清楚,视远模糊。全身无明显不适,或见面色㿠白,心悸神倦,舌淡脉弱。

治法 补心益气,安神定志。

方药 定志丸加减。方中远志、石菖蒲、人参养心益气,白茯苓宁心安神。食欲缺乏加麦芽、山楂以健胃消食;心悸重加五味子、酸枣仁、柏子仁以养心。若为脾气虚弱者,可用补中益气汤加减。

20.3.4.2 肝肾两虚

主证　视近怯远,眼前黑花渐生。全身可见头晕耳鸣,失眠多梦,腰膝酸软,舌红脉细。
治法　滋补肝肾。
方药　杞菊地黄丸加减。本方是以六味地黄丸加枸杞子、菊花而成,以滋补肝肾。若兼血虚者,加当归、阿胶以补血。若为变性进行性近视或高度近视,可用九子丸内服。

20.3.5　其他疗法

1) 体针治疗:取承泣、翳明,或四白、肩中俞,或球后、头维,或睛明、光明,每天针刺1组,轮换取穴,10次为一组。
2) 耳针治疗:常选耳穴眼、目$_1$、目$_2$、肝、脾、肾埋入耳针,或用王不留行子埋耳穴,胶布固定。每天自行按摩3~4次,每次50~100下。7天换1次,2次为一个疗程。
3) 梅花针治疗:选颈部及眼区,于颈椎两侧各叩打3行,于眼眶上缘及下缘密叩3~4圈,并配合叩打攒竹、鱼腰、太阳、风池,每次5分钟,每天1次,10次为一个疗程。
4) 对于初发的青少年轻度近视,可配合点用托吡卡胺眼液,或珍视明眼液。
5) 对于真性近视,以验光配镜为原则。
6) 18岁以上的近视,可考虑准分子激光屈光性角膜切削术,但要严格掌握适应证。

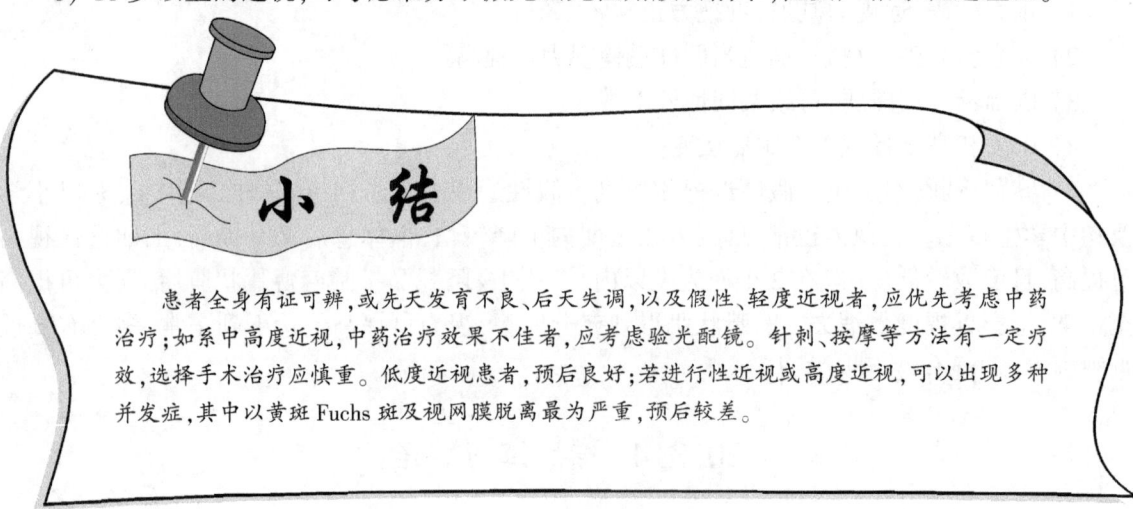

小　结

患者全身有证可辨,或先天发育不良、后天失调,以及假性、轻度近视者,应优先考虑中药治疗;如系中高度近视,中药治疗效果不佳者,应考虑验光配镜。针刺、按摩等方法有一定疗效,选择手术治疗应慎重。低度近视患者,预后良好;若进行性近视或高度近视,可以出现多种并发症,其中以黄斑Fuchs斑及视网膜脱离最为严重,预后较差。

20.4　能远怯近

能远怯近即视远清楚,视近模糊。始发于儿童少年,成年人多系原有远视。《证治准绳·杂病·七窍门》称本病为"能远视不能近视",《审视瑶函》简名为能远怯近症。《目经大成》则根据本病的特征,直书为远视,此名沿用至今,乃临床所习用。本病与西医学之远视相同。

20.4.1 病因病机

本病主要是眼球前后径过短所致。引起眼球前后径过短的因素，主要是眼球发育不良，或先天性小眼球等。其病机是阴气不足，阴虚则神光不能收敛，神散则不能发越于近处。

> **什么叫屈光不正**
> 当眼在不用调节的情况下，来自无限远的平行光线经过屈光间质屈折后，结像在视网膜上称为正视眼。当眼球前后轴长度和屈光能力不相适应时，以致平行光线经过屈光间质屈折后不能准确地结像在视网膜上而结在视网膜前或视网膜后则称为屈光不正。屈光不正分三类：近视、远视、散光。

20.4.2 临床表现

临床上，一般将小于 2 个屈光度的称为隐性远视；2~5 个屈光度的为显性远视；5 个屈光度以上的为能胜远视。隐性远视，外眼无异常，在青少年时远近视力可无明显改变，或仅感视近不适，眼胀。显性、能胜远视，多有明显视力减退，远视力尚好，近视力减退，甚至远近视力均不佳。远视患者，特别是远视散光，在视近物时，最易出现视疲劳，如视久则出现眼球、眼眶胀痛、隐痛，看书模糊，眩晕、头痛、恶心、呕吐。有些患者经休息片刻可以缓解。小儿患本病者，容易引起通睛内斜。查视眼底可见视神经乳头较正常偏小、稍红，或视乳头边界模糊。

20.4.3 诊断依据

1) 视近不能持久，或远视均模糊。
2) 多有视疲劳。
3) 验光扩影为远视。
4) 眼底可见视乳头小，色较红，边界不清。
5) 儿童常因辐辏作用增强，而导致共同性内斜视。

20.4.4 辨证论治

视力不好或有视力疲劳症状者，应验光配镜，以最高度数最好视力为原则。如小儿出现共同性内斜视，参照双目通睛节治疗。若病后体虚，视疲劳现象加重者，可按照下述证型论治。

主证 眼胀头昏，眼内干涩，稍有灼热感，舌质红少苔，脉细，或舌脉无特殊。

治法 滋补肝肾。

方药 明目地黄丸加减。原方以六味地黄丸为滋养肝肾之基础，更增熟地黄、当归、五味子益精养血；柴胡升散，疏肝解郁，枸杞子滋补肝肾、明目，菊花以明目，共呈滋补肝肾、益精明目的作用。眼胀明显加石决明、灵磁石以重镇平肝；眼睑重坠而不耐久视加党参、黄芪以补中益气；眉骨疼痛加川芎、白芷以祛风止痛。

20.4.5 其他疗法

1) 验光配镜:用凸球镜片,按远视程度予以适当矫正。
2) 针刺治疗同能近怯远。

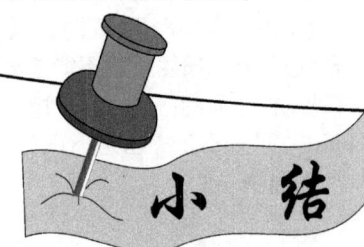

小 结

本病药物及针刺治疗可缓减症状,临床疗效难以确定,所以验光配镜仍为有效的方法。若十岁以上儿童发现远视,视力不佳者,多有弱视。

思 考 题

1. 如何治疗近视眼?
2. 突起睛高如何治疗?
3. 风牵偏视的诊断依据是什么?